Simone Bammatter

Stellenwert

Simone Bammatter

Stellenwert

Ein Jahrhundert im Spiegel der Schweizer Aussenwerbung

Stämpfli Verlag

INHALT

Vorwort und Anhang

- 7 Neugierig auf morgen
- 9 Curieux du lendemain
- 10 Curiosi del domani
- 11 Looking forward to tomorrow

- 250 Quellen
- 253 Archive
- 253 Abbildungen
- 255 Autorenporträt und Dank
- 256 Impressum

Firmengeschichte 13

- 15 Histoire de la société
- 16 Storia della società
- 17 The company history

- 18 **1920–1939**
- 20 Gründerjahre der Plakat und Propaganda A.-G.

- 26 **1940–1959**
- 28 Pionierzeit der Plakat & Propaganda AG

- 36 **1960–1979**
- 38 Plakat & Propaganda AG bricht das APG-Konzessionsmonopol

- 50 **1980–1999**
- 52 Vom Kleinbetrieb zur Plakatgesellschaft Plakat & Propaganda AG
- 62 Entwicklung zum Medienunternehmen Plakanda Holding AG

- 80 **2000–2014**
- 82 Die Zukunft beginnt: Konsolidierung innerhalb der Clear-Channel-Gruppe

- 104 Einen Blick ins Leben von Peter Stutz
- 106 Im Gespräch mit Roberto Credaro, Alfred Bieri und Sandra Cupic

Aussenwerbemarkt — 111

- 113 Marché de la publicité extérieure
- 114 Mercato della pubblicità esterna
- 115 Outdoor advertising
- 116 Die Geschichte der Plakatierung in der Schweiz
- 130 Zürich plakatiert anders – das Gesamtkonzept 92 (GK92)
- 152 Schweizer Plakatierungskonzepte heute, am Beispiel der Stadt Zürich
- 164 Die Marktperformance der Mediengattung Plakat
- 178 Plakatforschung, gestern und heute
- 186 Einen Blick ins Leben von Hans Ulrich Imesch
- 188 Im Gespräch mit Urs Schneider und Kathrin Petrow

Plakatdesign — 193

- 195 Design des affices
- 196 Design del manifesto
- 197 Poster design
- 198 Das Plakat – künstlerisches Ausdrucksmittel und visuelle Kommunikation
- 212 Spiegel der Gesellschaft
- 228 Gestaltungsmittel, Reproduktionstechnik und Wirkung
- 238 Besonderheiten der Schweizer Plakatkultur
- 242 Einen Blick ins Leben von Rosmarie Tissi
- 244 Im Gespräch mit Ruedi Wyler

VORWORT

Neugierig auf morgen

«Stellenwert» öffnet die Türe zur Geschichte von Clear Channel Schweiz und ihren zahlreichen Vorgängerfirmen. Es gewährt einen Einblick in eine der erfolgreichsten Unternehmergeschichten der Schweizer Werbebranche seit Beginn des 20. Jahrhunderts.

Es sollte nicht eine trockene Chronik werden. Vielmehr entschieden wir uns, darzustellen, welche Menschen Clear Channel über die vielen Jahre begleitet und geprägt haben, was sie angetrieben und motiviert hat und wie sich das Firmengeschehen in die Zeitgeschichte und diejenige der Schweizer Medien- und Werbebranche eingebettet hat. Wir haben uns die Freiheit genommen, diese Firmengeschichte durch das Nadelöhr feinen Gespürs und leidenschaftlichen Interesses am Geschehen zu ziehen. Profunder Journalismus und eine Prise sanfter Humor.

Ich danke der Autorin Simone Bammatter ganz herzlich für ihre Pionierarbeit. In vielen Gesprächen mit Zeitzeugen und Experten, ergänzt durch intensive Akten- und Bildrecherche und substanziiert mit historischer und zeitgenössischer Literatur, hat sie die Geschichte unserer Firma, der Schweizer Aussenwerbung und des Plakatdesigns rekonstruiert. Die einzelnen, teilweise schwer auffindbaren Puzzleteile hat sie mit Akribie und viel Herzblut zu einem stimmigen Ganzen zusammengefügt und damit auch ein Stück Schweizer Mediengeschichte geschrieben.

Die Summe der Geschichten und Anekdoten, die man sich innerhalb und ausserhalb dieses KMUs über Jahrzehnte erzählt hat, bildet die Basis der Plakanda- und später Clear-Channel-Schweiz-Kultur. Es sind harte Fakten, Zahlen und gleichzeitig emotionale, packende Bilder und fein gestrickte Aussagen zwischen den Zeilen. Ohne wissenschaftlichen Anspruch auf Vollständigkeit und Ausgewogenheit, sondern eine freie Auswahl von Begebenheiten, die das Gesamtbild von Clear Channel heute ausmachen.

VORWORT

Dabei ist Offenheit für Altbewährtes, die Bereitschaft, Neues anzugehen, sowie Transparenz auf allen Ebenen gefragt: in der Kommunikation nach aussen, aber in erster Linie in der Informationskultur innerhalb des Unternehmens, fast so wie in einer Familie. Und das heisst zur Herkunft und zu den Wurzeln stehen und stolz auf das Erbe sein. Aber immer mit einem wachen Blick nach vorn, engagiert und offen, in eine neue Zeit aufbrechen.

Das Buch ist in erster Linie ein Geschenk an alle ehemaligen, aktuellen und künftigen Mitarbeiterinnen und Mitarbeiter von Clear Channel. Sie sind es, die unserem Unternehmen jeden Tag seinen unverwechselbaren Charakter geben: menschlich, kundenfreundlich, erfolgreich.

Tauchen Sie mit uns ein in die faszinierende Welt der Plakate, die wir mit diesem Buch zum Leben erwecken. Denn was uns den Beruf zur Leidenschaft macht, sind die täglichen Begegnungen unserer Produkte mit den Menschen, getreu unserem Unternehmensmotto «Where Brands Meet People».

Jürg Rötheli
CEO Clear Channel Schweiz AG

Curieux du lendemain

«Stellenwert» ouvre la porte sur l'histoire de Clear Channel Suisse et ses multiples prédécesseurs. Il permet de découvrir l'une des plus grandes «success story» de la branche publicitaire suisse depuis le début du XXe siècle.

Nous ne voulions pas vous proposer une chronique insipide. Nous avons plutôt décidé de vous faire découvrir les personnes qui ont accompagné et façonné Clear Channel au fil des ans, ce qui l'a stimulée et motivée, et comment la vie de l'entreprise s'est ancrée dans l'histoire contemporaine et dans celle de la branche des médias et de la publicité. Nous avons pris la liberté de présenter l'histoire de la société sous l'angle d'un ressenti exacerbé et d'un intérêt brûlant pour le vécu. Un journalisme profond avec une touche d'humour.

Je remercie chaleureusement l'auteure, Simone Bammatter, pour son travail de pionnier. Dans de nombreux entretiens avec des témoins du passé et des experts, complétés par un travail de recherche intensif et étayés par de la littérature historique et contemporaine, elle a su reconstruire l'histoire de notre société, de la publicité sur le domaine public en Suisse ainsi que du design d'affiches. Avec soin et ferveur, elle a assemblé les multiples pièces du puzzle, en partie difficiles à trouver, en un tout cohérent, écrivant ainsi une partie de l'histoire suisse des médias.

La somme des histoires et des anecdotes que l'on se raconte depuis des décennies à l'intérieur comme à l'extérieur de cette PME constitue le fondement de la culture suisse de Plakanda et, plus tard, de Clear Channel. Ce sont des faits durs, des chiffres et, simultanément, des images émotionnelles et poignantes, des narrations à fines mailles entre les lignes, sans revendiquer l'intégralité et la proportionnalité scientifiques. Un libre choix d'événements qui donnent un aperçu général de Clear Channel aujourd'hui.

L'ouverture face aux modèles éprouvés, l'aptitude à s'atteler à la nouveauté ainsi que la transparence à tous les niveaux sont de mise: dans la communication vers l'extérieur, mais aussi, en première ligne, dans la culture d'information au sein de l'entreprise, un peu comme dans une famille. Et cela signifie rester fidèle à ses origines et à ses racines, et être fier de son héritage. Mais aussi s'envoler avec engagement et ouverture, le regard vif, vers une nouvelle ère.

Ce livre est en premier lieu un cadeau à tous les anciens, actuels et futurs collaborateurs et collaboratrices de Clear Channel. Ce sont eux qui donnent à notre entreprise, jour après jour, un caractère unique, humain, prospère et convivial face à la clientèle.

Plongez avec nous dans le monde fascinant des affiches, auquel nous avons donné vie par ce livre. Car ce qui, pour nous, fait d'une profession une passion, ce sont les rencontres quotidiennes de nos produits avec les hommes, selon la devise de notre entreprise «Where Brands Meet People».

Jürg Rötheli
CEO Clear Channel Suisse SA

PREFAZIONE

Curiosi del domani

«Stellenwert» sta alla base della storia di Clear Channel Svizzera e delle sue numerose ditte precedenti. Questo libro offre uno spaccato di una delle storie aziendali di maggiore successo nel settore pubblicitario svizzero dall'inizio del XX secolo.

Non volevamo diventasse una banale cronologia. Abbiamo perciò deciso di descrivere quali persone hanno accompagnato e caratterizzato Clear Channel nel corso degli anni, cosa le ha spronate e motivate e come gli eventi dell'azienda si siano integrati nella storia contemporanea e in quella del settore svizzero dei media e della pubblicità. Ci siamo presi la libertà di tessere questa storia aziendale con fine fiuto e vivo interesse, mescolati a un accurato lavoro giornalistico e un pizzico di delicato umorismo.

Ringrazio di cuore l'autrice Simone Bammatter per il suo lavoro pionieristico. Durante molti colloqui con testimoni ed esperti, completati da un intenso lavoro di ricerca in scritti e foto e rafforzati da letteratura storica e contemporanea, è riuscita a ricostruire la storia della nostra azienda, della pubblicità esterna in Svizzera e del design di manifesti. Ha riunito, con meticolosità e tanta passione, i singoli pezzi del puzzle, alcuni difficilmente reperibili, in un tutt'uno, raccontando così una parte della storia dei media svizzeri.

La somma delle storie e degli aneddoti, che si raccontano da decenni all'interno e all'esterno di questa PMI, costituisce la base della cultura della Plakanda e più tardi di Clear Channel Svizzera. Si tratta di fatti tangibili, di cifre e al tempo stesso di immagini emozionali e avvincenti e di affermazioni tra le righe, ben intrecciate tra di loro. Senza pretese scientifiche di completezza ed equilibrio, ma una libera scelta di eventi che contraddistinguono l'attuale immagine di Clear Channel.

È richiesta apertura per quanto già sperimentato, disponibilità a intraprendere nuove vie, nonché trasparenza a tutti i livelli: nella comunicazione verso l'esterno, ma innanzitutto nella cultura informativa all'interno dell'azienda, quasi come in una famiglia. E ciò significa sostenere le origini e le radici ed essere fieri dell'eredità, ma sempre con uno sguardo attento verso il futuro, impegnati e aperti a iniziare un nuovo periodo.

Il libro è in primo luogo un regalo a tutti i collaboratori passati, attuali e futuri di Clear Channel. Perché sono loro che conferiscono giorno dopo giorno alla nostra azienda il suo carattere inconfondibile: umano, attento alla clientela e di successo.

Immergetevi con noi nell'affascinante mondo dei manifesti, a cui diamo vita in questo libro. Ciò che rende il lavoro una passione sono gli incontri quotidiani dei nostri prodotti con le persone, fedeli al nostro motto aziendale «Where Brands Meet People».

Jürg Rötheli
CEO Clear Channel Svizzera SA

Looking forward to tomorrow

"Stellenwert" casts a light on the history of Clear Channel Switzerland and its various predecessors. It provides an insight into the evolution of one of the most successful businesses in the Swiss advertising industry since the beginning of the 20th century.

Our intention was never to produce a dry chronicle of dates and facts. Rather, we decided to tell the story of the people who have travelled with the company on its journey, the mark they have made on the business, the things that motivated them, and the ways that the company's story has become woven into the fabric of contemporary history and that of Switzerland's media and advertising industry. In telling this story we have given ourselves the freedom to home in on the company's history with a discerning eye and a passionate interest in events. And we have combined in-depth journalistic enquiry with a dash of humour.

I would like to give my sincere thanks to the author Simone Bammatter for her pioneering work. Over the course of many interviews with witnesses to the events as well as experts – supplemented by intensive research of archives and images, and substantiated with historical and contemporary literature – she has reconstructed the story of our firm, Swiss out-of-home advertising and poster design. With meticulous care and passion she has combined the pieces of the puzzle, some of which were hard to find, into a coherent narrative, and in doing so documented part of Switzerland's media history.

It is this combination of stories and anecdotes, told over the decades by those inside and outside our company, that have underpinned the culture of Plakanda and, later, Clear Channel Switzerland. In the same spirit, this book combines hard facts and figures with striking emotional images and detailed testimonies. Making no claim to journalistic completeness or balance, it is a free selection of facts and events that together give a complete picture of Clear Channel today.

Constant features at every level of the business have been an appreciation of tradition, a willingness to try new approaches, and transparency: in communications with the world outside and more particularly within the company, which is almost like a family. For one thing, this means staying true to our roots and our heritage and feeling proud of our past. But always with a keen eye on the future, committed and open to new horizons.

First and foremost, this book is our gift to all Clear Channel's past, present and future employees. They are the people who give our company its unmistakable character: one with a human touch, customer-oriented and successful.

Join with us as we delve into the fascinating world of out-of-home advertising, a world we aim to bring to life in this book. It is the daily encounters between our products and people that make us passionate about our work, true to our company motto: "Where brands meet people."

Jürg Rötheli
CEO Clear Channel Schweiz AG

Firmengeschichte

Im Jahr 1924 gründen Rudolf und Wanda Häuptli-Schiller in Zürich die Plakat und Propaganda A.-G., sie platzieren Werbung in Zeitungen, Schaufenstern, bald auch Plakate auf privatem und öffentlichem Grund. In den ersten Jahren nach der Gründung kristallisiert sich die Kämpfernatur des Unternehmens heraus, das um jede Plakatstelle ringt und sich gegenüber Behörden und der dominanten Stellung der Allgemeinen Plakatgesellschaft APG wehrt. Häuptlis bekommen Unterstützung von ihrem engagierten Lehrling Heinrich Erb, dieser kauft die Firma Ende der 1930er-Jahre. Damit einher geht der Namenswechsel auf den fortan gebräuchlichen und einprägsamen Marketingnamen Plakanda. Erb akquiriert neue Flächen, erneuert oder ergänzt bestehende Verträge. Als erste zürcherische Gemeinde spricht 1964 Zollikon der Plakat & Propaganda AG das Recht zum Plakataushang auf öffentlichem Grund aus, weitere Erfolge mit Teil- oder Alleinkonzessionen für den Plakataushang zeichnen sich in anderen Gemeinden ab. Den grössten Erfolg in Sachen Aushangkonzession für den öffentlichen Grund verzeichnet die Firma mit dem Zuschlag in den Zürcher Stadtkreisen 6, 10 und 11 per 31. März 1970. Mitte der 1970er-Jahre macht die Übernahme durch den geschäftstüchtigen René Baumann von sich reden. 1981 verzeichnet die AG erstmals eine Million Umsatz. Nach René Baumanns Tod übernehmen seine Ehefrau Rose-Marie und ihr Sohn Daniel das Unternehmen. Erfolge werden belohnt und gefeiert, vor allem mit den über die Jahre zur Tradition gewordenen Plakandasommerfesten.

1989 wird das Familienunternehmen an die Distral Holding AG und später an den Unternehmer Peter Gmür verkauft. Die 1991 offiziell in Plakanda AG umbenannte Gesellschaft durchläuft einen Boom. Das Erfolgsgespann setzt unter Gmür auf Qualitätsstellen, maximale Occupation Rate der Plakatstellen und cleveres, kontinuierliches Wachstum. Im Rahmen des Zürcher Plakatierungsgesamtkonzepts wird mit den Behörden und der APG ebenso geschickt verhandelt wie bei den wegweisenden Übernahmen der Konkurrenzfirmen AWI AG und OFEX AG. Dadurch steigt die Plakanda zur bemerkenswerten Nummer zwei im Schweizer Aussenwerbemarkt auf.

Der nächste Namenswechsel steht 2001 mit der Übernahme durch den US-Aussenwerber Clear Channel an. CEO Beat Roeschlin und sein Team verschaffen der Tochtergesellschaft Clear Channel Plakanda 2003 die schweizweit grösste permanente Plakatstelle und einen Exklusivvertrag mit Shell (Switzerland) – trotz schwierigeren Jahren infolge der Finanzkrise kann das Portfolio um Plakatstellen erweitert werden. 2010 übernimmt CEO Jürg Rötheli die Leitung der Firma. Die schon früh aufgegriffenen Möglichkeiten der digitalen Werbung (Stichwörter LED, QR- und Barcode) werden 2014 mit Pilotprojekten weiterevaluiert, um noch zielgruppenspezifischer zu werben. Neue Marketingtools werden entwickelt, die präzise abgestimmt sind auf das System Plakatwerbung. Clear Channel Schweiz, ein exzellent positioniertes Unternehmen, erkennt den Zeitgeist und das Tempo, das nicht weniger herausfordert als in den 1920er-Jahren. Auf der Agenda stehen: Präsenz auf öffentlichem Grund ausbauen und in die Zusammenarbeit mit Agenturen und Direktkunden investieren.

Histoire de la société

En 1924, Rudolf et Wanda Häuptli-Schiller fondent à Zurich la société Plakat und Propaganda A.-G.; ils placent de la publicité dans les journaux et dans les vitrines et, bientôt, des affiches sur l'espace privé et public. Dans les premières années suivant sa fondation, l'entreprise révèle sa nature combattive, luttant pour chaque emplacement d'affichage et s'imposant face aux autorités et à la position dominante de l'Allgemeine Plakatgesellschaft APG / Société Générale d'Affichage SA (SGA). Les Häuptlis obtiennent le soutien de leur apprenti Heinrich Erb qui achète la société à la fin des années 1930. C'est alors que l'entreprise va prendre le nom de Plakanda, plus courant dans la branche et plus aisément mémorisable. H. Erb acquiert de nouvelles surfaces, renouvelle ou complète les contrats existants. En 1964, Zollikon est la première municipalité zurichoise à accorder à Plakat & Propaganda SA le droit d'accrocher des affiches sur l'espace public, et d'autres victoires se profilent pour l'accrochage d'affiches dans d'autres communes. C'est avec l'adjudication dans les quartiers zurichois 6, 10 et 11 que la société enregistre, le 31 mars 1970, son plus grand succès dans ce domaine. Au milieu des années 1970, la reprise de la société par René Baumann, doté d'un sens aigu des affaires, fait parler d'elle. En 1981, la S.A. affiche pour la première fois un chiffre d'affaires d'un million. Après la mort de René Baumann, son épouse Rose-Marie et son fils Daniel reprennent l'entreprise. Ses réussites sont récompensées et célébrées, en particulier par les fêtes estivales de Plakanda qui, au fil des ans, sont entrées dans la tradition.

En 1989, l'entreprise familiale est vendue à Distral Holding SA et, plus tard, à l'entrepreneur Peter Gmür. Sous la raison sociale officielle de Plakanda SA, la société connaît dès 1991 un véritable boom. Sous l'égide de P. Gmür, l'équipe à succès mise sur les sites de qualité, sur un taux d'occupation maximal des emplacements d'affichage et sur une croissance intelligente et continue. Dans le cadre du concept global d'affichage de Zurich, la même habileté est appliquée dans les négociations menées avec les autorités et la SGA que dans les reprises prometteuses des entreprises concurrentes AWI SA et OFEX SA. C'est ainsi que Plakanda devient le numéro deux sur le marché suisse de la publicité extérieure.

Un nouveau changement de nom survient en 2001, avec la reprise de la société par le publiciste extérieur américain Clear Channel. En 2003, le CEO, Beat Roeschlin, et son équipe procurent à la filiale de Clear Channel Plakanda le plus gros emplacement d'affichage permanent de Suisse ainsi qu'un contrat exclusif avec Shell (Suisse) – malgré des années difficiles à la suite de la crise financière, de nouveaux emplacements d'affichage viennent élargir le portefeuille. Le CEO Jürg Rötheli endosse en 2010 la direction de la société. Les possibilités de publicité digitale, déjà utilisées maintes fois par le passé, (LED, code QR et code-barres) sont réévaluées en 2014 au moyen de projets-pilotes afin d'aborder les groupes cibles de manière encore plus spécifique. De nouveaux outils de marketing, adaptés avec précision au système de l'affichage publicitaire, sont développés. Clear Channel Suisse, une entreprise remarquablement bien positionnée, reconnaît l'esprit du temps et le rythme à adopter, qui représente le même challenge que dans les années 1920. Au programme: élargir la présence sur l'espace public et investir dans la collaboration avec les agences et les clients directs.

Storia della società

Nel 1924 Rudolf e Wanda Häuptli-Schiller fondano a Zurigo la Plakat und Propaganda A.-G.: si occupano di posizionare la pubblicità sui giornali e nelle vetrine e ben presto anche di collocare i manifesti su suolo pubblico e privato. Già nei primi anni si delinea lo spirito combattivo dell'azienda, la quale lotta per ogni superficie pubblicitaria e si oppone alle autorità e alla posizione dominante della Società Generale d'Affissioni SGA. I signori Häuptli vengono aiutati dal loro motivato apprendista Heinrich Erb, che acquista l'azienda alla fine degli anni 30. A ciò segue la modifica del nome commerciale, si passa all'incisiva denominazione Plakanda, usata da allora. Erb acquisisce nuove superfici e modifica o completa contratti già esistenti. Nel 1964, quale primo comune zurighese, Zollikon autorizza la Plakat & Propaganda SA ad affiggere manifesti su suolo pubblico. Con la concessione parziale o esclusiva per l'affissione di manifesti, si raggiungono ulteriori ottimi risultati in altri comuni. La ditta fa registrare il maggiore successo nell'ambito delle concessioni per l'affissione di manifesti con l'assegnazione dei quartieri 6, 10 e 11 della città di Zurigo a partire dal 31 marzo 1970. A metà degli anni 70 l'acquisizione da parte dell'uomo d'affari René Baumann fa parlare di sé. Nel 1981 la SA registra per la prima volta un fatturato di un milione. Dopo la morte di René Baumann, la moglie Rose-Marie e il figlio Daniel assumono la direzione dell'azienda. I successi vengono premiati e festeggiati, soprattutto con l'evento estivo della Plakanda, diventato una tradizione nel corso degli anni.

Nel 1989 l'azienda familiare è venduta alla Distral Holding SA e in seguito all'imprenditore Peter Gmür. L'azienda, ufficialmente ribattezzata Plakanda SA nel 1991, vive un periodo di boom. Con Gmür si punta su ubicazioni di qualità, un tasso d'occupazione massimo delle superfici pubblicitarie e una crescita sostenibile e continua. Nell'ambito del concetto globale di affissione zurighese, l'azienda contratta abilmente con le autorità e la SGA. Tali abilità nelle trattative si riscontrano anche nelle esemplari acquisizioni delle ditte concorrenti AWI AG e OFEX SA. Ciò permette alla Plakanda di diventare il numero due sul mercato svizzero della pubblicità esterna.

Nel 2001 la ditta cambia di nuovo nome: viene infatti acquistata da Clear Channel, lo specialista americano della pubblicità esterna. Nel 2003, il CEO Beat Roeschlin e il suo team ottengono per la filiale Clear Channel Plakanda la più grande superficie pubblicitaria permanente a livello svizzero e un contratto esclusivo con Shell (Switzerland): nonostante i difficili anni in seguito alla crisi finanziaria, si riesce ad ampliare il portafoglio delle superfici pubblicitarie. Nel 2010 Jürg Rötheli assume la direzione dell'azienda in qualità di CEO. Nel 2014 le possibilità, già precedentemente trattate, offerte dalla pubblicità digitale (LED, codice QR e a barre) vengono ulteriormente valutate nell'ambito di progetti pilota, per pubblicizzare in modo ancora più mirato a seconda del gruppo target. Vengono sviluppati nuovi strumenti di marketing, pensati appositamente per il sistema dei manifesti. Clear Channel Svizzera, un'azienda ottimamente posizionata, riconosce lo spirito del tempo e il ritmo che, tanto quanto negli anni 20, continua a mettere alla prova. Figurano sul programma dell'azienda: ampliare la presenza su suolo pubblico e investire nella collaborazione con agenzie e clienti diretti.

The company history

In 1924 Rudolf and Wanda Häuptli-Schiller founded Plakat und Propaganda A.-G. in Zurich. They placed advertising in newspapers, shop windows and before long on billboards, too, on both private and public sites. In the early years, the company's competitive spirit soon became evident, as it battled for every billboard site and asserted itself against both local authorities and the market-leading position of its rival APG (Allgemeine Plakatgesellschaft). The Häuptlis were supported by their dedicated apprentice Heinrich Erb, who went on to buy the business from them in the late 1930s. It was at this stage, too, that the company became known as Plakanda, a memorable brand name that soon caught on. Erb acquired new sites and renewed or developed existing accounts. In 1964, Zollikon became the first municipality in the Zurich area to grant Plakat & Propaganda AG (still the company's official name) the right to place posters on publicly owned sites, and soon further successes followed, with sole or part concessions for displaying posters in other areas. The company's biggest success in the public domain came with the award of the contract for districts 6, 10 and 11 in Zurich on 31 March 1970. In the mid-1970s René Baumann acquired the firm. In 1981, annual turnover hit the one-million mark. After René Baumann's death, his wife Rose-Marie and their son Daniel took charge of the business. Their achievements were rewarded and celebrated, notably with the Plakanda summer festivals, which became something of a tradition over the years.

In 1989 the family firm was sold to Distral Holding AG and later to entrepreneur Peter Gmür. Officially renamed Plakanda AG in 1991, the company went on to experience a boom in business. Under Gmür's leadership, a successful team focused on high-end locations, maximum occupancy rates for the poster sites and a strategy of astutely managed, continuous growth. When the city of Zurich introduced a new overall concept for poster advertising, Plakanda demonstrated its negotiating skills both with the local authorities and APG. The same skills were apparent in the game-changing takeover of two competitors, AWI AG and OFEX AG. As a result, Plakanda became number two in the Swiss out-of-home advertising market.

The next change of name occurred in 2001, with the takeover by the US outdoor advertising group, Clear Channel. In 2003, CEO Beat Roeschlin and his team secured Switzerland's largest permanent billboard site and an exclusive contract with Shell (Switzerland) for subsidiary Clear Channel Plakanda. Despite the challenges arising from the financial crisis in the following years, the company managed to expand its portfolio of billboard sites. In 2010 a new CEO, Jürg Rötheli, stepped into the leadership role. In 2014 the new opportunities offered by digital advertising, including LEDs, QR codes and barcodes, which the company had already been among the first to exploit, are under ongoing evaluation with pilot projects that aim to reach specific target audiences even more effectively. New marketing tools are being developed that are precisely tailored to the poster advertising medium. Clear Channel Switzerland, with its excellent market position, is in tune with the times and with the rapid changes in society, changes that are no less challenging than those of the 1920s. Today's agenda includes developing the company's presence at public sites and investing in cooperation with agencies and direct clients.

Der Schweizer Flug- und Luftfahrtpionier François Durafour (1888–1967) nach einer Landung in Genf-Cointrin in seiner Caudron, 1920.

Spazierfahrt der Kinder einer Krippe, 1931.

Die Schweiz im Fokus

1920–1939

Zwischenkriegszeit ▶ Die Not der Jahre während des Ersten Weltkriegs kumuliert 1918 im Landesstreik, der die Schweiz an den Rand eines Bürgerkrieges bringt. Trotz sozialen und politischen Reformen bleiben die Spannungen aufgrund der schwierigen wirtschaftlichen Situation bestehen. Erst gegen Mitte der 1920er-Jahre glätten sich die innenpolitischen Wogen, hauptsächlich wegen der positiven Entwicklung der Weltwirtschaft. Mit der Machtergreifung Mussolinis in Italien und dem Aufstieg der Nationalsozialisten in Deutschland ziehen wieder dunkle Wolken auf. Auch dem wirtschaftlichen Aufschwung in den 20er-Jahren bereitet die Weltwirtschaftskrise ein jähes Ende. Ideologisch besinnt sich die Schweiz im Spannungsfeld zwischen Faschismus, Sozia-

Ein Gotthard-Tunnelwärter in Göschenen, 1937.

Die allgemeine Mobilmachung: Angehörige begleiten einen Offizier der Grenzschutztruppen der Schweizer Armee am 29. August 1939 im Hauptbahnhof von Zürich zu einem Zug.

Der Paradeplatz in Zürich, 1936. Das erste Tram-Wartehäuschen wurde bereits 1928 errichtet.

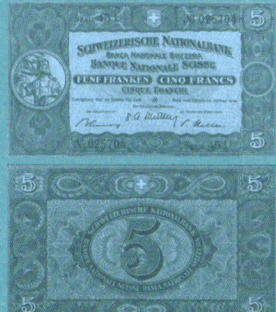

Das «Fünfernötli» aus der Banknotenserie von 1911. Die Vorderseite zeigt ein Porträt von Wilhelm Tell, die Rückseite Ornamente, Rosette und Weltziffer.

Die Postkutsche und ein Reisebus vor dem Hotel Bellevue auf der Passhöhe bei der Wiedereröffnung der Simplonpassstrasse, Pfingsten 1937.

Plakat von Emil Cardinaux, einem Mitbegründer des Schweizer Künstlerplakats, aus dem Jahr 1924.

Der Tourismus in St. Moritz blühte bereits 1935.

lismus und Kapitalismus auf den eigenen «Sonderfall» und beschwört eidgenössische Werte wie Freiheit, Demokratie und kulturelle Vielfalt. Innenpolitisch findet ein umfassender Schulterschluss statt, der sich 1935 im Bekenntnis der Sozialdemokraten zur Landesverteidigung und 1937 in der Partnerschaft zwischen den Arbeitgebern und den Gewerkschaften in der Metall- und Uhrenindustrie offenbart. So ist die Schweiz 1939 besser auf den Kriegsausbruch vorbereitet als 1914.

Der bekannte Autorennfahrer Bally aus Zürich, 1920.

Die Olympischen Winterspiele fanden im Februar 1928 in St. Moritz statt.

1924 bis 1939
Gründerjahre der Plakat und Propaganda A.-G.

Die Gründung der Plakat und Propaganda A.-G. von Rudolf und Wanda Häuptli-Schiller im Dezember 1924 fällt in die Goldenen Zwanziger, die eine künstlerische Avantgarde und massenhaft produzierte Waren prägen. Das Plakat wird zum zentralen Werbemittel. Der Widerstand gegen die von der Stadt Zürich erlassenen Vorschriften über den Anschlag von Reklamen sowie gegen die Marktführerin Allgemeine Plakatgesellschaft APG formen den Charakter der Plakat und Propaganda A.-G.: niemals aufgeben. Ende der 30er-Jahre steht sie da mit einem neuen Wort-Bild-Logo, hinzugewonnenen Plakatstellen und Heinrich Erb, der Häuptlis die Gesellschaft abgekauft hat.

GRÜNDERJAHRE

In der Epoche der Goldenen Zwanziger reflektiert die Kreation von Werbeplakaten den weltweiten wirtschaftlichen Aufschwung. Durch die zunehmende Grossserienfabrikation mit rationellen Produktionsmethoden wird die Reklame zu einem ausserordentlich wichtigen kommerziellen Kommunikationsmittel. Die Industrie verlangt nach Verkaufsförderungsmassnahmen, um die rasant wachsende Zahl ihrer Produktpaletten kundzutun. Das Herzstück der Werbung bildet dabei das Plakat. In diese Zeit fällt die Geburtsstunde der Plakat und Propaganda A.-G. von Rudolf und Wanda Häuptli-Schiller mit Sitz an der Germaniastrasse 60.

Die Meldung im Schweizerischen Handelsamtsblatt vom 7. Januar 1925 lautet: «Unter der Firma Plakat und Propaganda A.-G. hat sich, mit Sitz in Zürich und auf unbestimmte Dauer, am 17./31. Dezember 1924 eine Aktiengesellschaft gebildet. Ihr Zweck ist die Erwerbung und Erstellung von Reklametafeln und Affichen und der Betrieb damit verbundener Geschäfte sowie ähnlicher, der Reklame dienender Unternehmungen. Das Aktienkapital beträgt Fr. 60000 und ist eingeteilt in 60 auf den Namen lautende Aktion zu je Fr. 1000. Die Gesellschaft erwirbt von Frau Wanda Häuptli, in Zürich 7, Hirslanderstrasse 49, gemäss Kaufvertrag vom 10. Dezember 1924 die bereits von derselben erstellten Zeichnungen und Reklametafeln, Bestellungen und Abonnements zum Preis von Fr. 10000 gegen Uebergabe von zwanzig als mit 50% liberiert geltenden Aktien der Gesellschaft. (...) Der Verwaltungsrat besteht aus: Heinrich Schenker, Kaufmann, von Däniken (Solothurn), in Zürich 6, Präsident; Rudolf Häuptli, Kaufmann, von Zürich, in Zürich 7, und Georg Binkert, Kaufmann, von Werthenstein (Luzern), in Zürich 6.»

Häuptlis fokussieren zu Beginn ihrer Geschäftstätigkeit auf die Platzierung von Werbung in Zeitungen und die Gestaltung von Schaufenstern, sie spezialisieren sich bei Letzterem insbesondere auf die Bewerbung von Sonnenschutzmitteln. Wenig später weiten sie ihr Geschäftsmodell aus und beginnen, sowohl auf privatem wie auch auf öffentlichem Grund Plakatwände, Reklame- beziehungsweise Propagandatafeln, Reklamemasten und Reklameschaukasten zu akquirieren und ihren Kunden als Werbefläche anzubieten. Eine erste Plakatstelle bringt Wanda Häuptli bei der Gründung in die Firma ein.

Vorschriften über den Anschlag von Reklamen

Im Februar 1925 erlässt die Stadt Zürich Vorschriften zum Schutze des Stadt- und Landschaftsbildes, die auch den Anschlag von Reklamen, insbesondere Plakaten, auf öffentlichem und privatem Grund regeln. Artikel 4 der Zürcher Vorschriften zum Schutze des Stadt- und Landschaftsbildes besagt: «Ankündigungen aller Art (Geschäfts- und Reklameschilder, Aufschriften, Abbildungen, Plakate, Transparente, Lichtreklamen, Laternen, Schaukästen, wechselnde und dauernde Reklamebilder von Kinotheatern usw.) auf öffentlichem und privatem Grunde müssen an sich und im Zusammenhang mit

1 Reklamewand Ecke Kasernenstrasse/Sihlweg Zürich, 1927.

2 Reklamewand Brandschenkestrasse Zürich, 1928.

3 Propagandatafel an einem im Jahr 1862 erbauten Haus im Aussersihlquartier Zürich, zirka um 1925.

4 Reklamewand Engequartier/Bleicherweg Zürich, 1938.

5 Historischer Auszug aus dem «Firmenbuch», dem Handelsregister des Kantons Zürich, ab 1924 bis 1968.

der Umgebung oder mit dem Gebäude, an dem sie angebracht sind, nach Farbe, Form und Umfang eine ästhetisch befriedigende Wirkung haben.» 1900 wird in Genf die Société Générale d'Affiche gegründet, 1907 schliesst sie mit der Stadt einen umfassenden Plakatierungsvertrag auf öffentlichem Grund ab. Ausgehend von Genf fasst Société Générale d'Affiche rasch als Allgemeine Plakatgesellschaft (nachfolgend APG) in allen Landesteilen Fuss.

So werden kleinere Plakatgesellschaften wie die Plakat und Propaganda A.-G. immer stärker reguliert und auf den privaten Grund zurückgedrängt.

Bewilligungspflichtig ist zu dieser Zeit lediglich, Brandmauern zu Werbezwecken zu benützen sowie Lichtreklamen anzubringen. Federführend in Sachen Reklameanlagen ist die neu geschaffene Amtsstelle für Reklamen, welche beim Hochbauamt der Bausektion II des Zürcher Stadtrates angesiedelt ist. Geben Ankündigungen gemäss Artikel 4 Anlass zu Beanstandungen, teilt dies die Amtsstelle dem Eigentümer mit und gibt ihm gleichzeitig an, in welcher Weise «Abhülfe» zu schaffen sei. Bei Uneinigkeit zwischen Amtsstelle und Eigentümer oder – bei bewilligungspflichtigen Geschäften – Gesuchsteller wird das Geschäft der Kommission zur ästhetischen Begutachtung von Reklamen überwiesen.

Plakat und Propaganda A.-G., eine Kämpfernatur

Der Charakter der Plakat und Propaganda A.-G. zeigt sich in der ersten Stunde. Ihrem Ziel, sowohl auf privatem wie auch auf öffentlichem Grund den Anteil an Plakatwänden rasch zu steigern, kommen Häuptlis mit viel Kreativität, Ehrgeiz, Durchhaltewillen und Hartnäckigkeit nach. Schritt für Schritt erkämpfen sie sich Stelle für Stelle, mit vorausschauendem Denken und umsichtigem Handeln. Fühlen sie sich ungerecht behandelt, setzen sie offensiv alle Hebel in Bewegung, um Abhilfe zu schaffen. Damit ist der Grundstein für die «Kämpfernatur» der Firma gelegt, die niemals aufgibt, die sich mit jedem Geschäftsführer oder Verkaufsdirektor bis in die Neuzeit halten wird.

Am 9. März kommt Rudolf Häuptli «durch einen tragischen Unglücksfall» in seinem 39. Altersjahr um. Als sein Nachfolger wird Dr. Ernst Kunz, Kaufmann von Horgen, neu in den Verwaltungsrat gewählt. Gleichzeitig erhöht man das Aktienkapital auf 90 000 Franken durch Ausgabe weiterer 30 Namensaktien zu je 1000 Franken. Das Geschäftslokal wird an die Sihlstrasse 17 und bereits ein Jahr später, Anfang Dezember 1929, an die Bahnhofstrasse 57a in Zürich verlegt.

Doch Wanda Häuptli operiert nicht allein weiter, denn in den Zwanzigerjahren absolviert Heinrich Erb, ein äusserst engagierter Lehrling, seine kaufmännische Ausbildung bei der Plakat und Propaganda A.-G. Erbs starke Identifikation mit der Firma, sein nach kurzer Zeit eifrig angeeignetes Fachwissen, seine rasch gewachsene Praxiserfahrung sowie seine intensiven Kontakte zu Kunden und Behörden lassen ihn unerwartet schnell in die Führungsposition der Plakat und Propaganda A.-G. hineinwachsen. Bereits am 3. Dezember 1929 erteilt ihm der Verwaltungsrat die Kollektivprokura zu zweien.

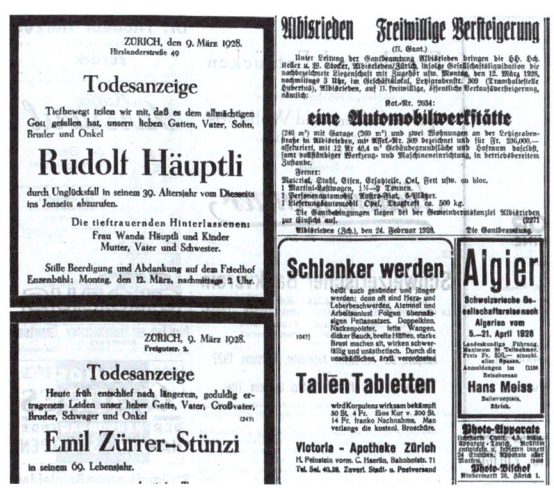

6 Ein Auszug aus der «Neuen Zürcher Zeitung» vom 10. März 1928 mit der Todesanzeige von Rudolf Häuptli.

tungsabteilungen für den ▶ Fiskalgrund eingeht, umschifft er das Hindernis «unsere grosse Konkurrenz auf öffentlichem Grund» äusserst geschickt. Und ein Nein ist aus Erbs Blickwinkel noch lange nicht definitiv. Abweisende Bescheide seitens der Behörden, um Reklameflächen aufzustellen oder stehen zu lassen, zieht Erb an die nächste Instanz weiter. Gegen negative Entscheide der Bausektion II des Stadtrates Zürich erhebt er Einsprache, er rekurriert den darauffolgenden negativen Entscheid an den Bezirksrat und eine Instanz später an

▶ Fiskalgrund

Städtisches Land, welches nicht öffentlicher Grund ist und nicht zum Verwaltungsvermögen (wie etwa Amtshäuser und Schulbauten) gehört. Der Fiskalgrund ist Teil des Finanzvermögens. Die Objekte (Wohnungen, Gewerberäume, Parkplätze usw.) vermietet die Stadt in der Regel an Dritte.

Verhandlungen mit privaten Eigentümern und Behörden

Erb verfolgt von Anfang an eine klare Unternehmensstrategie und versucht, sich von der Konkurrenz der anderen kleinen Plakatierunternehmen rasch zu differenzieren. Dass das Volumen, die Anzahl verfügbarer Plakatflächen, einer der wesentlichen Erfolgsfaktoren für die Zukunft ist, erkennt er geschwind. Zürichs Stadtkreise werden strassenweise minutiös nach optimalen Reklameflächen abgesucht, den Akquiseraum weitet er bald vom Stadtgebiet auf die umliegenden Gemeinden aus.

Während andere kleine Plakatierunternehmen mit Blick auf die Marktführerin APG gegen Windmühlen ankämpfen und schnell aufgeben, macht sich Erb für sein Unternehmen stark und versucht, sowohl auf Privat- wie auch auf öffentlichem Grund nachhaltig an Terrain zu gewinnen. So schliesst die Plakat und Propaganda A.-G. in den Dreissigerjahren nicht nur unzählige Mietverträge mit privaten Grundeigentümern, sie gewinnt für manche Reklamefläche auch öffentlich-rechtliche Eigentümer wie die Liegenschaftenverwaltung der Stadt Zürich oder die Städtische Strassenbahn Zürich. Indem er Verträge mit verschiedenen städtischen Verwal-

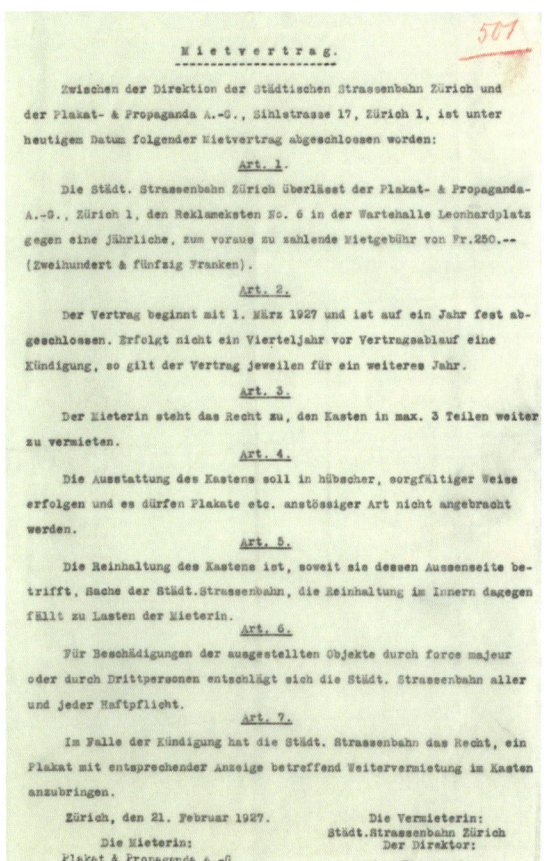

7 Mietverträge über Plakatstellen umfassen 1927 lediglich sieben kurze Paragrafen auf einer Seite. Hier ersichtlich am Beispiel eines Mietvertrages zwischen der Direktion der Städtischen Strassenbahn Zürich und der Plakat und Propaganda A.-G. für einen Reklamekasten in der Wartehalle Leonhardplatz. Derselbe Vertrag wurde auch für die Tramhalle Weinberg-Schaffhauserstrasse abgeschlossen.

FIRMENGESCHICHTE

8 Die Verträge mit Privaten basieren auf standardisierten Vertragsformularen und werden handschriftlich ergänzt. Der 1932 abgeschlossene Pachtvertrag der Plakat und Propaganda A.-G. mit dem Landwirt Jakob Bachmann für das Anbringen einer Reklametafel auf Privatgrund in Richterswil bleibt bis 1992 bestehen.

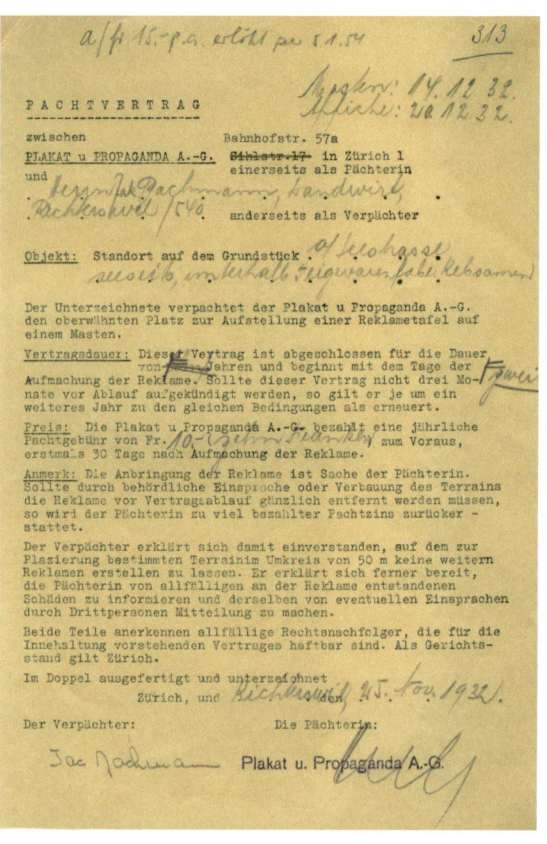

den Regierungsrat. Dafür holt er sich juristische Verstärkung. Erb lässt sich vom Rechtsanwalt Dr. Siegbert Strauss, der an der Bahnhofstrasse nur ein paar Hausnummern weiter seine Kanzlei führt, fortan in juristischen Angelegenheiten wie beispielsweise Rekurssachen vertreten. Den Fall «Anordnung der Beseitigung von je einer Reklametafel

9 Zweifacher Logowechsel in den 1930er-Jahren.

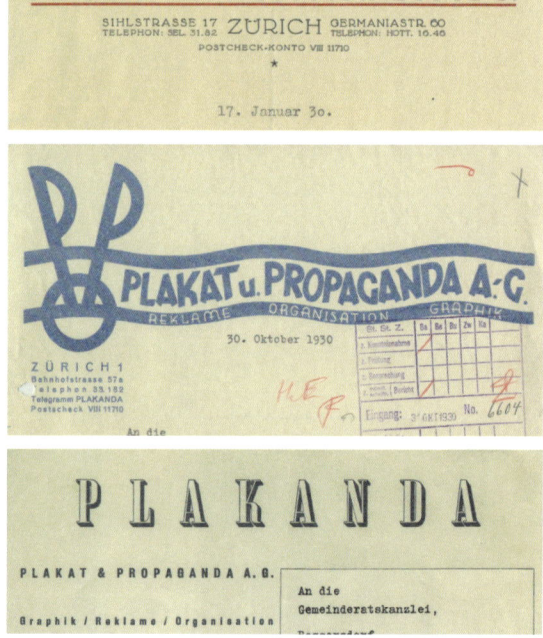

in den Gemeinden Opfikon und Dietlikon durch den Gemeinderat» ziehen Erb und Rechtsanwalt Strauss bis vor das Bundesgericht – mit dem Resultat: «Die Beschwerde wird, soweit auf sie eingetreten werden kann, als unbegründet abgewiesen.» Die Firma sollte bis 2010 äusserst streit- und rekursfreudig bleiben.

Marketing – ein neuer Logoschriftzug und ein neuer Name

In professioneller Manier packt Erb das Thema Unternehmensauftritt an und verleiht der Firma bereits im Jahr 1930 ein neues Gesicht. Damit beweist er, dass das Unternehmen etwas vom Reklamewesen versteht. Der bis anhin schlichte, zurückhaltende Logoschriftzug wird von einem üppigen Wort-Bild-Logo abgelöst. Der neu hinzugefügte Claim «Reklame, Organisation, Grafik» lässt unschwer erkennen, wie Erb sich die Option für zusätzliche Geschäftsfelder offenlässt. Mitte der Dreissigerjahre bereits wird die visuelle Verpackung erneut verändert. Auf den opulenten Auftritt folgt ein bescheideneres, auf Typografie reduziertes Firmenzeichen. Bis ins Jahr 2014 gibt es noch unzählige Logowechsel sowie Namensänderungen.

An der ausserordentlichen Generalversammlung der Aktionäre vom 22. November 1932 wird beschlossen, das Aktienkapital auf die Hälfte, das heisst 45 000 Franken, zu reduzieren. 90 Namensaktien von nominal 1000 Franken werden dafür auf nominal 500 Franken abgestempelt. Handelt es sich bei der Kapitalherabsetzung um eine echte buchhalterische Korrektur – das Eliminieren eines Verlustes aufgrund eines negativen Geschäftsjahres inmitten der 1930er-Krisenjahre –, oder wollte sich Erb in weiser Voraussicht auf einen möglichen späteren Erwerb der Firma eine sanierte Basis schaffen?

Ende der Dreissigerjahre beschliesst Erb gemeinsam mit einem befreundeten Reklamegestalter in einer Weinlaune, das Unternehmen fortan Plakanda zu nennen und den juristischen Firmennamen Plakat und Propaganda A.-G. nur noch in formalen Angelegenheiten zu verwenden. Bei der neuen Wortkreation handelt es sich um einen äusserst starken und einprägsamen Markennamen, selbst öffentliche Stellen sprechen in ihren offiziellen Schreiben fälschlicherweise von der Plakanda A.G. Im Handelsregister wird die juristische Namensänderung jedoch erst viel später, am 5. Februar 1991, amtlich eingetragen.

Die APG-Marktmacht

Die APG nutzt ihre Marktmacht und insbesondere ihren Einsitz in der Kommission und beobachtet die Aktivitäten der Plakat und Propaganda A.-G. kritisch. So besagt das Protokoll vom 9. Februar 1938 der 32. Kommissionssitzung im Büro des Stadtbaumeisters im Amtshaus in Zürich: «In Sachen Plakanda A.G., Plakatwand Hardstrasse 9: Es ist eine 9 m lange Plakatwand als Einzäunung des Wirtschaftsvorgartens vorgesehen. In der Entfernung von 3 m steht eine Telefonkabine mit Reklameflächen. Die Kommission kann gegen das Projekt nichts einwenden, wenn die Ausführung einwandfrei geschieht. Immerhin teilt sie die Auffassung, dass eine Anhäufung solcher Reklamewände auf privaten Grundstücken längs der Strassen unerwünscht ist, da sich sonst zusammen mit den der A.P.G. vertraglich zugestandenen Flächen eine Ueberladung der Strassen mit Reklamen ergibt.»

Und im Protokoll der 36. Kommissionssitzung steht: «Die Plakanda A.G. beschwert sich über ungleiche Behandlung bezüglich der von ihr eingerichteten Plakatwände. Die Kommission ist heute noch der Auffassung, dass das Aufkommen weiterer Plakatwände nicht erwünscht ist. Dir. [Wolfgang] Lüthy von der Allg. Plakatgesellschaft hat festgestellt, dass auf dem Gebiet der Stadt etwa 1100 Plakate angebracht sind, die ausserhalb des Monopolvertrages der A.P.G. angebracht wurden.»

Heinrich Erb kauft «seine» Plakanda

Das 1930er-Jahrzehnt der Plakat und Propaganda A.-G. endet mit der Meldung im Schweizerischen Handelsamtsblatt über eine markante Veränderung im Verwaltungsrat und die Rückverlegung des Sitzes an den bisherigen Geschäftssitz: «Der Verwaltungsrat besteht aus einem oder mehreren Mitgliedern. Besteht er nur aus einem Mitglied, so ist dasselbe einzelunterschriftsberechtigt. (...) Heinrich Schenker, Georg Binkert und Dr. Ernst Kunz sind aus dem Verwaltungsrat ausgeschieden; deren Unterschriften sind erloschen. Neu wurde der bisherige Kollektivprokurist Henry Erb als einziger Verwaltungsrat gewählt. Derselbe führt an Stelle der bisherigen Kollektivprokura nunmehr Einzelunterschrift. Das Geschäftsdomizil befindet sich ab 1. April 1938 in Zürich 1, Sihlstrasse 17.»

Heinrich Erb kauft Häuptlis die Plakat und Propaganda A.-G. ab. Operativ handelt es sich dabei nicht um einen Wechsel, denn Erb amtiert zu dieser Zeit bereits federführend für die Plakat und Propaganda A.-G.

10 24. März 1937: Protokoll der Sitzung der Zürcher Kommission zur ästhetischen Begutachtung von Reklamen.

Ein Kiosk bei Hunzenschwil im Kanton Aargau an der Hauptstrasse Zürich–Bern, 1953.

Die Schweiz im Fokus
1940–1959

Kriegsjahre und wirtschaftlicher Aufschwung
▶ Im Jahre 1939 bricht der Zweite Weltkrieg aus, und mit der Eroberung Frankreichs durch die Deutschen ist die Schweiz vollständig von den Achsenmächten eingeschlossen. Die kleine und ungefährliche Demokratie wird geduldet, nicht zuletzt weil die Schweiz wirtschaftlich bis zu einem gewissen Grad mit den Nationalsozialisten kooperiert, politisch aber an ihrer Neutralität festhält. Innenpolitisch verlaufen die Kriegsjahre vergleichsweise harmonisch – es herrscht eine Art Burgfrieden: Arbeitgeber und Arbeitnehmer ziehen am gleichen Strick, der erste Sozialdemokrat kommt in den Bundesrat, die Bauern zeigen den Städtern im Rahmen der «Anbauschlacht», wie man Gemüse anpflanzt, und auch die sozioökonomischen Span-

10. Juli 1940: Aus dem Dienst entlassene Territorialtruppen der Schweizer Armee sind auf dem Weg nach Hause.

Vor dem Bundeshaus in Bern werden im Rahmen der Anbauschlacht während des Zweiten Weltkriegs Kartoffeln angebaut.

31. August 1944: Im Rahmen des Frauenhilfsdienstes (FHD) der Schweizer Armee werden bei einem Kurs in Thun freiwillige Schweizerinnen als Rotkreuz-Fahrerinnen ausgebildet.

Die Tramstation beim Central in Zürich, 1943.

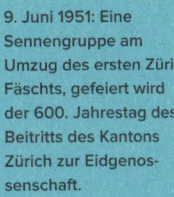

9. Juni 1951: Eine Sennengruppe am Umzug des ersten Züri Fäschts, gefeiert wird der 600. Jahrestag des Beitritts des Kantons Zürich zur Eidgenossenschaft.

In Bern messen sich im November 1950 die besten Damencoiffeure des Landes am 4. nationalen Preisfrisieren, das mit einer Fachausstellung verbunden ist.

Plakat von Karl Schlegel für den Migros-Genossenschafts-Bund, MGB, Zürich 1935 bis 1940.

nungen halten sich wegen der stets gewährleisteten Grundversorgung in Grenzen. In den Nachkriegsjahren pocht die Schweiz als unversehrte Insel inmitten des zerstörten Europas weiter auf ihre Neutralität, auch wenn sie im Rahmen des beginnenden Kalten Krieges klar im liberal-westlichen Lager verankert ist. Die 1950er-Jahre kennzeichnet ein wirtschaftlicher Aufschwung auf breiter Front, was sich in der Konsumkultur, der starken Bautätigkeit und der gesteigerten Mobilität manifestiert. Die politische und soziale Stabilität geht mit konservativen Mentalitäten einher, wie etwa die deutliche Ablehnung des Frauenstimmrechts im Jahre 1959 zeigt.

Die Schweizer Bobfahrer Felix Endrich und Friedrich Waller sind an den Olympischen Spielen im Februar 1948 auf der Bobbahn in St. Moritz im Zweierbob unterwegs.

Januar 1959: Die erste Volksabstimmung über das eidgenössische Frauenstimmrecht steht bevor.

1940 bis 1959
Pionierzeit der Plakat & Propaganda AG

Bricht die Produktion in den kriegerischen 40er-Jahren teilweise ein, wird doch konstant geworben, und sei es nur , um die Waren den Verbrauchern in Erinnerung zu bringen. Heinrich Erb ist beflissen, neue Reklameflächen beispielsweise auf städtischen Sportanlagen zu akquirieren, bestehende Verträge zu erneuern oder zu ergänzen. Mit der Aktion «Das schwarze Brett des Plakats» macht er nicht nur auf das 35-jährige Bestehen der Plakat & Propaganda AG aufmerksam, er schafft damit auch eine über viele Jahre wirksame Marketingkampagne. Die Stadt Zürich verpflichtet die Plakanda in den 50er-Jahren, keine politischen Plakate anzubringen.

Trotz den politischen Spannungen in Europa verändert sich an der Fülle der beworbenen Waren auf Plakaten, in Zeitungen und Zeitschriften zunächst nichts. Weiterhin regen die Anzeigen zum Kauf von Produkten der Massengüterindustrie an. Selbst die Zwangsbewirtschaftung scheint die Werbung nicht weiter zu beeinflussen. So finden sich im Bereich des Konsums neben den Angeboten für alltägliche Artikel auch Werbung für Luxuswaren wie Alkohol, Kosmetika, Tabak und Diätmittel. Insbesondere während des Zweiten Weltkrieges werben grosse Konzerne wie gewohnt auf Postern und in den Druckmedien für ihre Ware. Obschon die Produkte zu der Zeit nicht erhältlich sind, bezweckt die Werbung, dass der potenzielle Kunde diese im Hinterkopf behält. Gerade bei solchen des täglichen Bedarfs reduziert sich die Produktion nur auf das Nötigste.

Investitionen in die Zukunft

Die Anzahl der bewirtschafteten Reklameflächen der Plakat und Propaganda A.-G. wächst, und die vergrösserte Belegschaft verlangt nach neuen Räumlichkeiten. Zudem ist die Miete an der Bahnhofstrasse ein kostspieliges Unterfangen. Erb wird an der Löwenstrasse 2 in Zürich fündig, einen Stein-

1 Plakatsäule an der Forchstrasse 109 in Zürich, 1941.

wurf vom alten Standort entfernt. So bezieht die Plakat und Propaganda A.-G. Anfang der 1940er-Jahre an der Sihlporte das neue Büro zu einem jährlichen Mietzins von 2497 Franken. Es besteht aus drei ineinander übergehenden Zimmern von insgesamt 79 Quadratmetern und einem separaten Hofraum für den Baudienst. Der juristische Sitz der Firma wird 1948 an die Sihlporte verlegt. Die Lage im fünften Geschoss stellt insbesondere die technischen Angestellten vor eine Herausforderung. Ein exter-

2 Reklametafeln entlang einer Bauwand, Brandschenkestrasse Zürich, 1945.

3 Reklametafeln an der Badenerstrasse in Zürich, 1946.

4 Reklametafeln an der Seebacherstrasse 66 in Zürich, 1946.

5 Reklametafeln entlang einer Bauwand, Werdstrasse 40 in Zürich, 1949.

6 Reklametafeln entlang einer Bauwand, Brandschenkestrasse 2 in Zürich, 1950.

7 Reklametafeln an einer Telefonkabine, Hardstrasse Zürich, 1959.

8 Reklamesäule an der Kalkbreitestrasse 40 in Zürich, 1956.

9 Ergänzt werden die Verträge mit handgezeichneten Plänen, hier am Beispiel für eine Plakatwand an der Winterthurerstrasse 164 in Zürich, 1952.

nes Warenlager für Tafeln und Plakate in Embrach und nachfolgend in Zürich Wipkingen schafft zu einem späteren Zeitpunkt Abhilfe. Trotzdem bleibt der Standort Löwenstrasse/Sihlporte bis ins Jahr 1976 bestehen.

1949 findet eine Kapitalerhöhung um 5000 Franken auf insgesamt 50 000 Franken statt. Die Statuten zeugen von einer kleinen Namensänderung von Plakat und Propaganda A.-G. auf Plakat & Propaganda AG sowie von einer Erweiterung des Gesellschaftszwecks. Mit dem Passus «(…) die Uebernahme von Reklamekonzessionen und die Nutzung derselben, sowie die Betätigung im gesamten Gebiet der Reklame- und Verkaufsorganisation (…)» stellt Erb wiederum weitsichtig wichtige Weichen für die Geschäftsentwicklung der nachfolgenden Jahrzehnte.

Die Reklameflächen zu bewirtschaften, ist eine aufwendige Arbeit und stellt – um unterm Strich eine positive Bilanz ausweisen zu können – entsprechend hohe Anforderungen an die lukrative Vermarktung der Reklameflächen an Kunden. Erb kämpft während mancher Jahre für schwarze Zahlen. Hauptumsatzträger sind Kunden aus der Alkohol- und Tabakindustrie, daneben werden Markenartikel, Konsumgüter des täglichen Bedarfs und Textilwaren stark beworben.

Eine Pionierzeit ist nicht immer einfach, aber nur, wer in der Gegenwart investiert, kann die Zukunft mitgestalten. Erb akquiriert weiter. Unzählige in den Protokollen der Kommission für ästhetische Begutachtung von Reklamen ab 1940 aufgeführte «Plakanda-Geschäfte» stehen sinnbildlich für seinen kontinuierlichen Kampf für Flächenwachstum, sowohl auf öffentlichem wie auf privatem Grund. Erb ist bei den Behörden bekannt für ellenlange Briefe. Seine ins Feld geführten Argumentationen sind geschickt. Immer öfter liest sich in den Protokollen: «Unter diesen Bedingungen stimmt die Kommission zu.» Doch muss er auch negative, unbegründete «Grundsatzentscheide» entgegennehmen, wie beispielsweise dem Fall «Anleuchtung der Brandmauerreklame ‹Rum Coruba› Schöneggstrasse 40» zu entnehmen ist. Trotz vorgängiger Einholung der Bewilligung der SBB für die Lichtinstallation erteilt die Kommission einen negativen Bescheid: «Das Gesuch wird, weil grundsätzlich keine Brandmauern angeleuchtet werden sollen, abgelehnt.»

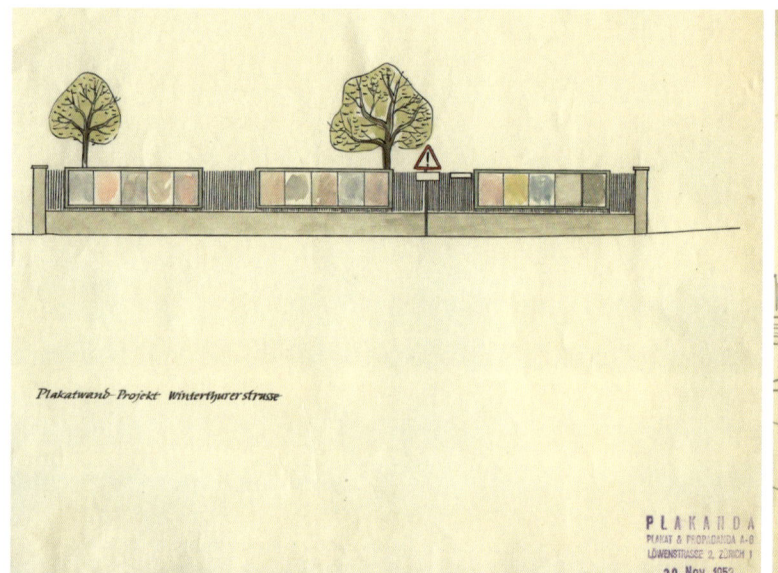

Abschluss neuer Pachtverträge

Bei Pachtverträgen mit Privaten versucht Erb, eine Laufzeit von fünf Jahren abzuschliessen, gelingt ihm dies nicht, integriert er bei einer kürzeren Laufzeit von beispielsweise zwei Jahren wenn möglich eine automatische Verlängerung von einem Jahr, sofern der Vertrag nicht sechs Monate vor Ablauf gekündigt wird. Was die Anzahl Plakatfelder pro Reklamewand betrifft, lässt er sich jeweils die Option für eine «gelegentliche» Vergrösserung vertraglich zusichern. Der Pachtzins für die Reklamewände beträgt Mitte der Vierzigerjahre durchschnittlich je zehn Franken pro Plakatfeld im ▸ **Weltformat.**

Ergänzt werden die Projekteingaben für die Anbringung von neuen Plakatwänden mit minutiös von Hand gezeichneten Plänen und mit Fotoaufnahmen der jeweiligen Lokalität.

1956 wird mit dem Hochbauinspektorat der Stadt Zürich ein Mietvertrag über Plakattafeln an der Limmattalstrasse 260 in Zürich Höngg abgeschlossen. Sie werden 1956 angebracht, im selben Jahr um weitere Flächen erweitert, in den 1970er-Jahren aus verkehrspolizeilichen Gründen um das Plakatfeld senkrecht zur Strasse reduziert und anschliessend seitens der Stadt ganz gekündigt. Plakanda schenkt Letzterem keine Beachtung, mit dem Effekt, dass der Vertrag in den 1980er-Jahren offi-

▸ **Weltformat**

Die Normgrösse für Werbeplakate, F4, das Weltformat XIV, allgemein «Weltformat» genannt, basiert auf einem vom deutschen Chemiker Wilhelm Ostwald 1911 entwickelten System von Papierformaten, die verlustfrei durch Faltung ineinander übergehen.

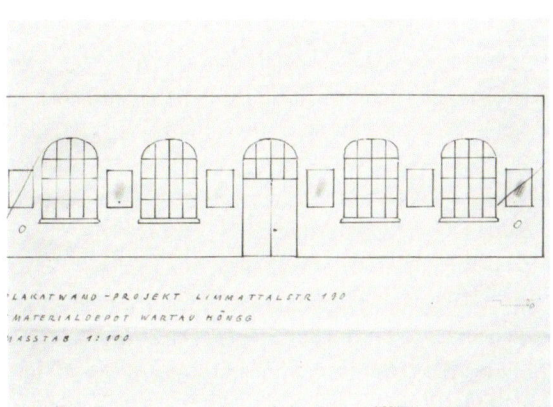

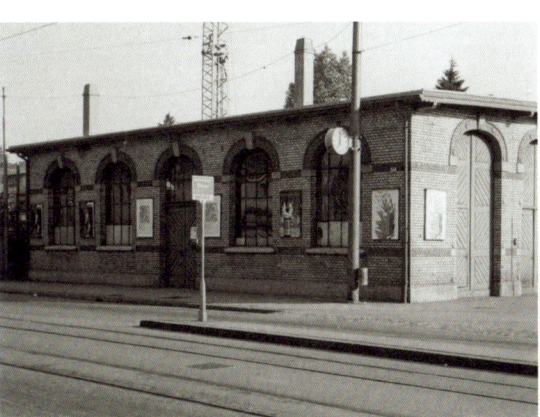

10 Handgezeichneter Plan zur Anbringung von vier Plakattafeln an der Limmattalstrasse 260 in Zürich, 1956.

11 Fotoaufnahme der Reklametafeln an der Limmattalstrasse, 1956.

Hochbauinspektorat der Stadt Zürich
Amtshaus III Lindenhofstr. 21 Tel. 216 51 11 Postfach, 8021 Zürich 1

Sachbearbeiter: T. Müller
Tel. 216 26 65

Plakat und Propaganda AG
z.H. Herrn Baumann
Löwenstrasse 2

8001 Zürich

Eingegangen: 2. JULI 1981

	BA		Disp.	
Zur Kenntnis:				
Zur Erledigung:				
Zurück an:				

Zürich, 29. Juni 1981
Mr/re

Mietvertrag über Plakattafeln an der Limmattalstrasse 260, 8049 Zürich-Höngg

Sehr geehrter Herr Baumann

Wir beziehen uns auf den obgenannten Mietvertrag vom 8. August 1974 sowie die kürzlichen Telefongespräche zwischen Ihnen und unseren Herren H. Roost und T. Müller.

Der eingangs erwähnte Mietvertrag wurde Ihnen mit unserem Schreiben vom 11. März 1976 auf den 30. April 1976 gekündigt. Aus uns heute nicht mehr ganz erfindlichen Gründen wurde dieser Kündigung beidseits keine entsprechende Nachachtung verschafft. Einerseits bedienten Sie diese Plakatwände weiterhin ohne Entrichtung eines Mietzinses, andererseits beharrten wir nicht eindringlicher auf der ausgesprochenen Kündigung.

Um diese Angelegenheit nunmehr erledigen zu können, unterbreiten wir Ihnen folgenden Vorschlag:

- Unsere Kündigung vom 11. März 1976 wird rückwirkend annulliert.
- Der Mietvertrag vom 8. August 1974 bleibt weiterhin bestehen mit der Anpassung, dass der Mietzins inskünftig kalenderjährlich zum voraus bezahlt wird und gemäss Stadtratsbeschluss mit Wirkung ab 1. Januar 1982 eine 10 %-ige Erhöhung erfährt.

- 2 -

- Sie überweisen uns mittels beiliegendem Einzahlungsschein die gemäss folgender Aufstellung ausstehenden Mietzinse:

Mai/Juni 1976	Fr. 30.--
1.7.76 - 30. 6.77	Fr. 180.--
1.7.77 - 30. 6.78	Fr. 180.--
1.7.78 - 30. 6.79	Fr. 180.--
1.7.79 - 30. 6.80	Fr. 180.--
1.7.80 - 30. 6.81	Fr. 180.--
1.7.81 - 31.12.81	Fr. 90.--
Total	Fr. 1'020.--

Wir bitten Sie höflich, uns zum Zeichen Ihres Einverständnisses die beiliegende Briefkopie gegengezeichnet zu retournieren.

Mit freundlichen Grüssen
Der Hochbauinspektor

Beilagen:
1 Briefkopie
1 Einzahlungsschein

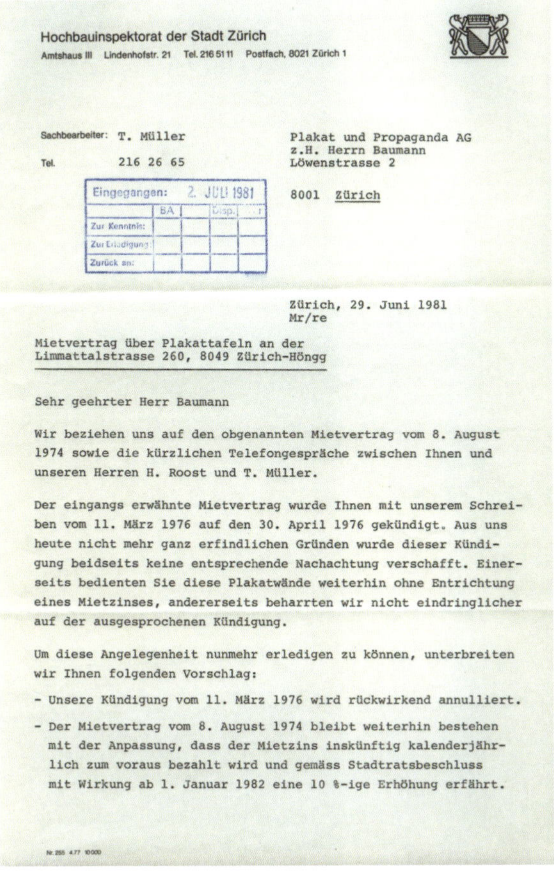

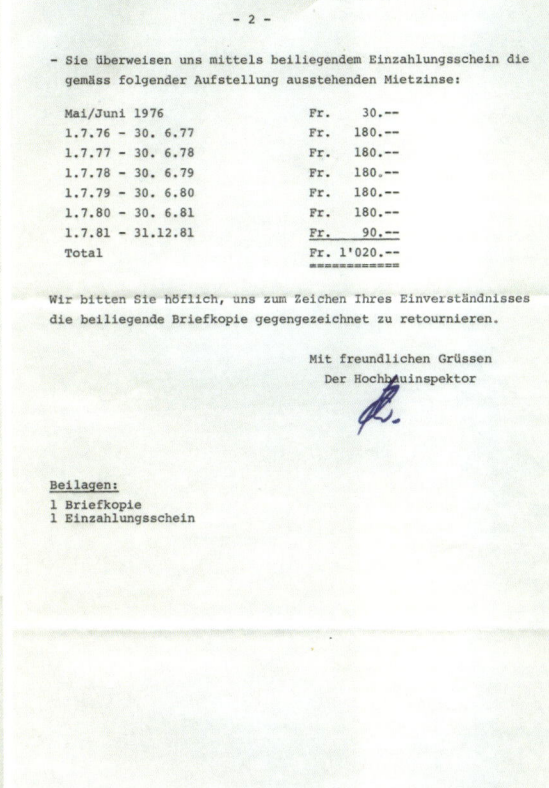

12 Eine Vertragskündigung seitens der Stadt Zürich zeitigt keine Wirkung: Die Plakattafeln an der Limmattalstrasse bleiben im Portfolio der Plakat & Propaganda AG bis Anfang der 90er-Jahre.

FIRMENGESCHICHTE

13 Die von weitem sichtbare Reklametafel auf dem Privatgrund von Jakob Bachmann in Richterswil, 1954.

Erneuerung bestehender Verträge

Die bestehenden Verträge werden kontinuierlich erneuert, und wo immer möglich werden die bereits existierenden Reklameflächen ausgeweitet, der Pachtzins zugunsten der Firma neu verhandelt oder die Laufzeiten maximal fixiert. Doch auch die Gegenseite schläft nicht und stellt Forderungen. Der 1932 abgeschlossene Vertrag mit dem Landwirt Jakob Bachmann für das Anbringen einer Reklametafel auf seinem Privatgrund bleibt über ein halbes Jahrhundert bestehen, im Jahr 1992 kündigt Plakanda aufgrund von Portfolioumstrukturierungen die Plakatstelle. Jakob Bachmann und später seine Erben entpuppen sich als vife Verhandler. Bereits 1954 wird eine 50-prozentige Pachtzinserhöhung auf jährlich 15 Franken veranschlagt. Im Jahr 1982 beträgt der Pachtzins das Zehnfache, 150 Franken. Im Dossier «Jakob Bachmann» finden sich aus den Jahren dazwischen unzählige Schreiben über Mietzinserhöhungen, Kündigungsandrohungen, Diskussionen über Eigentum am Reklamemobiliar und letztendlich wieder beidseitig versöhnliche Vertragsänderungsbestätigungen. Das Dossier steht sinnbildlich für manche Verhandlungsrunden, welche Erb mit privaten Grundeigentümern in den Jahren 1940 bis 1959 führt.

ziell erneuert wird. Erst 1993 im Zuge des Zürcher Plakatierungskonzepts GK92 – welches eine massive Reduktion der Plakatflächen auf Stadtgebiet vorsieht – wird die Reklamefläche endgültig entfernt.

14 Die Entscheidungskompetenz über die Beurteilung «kritischer» Plakatsujets obliegt 1956 der Liegenschaftenverwaltung der Stadt Zürich. Erhebt diese Einspruch, sind die beanstandeten Affichen sofort zu entfernen.

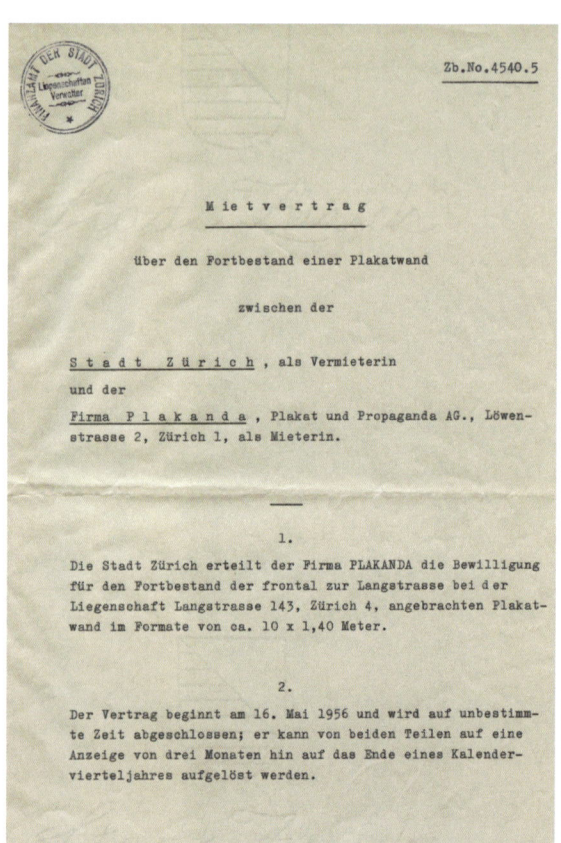
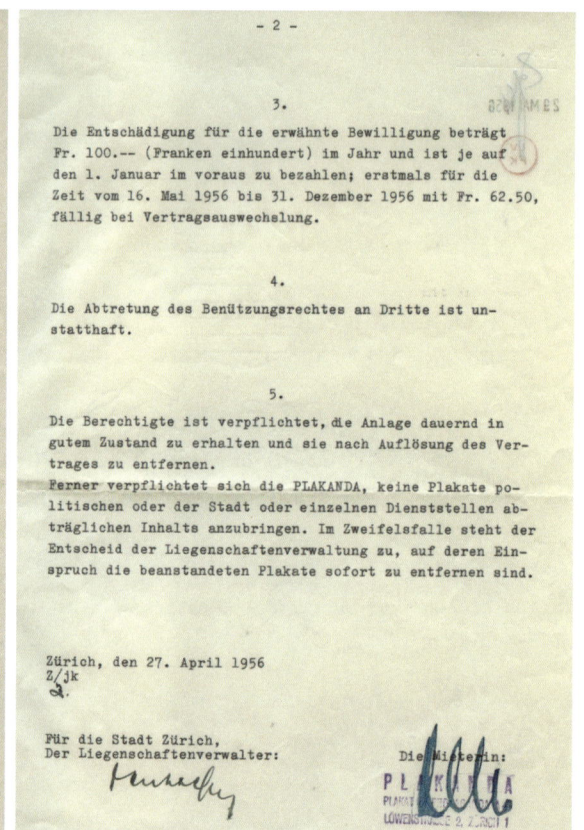

Auch in den Akten über Pachtverträge mit Verwaltungsabteilungen der Stadt Zürich lassen sich reichlich Dokumente finden, die von unzähligen Interaktionen zeugen.

So wird beispielsweise der Mietvertrag zwischen der Direktion der Städtischen Strassenbahn Zürich und der Plakat und Propaganda A.-G. für das Anbringen einer Orientierungstafel mit zwei Reklamen an der Umzäunung des Depots Hard aus dem Jahr 1937 ausgeweitet, weitere Plakatwände an der Seefeldstrasse kommen dazu. Gleichzeitig wird die Anzahl der Reklametafeln pro Standort auf sechs Felder ausgedehnt.

Die Erneuerung der Verträge mit der Stadt Zürich als Vermieterin bedingt seitens der Stadt in den 1950er-Jahren erstmals einen zwingenden und relativ offen formulierten Passus über die Plakatsujets. So hat sich die Plakanda zu verpflichten, «keine Plakate politischen oder der Stadt oder einzelnen Dienststellen abträglichen Inhalts anzubringen».

Plakatierung auf städtischen Sportanlagen sowie Schwimm- und Strandbädern

Zu den bereits auf eine stattliche Anzahl angewachsenen Verträgen mit städtischen Verwaltungsabteilungen für den Fiskalgrund kommen laufend Kontrakte über die Plakatierung auf städtischen Sportanlagen sowie Schwimm- und Strandbädern hinzu. Seit 1925 badet das Zürcher Volk im Strandbad Mythenquai, die Anlage wird als stark frequentierte Familienfreizeitanlage benutzt. Entlang einer Bretterwand sichert sich Erb für die Plakat und Propaganda A.-G. frühzeitig eine erhebliche Anzahl Reklameflächen. Anfang 1956 bekommt Erb Wind vom Fall «Neubeurteilung Plakataushang Mythenquai aufgrund Renovationsarbeiten», welcher an der 56. Kommissionssitzung vom 25. Juni 1953 behandelt wird. Proaktiv schreibt er der Amtsstelle für Reklame: «Wir haben vorgemerkt, dass eine Kommissions-Sitzung zur Beurteilung des Plakataushanges im Strandbad am Mythenquai am 25. ds. Mts. stattfindet und wir erwarten mit Interesse Ihre diesbezügliche Einladung.» Denn die vorgesehene Neuordnung des Plakataushangs sieht nur noch eine geringe Anzahl an Reklameflächen vor. Erb bemüht sich intensiv, die ihm zugestellte Kündigung der Reklameflächen rückgängig zu machen. Er holt sich Unterstützung vom Schweizerischen Reklameverband und Schweizerischen Inserentenverband und kontert, die radikale Herabsetzung des Aushangvolumens über 20 Plakatfelder sei für die Pla-

15 Reklameflächen im Strandbad Mythenquai in Zürich, Aufnahmen 1925 und 1946.

kanda existenzbedrohend. Nach intensiven Diskussionen ergibt sich, dass in der laufenden Saison eine Anzahl weiterer Plakate angebracht werden dürfen, die Platzierung der Plakate müsse aber besser aufgelockert sein. Zum Mythenquai-Vertrag gesellen sich die Alleinkonzessionen für das Stadion Letzigrund, den Sportplatz Utogrund, die Sport- und Freizeitanlage Heuried, die Schwimmbäder Allenmoos und Auhof.

Nicht nur in Zürich ist die Plakat & Propaganda AG in manchen Sportanlagen oder Strand- und Schwimmbädern vertreten. Die laufende Akquise in diesem Sektor lässt das Portfolio bis in die 70er-Jahre um die Reklameanlagen in den Bädern in Männedorf, Wädenswil, Thalwil, Kilchberg sowie Küsnacht anwachsen sowie um die Kunsteisbahn und Sportanlage in Urdorf.

FIRMENGESCHICHTE

16 «Das schwarze Brett des Plakates» der Plakat & Propaganda AG in der Urbangasse beim Bellevue Zürich, 1957.

17 Einladung von Heinrich Erb an Kunden zur 84. Ausstellung am «Schwarzen Brett des Plakates», 1970.

Marketing mit Plakatgrafik

Ende der 50er-Jahre lanciert Erb im Namen der Plakat & Propaganda AG, mit Blick auf das 35-jährige Bestehen der Firma, «Das schwarze Brett des Plakates». Er installiert an der St. Urbangasse in unmittelbarer Nähe des Bellevues in Zürich eine schwarze Wand mit ungefähr einem Dutzend Reklameflächen im Weltformat. Die «Galerie der Strasse» inszeniert thematische Spezialgebiete der Plakatgestaltung, zum Beispiel bekannte Zürcher Grafiker oder spannende Sujets wie «Das Plakat als Mahner». Die NZZ berichtet in der Morgenausgabe vom 3. Februar 1958: «Deutsche Politiker an einer Zürcher Plakatwand: Von einer Zürcher Häuserfront sehen einem gegenwärtig Politiker entgegen, die überall bekannt sind und doch keinen Anspruch auf einen Sitz im Gemeinderat erheben: Adenauer und Ollenhauer. Die Firma Plakanda AG, die sich seit 1923 mit dem Anschlagen von Plakaten auf privatem Grund befasst, zeigt an ihrem Schwarzen Brett des Plakates in der St. Urban-Gasse Beispiele aus

den letztjährigen Kampagnen für die deutschen Bundestagswahlen. In früheren Freiluftausstellungen hatte die Plakanda auf Beispiele gültiger moderner oder älterer schweizerischer Werbegraphik aufmerksam gemacht zur Anregung künftiger Auftraggeber und zur Ermunterung der Künstler. Die Plakate der CDU und der SPD von 1957, auf die sich die Schau dieses Monats beschränkt, sind nicht vorbildliche, doch interessante Exempel. Sie machen augenfällig, dass in der Bundesrepublik eine Bildsprache üblich, also wohl wirksam ist, die uns fast als Fremdsprache erscheint. Der Plakatstil dürfte weitgehend dem Geschmack der Wählermassen entsprochen haben; zumindest entsprach er den Vorstellungen, welche sich die Wahlstrategen von deren Geschmack gemacht hatten.»

Jede Schau dauert einen Monat. Zur Vernissage erscheinen prominente Gäste aus Politik und Wirtschaft, so der Zürcher Stadtrat und Polizeivorstand der Stadt A. Sieber, der Präsident des schweizerischen Reklameverbandes Ad. Guggenbühl, sowie Künstler, Grafiker und Presseleute. Eine clevere Marketingidee, die nicht nur in Kreisen des grafischen Gewerbes auf grosse Resonanz stösst und der Firma breite Präsenz in den aktuellen Printmedien wie «Neue Zürcher Zeitung», «Tages-Anzeiger», «Tat und Volksrecht» verschafft. Die Events finden bis in die 70er-Jahre statt.

18 Anfrage der Plakat & Propaganda AG beim eidgenössischen Militärdepartement für Affichen für militärische Belange zwecks Ausstellung am «Schwarzen Brett des Plakates», 1957.

19 Die 77. Ausstellung am «Schwarzen Brett des Plakates» widmet sich dem Thema «Zürich: einst – gestern – heute: Kulturelle Impulse», 1969.

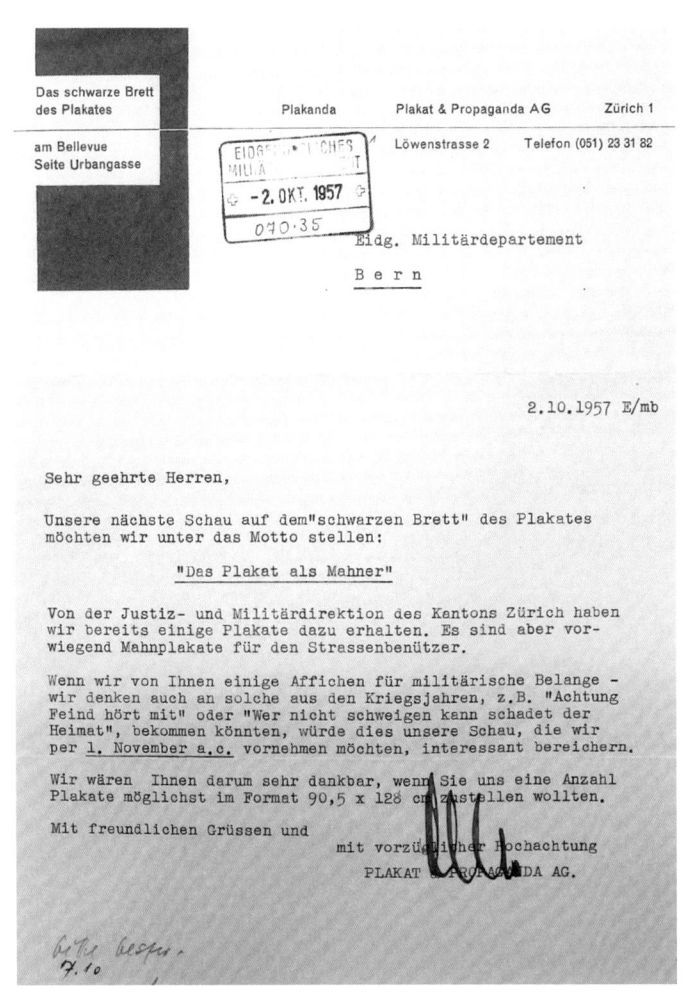

Im Januar 1963 war der ganze Bodensee zugefroren.

Die Schweiz im Fokus
1960–1979

Hochkonjunktur, Rezession und soziale Konflikte ▶ In den 1960er-Jahren setzt sich die Hochkonjunktur in der Schweiz ungebrochen fort, das führt insbesondere in der Baubranche zu einem Mangel an Arbeitskräften. Die deswegen ins Land geholten Gastarbeiter, vornehmlich aus Italien, schüren die Angst vor einer «Überfremdung»: Die gleichnamige Initiative, welche die Ausweisung von 300 000 Ausländern zur Folge gehabt hätte, wird 1970 nur knapp verworfen. Am anderen Ende des politischen Spektrums kumuliert 1968 die Unzufriedenheit der Jugend mit den etablierten Wertvorstellungen in Strassenschlachten vor dem Globus-Gebäude in Zürich, sie führt längerfristig zu einem tiefgreifen-

Die Grossüberbauung Tscharnergut in Bern, 1964.

Der 50er aus der Banknotenserie von 1976. Auf der Vorderseite ist der Naturforscher und Gelehrte des 16. Jahrhunderts, Konrad Gessner, abgebildet.

In einer Kundgebung für das Frauenstimmrecht ziehen am 2. Februar 1967 Frauen mit Fackeln durch die Zürcher Altstadt zum Limmatquai.

Dezember 1964: Italienische Fremdarbeiter verlassen Zürich für die Festtage.

25. November 1973: Wie ausgestorben wirken an diesem autofreien Sonntag Strassen und Kreuzungen in der Stadt Zürich.

Wer soll da den Blick auf sich lenken? 1968 findet der Internationale Automobilsalon von Genf zum 38. Mal statt.

Plakat von Hugo Wetli, Trickfilmzeichner, Zeitungsgestalter, Grafiker und Maler, 1960.

den gesellschaftlichen Wandel. Etwa zur gleichen Zeit begräbt die Schweiz ihre Pläne, eine eigene Atombombe zu bauen, sie wird 1971 zu einer vollgültigen Demokratie, indem das Frauenstimmrecht, zumindest auf nationaler Ebene, angenommen wird. Die Hochkonjunktur, die geprägt war vom Aufstieg des Dienstleistungssektors, endet 1973 abrupt mit der Ölkrise und lässt die Schweiz in eine Rezession schlittern. Allgemein wird in den 1970er-Jahren Kritik am blinden Wachstumsglauben laut, und die Umweltschutz- und die Anti-Atomkraft-Bewegung beginnt sich zu formieren. 1979 löst sich der nördliche Teil des Juras vom Kanton Bern und tritt als 26. Kanton der Eidgenossenschaft bei.

Der Kühlturm des Atomkraftwerks Gösgen im Kanton Solothurn im Bau, aufgenommen am 19. Juli 1975.

Auftakt zu den 68er-Jugendunruhen: Am 14. April 1976, am ersten Rolling-Stones-Konzert im Hallenstadion in Zürich, zerstören Fans das Mobiliar des Hallenstadions. Erst der Einsatz von rund 400 Ordnungskräften verhindert die vollständige Demolierung der Arena.

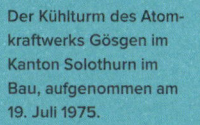

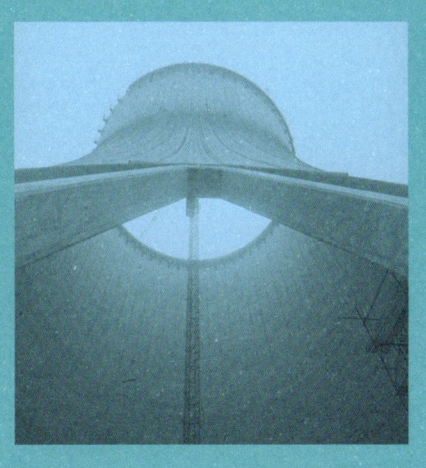

1960 bis 1979
Plakat & Propaganda AG bricht das APG-Konzessionsmonopol

Wirtschaftswunder, zunehmende Internationalisierung und Verlagerung der Werbung von der Produktinformation hin zur Imagewerbung bescheren der Plakatbewirtschaftung in den 60er-Jahren weitere Zuwächse. In dem Jahrzehnt wird zudem der seit fast 50 Jahren dauernde «Kampf um das Plakatanschlagrecht in Zürcher Gemeinden» für die Plakat & Propaganda AG positiv entschieden. Die 70er-Jahre bringen dem Unternehmen technische Neuerungen, die Debatte um Werbeverbote für Suchtmittel, einen Abstecher in den Fahrzeugservice und 1974 sowohl den Rückblick auf 50 Firmenjahre als auch die Übernahme durch die Familie Baumann.

Die Begleiterscheinungen des Wirtschaftswunders, der Anstieg der Massenproduktion und die erhöhten Konsumbedürfnisse bereichern auch den Schweizer Werbemarkt. Slogans wie «neu» und «modern» dominieren 1960 die Werbung und sollen den Verbraucher auf die verbesserte Qualität innovativer Produkte aufmerksam machen. 1960 erfährt die Plakatwerbung parallel zur anziehenden Konjunktur einen signifikanten Aufschwung. Mehr und mehr zeigt sich, dass sich das Plakat auch als kurzfristiges Werbemedium einsetzen lässt. Die fortschreitende Internationalisierung, die in den 70er-Jahren in diversen Wirtschaftsbereichen stattfindet, wirkt sich ebenfalls auf die Werbebranche aus. Kleine Schweizer Firmen wehren sich gegen die weitgespannten wirtschaftlichen Aktivitäten der deutlich grösseren amerikanischen Agenturen. Durch den übermässigen Gebrauch von Superlativen verliert die Sprache vermehrt ihre Überzeugungskraft und Glaubwürdigkeit. Wirksam ist Werbung nur noch mit gezielten Appellen an den eigentlichen Menschen. Auch in wissenschaftlichen Studien wird die Bedeutsamkeit dieser psychologischen Faktoren belegt. 1970 ändern grosse Autofirmen, beispielsweise Volkswagen oder Opel, ihre Werbestrategien und betreiben Imagewerbung anstelle von Produktinformation.

Plakatanschlagrecht in Zürcher Gemeinden

Die Tätigkeit der Plakat & Propaganda AG erstreckt sich Anfang der 60er-Jahre immer noch vorwiegend auf das Stadtgebiet Zürich und weitet sich erst in den Folgejahren in die Agglomeration aus. Dies, obwohl Erb die Gemeinden bereits seit den 1930er-Jahren kontinuierlich anschreibt, oder wie ein Zeitgenosse es beschreibt: «Erb hat einfach kontinuierlich geheult und gebohrt.» Dies ganz zum Ärger der APG, insbesondere des Direktors der Zürcher Filiale Wolfgang Lüthy. Erb und Lüthy wurden nie Freunde. Eine Anekdote erzählt, Erb habe unterhalb einer neu auf Fiskalgrund akquirierten Fläche für ein Grossplakat einen Haken festgemacht, «damit Herr Direktor Lüthy sein verweintes Taschentuch hinhängen kann».

Die 1960er-Jahre kennzeichnet sodann der Kampf um das Plakatanschlagrecht in den Zürcher Gemeinden. Erb spricht unzählige Male persönlich bei manchem Gemeinderat vor und versucht dort, die Dominanz der APG zu durchbrechen. Er beruft sich auf das Wettbewerbsrecht: «Im Hinblick darauf, dass die gegenwärtige Plakatierung (...) ein Monopol darstellt, das im heutigen Stadium der freien Wirtschaft unhaltbar ist, möchten wir Sie bitten, unsere Bewerbung am Anschlagerecht in Ihrer Gemeinde wieder in Erwägung zu ziehen.» Erb offeriert den Gemeinden pro Jahr 20 Franken pro Plakatfeld im Weltformat, das auf gemeindeeigenem Grund errichtet ist; für solche auf privatem Grund ist er gewillt, 10 Franken zu bezahlen.

Die Reaktion der Gemeinden ist unterschiedlich. In einzelnen Gemeinden stösst Erb mit seinen Anfragen auf taube Ohren, beispielsweise in Küsnacht: «(...) dass wir aufgrund unserer vertraglichen Bindungen mit einer Konkurrenzfirma nicht in der Lage sind, auf das Angebot näher einzutreten. (...)

1 Reklamewand entlang der Badenerstrasse Zürich, 1964.

2 Reklamewand entlang der Weinbergstrasse Zürich, 1967.

3 Reklamewand entlang der Forchstrasse Zürich, 1972.

4 Reklamewand an einem Privatgebäude in Zürich Seebach, 1973.

FIRMENGESCHICHTE

5 Brandmauerreklame und Reklametafeln an der Brandschenkestrasse Zürich, 1975.

6 Reklamen entlang der Lavaterstrasse Zürich, 1978.

Die Angelegenheit kann damit als erledigt betrachtet werden.» Andere Gemeinden wie etwa Kilchberg sind gewillt, neben der APG auch die Plakat & Propaganda AG für das Anschlagen von Plakaten zu konzessionieren «(...) und auf das Jahr 1966 eine sowohl Ihre Firma wie auch die APG befriedigende Lösung in Bezug auf die Gewährung des Rechtes, in unserer Gemeinde Plakate anzuschlagen, zu finden». Die Konkurrenz schläft nicht und nutzt die Möglichkeiten, welche ihr Marktgrösse und -position offerieren. So ist in der Antwort der Stadt Adliswil an die Plakat & Propaganda AG zu lesen: «(...) müssen Ihnen aber mitteilen, dass das Konkurrenzangebot der Allgemeinen Plakatgesellschaft ein wesentlich besseres ist.»

Bereits 1964 kommt Erb seinem Ziel einen grossen Schritt näher: Als erste zürcherische Gemeinde übergibt Zollikon der Plakat & Propaganda AG das Recht zum Aushang. Im Jahr 1965 folgt Urdorf und 1969 Birmensdorf. Weitere Erfolge mit Teil- oder Alleinkonzessionen für den Plakataushang zeichnen sich in den Gemeinden Männedorf, Kilchberg, Horgen und Wädenswil ab.

1965/66 treten neue Plakatgesellschaften in der Stadt Zürich auf – zum Beispiel Alkon, AWAG sowie Ilg, die mit deutschem Kapital gegründet

7 Offerte der Plakat & Propaganda AG – mit neuem Logo – an den Gemeinderat Adliswil für das Plakatanschlagrecht, 1966.

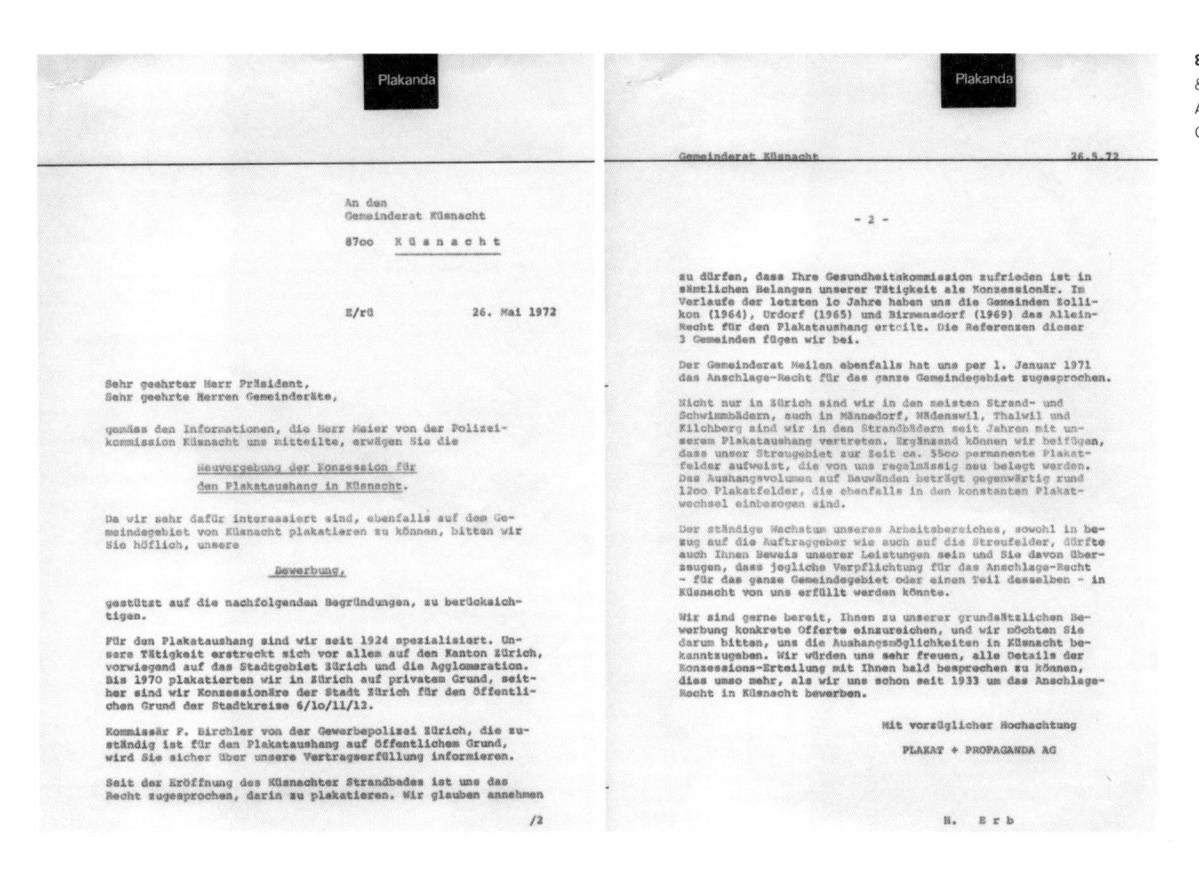

8 Bewerbung der Plakat & Propaganda AG um die Aushangkonzession in der Gemeinde Küsnacht, 1972.

wurde – und profitieren davon, dass keine Bewilligungspflicht für die Plakatierung auf privatem Grund vorherrscht.

Meilenstein Teilaushangkonzession für die Stadt Zürich

Den grössten Erfolg in Sachen Aushangkonzession für den öffentlichen Grund verzeichnet die Plakat & Propaganda AG nach annähernd fünfzig Jahren Auseinandersetzungen mit der Stadt Zürich. Sie erhält per 31. März 1970 den Zuschlag für die Stadtkreise 6, 10 und 11; Nummer 12 kommt später hinzu. Die APG bewirtschaftet die restlichen Stadtkreise. Damit durchbricht Zürich das Konzessionsmonopol der APG – mit Blick auf alle anderen Schweizer Städte eine äusserst ungewöhnliche Praxis.

Obwohl sich damit die Fronten zwischen den beiden Plakatierern teilweise verhärten, finden sie in der Abwehr gegen die neue Konkurrenz einen gemeinsamen Nenner. 1969 startet die Stadt Zürich einen zweijährigen Versuch, auf Strassenpapierkörben zu werben. An stark frequentierten Stellen und Plätzen der Innenstadt werden 26 Körbe aufgestellt, die einen schwenkbaren Deckel und seitlich angebrachte Reklamefelder haben. Sie werden von einem privaten Unternehmer der Stadt gratis zur Verfügung gestellt, 15 Prozent der Einnahmen aus den Reklamen fliessen in die Stadtkasse. Die Plakat & Propaganda AG und die APG wehren sich vehement gegen die neue Konkurrenz. Dies, obwohl sich die Körbe meist auf fiskalischem Grund befinden, der im Stadtvertrag mit den zwei Plakatierern über den öffentlichen Grund nicht eingeschlossen ist. Nach zwei Jahren wird der Versuch abgebrochen. Der Stadtrat begründet den Entscheid mitunter mit dem Hinweis auf die zunehmende Flut von Plakatfeldern und Reklameflächen.

Aufseiten der APG findet denn Anfang der 70er-Jahre auch ein Wechsel in oberster Etage statt. Max Fischer folgt 1970 vorerst als neuer Direktor der Filiale Zürich auf Wolfgang Lüthy – dieser war seit Mitte der 40er-Jahre in seiner Funktion äusserst aktiv – und wenige Jahre später als neuer Generaldirektor auf Noël-Louis Piccot, der seit Mitte der 60er-Jahre amtierte.

Fischer erweist sich als ebenso eiserner Kämpfer wie seine beiden Vorgänger. Der Umgang mit der Plakat & Propaganda AG hingegen zeugt fortan von gegenseitigem Respekt. Man begegnet sich kritisch, aber offen.

Ab 1970 treten mit dem Aussenwerbeboom neue Firmen in den Markt: 1970 Impacta und AWI (durch Übernahme der AWAG durch Ilg), 1975 Wigra, 1981 Interplakat AG und Videotech AG.

Die Tarife für den Streuaushang sowie die an die Stadt zu entrichtenden Konzessionsentschädi-

FIRMENGESCHICHTE

9 Die Konzessionäre sind verpflichtet, jedes Monatsende die Volumina für den regulären Plakatanschlag und für Spezialreklamen (Leuchtplakate, Grossreklame, Bauwandmalereien) zu melden. Auf dieser Basis werden die Konzessionsgebühren an die Stadt kalkuliert.

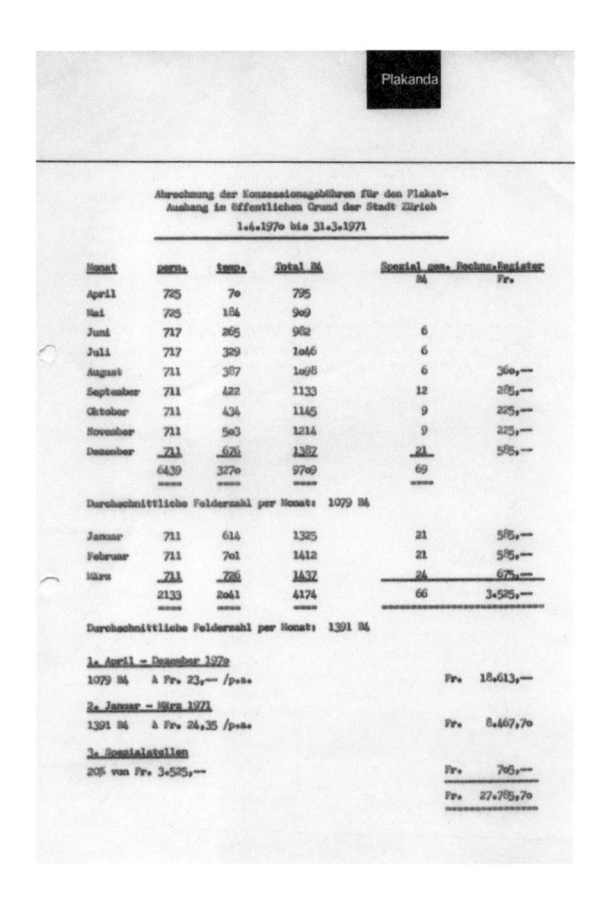

gungen sind vertraglich festgelegt und werden laufend an den Landes-Lebenskosten-Index angepasst. Pro Plakat im B4-Format und Jahr beläuft sich 1970 die Entschädigung an die Stadt auf 23 Franken, der Kundenpreis wird für einen 14-tägigen Aushang auf 5 Franken, 5 Rappen festgelegt.

Der Vertrag mit der Stadt verpflichtet die Konzessionäre zudem, Plakate kulturellen oder gemeinnützigen Charakters gemäss Richtlinien des Polizeivorstandes kostenlos auszuhängen. Für Montage, Demontage und Transportkosten sind 1970 von den Auftraggebern 20 Franken pro B4 an die Konzessionäre zu entrichten. Der Vertrag verpflichtet die Plakat & Propaganda AG sowie die APG zudem, den regulären Anschlag von Plakaten, der von den städtischen Verwaltungsabteilungen angeordnet wird, auf öffentlichem Grund unentgeltlich zu besorgen – die Plakat & Propaganda AG bis zu einem Umfang von 75 B4-Plakaten, die APG zirka 300; für Anlässe von gesamtstädtischer Bedeutung kann der Polizeivorstand diese Zahl ausnahmsweise erhöhen. Für bestimmte Institutionen wie Theater oder den Verein zur Förderung der Volkshochschule des Kantons Zürich sieht der Vertrag besondere Vergünstigungen in der Höhe von bis zu 50 Prozent vor. Auch städtischen politischen Parteien und politischen Gruppierungen ist nebst der Garantie des Aushangvolumens ein Rabatt von 15 Prozent zu gewähren. Der Konzessionsvertrag wird in den nachfolgenden zwei Jahrzehnten bis zum nachfolgenden Gesamtkonzept GK92 mehrfach erneuert und ergänzt. So sieht der Erneuerungsvertrag aus dem Jahr 1976 Sonderstellen für Wahlwerbung vor, die nur in Wahlzeiten eingerichtet und ausschliesslich mit Wahlplakaten belegt werden dürfen. Und die Konzessionäre werden verpflichtet – in Anbetracht der gesteigerten Kulturtätigkeit der Stadt –, auf ihre Kosten sogenannte Storchenständer an bevorzugten Lagen zu platzieren, welche in erster Linie für die Kulturwerbung der Präsidialabteilung reserviert sind. Diese sind so lange im Einsatz, bis Ende der 70er-Jahre die Stadt die Bewilligungen für ein Kulturstellennetz mit über 500 fixen Stellen bestätigt.

Mit dem Thema Plakatierungskonzessionsvergabe setzt sich 1974 auch ein Bundesgerichtsurteil (BGE 100 Ia 445) auseinander. Es stuft das Gemeindemonopol für Plakatanschläge auf öffentlichem Grund, die ausschliessliche Konzessionsvergabe an ein Privatunternehmen sowie die Monopolisierung des Privatgrundes als rechtlich zulässig ein. Dieses Urteil untermauert die Stellung der APG, die zu diesem Zeitpunkt bei einem Löwenanteil der schweizerischen Gemeinden das exklusive Recht des Plakataushangs besitzt.

Akquise und Verkauf

Das Streugebiet der Plakat & Propaganda AG umfasst Mitte der 70er-Jahre in der Region Zürich bereits eine stattliche Summe an permanenten Streuplakatfeldern, die kontinuierlich neu belegt werden. Hinzu kommen annähernd hundert B12-Spezialstellen, ein Dutzend 18-Quadratmeter-Grossreklamen sowie Ende der 70er-Jahre Aushangflächen an fünf Waro-Supermärkten. An der Mühlegasse 13 sowie an der Langstrasse 149 in Zürich positioniert die Plakat & Propaganda AG erste Leuchtplakate. Das Aushangvolumen auf Bauwänden beträgt rund 1200 Stellen – darunter zirka 5 Prozent Spezialstellen –, die ebenfalls in den konstanten Plakatwechsel einbezogen sind. Die Firma beginnt seit Mitte der 60er-Jahre, auch ausserkantonal Fuss zu fassen; so bewirtschaftet sie beispielsweise in Luzern 200 Plakatstellen. Erwähnenswert sind darüber hinaus die exklusiven Reklamefelder auf dem Areal des Pferderennplatzes Frauenfeld – Zeitzeugen des Faibles für Pferderennen, das Erbs Lebenspartnerin gehabt hat.

Ebenso wenig steht die Akquise auf Privatgrund nicht still. Grossreklamen – insbesondere auf kundenseitiger Nachfrage der Tabakindustrie – auf

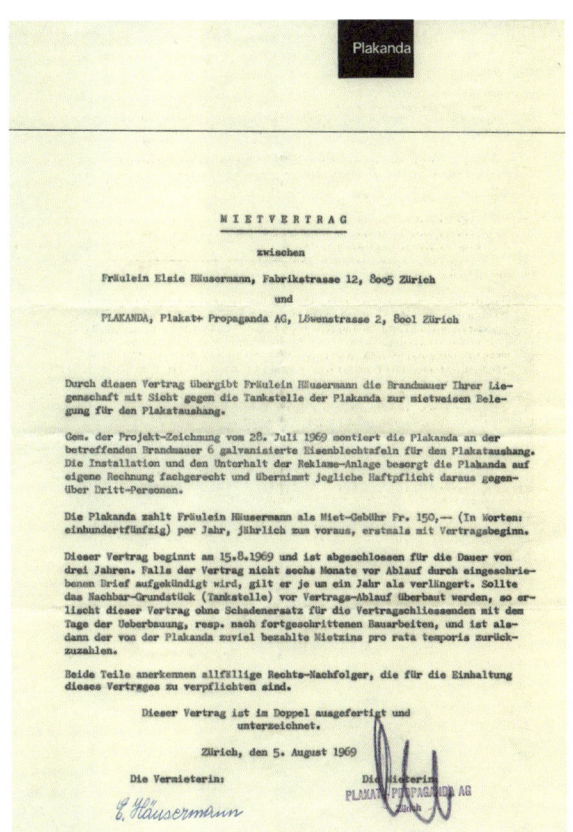

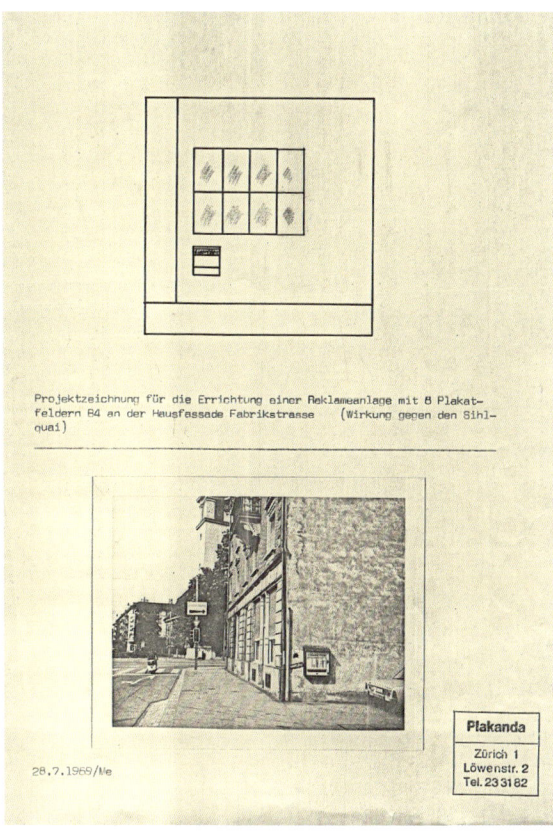

10 Mietvertrag und Projektzeichnung der Plakat & Propaganda AG für die Grossreklamefläche an der Fabrikstrasse 12 in Zürich, 1969.

privatem Grund stossen zum Portfolio. Sie bestehen aus sechs bis acht galvanisierten, aneinandergereihten Eisenblechtafeln für den Plakataushang; der jährliche Mietzins beläuft sich auf 150 bis 200 Franken. Das neue Grossformat ist der Zürcher Amtsstelle für Reklamen ein Dorn im Auge und kann sich nur mit Mühe verbreiten.

Die Mietgebühr wird pro Stelle pro Monat veranschlagt, der Streuaushang auch kurzfristiger für ein oder zwei Wochen. Für ein B4-Streuaushangplakat werden Mitte der 70er-Jahre monatlich 17 Franken, 20 Rappen veranschlagt, für ein B12-Format 51 Franken, 60 Rappen. Die B12-Spezialstellen schlagen monatlich mit 150 bis 250 Franken zu Buche, das Leuchtplakat an der Mühlegasse 13 mit stattlichen 450.

Die Kundenliste wächst stetig an. Hauptumsatzträger sind nach wie vor die Branchen Tabakwaren sowie alkoholische und alkoholfreie Getränke, gefolgt von Textilien, Elektronikartikeln, Banken sowie Zeitungen und Verlagen. Doch nicht jede Akquise wird von den Behörden goutiert. Ein Brief des Polizeiinspektorats der Stadt Zürich aus dem Jahr 1975 an die Plakanda zeigt auf, dass die Behörden bei der Anwendung der Vorschriften keinen Interpretationsspielraum zulassen. Das Casino Konstanz fällt gemäss Gewerbepolizeikommissariat in die Kategorie «ausländische Spielhölle»; wer Reklame für ausländische Glücksspielunternehmen betreibt, macht sich strafbar.

11 Grossreklamefläche an der Fabrikstrasse 12 in Zürich, 1969.

12 Auszug aus der Buchhaltung der Plakat & Propaganda AG.

FIRMENGESCHICHTE

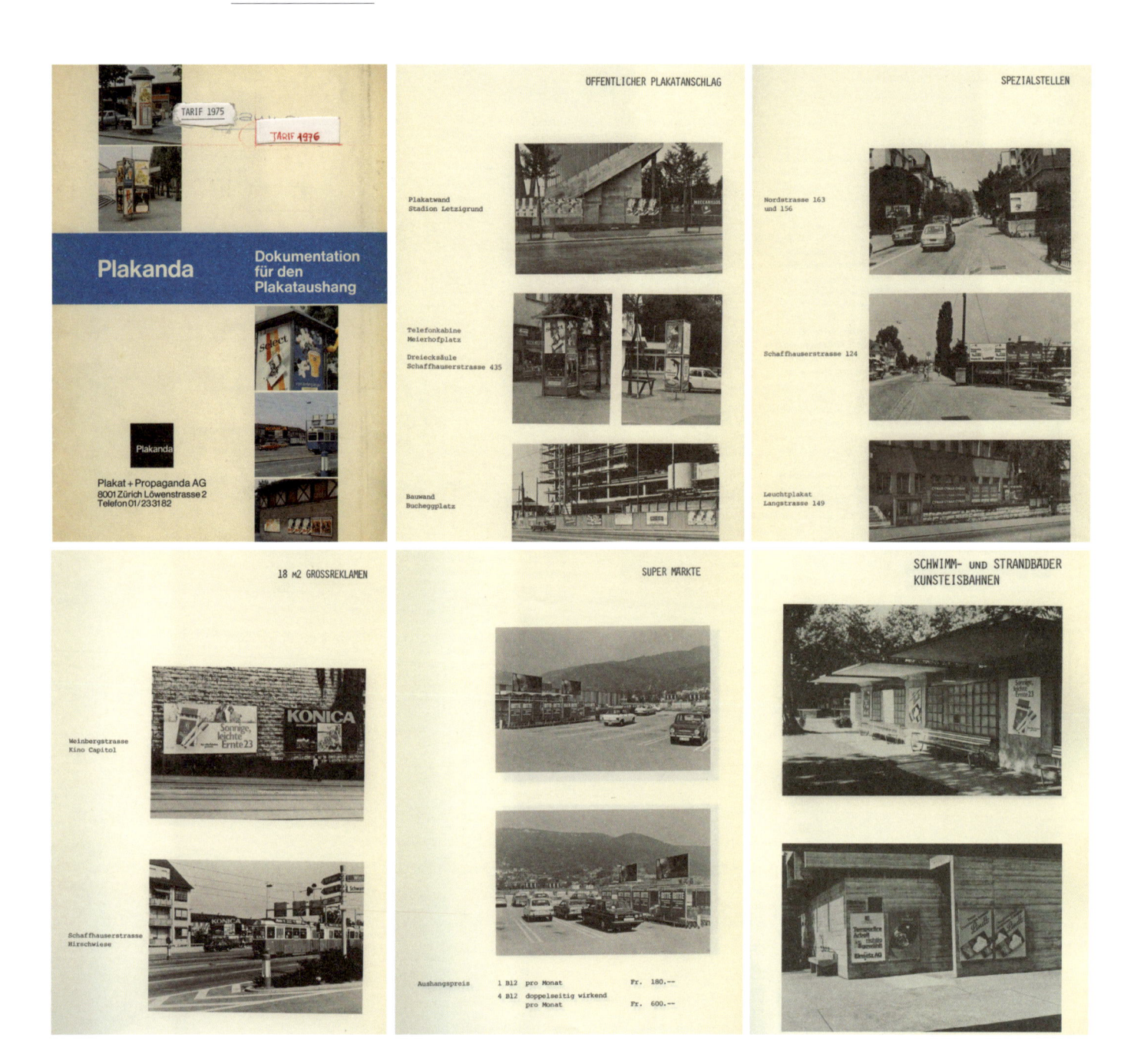

13 Die Kundendokumentation der Plakat & Propaganda AG umfasst 1975 sieben Plakataushangrubriken (hier nicht ersichtlich: die siebte Rubrik «Plakataushang Pferderennplatz Frauenfeld»).

Die Gewerbepolizei ist denn auch die behördliche Abteilung, bei der jedes einzelne Plakatsujet über den Tisch geht. Sie verlangt Einsicht in alle gebuchten Plakatkampagnen und gibt diese mittels Prüfstempel auf einem Referenzexemplar frei, wenn das Sujet den juristischen Vorgaben entspricht. Dieser Prozess wird so lange beibehalten, bis die Behörden Anfang der 90er-Jahre offizielle Richtlinien erlassen, die für die Plakateure in der Beurteilung der Sujets einen Ermessensspielraum vorsehen.

Die Pachtverträge mit den städtischen Verwaltungsabteilungen für den Fiskalgrund werden in den 60er- und 70er-Jahren neu verhandelt und hinsichtlich Standortausweitung und Anzahl Reklameflächen pro Standort maximiert. So wird auch der ursprünglich im Jahr 1937 abgeschlossene und im Jahr 1954 erweiterte Vertrag mit den Verkehrsbetrieben der Stadt Zürich erneuert. Der Standort im Depot Hard fällt weg, dafür wird der äusserst attraktive Standort Seefeldstrasse von 6 auf 15 Reklamefelder ausgeweitet.

Marketingoffensive

Mitte der 60er-Jahre nutzt Erb erstmals Tageszeitungen als Werbemedium für eigene Zwecke. Wird zu Beginn mit der noch etwas trockenen Nachricht «Plakanda Plakat-Aushang Zürich» geworben, heisst es in den Anzeigen der 70er-Jahre offensiver:

14 Zwei Werbeinserate der Plakat & Propaganda AG in der «Neuen Zürcher Zeitung», 1965 und 1971.

«Weil unsere Aushangstellen sich an guten Frequenzlagen befinden und unser Service einwandfrei ist, kommen zielstrebige Auftraggeber zu uns, wenn sie mit Erfolg plakatieren wollen.»

Vom Logo kann die Zukunft einer Firma abhängen, sagt sich Erb. So wagt die Plakat & Propaganda AG 1969 die nächste Änderung ihres Markenzeichens Plakanda. Der Entscheid fällt auf ein schlichtes, klares und einprägsames Logodesign. Das Et-Zeichen & in der langen Firmenbezeichnung wird durch das mathematische Pluszeichen + ersetzt. Das neue Gesicht hat bis in die 90er-Jahre Bestand. Der juristische Name Plakat & Propaganda AG wird beibehalten.

Das in den 50er-Jahren gewachsene Engagement für Schweizer Plakatgestaltung hält sich auch in den 70er-Jahren. 1974 feiert die Plakat & Propaganda AG ihr fünfzigjähriges Bestehen. Eine dreimonatige Plakat-Freiluftausstellung beim Kunsthaus Zürich zeigt zwölf Affichen – als Handlithografien wertvolle Kostbarkeiten – mit Motiven aus dem Firmengründungsjahr 1924. Die Ausstellung fokussiert auf figürliche Darstellungen, welche auffällige Vergleiche zwischen den verschiedenen Gestaltern erlauben. Bedeutende Grafiker wie Otto Baumberger, Niklaus Stoecklin, Emil Cardinaux, Cuno Amiet, Karl Hügin, Hugo Laubi sind darunter zu finden.

Personalrochade

Hinter den Corporate-Design- und Werbeoffensiven steckt nicht Erb allein. Im Gegenteil, die 1960er-Jahre stehen auch für eine Personalrochade sowohl im Verwaltungsrat wie auch im operativ tätigen Team. 1966 stossen drei neue Verwaltungsräte zur Plakat & Propaganda AG: Peter Schiess, Heinrich Brand und die Vizepräsidentin Agatha Baumann, Erbs Lebenspartnerin. 1967 beginnt René Baumann, gelernter Kaufmann und Sohn von Agatha Baumann, bei der Plakat & Propaganda AG zu arbeiten. Ihm wird die Kollektivprokura zu zweien erteilt, bereits ein Jahr später ist er als neuer Vizepräsident des Verwaltungsrats einzelunterschriftsberechtigt. Gleichzeitig wird das Aktienkapital mit der Ausgabe von 50 neuen Namensaktien zu 1000 Franken auf 100 000 erhöht. Heinrich Grand scheidet aus dem Verwaltungsrat aus.

Mit Baumann kommt ein echter Macher ans Werk. Nicht nur an der Akquise- und insbesondere Verkaufsfront weht mit seiner Einstellung ein neuer, frischer Wind. So verhandelt er beispielsweise mit der Frischproduktkette Waro, die in den 70er-Jahren grosse Einkaufscenter eröffnet, und erhält den Zuschlag für die Plakatierung. Ein einträgliches Geschäft mit einer Viertelmillion Umsatz, insge-

15 Logowechsel im Jahr 1969.

samt steigt er 1979 auf 1,15 Millionen Franken. Doch ein Basler Konkurrent macht Baumann das Waro-Geschäft rasch strittig, er offeriert exorbitant hohe Mietzinsen.

Gern packt Baumann auch im Technischen Dienst an und unterstützt die Belegschaft der Plakatierer mit seinem Know-how.

Ab Mitte der 70er-Jahre löst sich Erb vom Tagesgeschäft. Vorausblickend hat Baumann bereits bei seinem Eintritt in die Firma 1967 mit Erb einen Vorvertrag abgeschlossen, der ihm bei einem Aktienverkauf das Vorkaufsrecht einräumt. Im Jahr 1974 zieht sich Erb ganz zurück. Doch plötzlich weigert er sich, den Vertrag mit Baumann einzuhalten, und bietet sein Unternehmen für eine halbe Million Franken der APG an, hinter Baumanns Rücken. Ein Anruf von Noël-Louis Piccot, dem Generaldirektor der APG, spätabends bei Baumanns zu Hause lüftet das unschöne Geheimnis. Schliesslich verkauft Erb seine Plakat & Propaganda AG an die Familie Baumann und scheidet unmittelbar aus dem Verwaltungsrat aus. Nun amtiert René Baumann als Präsident und Delegierter desselben und führt weiter Einzelunterschrift. Vizepräsident des Verwaltungsrates mit Kollektivunterschrift zu zweien wird Peter Schiess.

Das Geschäft zieht an, das operative Geschäft wird intensiviert, und für die organisatorischen Belange, also Korrespondenz nach Diktat und allgemeine Büroarbeiten, wird mit einem Zeitungsinserat eine vife und «jüngere» Sekretärin mit KV-Diplom gesucht. Auch die Kundenbetreuung wird anspruchsvoller, und man hält nach einem weiteren Frontmann Ausschau. Bei der APG wird Baumann fündig. Hans Stalder, mit vielversprechenden Kundenbeziehungen, wird von der Konkurrenz abgeworben und amtiert ab April 1975 als Verkaufsdirektor mit Einzelunterschrift und Firmenbeteiligung. Stalder wiederum holt Jakob Maag, seinen ehemaligen Assistenten bei der APG, um die Bereiche Disposition und Akquisition zu unterstützen. Maag erweist sich als treue Seele, im Jahr 2014 operiert er immer noch als Springer des Technischen Dienstes. Auch Rose-Marie Baumann-Calzavara, Baumanns

16 Der erste Entwurf «mit Wut im Ranzen» an das Hochbauamt der Stadt Zürich im November 1976 lässt vermuten, dass die Plakat & Propaganda AG ab und zu mit dem Vorgehen der Behörden uneins war.

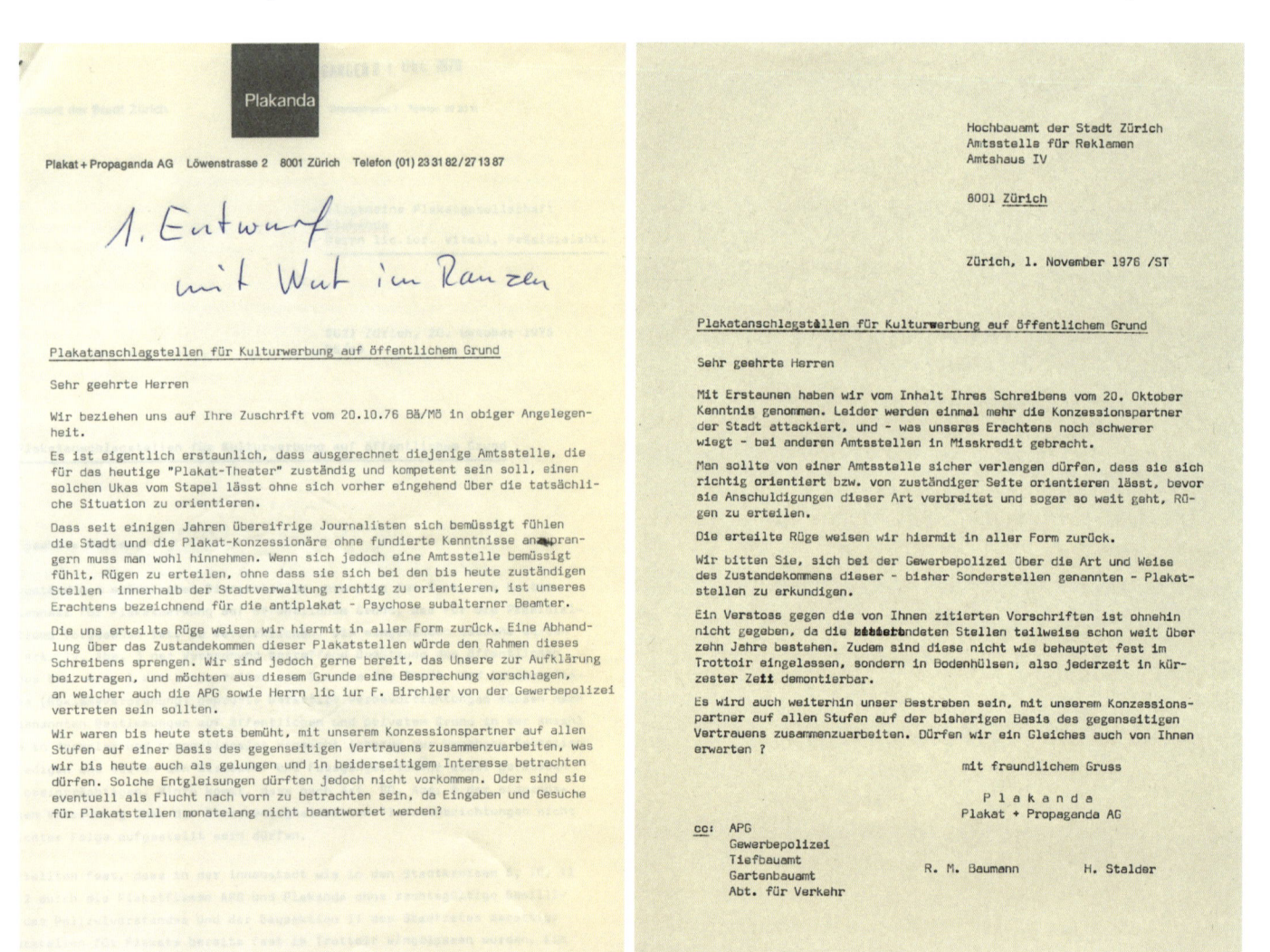

Ehefrau, beginnt in den 70er-Jahren im Betrieb mitzuarbeiten. Neu zum Team stösst Walter Frei, er kümmert sich um die Buchhaltung. Jeder packt an, wie und wo er kann. Der Laden brummt, und innerhalb eines Jahres verdoppelt sich der Umsatz. Im Umgang mit den Behörden bleibt man ganz auf der Linie von Erb: Man wehrt sich in aller Deutlichkeit, doch in anständigem Tonfall.

Debatte über den Einsatz von Werbung für Suchtmittel

In den 1970er-Jahren beginnt die Debatte über den Einsatz von Werbung für Suchtmittel. Eine Anfrage der Stadt Adliswil an die Plakat & Propaganda AG aus dem Jahr 1976, um den Plakataushang in der Gemeinde zu übernehmen, weist explizit auf das totale Werbeverbot für Genussmittelreklamen hin, das heisst für Raucher- und Alkoholwaren. Obwohl die Firma an weiterem Flächenwachstum, insbesondere auf öffentlichem Grund, interessiert ist, weist sie die Anfrage ab. Sie begründet dies damit, dass dieses Verbot Kunden des Genussmittelsegments diskriminiere und gegen die Handels- und Gewerbefreiheit verstosse. Ein Blick auf das Kundenportfolio der Plakat & Propaganda AG der 70er-Jahre lässt unschwer erkennen, dass mögliche negative Reaktionen seitens der Kunden die Firma in eine massive monetäre Schieflage hätten bringen können.

Die 1974 von der Schweizer Guttempler-Jugend angedachte Volksinitiative «Gegen Suchtmittelreklame» wird im April 1976 eingereicht. Das hauptsächliche Anliegen dabei ist, Jugendliche vor der Versuchung des gewohnheitsmässigen Rauchens und Trinkens zu schützen. Die Initianten erwarten von einem völligen Werbeverbot für Tabak und Alkohol mittelbar aber auch einen grundsätzlichen Konsumrückgang im Interesse der Volksgesundheit. Das Volk lehnt die Initiative an der Abstimmung vom 18. Februar 1979 mit 59 Prozent Neinstimmen ab.

Neuer Standort, Investitionen in den Maschinenpark und zweites Standbein

1976 erfolgt der Umzug an die Dennlerstrasse 8, ein Gebäude der Stadt Zürich, das per Zufall vis-à-vis der «Villa Erb» liegt. Treiber für den Umzug war insbesondere der Wunsch, den Technischen Dienst an einem Ort zusammenzuführen und dadurch die operativen Abläufe zu vereinfachen, denn das bis anhin externe Lager der Plakatanschläger in Zürich Wipkingen ist örtlich getrennt von den Stellenmonteuren an der Löwenstrasse. Die Dennlerstrasse 8 – das ehemalige Areal des Fleischverarbeiters Bell – bietet optimale Bedingungen für die wachsende Plakat & Propaganda AG: genügend Bürofläche, optimale Räume für den Technischen Dienst und eine Tankstelle direkt vor dem Haus. Und anstatt nur einen Teil der Liegenschaft für den Eigenbedarf zu mieten, bezieht die Plakat & Propaganda AG gleich das ganze Areal und gibt die nicht benötigte Fläche und Parkplätze lukrativ an verschiedene Untermieter weiter ab.

Mittlerweile umfasst die Firma – Baumanns miteingerechnet – fünf Mitarbeiter im Büro, zwei bis drei Monteure im Baudienst, die laufend die neuen Stellen errichten und Bestehende unterhalten, sowie drei feste und fünf freischaffende Plakatanschläger, die pro geklebtes Plakat honoriert werden.

1979 findet ein erster Schritt in Richtung Automatisierung des Technischen Dienstes statt. Baumann investiert in eine Plakatabdampfmaschine, eine Art «Kärcher». Diese erleichtert der Technischen Belegschaft, die alten Plakate von den Plakattafeln, die im Vierwochenrhythmus zur Neubeklebung in den Technischen Dienst zurückgeholt werden, rascher zu entfernen und für die nachfolgende Belegung vorzubereiten. Auch bei der Bauwandplakatierung leistet die neue Maschine grosse Unterstützung. Bald wird der Maschinenpark um eine weitere, äusserst hilfreiche Automatisierung ergänzt. Fritz und Ursel Wössner, Maschinenbauer aus Deutschland, erfinden ein Verfahren und bauen Maschinen zum Falten von Plakaten. Die zu faltenden Plakate werden zunächst geglättet, dann einer Aufrolleinrichtung und einer Falteinrichtung zugeführt. Ist der Aufrollvorgang beendet, drücken zwei in spitzem Winkel zulaufende Transportbänder die Plakatrolle zusammen. Auf diese Weise lassen sich Affichen mit grossen Abmessungen von zwei bis drei Metern innert weniger Sekunden auf eine Länge von 14 Zentimetern zusammenfalten. Die Wössners schauen sich jeden Betrieb im Detail vor Ort an, diskutieren mit den Verantwortlichen über die jeweilige Falthandhabung, beraten und liefern anschliessend eine den Bedürfnissen entsprechende Maschine. So wird auch ein Einzelstück speziell für die Plakat & Propaganda AG angefertigt.

René Baumann und seine Frau Rose-Marie erkennen bereits in den 70er-Jahren die relevanten weichen Themen eines Familienunternehmens. Sie

FIRMENGESCHICHTE

17 Fritz Wössner vor «seiner» Erfindung: Er definiert in den 70er-Jahren ein einzigartiges Verfahren zum Falten von Plakaten und konstruiert anschliessend eine Maschine für dessen Umsetzung.

18 Ankündigung der neu gegründeten Plakanda AG Pneu-Service an die Plakat-&-Propaganda-AG-Kunden, 1979.

leben eine offene Unternehmenskultur, fördern eine lebensfrohe Mannschaft im Büro, im Baudienst und unter den Plakatanschlägern. Sie sehen hinter dem Mitarbeiter den Menschen, seine Einzigartigkeit. Es hat Platz für den Beständigen, den Pionier, den Herzmenschen, den Cheerleader oder den Indifferenten, eigentlich für jeden. Hauptsache, der Betrieb läuft, und jeder leistet seinen eigenen, wertvollen Beitrag zum Ergebnis. Und René Baumann ist grosszügig. Ein Zeitgenosse erzählt: «Er war überhaupt kein Geiziger. Der hätte sein letztes Hemd gegeben. Nur durfte man es ihm nicht ausziehen. Denn dann hat man es mit ihm verspielt.» Ein anderer meint: «René führte eine Kartei mit Visitenkarten. Da gab es zum Beispiel die Rubrik Kunden, und ganz hinten führte er die Rubrik Freunde und Parasiten, da hatte es aber einige drin.»

Geschäftstüchtig gründet René Baumann im April des Jahres 1979 ein weiteres Unternehmen, die Plakanda AG Pneu-Service, mit Sitz ebenfalls an der Dennlerstrasse 8 und einem Grundkapital von 50 000 Franken. Baumann, Stalder und Schiess bilden den Verwaltungsrat und operieren je mit Einzelunterschrift. Gemäss Handelsregistereintrag bezweckt die Plakanda AG den Handel mit Neu- und Occasionsfahrzeugen, Pneus und Autozubehörartikeln sowie den Betrieb von Service- und Reparaturarbeiten im Autogewerbe. In erster Linie handelt die Firma mit Pneus und bietet Pneuservice an und daneben führt sie kleinere Autoreparaturarbeiten aus. Anstoss zum neuen Gewerbezweig hat zum einen das Firmenareal gegeben, welches über genügend Platz, eine Tankstelle sowie einen Autolift verfügt. Zum anderen hat die Mannschaft des Technischen Dienstes immer wieder freie Kapazität. Baumanns Schwiegersohn, Marc Farrell, der ehemalige britische Davis-Cup-Tennisspieler, arbeitet bei der Pneu Riegg AG in Zollikon. Baumann ermöglicht seinem Schwiegersohn mit der Plakanda AG den ersten Schritt in die Selbstständigkeit. Sowohl Stalder wie Baumann verstehen etwas von Automechanik. Damit ist der Startschuss für das neue, einträgliche Unterfangen gelegt. Von nun an wirft sich jährlich während einer Woche im Frühjahr und im Herbst die Belegschaft inklusive Baumann und Stalder ins Monteurengewand und montiert von morgens bis abends Reifen. Der gute Service und die attraktiven Preise sprechen sich herum, sodass selbst die Zürcher Stadtpolizei auf die rasch anwachsende Kundenliste kommt. Der Pneuhandel floriert bis Mitte der 80er-Jahre. Im Rahmen der schweizweiten Rabattschlacht um Pneupreise wird das Unternehmen im Jahr 1987 liquidiert.

Das starke Duo Baumann lässt dem erfahrenen Geschäftsmann Hans Stalder nur wenig Raum, seine eigenen unternehmerischen Ideen umsetzen zu können: Stalder darf – trotz Beteiligung – im Karren mitfahren, steuern wollen ihn Baumanns aber allein. So verlässt Stalder die Firma bereits Ende 1979 wieder und erwirbt das Unternehmen Vistaphon. Dieses produziert Tonbildschau-, Informations- sowie Märlifeeanlagen und vertreibt sie auch erfolgreich. Stalder scheidet sodann aus dem Verwaltungsrat beider Firmen aus.

Die Swatch-Modelle aus der ersten Serie von 1983.

Die Schweiz im Fokus

1980–1999

Misstrauen gegenüber den Eliten und Aufstieg der SVP ▶ Der Umweltschutz wird in den 1980er-Jahren zu einem dominanten politischen Thema: 1983 wird die Grüne Partei gegründet, 1986 ereignet sich die Nuklearkatastrophe von Tschernobyl, und das Waldsterben bewegt weite Teile der Gesellschaft. Die Frauen erklimmen derweil den Gipfel der politischen Macht: 1984 wählt das Parlament Elisabeth Kopp in den Bundesrat, 1989 muss sie wegen dubioser wirtschaftlicher Machenschaften ihres Ehemanns aber wieder zurücktreten. Infolge der damit verbundenen Untersuchungen wird bekannt, dass die Bundespolizei eine Kartei mit Informationen zu rund 900 000 Personen, sogenannten Fichen,

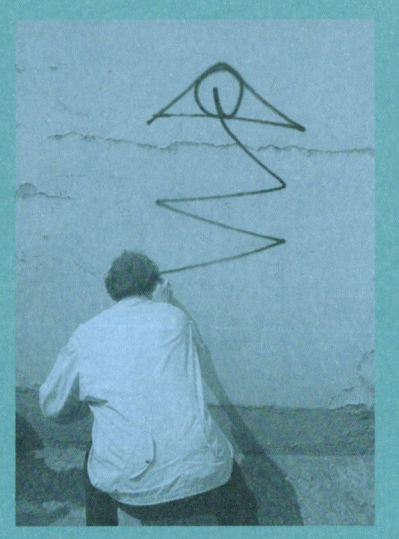

Harald Nägeli betritt am 24. April 1984 beim Grenzübergang Lörrach bei Basel heimatlichen Boden. Der als «Sprayer von Zürich» bekannt gewordene Künstler ist an die Schweizer Behörden ausgeliefert worden.

Bundesrat Rudolf Friedrich tritt aus gesundheitlichen Gründen vorzeitig zurück. Elisabeth Kopp, tief betroffen, dankt ihm im Nationalratssaal für seine Arbeit. Elisabeth Kopp wird nachfolgend am 2. Oktober 1984 zur ersten Bundesrätin gewählt.

Die SVP setzt sich 1992 erfolgreich gegen einen EWR-Beitritt ein.

Eine Menschenmenge verabschiedet am 5. Mai 1984 an einer Demonstration auf dem Bundesplatz in Bern, eine Resolution, in der Bundesrat und Parlament aufgefordert werden, «wirksame Sofortmassnahmen» gegen das Waldsterben zu ergreifen.

Februar 1987, Ski-Weltmeisterschaften in Crans Montana: Vreni Schneider, Mitte, jubelt über ihren ersten Weltmeistertitel im Riesenslalom. Zweite wurde die Slowenin Mateja Svet, links, Dritte die Schweizerin Maria Walliser, rechts.

1990 hält die Fichenaffäre die Schweiz in Atem.

Plakat von Emil Hotz, Schweizer Grafiker, 1980.

führt, was das Vertrauen der Bevölkerung in den Staat nachhaltig beeinträchtigt. Auch hadert die Schweiz mit der europäischen Integration und beharrt nach dem Ende des Kalten Krieges weiter auf ihrem «Sonderweg». 1993 wird der Beitritt zum Europäischen Wirtschaftsraum (EWR) abgelehnt, insbesondere die rechtskonservative Schweizerische Volkspartei (SVP) hat ihn heftig bekämpft. Die vergleichsweise hohe Arbeitslosigkeit und der Zustrom von Flüchtlingen (vor allem aus dem ehemaligen Jugoslawien) tragen im weiteren Verlauf der 1990er-Jahre zum Aufstieg der SVP zur stärksten Partei bei.

Bereits 1985 herrscht in der Stadt Zürich reger Autoverkehr, hier zu sehen auf der Hardbrücke beim Wipkingerplatz.

Vor grosser Zuhörerschaft gibt am Samstag, dem 1. März 1997, der SVP-Nationalrat Christoph Blocher seine «Klarstellung» zur Schweiz im Zweiten Weltkrieg ab.

1980 bis 1989
Vom Kleinbetrieb zur Plakatgesellschaft Plakat & Propaganda AG

Die 80er-Jahre sind der Beginn der festen Werbeetats und der Diskussionen über Werbetonalität und -inhalte. Die Plakat & Propaganda AG berücksichtigt die Wünsche ihrer Kunden und stellt ihr Konzept auf individuelle Lösungen um: nebst Streuaushang auch Spezialaushang auf der Grundlage neutral ermittelter Leistungswerte. Bereits 1981 steigert die Firma ihren Umsatz auf eine Million Franken. Die unternehmerische Energie geht aus vom Trio Baumann, Künzli und Soppelsa. Deren Strategie ist nicht wahllos, sondern ein nachhaltiges, von Zürich aus wachsendes Portfolio.

VOM KLEINBETRIEB ZUR PLAKATGESELLSCHAFT

1980 kann als Zeitmarke der Werbebranche betrachtet werden. Setzt die Industrie Werbung in den Jahren davor überwiegend kurzfristig und den jeweiligen Marktsituationen entsprechend ein, wird in den meisten Unternehmen nunmehr ein fester Werbeetat eingeplant. Steigender Konkurrenzdruck vor allem im Konsumgüterbereich ist für dieses Umdenken verantwortlich. So kann sich die Werbebranche über anhaltend hohe Einnahmen freuen. Ein Werber erinnert sich: «Die ganze Branche hat gut gelebt. Gute Partys an allen Orten.» Auf der anderen Seite sieht sich Werbung immer öfter dem öffentlichen Diskurs ausgesetzt. Die Werbetreibenden müssen sich Fragen zur umstrittenen Alkohol- und Zigarettenreklame stellen; sexuelle weibliche Schlüsselreize können nicht mehr sorglos eingesetzt werden: Nicht nur Feministinnen prangern das an.

Erfolgreiche Verteidigung der Wettbewerbsposition

Harte Arbeit und Fleiss stehen bei der Plakat & Propaganda AG in den 80er-Jahren im Vordergrund. Gleichzeitig ist es das Jahrzehnt der Spannungsfelder zwischen Marktdynamik, Familie und Nachfolgeregelung. Baumanns sind sich bewusst, die Wettbewerbsposition innerhalb der Aussenwerbebranche entscheidet, ob sich ihre Plakanda auf dem Podest oder im Mittelfeld wiederfindet.

Die Zahl der in der Aussenwerbung tätigen Unternehmen wird in den späten 80er-Jahren auf rund fünfzig geschätzt. Der Kreis der effektiv bedeutenden Aussenwerbeunternehmen, die auf dem relevanten Markt auftreten, ist relativ klein. Gesamtschweizerisch betrachtet hat die APG aufgrund ihrer erfolgreichen Geschäftspolitik eine dominierende Stellung erreicht. Bereits 1981 schreibt die schweizerische Kartellkommission in ihrem Bericht über die Wettbewerbsverhältnisse auf dem Markt für Aussenwerbung: «Als unbestrittener Marktleader hat die APG eine grosse Verantwortung hinsichtlich Entwicklung und Prosperität der gesamten Aussenwerbebranche zu tragen. Die Wirkungen ihrer geschäftspolitischen Entscheide gehen weit über den eigenen Geschäftsrahmen hinaus und beeinflussen die gesamte Branche. (...) Den Gemeinden wird empfohlen, bei der künftigen Vergabe oder Erneuerung von Werbepachtverträgen eine öffentliche Submission durchzuführen und von Optionsklauseln abzusehen. Damit würde einerseits der gesamten Aussenwerbebranche die Zutrittsmöglichkeit gewährt, und die Gemeinde könnte aus der ganzen Fülle von Finanz- und Dienstleistungsangeboten das ihr am günstigsten scheinende auswählen.»

Der Geschäftsbericht der APG des Jahres 1987 besagt, dass das Unternehmen 78 Prozent (inklusive Impacta-Anteil) des Aussenwerbemarktes (ohne Neon) bestreitet – der brutto zirka 200 Millionen Franken umfasst und 5 Prozent des gesamten Schweizer Werbemarkts bestreitet. Für die AWI verbleiben 9 Prozent, für Bercher und OFEX (damals OFA) je 3 Prozent, für die Plakat & Propaganda 2 Prozent und für diverse weitere kleinere je 1 bis 2 Prozent. In den Folgejahren holt Plakanda auf und peilt den dritten Platz im Markt an: Sie überholt zum einen Bercher, zum anderen OFEX – Letzere hat bereits 1982 die SBB-Bahnhofplakatierung an die Impacta (damals eine 50-Prozent-Tochter der APG) verloren.

Und so kämpft die Plakat & Propaganda AG einmal mehr um jede neue Stelle, um jeden neuen Klienten. Die Dienstleistung am Kunden gilt als oberstes Credo; für jeden Kundenwunsch wird eine stimmige, innovative Lösung gesucht und, wenn nötig, auch einen Umweg gefahren.

Und das Geschäft läuft gut. So gut, dass jährliche Preiserhöhungen in den 80er-Jahren von bis zu

1 In den 80er-Jahren wird das Erscheinungsbild der Kundendokumentation überarbeitet: Der Zürcher Werbegrafiker, Illustrator und Zunftmaler Alfred Koella gestaltet das Deckblatt. Die Fotografien der Stellen werden im Beispiel der Dokumentation 1984 auffällig präsentiert. Koella gestaltet zudem über viele Jahre die Neujahrskarten für die Plakat & Propaganda AG. Seine Tableaus mit Szenen aus dem gesellschaftlichen Leben oder seine Geschichtsillustrationen sind begehrt.

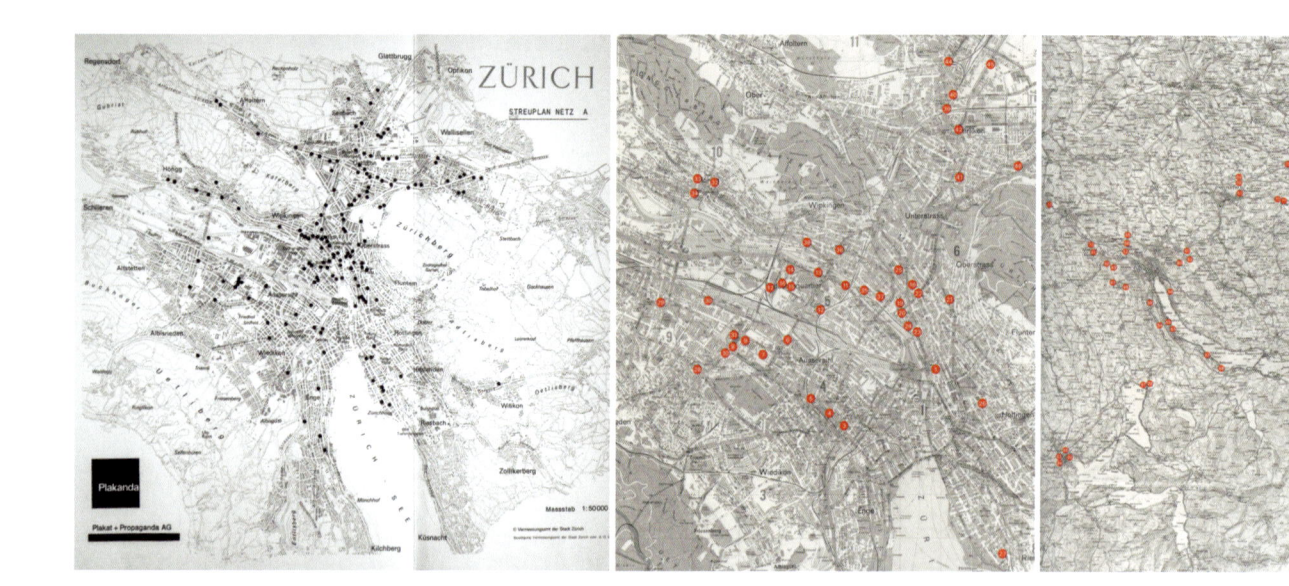

2 Ergänzt werden die Stellenlisten in der Kundendokumentation mit präzisen Stellenplänen: Beispiel eines Streuplans für den Spezialaushang B12 auf reserviertem Stellennetz, 1980 Stadt Zürich und 1989 Stadt Zürich und Umgebung.

▸ **Tekturen**
Aufkleber gleichzeitig mit Aushang.

▸ **Streuaushang**
Plakate im Format F4, früher auch F12, deren Standorte über ein bestimmtes Gebiet «gestreut» sind. Eine gewünschte Plakatabdeckung wird nach Kriterien wie Dauer, Anzahl, Lage zusammengestellt. Der Streuaushangtarif gilt als kostengünstig.

▸ **Spezialaushangnetz**
Selektive Plakatwerbung. Plakate, beispielsweise in den Formaten F12, F200, F24, an werbewirksamen Standorten. Der Auftraggeber kann den Standort seines Plakates selbst bestimmen. Regulärer Aushangtarif.

10 Prozent möglich sind. Die Bruttoaushangtarife belaufen sich im Jahr 1980 für ein B12 Spezial pro Monat je nach Standort auf 180 bis 450 Franken, für 18-Quadratmeter-Grossreklamen auf 750 bis 900 Franken. 1989 werden für Spezialstellen pro zweiwöchigen Aushang bereits zwischen 180 bis 445 Franken verlangt, für 12-Quadratmeter-Grossformate zwischen 800 und 1850. Im Preis inbegriffen sind Stempel-, kantonale Gebühren und Polizeivisas. Ausserdem wird eine Camionnage erhoben für die Plakatanlieferung; Mehrkosten können entstehen wegen verspäteter Lieferung der Plakate, zudem infolge ▸ **Tekturen**, ausserordentlicher Sujetwechsel und mehrteiliger Plakate. Auf den Nettopreis werden 5 Prozent Werbeberaterkommission gewährt, ab 50 000 Franken Jahresumsatz eine Prämie von 3, ab 100 000 eine von 5 Prozent. Dabei können Werbeberaterkommission und Jahresumsatzprämie nicht kumuliert werden.

Bucht der Kunde den ▸ **Streuaushang**, kann er nicht mitbestimmen, wo seine Sujets platziert werden. Sie werden im Schneeballsystem gesamtschweizerisch von den jeweiligen Plakatanschlägern verteilt. Daher auch der tiefere Preis im Vergleich zum selektiven Aushang. Während die B2-, B4- und B12-Streustellen seit jeher in Netzen angepriesen werden, beginnt die Plakat & Propaganda AG 1987 auch den selektiven Aushang und verkauft die B12-Spezialstellen in attraktiven ▸ **Spezialaushangnetzen** à 50 bis 100 B12-Flächen. Die B12-Spezialstellen werden bei Kundenwunsch auch einzeln verkauft, der Dienst für den Kunden ist und bleibt das heilige Gebot. Bei gesamthafter Belegung eines Spezialnetzes hingegen wird ein Rabatt von 5 Prozent gewährt. Die Vorteile des Netzaushanges liegen zudem in der optimalen Streuung der Sujets, der Kenntnis des Kunden der einzelnen Stellen im Voraus und dem garantierten Aushangvolumen.

Umsatzoptimierung findet in der Aussenwerbebranche auch mittels kalkulatorischer Erhöhung der Anzahl Aushangperioden statt: Während bis Ende der 70er-Jahre die Spezialaushänge monatlich gebucht werden konnten, wechselt man nun auf einen vierwöchigen Aushang und damit von 12 auf 13 Aushangperioden pro Jahr. Bereits 1985 folgt dann der Wechsel auf zweiwöchige Aushänge.

In Sachen Transparenz in der Aussenwerbung sucht die Plakat & Propaganda AG früh nach Optionen, um den Kunden Leistungswerte pro Stelle zu präsentieren. 1984 lässt sie sämtliche Spezialstellen von einer neutralen Stelle bewerten und qualifizieren. Das Ziel dabei ist, jede Stelle in ein strukturelles Preisverhältnis zu anderen Stellen zu setzen. Bewertet werden vier relevante Kriterien: Frequenz/Verkehrsdichte, Sichtbarkeit, Blickwinkel und Umgebung. Pro Stelle und Bewertungskriterium werden Punkte von 1 (schwach) bis 5 (sehr gut) vergeben. Die Preisgestaltung basiert sodann auf den Punktesummen.

Zwischen Familie und Unternehmen

Im Betriebsalltag geht es dynamisch zu und her, ein partnerschaftlicher, humorvoller Umgangston wird gepflegt. Spaniel Bobby, der Bürohund, widerspiegelt das Engagement der ganzen Belegschaft: energiegeladen und herzlich. Wenig später, im Jahr 1985, gesellt sich zu Bobby der Dobermann Maika.

Im Jahr 1981 verzeichnet die Plakat & Propaganda AG ihre erste Million Franken Umsatz, im da-

VOM KLEINBETRIEB ZUR PLAKATGESELLSCHAFT

YEOMAN OF SILVERDOWN...

Dank unserem Anstands - Wau-Wauchen sind wir noch immer ein seriöser Betrieb.

Aufgabenbereich:
Ueberwachung des Geschäfts-Areals, Beschnupperung der Kunden, Kammerjäger (leider sind die Mäuse schneller mit der Vermehrung als er mit der Elliminierung

reagiert auf den Namen "Bobby"

SOME LIKE IT HOT

Rose-Marie Inès Baumann

Unsere Grossmutter vom Dienst (bereits dreifach) vergnügt sich am liebsten mit ihren Enkeln und einem Glas Weisswein.

Aufgabenbereich:
Verkauf, Fakturierung, Disposition und Entgegennahme von selten vorkommenden Reklamationen.

Lieblingsbeschäftigung:
... und Barmaid

UNSER BIGBOSS...

René Max Baumann

Weiss über (fast) alles im Betrieb Bescheid.

Aufgabenbereich:
Direktion: Plakat + Propaganda AG
Plakanda Pneuservice

Lieblingsbeschäftigung:
Pneu montieren
Fischen

DER MILLIONENDIEB...

Walter Frei

Er verbringt die meiste Zeit mit den schwarzen nicht immer ganz rundlaufenden Dinger (Pneus genannt)

Aufgabenbereich:
Buchhaltung und Finanzen

Lieblingsbeschäftigung:
Kochen und Grillieren sowie Bilder malen

GUTER RAT IST TEUER!

Jakob Maag

Ist fast immer unterwegs

Aufgabenbereich:
Plakataushang-Disposition, Stellensuche (nur Plakatstellen), tapferes "Rumschlagen" mit den Behörden (was ihm manchmal zu Denken gibt)

Lieblingsbeschäftigung:
Pneukundenbetreuung in der Bar

UNSER BENJAMIN VOM DIENST...

Daniel René Baumann jun.

NICHT nur Sohn von Beruf!

Aufgabenbereich:
Telefonbeantworter, Offertwesen, Verkauf und "Poschti-Bueb"

Lieblingsbeschäftigung:
Lausbubereien

Plakanda

Plakat + Propaganda AG   Dennlerstrasse 8   Postfach   8048 Zürich   Telefon (01) 52 88 88

Zürich, im August 1981

82

Sehr geehrter Kunde

In der Beilage erhalten Sie unsere neue Dokumentation für das Jahr 1982.

Zur Realisation dieser Dokumentation waren nötig:

1 IBM high yield correctable film ribbon, 2 Korrekturbänder, 3 Farbfilme, 1 EIGENEN Speicher in unserem Computer, 2 Bleistifte, 1 Radiergummi, 213 A-4 Blätter, Sarkasmus, 5 Wochen, 750 Adressetiketten, 700 Couverts, zuviele Ueberstunden, 55 verschiedene Fluchwörter, 8 Päckchen Mary Long, 37 Päckchen Select, 2 Päckchen Gauloises, 12 Päckchen Dunhill, 18 Päckchen Marlboro, 25 Päckchen Muratti, 13 Päckchen Camel, 1 Konica FS 1 mit einem Teleobjektiv, einem Weitwinkelobjektiv und einem normalen Objektiv (was ist hier noch normal?), 87,5 l Benzin, 0,05 l Oel, 0,09 mm Reifenprofil, 2 überbelichtete Fotografen, 68 Fotoeckchen, 167 Gramm Rubber Cement, 39 Büroklammern, 137 Tassen Kaffee, 328 Würfelzucker, 38 Assugrin, 2,8 l Kaffeerahm, 2 Paar abgewetzte Schuhe, 1 Päckchen Zigarren, 50 Kopfschmerztabletten, 18 l Oransoda, 8 l Coca-Cola, 11 l Passugger, 10 l Aqui, 187 Flaschen Bier, 7 Schinken-Käse-Toast, 1,5 l Sonnencrème, 5 Stunden Musik zur Auflockerung, 27 Zeitungen (dienten als Unterlagen), Temporäre Arbeitskräfte (waren fast nötig), verpasste Abendverkäufe, 1 Klein-Kredit viel Humor, fremder und eigener Witz, Ironie (welche nicht immer ernst zu nehmen ist), 2 neue Kotflügel, 1 Druckerei, 97 Fotokopien, 18946 Ideen, 8 l Pepita, 5,5 l Weissenburger Citro, 28 Päckchen Kaugummi, 38 Beruhigungstabletten, 4 Wegwerf-Feuerzeuge, 25 Zündholzbriefchen, einen Grafiker, ein neues Getriebe, 3 Flaschen Champagner, einen Mille-Feuille und NERVEN, NERVEN, NERVEN, NERVEN, NERVEN, NERVEN, NERVEN, NERVEN, NERVEN ....

Wir wünschen Ihnen viel Vergnügen beim intensiven Studium und dann hoffen wir auf BESTELLUNGEN, BESTELLUNGEN, BESTELLUNGEN, BESTELLUNGEN ....

Mit freundlichen Grüssen

Plakat und Propaganda AG - Plakanda AG

PS: Offerteneröffnung: ab sofort

3 Das Kernteam der Plakanda stellt sich in der Kundendokumentation 1982 persönlich vor.

FIRMENGESCHICHTE

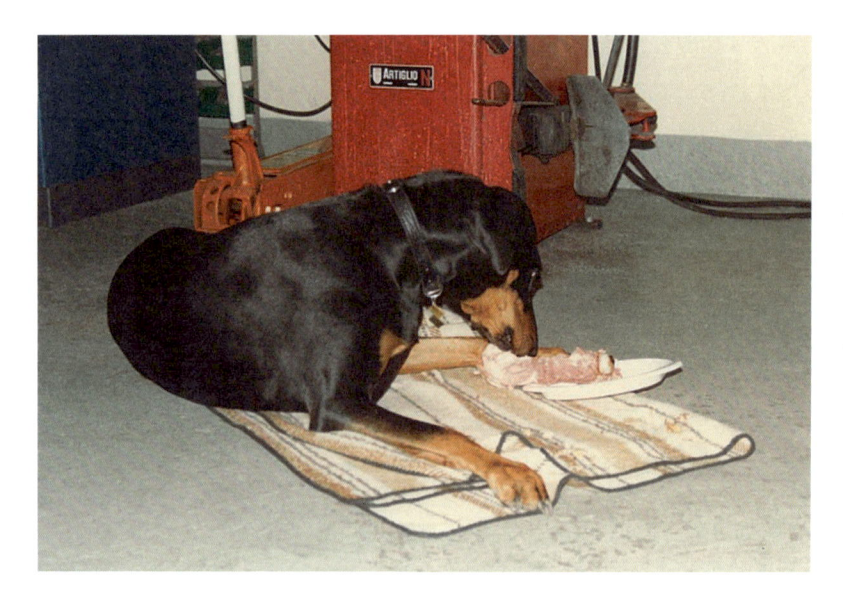

4 Dobermann Maika beim Pausensnack zwischen Falz- und Abdampfmaschine, 1985.

5 Rose-Marie Baumann (Zweite von rechts) feiert gemeinsam mit Andi Frei (ganz rechts) und zwei Mitarbeitern den Erwerb ihres neuen Autos. Spaniel Bobby kann die erste Fahrt auf dem Beifahrersitz des schicken neuen Wagens kaum erwarten, 80er-Jahre.

rauffolgenden Jahr sind 90 Prozent der Stellen konstant ausgelastet. Der Laden brummt.

Doch mitten im Erfolgstaumel beginnt sich eine tragische Wende abzuzeichnen, René Baumann erkrankt schwer. Ein zweites Mal in der Firmengeschichte stirbt ein Patron, und die Leitung übernimmt die Ehefrau. Rose-Marie wird neue Direktorin mit Einzelunterschrift und Verwaltungsratsmitglied, der Buchhalter Walter Frei erhält die Einzelprokura. Daniel «Dani» Baumann, der während seiner Ausbildung zum Kaufmann immer wieder im Betrieb mitgearbeitet hat und die Branche bestens kennt, steigt bereits 1980 ganz ins Geschäft ein. Er beginnt früh, die Fäden zu ziehen. In weiser Voraussicht schliesst er mit seiner Mutter bereits 1984 einen Kaufvertrag über 20 Namensaktien ab und sichert sich zeitgleich das Vorkaufsrecht auf weitere Namensaktien zu denselben Konditionen.

Für Rose-Marie Baumann ein nicht einfaches Unterfangen: die Firma erfolgreich weiterführen und gleichzeitig bereits die nächste Generation zur Verantwortung ziehen. Rose-Marie Baumann tut dies mit Konsequenz, persönlicher Zurückhaltung und verfolgt eine klare Linie. Vermehrt muss sie denn auch den Blick von aussen auf die Firma werfen und sich in Sachen Leitung, langfristige Planung und Finanzmanagement von der lang gepflegten Usanz lösen und ihren Sohn gewähren lassen.

Gleichzeitig werden die weichen Faktoren aktiv zelebriert; sie schaffen nachhaltig Vertrauen, intern wie extern. Informelle Pausengespräche zwischen Tür und Angel, nach einer Sitzung augenzwinkernd ausgetauschte Zeichen. Erfolge werden belohnt und gefeiert. Letzteres manchmal auch einfach nur darum, weil allen gerade danach ist. «Wir haben schon immer ein bisschen Apéro gehabt», erzählt ein Zeitzeuge. Wer kochen kann wie Walter Frei, der Buchhalter, wird über Mittag zum Chef de Cuisine und belebt insbesondere freitags in der hauseigenen Minikantine den Betrieb mit kulinarischen Highlights. Bei schönem Wetter wirft Frei im Hof den Grill an.

VOM KLEINBETRIEB ZUR PLAKATGESELLSCHAFT

Kundenanlass positioniert, im Jahr 2014 ist es eines der grössten Schweizer Firmenevents, mit annähernd tausend geladenen Gästen.

1983 steht ein erneuter Domizilwechsel an, diesmal geht's an die Badenerstrasse 431. Das Areal an der Dennlerstrasse 8 wird abgebrochen und macht Neubauten Platz. Um weitere Umzüge langfristig zu vermeiden, wird das Gebäude an der Badenerstrasse gekauft. Das Gebäude bleibt – auch nach dem späteren Verkauf der Firma an die Distral Holding – bis in die 2010er-Jahre in Dani Baumanns Privatbesitz, dann verkauft er es an die Zürcher Ledermann Immobilien AG.

6 Zwei Mitarbeiter des Technischen Dienstes der Plakat & Propaganda AG sanieren eine Litfasssäule an der Kornhausstrasse in Zürich, 80er-Jahre.

Ein guter Tropfen fehlt dabei selten. Das Plakandasommerfest entwickelt sich über die Jahre zu einer Tradition: In den 80er-Jahren klein und fein auf dem Hof des Firmenareals begonnen, wird das Fest eine Dekade später von CEO Bruno Knecht erstmals unter einem Motto «Fiesta Ticinese 1993» als

Rauer Umgang mit den Behörden

Nur den Behörden weht schriftlich und mündlich ein dezent rauer Wind um die Ohren. Insbesondere Dani Baumann lässt im direkten Austausch mit Ämtern und der Konkurrenz keinen Zweifel am Mythos vom Unternehmer und seinem Eigensinn aufkommen. Er zankt um manch frei stehende Stelle in privaten Vorgärten. Er verhandelt clever, hart und geht ans Limit, um Bewilligungen für neue Plakatstellen zu erlangen oder Umbauten bestehender genehmigen zu lassen. Ganz anders als seine Mutter, die den ruhigeren Dialog vorzieht. Sie ist es auch, die über all die Jahre einen gegenseitig respektvollen Umgang mit

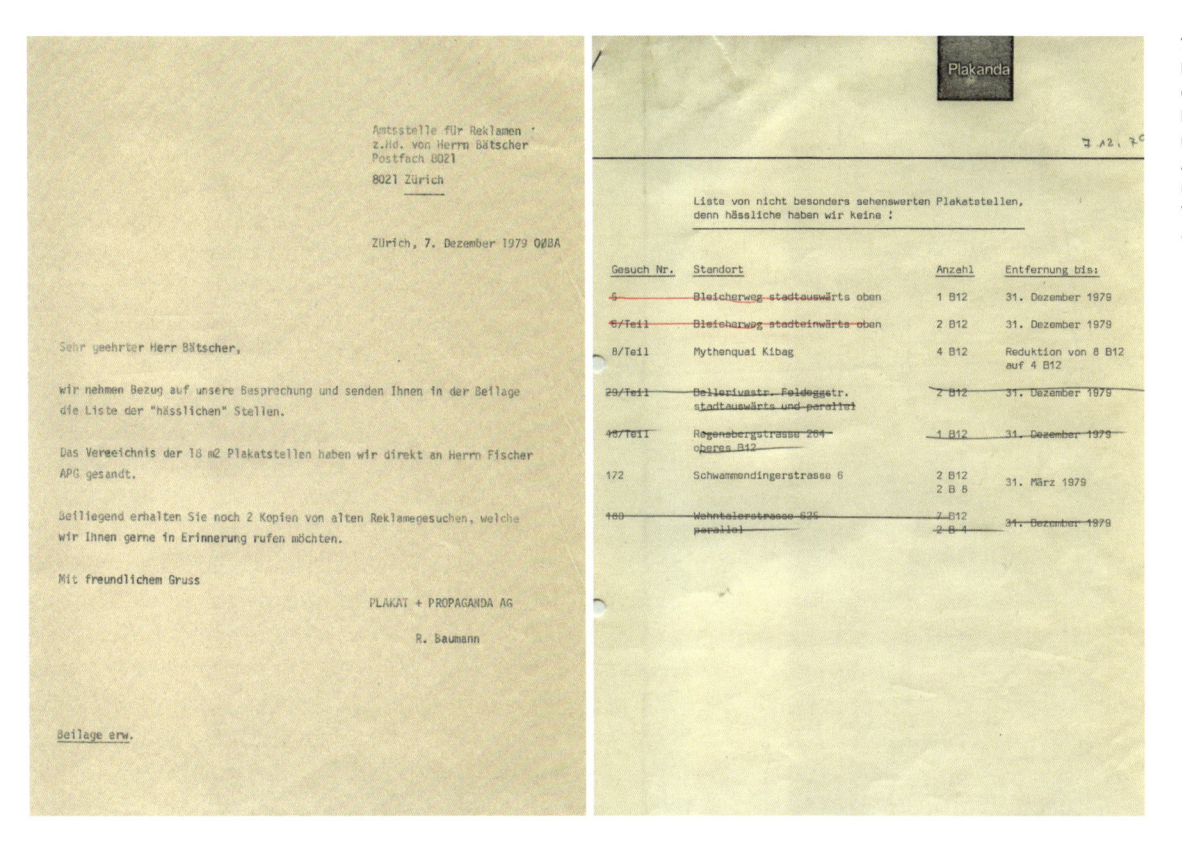

7 Befindlichkeiten: Die Plakat & Propaganda AG wehrt sich 1979 im Rahmen der Stellenbereinigung des Gentleman's Agreements deutlich über die behördenseitige Verwendung des Begriffs «hässliche Plakatstellen».

FIRMENGESCHICHTE

8 Weihnachtsessen 1988 in den Räumlichkeiten des Pneuhauses Plakanda AG: von links nach rechts: Koni Künzli, Dani Baumann, Christian Soppelsa, Walter Frei.

9 Christian Soppelsa (links) und Philipp Kaiser bei der Evaluation von zusätzlichen Plakatstellen in der Stadt Zürich, Ende 80er-Jahre.

Max Fischer pflegt, dem Generaldirektor APG seit den frühen 70er-Jahren, weiss sie doch, dass die APG und insbesondere Fischer kontinuierlich einen substanziellen Beitrag zur positiven Entwicklung der Schweizer Plakatlandschaft leistet.

In Verträgen über den Plakatanschlag mit den städtischen Verwaltungsabteilungen taucht Anfang der 80er-Jahre erstmals die Klausel auf, die den Aushang mit Genussmitteln beschränkt oder sogar verbietet. Ziffer 7 des Vertrages der Verkehrsbetriebe Zürich (VBZ) und der Plakat & Propaganda AG über die Reklamefelder an der Seefeldstrasse 189 besagt denn: «Im Jahre 1981 werden für Werbung für alkoholische Getränke und Tabakwaren nur noch B4 Plakate eingesetzt. Der Aushang erfolgt so, dass neben jedem B4 Plakat mit Genussmittelwerbung mindestens ein B4 Plakat mit anderem Inhalt platziert wird. Ab 1982 wird auf den Aushang von Plakaten mit Genussmittelwerbung verzichtet.»

Mit dem Startschuss zum Gentleman's Agreement im Jahr 1975 und zum nachfolgenden Vertragsabschluss 1978 zwischen den städtischen Behörden und den Plakatfirmen wird eine Ära langjährigen Verhandelns zwischen Stadt, Plakat & Propaganda AG, APG und weiteren Plakatfirmen eingeläutet. Ziel der Stadt ist eine sanfte Bereinigung des «Plakatwildwuchses» auf privatem Stadtgrund. Altrechtliche Plakatstellen werden neu beurteilt und pendente Reklamegesuche eingehend geprüft. Die Stellenbereinigung beginnt erst 1983 zu greifen. Ein Mitarbeiter der Plakat & Propaganda AG erinnert sich: «Das Ganze war eigentlich der AWI zu verdanken, weil sie wie wild Frontalstellen in privaten Vorgärten baute.»

Die drei Musketiere: Baumann, Künzli, Soppelsa

Noch bevor Dani Baumann 1985 die Einzelprokura erlangt und gemeinsam mit Walter Frei Mitglied des Verwaltungsrates wird – Agatha Baumann und Max Berchtold scheiden aus dem VR aus –, holt er zwei ebenso geschäftstüchtige Freunde an Bord. Koni Künzli stösst 1982 zum Unternehmen, Christian Soppelsa im Jahr 1984, beide haben ein grosses unternehmerisches Flair und eine hohe Affinität zu Technik und Bauwesen. Das Trio wird zum Inbegriff des Aussenwerbewachstums auf dem Platz Zürich. Künzli bleibt der Firma zehn Jahre treu, Soppelsa dreissig. Das Akquiseteam wird 1989 mit Philipp Kaiser ergänzt, 2014 operiert er als Head of Development. Zum Verkaufsteam stösst 1989 ferner Roger Baur, als ehemaliger Mitarbeiter der APG ein erfahrener Plakatmann, auch wenn er erst 25 Jahre alt ist. Baur amtiert als Stellvertreter des Verkaufsleiters Koni Künzli.

Immer noch wird die gesamte Akquisition und Disposition von Hand erledigt. So nehmen insbesondere die Führung und Aktualisierung von Dispositionslisten und -blättern der Kundenaufträge und die minutiös geführte Klebeliste für jede einzelne Plakatstelle viel Zeit in Anspruch. Die Schreibmaschine sorgt zwar für die Lesbarkeit sämtlicher Einträge, doch Zeit spart man mit ihr keine. Eine erste Arbeitserleichterung für Walter Frei bringt in den 70er-Jahren die Anschaffung der RUF-Buchhaltungsmaschine, bei der für jede Buchung ein Kontoblatt eingespannt wird. Einen Meilenstein in Sachen Büroautomatisierung setzt Dani Baumann

VOM KLEINBETRIEB ZUR PLAKATGESELLSCHAFT

1986 mit der erstmaligen Investition in EDV: Er kauft zwei Apple Macintosh Plus. Mit diesen Geräten halten ein 8-Megahertz-Prozessor, ein 4-Megabyte-Arbeitsspeicher, eine 50-Megabyte-Festplatte, eine Bildschirmauflösung von 512 mal 342 Pixeln und das Betriebssystem System 7 im Büro Einzug. Das Unterfangen kostet ein kleines Vermögen, Dani Baumann und Andi Frei, der Sohn Walter Freis, kaufen die Geräte eigenhändig in den USA und importieren sie in die Schweiz. Mit diesem Schritt wird die Basis für die zukünftige IT gelegt, die bis Ende der 90er-Jahre der Trendmarke Apple treu bleibt.

Die Strategie heisst «nachhaltiges Wachstum»

«Die Plakanda hat sich nie verzettelt», meint ein ehemaliger Mitarbeiter. «Wir haben nicht – wie andere Plakateure zu dieser Zeit – vom Tessin über Zürich bis in die Westschweiz die ganze Schweiz zugeklebt. Andere Konkurrenten sind gerade an diesem Fehler gescheitert.»

Von der Stadt Zürich ausgehend, wächst die Plakat & Propaganda AG seit 1924 langsam und stetig und expandiert in die umliegenden zürcherischen Gemeinden. Einziger Exot im Portfolio ist die frühe Stellengruppe in Luzern. In den 80er-Jahren

10 Die Geburtsstunde der SKB Soppelsa Künzli Baumann wird gefeiert: Die drei Gründer stehen selbst auf die Leiter.

11 Die Eigenwerbekampagne «Ohne Plakanda fehlt etwas Entscheidendes» im Jahr 1988 trifft den Nagel auf den Kopf.

Stellen eigenhändig zementiert. Und jede rechnet sich. «So kriegten wir 2000 Franken pro Stelle pro Jahr, bezahlten 200 Franken Miete, und zwölf Mal im Jahr wurde die Affiche sauber geklebt.» Alles weitsichtig kalkuliert und geplant? «Nein», meint ein Zeitzeuge, «wir hatten auch Glück. Das war nicht alles nur Cleverness. Wir waren oft am richtigen Ort, im richtigen Business, und es ergaben sich die richtigen Konstellationen.» Schmunzelnd ergänzt er: «Und ja, oftmals hatten wir auch den richtigen Riecher.»

Im Jahr 1989 – kurz vor dem Verkauf der Firma – fliessen die SKB-Stellen ins Portfolio der Plakat & Propaganda AG. In den späten 80er-Jahren verzeichnet die Firma ein Umsatzwachstum auf sieben Millionen Franken.

Die gute Abdeckung der Stadt Zürich mit einer mittlerweile stattlichen Anzahl Plakatstellen liefert die zündende Idee für die von Rose-Marie und Dani Baumann initiierte Imagekampagne «Ohne Plakanda fehlt etwas Entscheidendes» Ende der 80er-Jahre. Die Werbemassnahme schlägt ein: Im August 1988 verzeichnet die Plakat & Propaganda AG Zusatzbuchungen von über 250 000 Franken für das nachfolgende Jahr. Bis im Dezember 1988 ist bereits 80 Prozent des Jahresumsatzes 1989 mit festen Buchungen gesichert.

wagt man den Schritt in die Kantone Schwyz und Aargau. Und mit der SKB stossen weitere lukrative Stellen in den Kantonen Thurgau und St. Gallen hinzu. Dani Baumann und seine Compagnons gründen «nebenbei» die «SKB Soppelsa Künzli Baumann Plakat», mit welcher sie die Ostschweiz bedienen. Ausgehend von einer einzigen Spezialstelle am Gebäude der Künzli Metallwaren in Wängi TG – des Betriebs des Künzli-Onkels Georg Künzli –, welche die SKB über Nacht der APG streitig macht, wachsen die Ostschweizer Stellen innert kürzester Zeit zu einem beachtenswerten SKB-Portfolio an. Soppelsa und Künzli sind sich nie zu schade, selbst Hand anzulegen; in Nacht- und Nebelaktionen werden die

1989 – der Familienschmuck steht zum Verkauf

1989 umfasst die Plakat & Propaganda AG insgesamt 3450 Streuaushang-B4-, 35 B200-, 1450 B12-, 50 POS- und 40 GF-Plakatstellen. Sie verfügt über ein qualitativ hochstehendes Netz und verteidigt schweizweit einen Marktanteil von 3,6 Prozent, im Raum Zürich einen von 32 Prozent. In den angrenzenden Kantonen wie Zug, Luzern, Aargau, Thurgau und St. Gallen besitzt sie ein erstklassiges, stetig wachsendes Plakatstellenangebot. Die durchschnittliche Auslastung des Netzes von 83 Prozent liegt deutlich über dem schweizerischen Durchschnitt von 62 Prozent. Die Firma orientiert sich nach wie vor an den Wünschen der Kunden und steht sinnbildlich für Qualitätsstellen, für raschen und effizienten Service und gute Dienstleistungen.

Das gut gedeihende Geschäft lässt Rose-Marie und Dani Baumann innehalten: Machen wir weiter? Vergrössern wir die Firma und wachsen noch stärker aus Zürich heraus in angrenzende Kantone? Oder verkaufen wir? – Sie entscheiden sich für Letzteres.

Infografik

Aussenwerbeflächen Plakat & Propaganda AG 1989
Die Plakat & Propaganda AG verfügt über ein qualitativ hochstehendes Netz und verteidigt schweizweit einen Marktanteil von 3,6 Prozent, im Raum Zürich einen lokalen Marktanteil von 32 Prozent. Die Abdeckung in der Deutschschweiz umfasst Ende der 80er-Jahre insgesamt 3450 Streuaushang-B4-Plakatstellen, 35 B200-, 1450 B12-, 50 POS- und 40 Grossflächenplakatstellen.

1990 bis 1999
Entwicklung zum Medienunternehmen Plakanda Holding AG

Auch die zehn Jahre vor dem Jahrtausendwechsel werden dominiert vom Geschick für profitable Übernahmen, von einer unternehmerischen Hand und einer klaren Strategie. Die Dekade ist vor allem verbunden mit den Namen Peter Gmür und Martino Bammatter. In den 90er-Jahren erweitert die Fusion mit der AWI das Portfolio um 10 000 Stellen, die Fusion mit der OFEX AG um 4000. Bis zum Verkauf der Plakanda Holding im Jahr 1999 an die Clear Channel Outdoor erreicht der Umsatz eine Grössenordnung von über 100 Millionen Franken. Und der Boom wird gefeiert; die Plakandasommerpartys avancieren zum absoluten Highlight der Medienbranche.

ENTWICKLUNG ZUM MEDIENUNTERNEHMEN

In den 90er-Jahren breitet sich Werbung geradezu inflationär aus. Davon profitieren alle Medien, wenn auch das Fernsehen am Vorabend des Internetzeitalters Wachstumsfavorit ist. Kaum eine Reklame, die sich nicht im semantischen Umfeld von «ökologisch» und «light» bewegt. Der Flut auf allen Kanälen kann der Konsument nicht mehr entkommen; 1000 Mal täglich kommt ein Schweizer im Schnitt mit Werbung in Kontakt. Und längst haben Shoppingcenter den Status von Kirchen angenommen, in denen Marken und Produkte zelebriert werden.

Das grosse Fischen

Ein Tauziehen und Feilschen um die traditionsreiche Aussenwerbeperle Plakat & Propaganda AG beginnt, schreibt sie doch mittlerweile rund sieben Millionen Franken Umsatz und einen saftigen Reingewinn. Viele tanzen an. Unter ihnen Werner K. Rey, Max Wiener von Ringier, Nils Frey von der AWI, Jean-Claude Decaux – ein früher Versuch der gleichnamigen Firma, in der Schweizer Aussenwerbung Fuss zu fassen – und Max Fischer von der APG. Handelseinig wird man sich aber mit einem Quereinsteiger ins Medienbusiness: 1989 wird das Familienunternehmen an die Distral Holding AG verkauft. Inhaber dieser sind die Anova Holding AG von Stephan Schmidheiny und – als Minderheitsaktionär – der Schweizer Unternehmer Peter Gmür. Dieser Schritt hat sich insbesondere für die APG als Lapsus erwiesen: Hätte sie zugeschlagen, hätte sich wohl kein zweites nationales Plakatunternehmen im Schweizer Aussenwerbemarkt etabliert.

Kiosk – ein neues Werbeträgernetz

Die Distral AG erwirbt den Aussenwerber insbesondere mit Blick auf das Kioskgeschäft seiner Schmidt-Agence. Das Plakat-Know-how und -Vertriebsnetz wird benutzt, um das brachliegende Potenzial der bis anhin stiefmütterlich behandelten Aussenwerbung an den 3000 Kiosken auszuloten und abzuschöpfen und gleichzeitig die Marge mit Tabakprodukten am Kiosk zu erhöhen. Im Vorfeld der Akquise wird bei der APG eine Offerte für die Vermarktung der Kioskwerbeflächen eingeholt. Doch die offerierte Pauschale wird von der Distral AG als viel zu tief eingestuft. Man entscheidet sich, die Vermarktung und Bewirtschaftung der Werbeflächen selbst zu managen und das dafür notwendige Know-how einzukaufen. Aus diesem Grund kauft die Distral AG die Plakat & Propaganda AG.

Baumanns lassen sich bei den Verhandlungen vom langjährigen Treuhänder Peter Vettiger beraten und vertreten: «Wir haben einen sehr guten Preis gelöst», meint Vettiger in der Retrospektive. «Einen stolzen Preis haben wir bezahlt», bestätigt Dr. Bruno Weber, damals CFO Distral AG; er beurteilt, bewertet und verhandelt aufseiten Distral und wickelt den Deal ab: «Doch die Alternativen an potenziellen anderen Aussenwerbekandidaten waren sehr dünn gesät. Mit Blick auf die nachfolgende Erfolgsgeschichte war es die absolut richtige Entscheidung.»

Wirtschaftliche Handänderung und neue Marschrichtung

1990 mischen Schmidheiny und Gmür ihre Karten neu und lösen die Distral Holding auf, deren Gesellschaften und Firmenbeteiligungen werden verkauft: darunter die marktführende Kioskkette Schmidt-Agence an die Berner Merkur Holding (ab 1996 Valora Holding AG), welche nachfolgend die branchenzweite Kiosk AG akquiriert, und die Plakat & Propaganda AG an die Peter Gmür Holding AG. Die NZZ berichtet 1990 über Gmür, der Distral-Delegierte und -Minderheitsaktionär habe die 1979 aus den kleinen Anfängen einer Diversifikationsidee zu einem marktstarken Verbund interessanter Firmen herangewachsene Distral-Gruppe in gut zehn Jahren auf- und ausgebaut.

Gmür wird sodann in den Verwaltungsrat der Merkur Holding gewählt und übernimmt 1990 die Plakanda. So findet 1990 bei der Distral AG der Abschluss einer erfolgreichen Diversifikation statt, und

1 Hans-Peter Diener (Interim-CEO Plakat & Propaganda AG), Dani Baumann und Christian Soppelsa (von links nach rechts) bei der Besichtigung der Schmid-Agence-Kioskfiliale Ecke Hohlstrasse/Langstrasse in Zürich, 1990.

für die Plakat & Propaganda AG erfolgt eine erneute Handänderung.

In der veränderten Ausrichtung des Unternehmens wird die neu definierte Strategie rasch deutlich. Das Ziel von Peter Gmür ist es, sich als zweite nationale Plakatgesellschaft zu etablieren und damit im Aussenwerbemarkt eine echte Alternative zur Marktführerin APG zu offerieren. In einem ersten Schritt sollen Partnerschaften mit Firmen, die wesentlich zum Ausbau des Stellennetzes und zur Stärkung der Firma beitragen können, geprüft werden. Gmürs Vision, der Zusammenschluss der drei regional tätigen Plakatfirmen Plakanda, AWI und OFEX, stösst zu Beginn zwar auf offene Ohren bei allen Entscheidungsträgern. Doch die Detailausarbeitung der geplanten Kooperation scheitert an den unterschiedlichen Auffassungen über die Bewertungen der drei Gesellschaften. Die Option eines losen Verbundes kommt nicht infrage, denn die langfristig avisierten Synergien können damit nicht realisiert werden. Infolgedessen wird die Übernahme der AWI und OFEX als übergeordnetes, langfristiges Strategieziel definiert. Des Weiteren soll eine rigorose Bereinigung des Plakatstellennetzes anhand von neu definierten Qualitätsmassstäben stattfinden. Dieses soll den Kunden – als deutliche Abgrenzung zur Konkurrenz – nebst attraktiven Plakatnetzen auch weiterhin erstklassige Einzelstellen offerieren.

Eine wichtige Rolle bei der Umsetzung der Strategie spielt Martino Bammatter, den Peter Gmür in den Verwaltungsrat geholt hat. Bammatter – 1989 Nachfolger von CFO Dr. Bruno Weber bei der Distral AG, ab 1990 erfolgreicher Unternehmer, selbstständiger Mergers-&-Acquisitions-Berater und ab 2003 Präsident des Verwaltungsrates der 20 Minuten (Schweiz) AG – ist fortan für die Plakat & Propaganda AG im Mandatsverhältnis tätig und verhandelt für die Plakanda in zahlreichen wegweisenden Transaktionen.

Plakatierung am Kiosk bleibt interessant

Im Zuge dieser Umstrukturierungen wird auch der Aussenwerbedeal mit der Kiosk AG neu verhandelt. Die Plakatbewirtschaftung übernimmt die Plakat & Propaganda AG. Der Kommissionssatz garantiert ihr eine Mindestprovision; übersteigt der Nettoerlös ein definiertes Niveau, partizipiert die Firma zudem mit einem beträchtlichen prozentualen Anteil daran. Damit sichert sich die Plakat & Propaganda AG den Umsatz aus den rasch anwachsenden, attraktiven Kioskwerbeflächen für die Zukunft: Neben unzähligen Passantenkontakten kaufen täglich eine Million Kunden an den Kiosk-AG-Verkaufsstellen ein.

Dies nun ist die Geburtsstunde des neuen Plakatformats Baby B12 – im Portfolio der Plakat & Propaganda AG P40 genannt. Das P40 misst 90,5 cm × 42,5 cm und ist ein um den Divisor 3 verkleinertes F12. Es wird direkt an einzigartigen Passantenlagen am Kiosk platziert, im Blickfeld der Fussgänger und Kioskkunden. Ab dem 1. Januar 1991 stehen zwei Netze à 200 und 100 P40 zur freien Disposition bereit, kurz darauf sind es über 1000 Stellen. Der Verkaufspreis des Neulings richtet sich nach Lage und Frequenz und beträgt durchschnittlich um die 100 Franken pro P40. Die geografische Abdeckung umfasst sämtliche Kioske in der deutschsprachigen Schweiz. 1994 umfasst das Kiosk-Werbeträgernetz die Formate B4, B200, beleuchtete Aussen- und In-

2 Aussenwerbung mit den Formaten B4- und P40-Leuchtplakat der Plakat & Propaganda AG am Kiosk, 1994.

ENTWICKLUNG ZUM MEDIENUNTERNEHMEN

3 Impressionen der Plakandasommerparty «Fiesta Ticinese 1993». Der Flyer mit den Schnappschüssen wurde nachträglich an alle Gäste versandt. Initiant des Festes ist CEO Bruno Knecht.

FIRMENGESCHICHTE

nentrios sowie P40. Eine Kooperation mit SKIV, dem unabhängigen Verband der selbstständigen, freien Kioske und kioskähnlicher Betriebe, ergänzt die Abdeckung. Weitere Verkaufsstellen im Tessin folgen. Im Jahr 2001 verfügt die Plakanda in der Deutschschweiz und im Tessin praktisch über ein lückenloses Kioskplakatnetz. In der Westschweiz vermarktet der Pressegrossist Naville die Plakatstellen an seinen rund 200 Verkaufsstellen selbst. Die Kiosk AG – später Valora – verlängert den Vertrag ohne Unterbruch, sodass er auch im Jahr 2014 noch Gültigkeit hat; mitunter bewirbt sich auch die APG um das lukrative Geschäft, doch den Zuschlag erhält bislang die bisherige Partnerin Plakanda beziehungsweise – später – Clear Channel. Inhaltlich mutiert der Vertrag von der anfänglichen Vermarktungs- zur Logistikaufgabe, das heisst zu Sujetwechselplanung und -umsetzung.

Ein gesundes Gleichgewicht in der Unternehmensstrategie

Mit dem Verkauf der Firma an Distral und später an Peter Gmür geht ein Kulturwechsel auf Geschäftsleitungsebene und im Verwaltungsrat einher. Peter Gmür und Martino Bammatter versuchen von der ersten Stunde an, das Entwicklungspotenzial der Plakat & Propaganda AG zu realisieren. Dabei wird das bestehende hervorragende Leaderteam aus Dani Baumann, der nach dem Verkauf noch einige Jahre im Betrieb bleibt, Koni Künzli und Christian Soppelsa beibehalten und situativ ergänzt. Der Kulturwechsel erfolgt nicht ganz reibungslos. Aufseiten der alten Plakat-&-Propaganda-AG-Garde verteidigt jeder sowohl seine Arbeitsmethodik wie auch seinen Compagnon mit allen Mitteln. Man tritt hartnäckig als geschlossenes, verschworenes Team auf. Doch Gmür und Bammatter überzeugen das Team, dass subjektive Überzeugung und emotionaler Konsens nicht genügen, um im hart umkämpften Aussenwerbemarkt zu bestehen. So ziehen nach und nach alle zusammen am gleichen Strick, der Grundstein für die erfolgreiche Weiterentwicklung der Plakanda wird gelegt. «Da wurde Geschichte geschrieben», meint ein ehemaliges VR-Mitglied. «Ja, ein bisschen wie eine Dampfwalze», erinnert sich ein damaliger Mitarbeiter, «die beiden Herren haben den Laden umgekrempelt. Aber auch im positiven Sinn.» Der Rückblick zeigt deutlich, dass eine gesunde Balance zwischen einer klaren Strategie und der Wertschätzung des bisher Bestehenden die stimmige Lösung war. So wird unter anderem an der Tradition der alljährlichen Plakandasommerparty festgehalten, ein Dankeschön ans ganze Team und an die Kunden, ein Get-together der gesamtschweizerischen Medienszene.

Investitionen in die Zukunft

Koni Künzli – ein hervorragender Verkäufer mit guten Kontakten im Markt – verlässt 1992, nach zehn Jahren, die Firma. Er bleibt aber der Aussenwerbung treu. Sein Weg führt ihn über Engagements bei Mediaagenturen zu den eigenen Unternehmen City Advertising Company CAC, Outdoor Media AG und ACE2ACE outdoor media AG, die letzteren beiden sind Out-of-Home-Agenturen.

4 Foto der Verkaufsmannschaft in der Kundendokumentation, 1996: Stefan Haldenstein, Irene Hösli, Beat Sulzer, Claire Wenger, Patrik Holdener, Bruno Knecht, Veronika Tschirky (von links nach rechts).

Abgesehen von einem kurzen Zwischentief während der schweizweiten 90er-Krise, boomt die Plakanda, personell wird aufgestockt auf über 30 Mitarbeiter. Vollblutverkäufer wie Beat Sulzer, Patrik Holdener, Stefan Haldenstein prägen das Team. Beat Stähli wird etwas später von Sulzer geholt. Abgesehen von Haldenstein sind alles langjährige, fachkundige Aussenwerber. Mit Bruno Knecht setzt Gmür 1992 ebenfalls einen erfahrenen Aussenwerbehasen und charmanten Verkaufsexperten auf den CEO-Posten. Knecht war bereits in jungen Jahren als Verkaufsleiter für die Konkurrenzfirma AWI tätig. Er bleibt bis ins Jahr 1996, in dem Beat Sulzer die Geschäftsführung übernimmt. Das Frontteam akquiriert engagiert und erfolgreich, und die zu Zeiten Baumanns bereits gewachsenen Beziehungen zu Agenturen und Direktkunden werden kontinuierlich intensiviert und mit vielen Neukunden ergänzt. Der Umsatz verzeichnet eine hohe zweistellige Wachstumsrate.

Gmür und Bammatter beabsichtigen, die bisherige erfolgreiche Entwicklungsstrategie weiterzuführen. Die starke Position in der Region Zürich sowie in den angrenzenden Kantonen Zug, Luzern, Aargau, Thurgau und St. Gallen können laufend erweitert werden. Um die Ostschweiz noch besser bedienen zu können, wird das Akquisitionsbüro in Wil zu einer Filiale ausgebaut, und in Basel wird ein neues Akquisitionsbüro gegründet.

Die Fläche an der Badenerstrasse dient nun ausschliesslich Akquise, Verkauf und Administration, der Technische Dienst wird nach Schlieren an die Rütistrasse 28 ausquartiert. Im Mai 1995 findet ein erneuter Umzug statt. Der neue Geschäftsstandort für Akquise, Verkauf und Administration an der Beckenhofstrasse 6 in Zürich soll einer der wichtigsten Dreh- und Angelpunkte der Schweizer Plakatmediengeschichte bleiben.

Vorsichtig tastet man sich ans Thema Automatisierung mittels Weiterentwicklung der EDV heran. Während sich in der Kundendokumentation 1994 die Überschrift «Durch Ausbau EDV-System schnelle und präzise Antworten auf Kundenfragen» liest, ist 1995 bereits die Rede von «24-h-Service. Dank Ausbau EDV-System präzise Offerten innert kürzester Frist». 1996 heisst es dann: «Mit einem schnellen und persönlichen Service und einem leistungsfähigen Computersystem ermöglicht Ihnen Plakanda in nur 24 Stunden präzise und massgeschneiderte Lösungen.»

5 Der Humor kommt nie zu kurz: Irene Hösli während einer Arbeitspause. Mitte 90er-Jahre.

Werbemassnahmen ab 1990

1990 wird eine neue Marketingoffensive gestartet, es sollen in der Ära Gmür noch einige folgen. Zwei Anekdoten zum Thema Eigenwerbung der Plakatgesellschaften lassen das Beziehungsgefüge der Konkurrenz untereinander erahnen. Während der Marketingdirektor der AWI der Plakat & Propaganda AG im Jahr 1990 zur gelungenen Marketingidee gratuliert, kontert Peter Gmür knapp zehn Jahre später frech mit einem ganzseitigen Zeitungsinse-

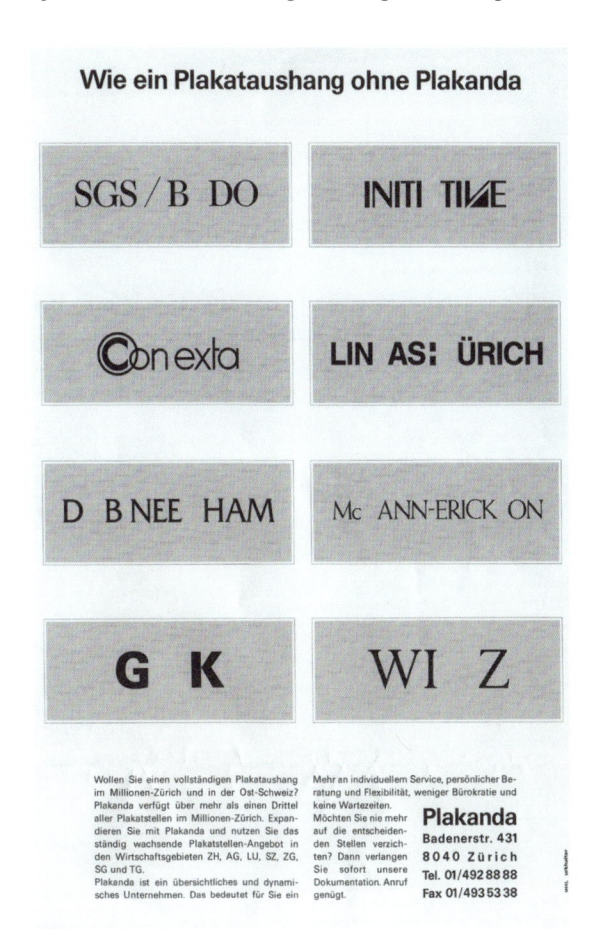

6 Eigenwerbekampagne 1990, Kreation Pucci Burkhalter.

FIRMENGESCHICHTE

7 AWI-Marketingdirektor Dr. Gerd Stottmeister äussert sich lobend über die Plakanda-Eigenwerbekampagne von 1990.

8 Die APG verwendet 1998 für ihre Eigenwerbekampagne aus Versehen ein Bild, auf dem der Hund des Plakanda-AWI-Besitzers Peter Gmür zu sehen ist.

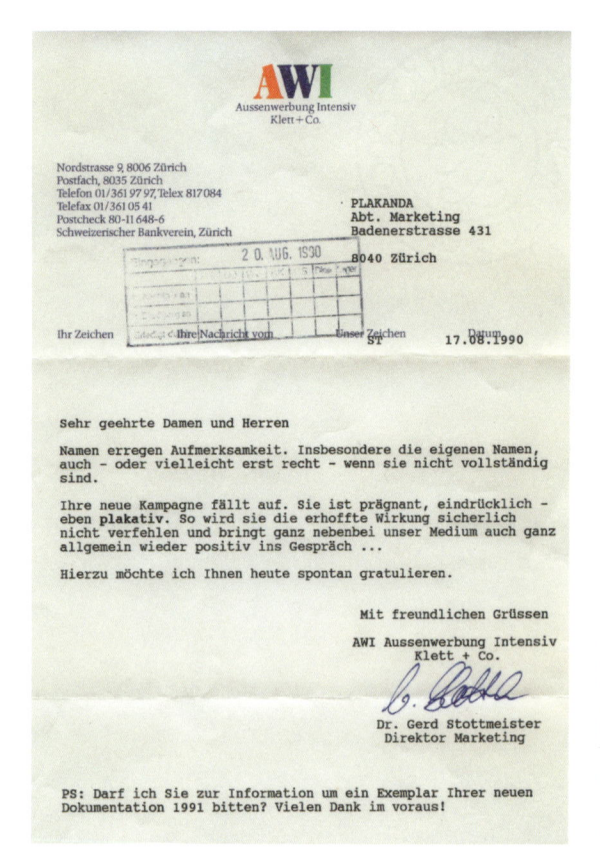

9 Überarbeitetes Erscheinungsbild auf der Frontseite der Kundendokumentationen, 1995 bis 1997, Kreation visualix.

rat auf eine Kampagne der APG. Die APG bildet in ihrer Eigenwerbung das Bild eines Hundes ab mit dem Text «Wem ist Cita über den Weg gelaufen?». Ob das Bild via Bildagentur oder auf andere Wege zur APG gelangt ist, bleibt offen. Der Zufall will es jedoch, dass es sich beim Tier um Peter Gmürs Familienhund Timmy handelt. Und so schreibt Gmür in seiner Antwort per Zeitungsinserat: «Dass mein Herrchen CEO von Plakanda AWI ist, geht ja noch. Dass ich aber Timmy heisse und ein Er bin, bringt mich doch ein wenig auf den Hund.» Der Absender lautet «Plakanda AWI. Konkurrenz hat uns stark gemacht».

Zum Marketing gehört auch die Änderung der juristischen Firmenbezeichnung. Im März 1991 wird der Name der stillgelegten Pneuhandelsfirma Plakanda AG mit dem neuen Firmenzweck «Aussenwerbung» versehen. Der juristische Name Plakat & Propaganda AG entfällt. Mit dieser Korrektur wird man dem Umstand gerecht, dass bereits seit Jahrzehnten die Firma intern sowie in der Öffentlichkeit unter diesem operiert.

Mitte der 90er-Jahre wird das visuelle Erscheinungsbild der Firma komplett überarbeitet. Analog dem bisherigen Logodesign wird der Auftritt schlicht und reduziert gestaltet, jedoch moderner und funktionaler interpretiert, insbesondere in Kundendokumentationen und Präsentationen. Für den neuen Auftritt zeichnet eine kleine Schweizer Werbeagentur, visualix. Sie ist es denn auch, die ab diesem Zeitpunkt das legendäre Plakandasommerfest inszeniert und während gut zwanzig Jahren bis ins Jahr 2012 zur populärsten Attraktion der Schweizer Medienbranche macht. Treffend schreibt der Inhaber von visualix, Christian Dür, in seinem 2013 erschienenen Event-Buch über sich selbst: «Er weiss, warum Girlanden allein keinen Event machen.»

Ringen um Stellen – das GK92

Anfang der 90er-Jahre erarbeitet das Bauamt II, Hochbauamt (heute Amt für Städtebau) in der Stadt Zürich ein neues Plakatierungskonzept, das auf öffentlichem Grund verbindlich ist und eine Auswirkung auf Privatgrund hat. In der Folge wird der seit 1970 bestehende Konzessionsvertrag der Stadt mit der Plakanda und der APG aufgelöst. Das Gesamtkonzept GK92 findet Eingang im Vertrag der Stadt Zürich mit einem Konsortium aus acht auf dem Platz Zürich aktiven Plakatfirmen, unter der Federführung der APG. Plakanda verhandelt geschickt und fungiert als einzige Firma aus dem Konsortium als Vertragskonsortialpartner. Den öffentlichen Grund deckt das Konsortium zu 100 Prozent ab. Es verpflichtet sich, die Wünsche der Stadt Zürich gemäss GK92 sowohl auf öffentlichem wie auch auf privatem Grund zu berücksichtigen. Die permanenten Werbeflächen werden dabei um 30 Prozent reduziert. Tabak- und Alkoholwerbung ist auf öffentlichem Grund verboten, aber auf privatem Grund bis auf Weiteres erlaubt.

Eine Evaluation des Plakatstellenbestandes findet im Laufe des Jahres 1993 statt. Sämtliche Stellen des Konsortiums werden begutachtet und gemeinsam im Team – Plakanda (Soppelsa), APG (Brunner/Buchs), Bauamt II, Hochbauamt (Heiniger) und IGGZ (Imesch) – vor Ort beurteilt.

Einige auf dem Platz Zürich operierende Plakatfirmen, darunter auch die AWI Aussenwerbung Intensiv Klett & Co., OFEX Orell Füssli Externa AG, Plakatron AG, distanzieren sich vom GK92. Sie besitzen vornehmlich Plakatstellen auf privatem Grund und bei einem Vertragsbeitritt würden sie aufgrund des gemäss GK92 vorgesehenen Abbaus auf ebendiesem nur verlieren.

Zwillingsinitiative – Werbeverbot für Alkohol- und Tabakwerbung in der Bundesverfassung

Das Thema «Werbeverbot für Genussmittel» bleibt aktuell. Mit grossem Aufwand kämpfen Werbewirtschaft, Industrie und Gewerbe gegen angebliche oder tatsächlich drohende Verbote. Mit der 1993 eingereichten Zwillingsinitiative soll ein Werbeverbot für Alkohol- und Tabakwerbung in der Bundesverfassung festgelegt werden. Die Initiative sieht zudem eine zweckgebundene Verwendung von einem Prozent der Tabaksteuererträge zur Verhütung von durch Rauchen bedingten Krankheiten vor. Am 28. September 1993 wird die Initiative verworfen.

Finanzielle Ängste überwiegen die gesundheitlichen Bedenken. Trotzdem schränken die Kantone die Plakatwerbung von Alkoholika und Tabakwaren auf öffentlichem Raum oder öffentlich einsehbarem Privatgrund massiv ein.

Plakanda lässt den Kopf deshalb nicht hängen. Sie verfügt über eine stattliche Anzahl Stellen auf Privatgrund und an Kiosken, wo das Werbeverbot nicht zieht und die einzelne Verkaufsstelle in Bezug auf die werbliche Nutzung für Genussmittel sehr aufgewertet wird.

Ein neues Format geht baden

Läuft etwas gut, dann hat es in der Retrospektive jeder erfunden. An Dinge, die nicht klappen, können sich die meisten hingegen nicht mehr genau erinnern. Genau so ergeht es dem Plakatformat Premium 7, das die Plakanda Ende der 90er-Jahre im Schweizer Aussenwerbemarkt zu lancieren versucht und mit dem sie in erster Linie einen grossen Abschreiber verbuchen muss. Es könnte so gewesen sein: Das Premium 7 steht für 7 Quadratmeter Plakatfläche. Kleiner als das GF, grösser als das B12. Treibende Kraft dahinter ist die Mediaagentur Karl-Heinz Müller, die für ihren Grosskunden Philip Morris ein Netz von exklusiven grossflächigen Stellen im Schweizer Markt zusammenstellen und fix für eine Laufzeit von mehreren Jahren belegen will. Geeignete Toptabakstandorte zu finden, ist aus Gründen der Werberestriktionen für Genussmittel ein nicht einfaches Unterfangen. Plakanda investiert eine Stange Geld in die Entwicklung und Lancierung des neuen Formats und in die Platzierung der Stellen. Doch der Markt zieht nicht mit. Die Akquise der

10 Die Plakanda zeigt sich nach dem GK92-Vertragsabschluss zufrieden, sie hat geschickt verhandelt. Peter Gmür (links) und Martino Bammatter an der Pressekonferenz des GK92.

FIRMENGESCHICHTE

11 Premium-7-Stellen: Bestückung mit Premium-7- und F12-Sujet.

neuen Standorte erweist sich als schwierig. Die APG nimmt das Format nicht ins Portfolio auf. Und die meisten Kunden sind nicht bereit, für ein paar wenige Stellen im Werbeaushang zusätzliche Layout- und Druckkosten für ein weiteres Format zu finanzieren. Bevor die Stellen wieder abmontiert und in F12-Formate umgerüstet werden, bestückt sie Plakanda eine Zeit lang mit F12-Sujets. Ein Zeitzeuge meint: «Das ging von Anfang an in die Hose. Plakanda hat einen grossen Batzen fehlinvestiert.»

Der Blick in eine Zwischenabrechnung eines Berner Advokaturbüros aus dem Jahr 1996 lässt erahnen, dass nicht nur das Premium 7 in den 90er-Jahren für Ärger sorgt. Ganz auf der Linie von Erb und Baumann streitet die Firma emsig mit Behörden um Bewilligungen zum Einrichten und Betreiben von neuen Plakatstellen auf privatem Grund. Der Zeitaufwand, den die Plakanda-Anwälte für Klientenbesprechungen, Rechtsabklärungen, Kurzaugenscheine, Redaktion von zahlreichen Verwaltungsbeschwerden, Korrespondenz und Telefonate auflisten, ist enorm.

Friendly Take-over: David kauft Goliath

Gmür hat von Anbeginn Joint Ventures mit anderen Plakatfirmen im Hinterkopf. Seine Unternehmensleitlinien lauten: «Gewinnorientierung und Ausweitung der bestehenden Geschäftsaktivitäten sichern unsere Zukunft. Wir sehen uns als schweizerisches/europäisches Unternehmen und wollen unsere Präsenz ausserhalb unseres bisherigen Kernmarktes erweitern. Plakanda verfügt (...) über die personellen und materiellen Ressourcen, um sich der Herausforderung als schweizerisches und/oder europäisches Aussenwerbeunternehmen erfolgreich zu stellen.» Zur APG will er das Gegengewicht mit der kleinen, kreativen und cleveren Plakanda bilden. Und so arbeiten Gmür und Bammatter darauf hin, möglichst rasch erfolgreiche Schweizer Plakatunternehmen zu akquirieren und kontinuierlich zu wachsen. Was auch gelingt, nicht zuletzt dank straff gesetzten strategischen und operativen Leitplanken.

In weiser Voraussicht wird bereits Anfang der 90er-Jahre die Plakanda Holding AG mit Sitz in Zug gegründet, mit dem statutarischen Zweck «Erwerb, Halten, Verwaltung und Finanzieren von beziehungsweise Beteiligung an in- und ausländischen Dienstleistungs-, Industrie- und Handelsunternehmen». Bis sich 2011 alle bestehenden Gesellschaften in die Clear Channel Schweiz AG mit Sitz in Hünenberg konsolidieren, ist ein Teil der Gruppe im Kanton Zug ansässig.

Der erste und auch grösste Coup gelingt Ende 1996. Mit der Übernahme der im Vergleich zur Plakanda AG wesentlich grösseren AWI Aussenwerbung Intensiv AG (früher Awag Aussenwerbungs AG) von Thomas Klett steigt die Plakanda AG über Nacht zur stattlichen Nummer zwei im Schweizer Aussenwerbemarkt auf. Thomas Klett und Renato Schena, Geschäftsführer AWI, planen vorerst, die AWI an die APG zu verkaufen. Es liegt im genuinen Interesse der Marktführerin, mit allen Mitteln zu verhindern, dass die Plakanda zu diesem strategischen Zug im Markt ansetzen kann. Und so investiert Gmür in unzählige Mittagessen beim Zürcher Nobelitaliener «Casa Ferlin», bis er Klett vom APG-Vorgehen abbringt und ihm das «Plakanda-Filet» schmackhaft macht. Die AWI ist zum Zeitpunkt der Übernahme mit annähernd zehn Prozent Marktanteil in der Lage, ein überregionales, gesamtschweizerisches Plakatstellennetz anzubieten. Mit dieser Übernahme legt die Plakanda den Grundstein für ein nationales Plakatstellennetz. Eine wichtige Voraussetzung, um in den nachfolgenden Jahren der grossen Konkurrentin APG die Stirn bieten zu können. Einige Mediaagenturen begrüssen die neue nationale Alternative und verlagern in Kürze einen beträchtlichen Anteil ihres jährlichen Plakatwerbevolumens zur Plakanda, zur neu geschaffenen zweiten Schweizer Aussenwerbekraft.

Eine Anekdote erzählt von der Goldvreneli-Aktion der beiden AWI-Starakquisiteure und -verkäufer Aldo Votta und Bruno Knecht: Sie fahren in den 70er- und 80er-Jahren die Zürcher Strassenzüge mit Kameras ab und sichten jede mögliche, einträgliche Plakatstelle, namentlich in privaten Vorgärten. Den Eigentümern winkt bei langjährigem Vertragsabschluss mit der AWI ein – notabene von Votta und Knecht privat finanziertes – Goldvreneli. Nur wenige potenzielle Vertragspartner verneinen. Und Votta und Knecht räumen sagenhaft ab. So verfügt die AWI insbesondere in der Stadt Zürich über lukrative Stellen, die das Portfolio der Plakanda perfekt ergänzen.

Die Zusammensetzung des Stellenportfolios der AWI geht zudem auf ein historisches Abkommen der APG mit der AWI aus dem Jahr 1974 zurück: Die AWI und die APG tauschen Plakatstellen aus, welche dem Spezialgebiet des anderen besser entsprechen. Die APG erhält Topstrassenstellen der AWI, beispielsweise in Luzern. Letztere übernimmt Shoppingcenterstellen der APG. Das Abkommen läuft 1984 offiziell aus und wird nachfolgend inoffiziell und partiell bis zur Plakanda-Übernahme weitergeführt.

Der ganze Markt staunt. Denn was unbemerkt von langer Hand geplant wird, dringt bis zum Tag der Übernahme Ende 1996 nicht nach aussen. Und auch im Innenverhältnis bleibt es still: Beide Belegschaften werden nicht über die geplante Übernahme informiert. Beat Roeschlin – auch er ein «Schmidheiny-Jünger» und Mitarbeiter der Distral, von Gmür/Bammatter für den Due-Diligence-Prozess eingesetzt – bereitet unter Anleitung des Verwaltungsrats die Übernahme im Datenraum vor. Die Vorgabe des Verwaltungsrates an Roeschlin ist deutlich: «Das Ziel ist, in acht Monaten eine einzige Firma daraus zu machen.» Roeschlin kommt bereits 1989 beim Kauf der Plakat & Propaganda AG durch Schmidheiny erstmals mit dem Plakatgeschäft in Kontakt und bleibt diesem ab seinem Engagement im Fusionsjahr 1996 bis ins Jahr 2010 treu.

Juristisch werden die beiden Unternehmen Plakanda AG und die neu geschaffene Plakanda AWI AG – die AWI Aussenwerbung Intensiv AG wird im November 1998 im Handelsregister gelöscht – als getrennte Einheiten geführt. Dies, um die AWI-Stellen auf privatem Grund nicht im Rahmen des Stadtvertrages GK92 einer massiven Korrektur unterziehen zu müssen. Operativ werden sie im Jahr 1997 fusioniert, und ab 1998 wirken sie als wirtschaftliche Einheit unter dem Namen Plakanda AWI.

Unterschiedliche Sprachen

Mit der Fusion prallen zwei Unternehmenskulturen aufeinander, die hemdsärmelige, aufmüpfige Plakanda und die traditionellere AWI. Damit aus den unterschiedlichen Mitarbeitern schnell ein gemeinsames Team wird, beschliesst der Verwaltungsrat der Holding bereits in der Gründungsphase, die Standorte rasch zu fusionieren. Der Technische Dienst wird unter der Leitung des AWI-Manns Edgar Rüegg – ein cleverer Logistiker, der bereits Touren optimiert, bevor es die offiziellen Tools dazu gibt – am Standort der AWI in Geroldswil zusammengeführt. Ein nicht einfaches Unterfangen, die beiden Stellenportfolios logistisch und operativ zu bündeln. Die fusionierte Truppe des Technischen Dienstes umfasst annähernd 50 Mann. Ende 1997 übernimmt Roberto Credaro die Leitung des Technischen Dienstes. Das operative Geschäft der AWI wird an den Geschäftssitz der Plakanda an der Beckenhofstrasse verlegt. Vollblutnetzwerker Christian Soppelsa, Leiter Akquisition seitens Plakanda, bricht als einer der Ersten den Bann und beginnt, auf die AWI-Truppe zuzugehen und gemeinsam mit ihr zu akquirieren.

Auf Druck des Verwaltungsrats werden der AWI-Mannschaft die ebenso straffen Zügel angelegt wie bisher der Plakanda AG. Die Zusammenlegung der beiden Aussenwerber führt zu einem massiven Personalstellenabbau insbesondere bei der AWI auf Geschäftsleitungsebene, in den Abteilungen Technik, Akquise und Verkauf sowie Finanzen. Renato Schena, Geschäftsleiter der AWI seit 1991, verlässt das Boot. Er gründet die Firma Star Plakat und arbeitet daraufhin eng mit der APG zusammen. Beat Sulzer wird Geschäftsführer der fusionierten Gruppe. Nach der Fusion weist der Personalspiegel annähernd 100 Mitarbeiter aus. AWI-Starverkäufer wie Francesco Cairati, autonome AWI-Filialleiter wie Ruth Morin, langjährige Mitarbeiter des AWI-Akquise- und Vertragsteams, die den Markt verinnerlicht haben, wie Aldo Votta, Richard Lau oder Doris Truttmann, ebenso fachkundige Disponenten wie Ursula El Ouaed oder Experten der Finanzabteilung wie AWI-Finanzchef Hans-Ulrich Geiser oder Ruth Meierhans werden von der Plakanda übernommen.

FIRMENGESCHICHTE

Rechte Seite
13 Der neue gemeinsame Auftritt nach aussen: Kundendokumentation Plakanda AWI 1999, Kreation visualix.

12 Dankesbrief eines zufriedenen Kunden, 1997.

Qualitätspolitik

Mit der AWI übernimmt die Plakanda ein Unternehmen, das sämtliche Prozesse vorbildlich dokumentiert und Richtlinien definiert hat, nach denen die Firma arbeitet. Schena peilt Ende 1996 – kurz vor der Übernahme – gemeinsam mit dem Qualitätsmanagementleiter Philipp Reiser eine Zertifizierung nach der Norm ISO 9001 an. Ein unübliches Vorgehen für Firmen dieser Branche. Doch Schena und Reiser sind überzeugt, das Qualitätsdenken reflektiere auch einen wichtigen Teil der Firmenkultur und entscheide damit unter anderem über die langfristige Existenz des Unternehmens. Die Zertifizierung soll sowohl informativ für die Umsetzung innerhalb der AWI als auch zum Nachweis bestimmter Standards gegenüber externen Partnern dienen. Bei der Übernahme durch Plakanda werden die Prioritäten jedoch neu definiert. Gmür stoppt das kostspielige Zertifizierungsaudit in letzter Minute: «Kein einziger Kunde bucht eine Plakatstelle mehr, weil das Plakatunternehmen eine Zertifizierung ausweist. Für interne Prozesse interessiert sich extern niemand. Unsere objektiven Vorteile gegenüber der Konkurrenz manifestieren sich in unseren Produkten und Verkaufsanstrengungen.»

Trotzdem, bei der Fusion der beiden Firmen erweist das erarbeitete QM-System einen grossen Dienst. Die saubere Dokumentation sämtlicher Abläufe erlaubt es den Drahtziehern, die unterschiedlichen Vorgehensweisen beider Firmen zügig zu analysieren und zu harmonisieren.

Gemeinsamer Auftritt im Januar 1998

Im Januar 1998 kommt der grosse Moment: der erste Aushang mit dem fusionierten Stelleninventar. Annähernd 10 000 Stellen auf Privatgrund stossen neu hinzu. Die gegenseitige Ergänzung der beiden bestehenden Produktportfolios ist fantastisch. Das veränderte Kräfteverhältnis im Markt fordert nun auch die Konkurrenz stärker heraus. Die neu geschaffene Plakanda AWI bietet ihren Kunden ein noch breiteres und flächendeckendes Angebot an erstklassigen Standorten in der ganzen Schweiz. Nebst dem Hauptstandort Zürich wird zusätzlich aus den Filialen in Luzern, St. Gallen, Bern, Basel, Lausanne und Lugano heraus akquiriert und verkauft. Die ehemalige Filiale AWI Lugano wird nach der Fusionierung unter der Leitung von Andrea Maeder (ein ehemaliger OFEX-Mann) nach Locarno verlegt, mit dem Ziel, das Shoppingcenterangebot mit qualitativen Strassenstellen zu ergänzen. Das Shoppingcenterportfolio der ehemaligen AWI erfährt rundum eine Überarbeitung und Neupositionierung. In der Historie war die AWI allzu oft bereit, für einen weiteren Stellenzuschlag einen hohen Preis zu zahlen. Was Schena in weiser Voraussicht bereits Mitte der 90er-Jahre beginnt, wird nach der Übernahme minutiös weiterverfolgt: Unrentable Stellen werden mit den Vermietern neu verhandelt oder gestrichen. Und das Portfolio wird von einer unabhängigen Mediaagentur nach spezifischen Bewertungskriterien neu beurteilt. Das Angebot wird anschliessend um 1000 Stellen bereinigt, der Fokus liegt auf Qualität statt Quantität.

Neben dem Angebot an attraktiven Netzmodulen hält Plakanda AWI am Credo «beliebig kombinierbares Angebot an erstklassigen Einzelstellen – ganz nach den Bedürfnissen und Budgets der Kunden» fest und grenzt sich damit auch von der Konkurrenz ab. Die persönliche und individuelle Kundenbetreuung bleibt höchstes Ziel. Beat Sulzer notiert in der Kundendokumentation 1998: «Einiges

ENTWICKLUNG ZUM MEDIENUNTERNEHMEN

Kiosk-Plakate

Shopping-Center-Plakate

Strassenstellen

FIRMENGESCHICHTE

bleibt allerdings beim Alten: Unsere innere Haltung, die getragen ist von Verantwortung, Dynamik, Kreativität und Fairness. Das aktive Mitdenken und -arbeiten an den Problemen unserer Kunden, die hohe Qualität unserer Dienstleistungen, unsere Flexibilität und die individuelle Beratung und Betreuung haben uns zu dem gemacht, was wir heute sind: nicht bloss ‹Plakatierer›, sondern engagierter Partner der Werbewirtschaft.» Und ein Kunde erinnert sich: «Es war einfach jedes Mal wie das erste Mal. Und für jeden Franken ganz viel Qualität.»

IT und Forschung auf hohem Niveau

Ein ungeschliffener Juwel, den die AWI 1996 mit in die Plakanda-Ehe bringt, ist das interne Buchungssystem AIDA. Die Eigenentwicklung der Plakanda kommt nicht an das Niveau von AIDA heran. AWI-Mann Werner Brasser beginnt bereits 1988, die Software von Grund auf neu zu entwickeln. Das 1989 lancierte Projekt «AWI 2000» verfolgt das visionäre Ziel, eine Applikation zu designen, die innerhalb der Markt- und Prozessanforderungen im Fünf- bis Zehnjahreshorizont bestehen kann. Gemeinsam mit Urs Häsler wird das Softwaresystem bis 1996 kontinuierlich weiterentwickelt. Brasser und Häsler sind mit ihrer Denke den im Markt erhältlichen, teuren Standardpaketen immer einen cleveren Schritt voraus. 1995 unterzeichnen sie erstmals einen Vertrag mit dem externen Schweizer Softwareentwickler Softworks Consulting AG, der auf ERP-Lösungen spezialisiert ist. Es handelt sich dabei um die eigentliche Geburtsstunde von AIDA, das 1995 bereits die Abläufe von Akquisition, Auftragsverwaltung, Fakturierung, Plakataushang und Marketing abbildet. In den Folgejahren wird mit Softworks weiterverhandelt, das System verbessert und um relevante Prozessschritte ergänzt.

Roeschlin erkennt rasch das ausbaubare Potenzial des Systems. Gemeinsam mit Werner Brasser und Urs Häsler beginnt er 1997, den Juwel zu schleifen, sodass kurz später daraus ein hochentwickeltes, intelligentes Prozess- und Relationsdatenbanksystem entsteht. Dass es sich hierbei um eine äusserst wertvolle Anlage handelt, wird sich beim späteren Weiterverkauf an Clear Channel zeigen; AIDA hält sämtlichen Vergleichen mit externen Softwaremitbewerbern auf dem freien Markt stand. Weltweit werden in der Folge die Clear-Channel-Länder auf das clevere System migriert.

Auch den Kunden bietet das neue System Vorteile: Detaillierte und visualisierte Informationen – erstmals digitale Fotos – über einzelne Plakatstellen und Aushänge ermöglichen massgeschneiderte und kundengerechte Plakatierungslösungen sowie präzise Offerten innert kürzester Zeit.

Ab 2002 leitet Werner Brasser das internationale AIDA-Team, Clear Channel AIDA GmbH, Tochter der Clear Channel Schweiz AG, das operativ in der Schweiz und in England domiziliert ist, die Aufträge jedoch hauptsächlich aus dem Headquarter in London empfängt. Softwarelizenzinhaber ist ab 2003 zu 100 Prozent die Clear Channel AIDA GmbH. Ab 1999 qualifiziert sich jede Plakanda-AWI-Stelle durch objektive Leistungswerte nach dem international anerkannten Bewertungssystem ▶ OSCAR. Plakanda AWI lässt sämtliche Plakatstellen von unabhängigen Fachexperten nach diesem System analysieren und bewerten. Die Messungen werden unter der Leitung eines Fachexperten von Mitarbeitern der Abteilung Akquisition in Zürich und der Filialen Lausanne und Tessin vorgenommen. Dabei bestätigt die durchgeführte Qualifikation eine Klassifizierung von 90 Prozent der Strassenplakatstellen in den obersten Qualitätskategorien. Kombiniert mit der Flexibilität individueller Plakatierungslösungen und den attraktiven Verkaufspreisen ergibt sich daraus ein Tausender-Kontakt-Preis, der zu den besten innerhalb der Plakatbranchen und den Werbemedien überhaupt zählt.

▶ OSCAR
Outdoor Site Classification and Audience Research.

14 Die zwei IT-Spezialisten und AIDA-Entwickler: Werner Brasser und Urs Häsler.

15 AWI-Giraffen, das AWI-Marketingmaskottchen, Kreation Fix&Flex, 1994.

Inventar der besonderen Art

Plakanda übernimmt mit der AWI nicht nur Plakatstellen. Im Fundus tummeln sich mehrere hundert ein Meter grosse Giraffen aus Pappmaché. Die Giraffe, Maskottchen eines AWI-Kommunikationskonzepts aus dem Jahr 1994, soll die Kunden auf die der Konkurrenz «überlegenen» Plakatstellen aufmerksam machen. Noch im Jahr 2014 sind in den Büros ehemaliger AWI-Mitarbeiter Exemplare des freundlichen Steppentiers anzutreffen.

Expansion in den Osten: Plakanda erobert den polnischen Markt

Kaum ist der erste Deal unter Dach und Fach, werden im Hintergrund bereits die Fäden für den nächsten gezogen. Als Verwaltungsrat der westschweizerischen Tageszeitung «La Suisse» erfährt Gmür, dass zwei Westschweizer Unternehmer, Fred Lévy und Francis Edelman, von der Firma RUCH S.A., einem landesweiten Pressevertriebsunternehmen in Polen, das Vermarktungsrecht an der Werbung an über 20 000 Kioskstandorten ergattern. RUCH, ursprünglich dem kommunistischen Regime nahestehend – welches damit die Presseverteilung kontrolliert –, fungiert 1996 als staatliche Gesellschaft.
Gmür zögert keine Sekunde und kontaktiert Lévy umgehend. Die Sympathie ist gegenseitig, man spricht dieselbe Unternehmersprache. In kurzer Zeit wird vereinbart, das Vorhaben gemeinsam zu erörtern und alsdann anzupacken. Gmür und seine Plakanda AWI bringen das Plakat-Know-how und die guten Beziehungen zur Tabakindustrie, Lévy und Edelman den Vermarktungsvertrag. Rasch wird man sich einig. Die SHAB-Meldung vom 12. Juli 1996 bezeugt: Es ist die Geburtsstunde der Plakanda Inter AG. Die Plakanda Holding hält 50 Prozent am neuen Konstrukt, Lévy und Edelman teilen sich je 25 Prozent.

Polen ist nach der politischen Öffnung ein Land ohne Werbung. Plakanda Inter sieht sich mit der Etablierung der Plakatwerbung an Kiosken sowie nachfolgend eines nationalen Plakatnetzes an besten Passantenlagen konfrontiert. Es bedarf einer Heerschar von Handwerkern, um die Aufgaben des Technischen Dienstes, den Bau der Plakatstellen und deren Bewirtschaftung zu bewältigen.

Die flott abgeschlossenen Werbeverträge mit den Tabakmultis finanzieren das Startkapital für die Expansion. Peter Gmür sagt in der Retrospektive: «Ich glaube, dass unsere Verhandlungen mit den Tabakfirmen in Polen etwas absolut Einmaliges waren. Meines Wissens hat noch nie eine Plakatfirma so viel auf einen Schlag erreicht. 12 000 Plakatstellen für vier Jahre zu 100 Prozent fix verkauft! Mit fortlaufender Preierhöhung!» Die Westschweizer Geschäftsmänner sind operativ vor Ort tätig und handeln nach den Vorgaben von Gmür, der das Geschäft von der strategischen Warte aus leitet und begleitet und bei wegweisenden Verhandlungen selbst vor Ort aktiv wird.

16 Werbefläche an einem begehbaren Pressekiosk der Firma RUCH S.A. in Polen.

FIRMENGESCHICHTE

17 Peter Gmür, Fred Lévy und Francis Edelman (von links nach rechts), in Gmürs Privatflugzeug, alle ausgezeichnet mit der Medaille «Polonia Restituta».

18 Der polnische Geschäftsführer der Plakanda Inter AG Bogdan Gumkowski, Fred Lévy, Peter Gmür und Francis Edelmann, der Präsident der Firma RUCH Miron Maicki (von links nach rechts).

19 Peter Gmür (links) mit Aleksander Kwaśniewski, Präsident der Dritten Polnischen Republik.

Für den Verkauf und die Administration rekrutiert man junge Studienabgänger und schult sie umfassend. Gmür, Lévy und Edelman werden an einer offiziellen Feier im Warschauer Präsidentenpalast für ihre Verdienste beim Aufbau von Arbeitsplätzen mit der «Polonia Restituta» geehrt, einer Medaille ähnlich der Ehrenlegion. Der anfänglich beträchtliche Anteil der Tabakwerbung im Kundenportfolio pendelt sich nach und nach bei zirka 20 Prozent ein, neu hinzu stossen die Segmente der Automobil-, Kosmetik-, Elektronik- und Telekommunikationsindustrie. Insgesamt wächst der Umsatz auf (umgerechnet) jährlich annähernd 20 Millionen Franken an. Die langsam erwachende Konkurrenz schläft nicht, doch muss sich diese Stelle für Stelle mühsamst erkämpfen. Ganz im Gegensatz zur Plakanda Inter AG, welche dank dem Vermarktungsvertrag mit RUCH von Beginn an einen gewaltigen Vorsprung verzeichnet. Das jährlich von Plakanda Inter organisierte und gesponserte Golfturnier entwickelt sich rasch zu einer der grössten und schillerndsten Medienpartys in Polen, einem «Must-Event» für Golfer und die ganze Werbeszene. Auch CEOs der grossen Schweizer Mediaagenturen stehen auf der Gästeliste, und das wiederum kommt dem Schweizer Plakanda-Holding-Heimgeschäft zugute.

Der gemeinsame Vorstoss der Plakanda Holding und von Merkur, einer Beteiligung an der RUCH, wird seitens der polnischen Republik nicht bestätigt. Polen hält am Familiensilber fest. Doch wird in denselben Verhandlungen der Werbenutzungsvertrag zwischen Plakanda Inter und RUCH bestätigt. Der gute Draht der Plakanda Inter zum Präsidenten der Dritten Polnischen Republik, Aleksander Kwaśniewski, öffnet manche Türen und Tore. Der lukrative Vermarktungsauftrag währt während sieben Jahren. Im Jahr 2003, vier Jahre nach der Übernahme der Plakanda Holding durch Clear Channel Outdoor, wird das Polengeschäft eingestellt. 1999 wird die Plakanda Inter AG von Gmür, Lévy und Edelman zeitgleich mit der Holding an den amerikanischen Aussenwerbemulti veräussert: Das von Lévy und Edelman gehaltene 50-prozentige Aktienpaket an Plakanda Inter wird dabei in Aktien der Plakanda Holding umgetauscht, anschliessend folgt der Verkauf der Plakanda Holding durch Gmür.

Wachstum durch weitere Akquisitionen

Plakatstellen in Grossstädten sind hart umkämpft. Um den Standort Bern zu verstärken, übernimmt die Plakanda Holding Ende 1999 die Interpubli Werbe AG. Die kleine Plakatgesellschaft ist vor allem in der Stadt und der Agglomeration Bern aktiv.

125 B12- und B200-Stellen werden übernommen, bewirtschaftet hat sie die Plakanda bereits von 1997 an, seit sie mit 21 Prozent am Aktienkapital der Interpubli Werbe AG beteiligt war.

Die Schweizer Plakanda AWI wird US-amerikanisch

1999 verkauft Peter Gmür seine Plakanda Holding AG. Clear Channel Outdoor mit Sitz in San Antonio, Texas, sichert sich die Aktienmehrheit. Zum Zeitpunkt der Übernahme handelt es sich um den weltweit grössten Aussenwerber und Radiovermarkter. 2014, fünfzehn Jahre später, ist Clear Channel Outdoor das weltweit zweitgrösste Aussenwerbeunternehmen mit rund 750 000 Werbeflächen, die über 500 Millionen Menschen pro Monat in 30 Ländern in Europa, Nord- und Südamerika sowie im Pazifikraum erreichen. Zudem ist sie eine der grössten Anbieterinnen von Werbeflächen an Flughäfen. Die langfristige Ausrichtung des Unternehmens strebt an, inspirierende Out-of-Home-Kampagnen zu liefern, als Verfechter von Kreativität aufzutreten und Brands mit ihren Zielgruppen zusammenzubringen. Als Hauptbeweggrund für den Verkauf seines Unternehmens nennt Gmür die Ende der 90er-Jahre zu erwartenden hohen Investitionen in digitale Plakatwerbeflächen: «Als privates Unternehmen verfügen wir nicht über die finanziellen Mittel, deren es in Zukunft für den Wettbewerb im digitalen Zeitalter hinreichend bedarf.»

Mit der Übernahme der Plakanda Holding sichert sich der amerikanische Multi substanzielle Marktanteile am Schweizer Medienkuchen, und das ehemalige Familienunternehmen wird urplötzlich Teil eines weltweit operierenden Medienkonzerns. Beat Roeschlin amtiert 1999 nach dem Verkauf als CEO der Schweizer Clear-Channel-Tochter.

Gmür gibt 2002 nach Abschluss der erfolgreichen Übergangs- und Earn-out-Phase seinen Rücktritt von allen Funktionen innerhalb von Clear Channel bekannt. Bammatter, der auch nach dem Verkauf auf Basis eines Beratervertrags operiert, gibt 2001 sein VR-Mandat ab und löst sich Ende 2002 ganz von Clear Channel Plakanda.

Es ändert sich vieles. Die interne IT-Umstellung von Apple auf Microsoft ist nur ein kleiner Baustein in der gesamten Umstrukturierung. «Wir haben lange die eigene Mutter verleugnet. Viele Jahre nach der Übernahme haben wir Telefonanrufe immer noch mit ‹Plakanda, grüezi?› entgegengenommen», berichtet ein langjähriger Verkaufsmitarbeiter. Die Mutter nimmt es gelassen. Roger Parry, CEO Clear Channel International except US, und Coline McConville, CEO Clear Channel Europe, sind sich einig. Ein Geschäftsleitungsmitglied erinnert sich an die Aussagen der beiden Vorgesetzten: «We don't have a lot to tell you. No matter how you daily pick up the phone. Remember the main thing: continue selling and just keep up your margin!» So viel zur Innensicht. Sie deckt sich mit der Aussensicht. Ein Kunde meint in der Retrospektive: «Clear Channel Plakanda war schon immer eine Kampfmaschine. Die Jungs dort sind durchtrainiert. Ein paar wenige haben den Markt gemacht. Sulzer und Soppelsa, ein Dreamteam. Die Konkurrenz hat lange geschlafen.»

Clear Channel Plakanda hebt ab

Im selben Jahr, 1999, steigert die Firmengruppe ihren Marktanteil mit der Übernahme der OFEX AG nochmals markant. Die OFEX (Orell Füssli Externa) AG, eine erfolgreiche Tochtergesellschaft der im Anzeigengeschäft verankerten Ofa Orell Füssli Werbe AG, bewirtschaftet nebst dem Portfolio aus Strassen-, Tankstellen- und POS-Plakatstellen seit 1986 rund 80 Prozent der Aussenwerbung am Flughafen Zürich. Der Konzessionsgeber ist der Kanton Zürich (vertreten durch die Direktion der Volkswirtschaft, diese wiederum vertreten durch das Amt für Luftverkehr Zürich-Flughafen). Die Geschichte der OFEX und ihrer Aktivitäten hinsichtlich Reklame an Verkehrsknotenpunkten geht bis ins vorletzte Jahrhundert zurück. 1883 wird in der Schweiz erstmals ein Vertrag über eine Bahnhofreklamepacht zwischen der Schweizerischen Nordostbahn-Gesellschaft und den Schweizerischen Annoncenbüros von Orell Füssli & Co. in Zürich abgeschlossen. Bis ins Jahr 1970 bleibt die OFEX AG (damals OFA) zudem alleiniger Pachtpartner der SBB für gesamtschweizerische Bahnhofreklame; von 1971 bis 1981 teilen sich die OFA und die Impacta AG – seit 1970 eine 50-prozentige Tochter der APG, ab 2014 zu 100 Prozent – die Bahnhofpacht, 1982 fällt sie komplett an die Impacta. Trotz Intervention bei der Kartellkommission seitens der OFEX bleibt es 1982 beim Entscheid der SBB.

Clear Channel Plakanda (CCP) gelangt auf einem Umweg zur OFEX-Akquise. Peter Gmür zeigt ursprünglich Interesse an einer Übernahme des 30-Prozent-Anteils der Publicitas-Gruppe (später PoubliGroupe) an der APG. Doch der damalige Publicitas-Generaldirektor Jean-Jacques Zaugg favorisiert die Option des Verkaufs an JCDecaux. Handels-

FIRMENGESCHICHTE

20 Bahnhofreklame von 1935 der Orell Füssli-Annoncen in der NZZ.

einig werden sich Gmür und Zaugg aber über die Übernahme der OFEX, einer Tochtergesellschaft der Publicitas. Mit diesem Schritt hat Gmür sein 1990 definiertes Ziel, die drei Plakatfirmen Plakanda, AWI und OFEX als Gegenpol zur APG zusammenzuführen, erreicht.

Die OFEX-Übernahme erweitert das Portfolio um rund 4000 Werbeflächen. Mit dem Einstieg in die Flughafenwerbung gelingt CCP der Sprung auf ein neues, einträgliches Prestigegeschäftsfeld mit grossem Ausbaupotenzial. Der Konzessionsvertrag der OFEX beinhaltet die Verpachtung von Reklameflächen und Werbeträgern im Bereich des Flughafens Zürich. Reklamen für alkoholische Getränke oder Tabakwaren sind, gemäss Zweckbestimmung des Konzessionsvertrages, nicht gestattet. Ebenso untersagt sind anstössige oder politische Reklamen. 1999, im Jahr der OFEX-Übernahme, umfasst der Flughafenvertrag den land- und luftseitigen Bereich des Terminals 1 sowie den luftseitigen des Terminals 2 – der landseitige Sektor des Terminals 2 wird von Bercher, einer Tochter der APG, bewirtschaftet. Bereits 1998 führt die OFEX gemeinsam mit dem Unternehmen FAST media integrations AG erstmals elektronische Werbeflächen im Flughafen Zürich Kloten ein. Dabei übernimmt FAST den technischen Support und den Betrieb der elektronischen Werbetafeln. Die OFEX erzielt 1998 am Flughafen einen Gesamtumsatz aus Werbung von annähernd vier Millionen Franken. Das Guthaben des Konzessionsgebers wird aufgrund eines prozentualen Anteils am Mietumsatz errechnet; der Split zwischen den Parteien beträgt, wie weltweit handelsüblich, zwei Drittel zugunsten des Flughafens, ein Drittel zugunsten der OFEX. Hintergrund für den prozentualen Split sind die kostspieligen Investitionen ins Werbeinventar, die vom Konzessionsgeber getragen werden. In den Folgejahren verändert sich der Split zugunsten des Konzessionsgebers. Kurz nach der OFEX-Übernahme im Januar 2000 gelingt die Neuverhandlung des Flughafenvertrages mit der Flughafendirektion Zürich FDZ und der Flughafen-Immobilien-Gesellschaft FIG.

Die Privatisierung der FIG und das konstante Wachstum des Flughafens führen den politischen Vorstoss herbei, den Flughafen Zürich zu verselbstständigen und zu diesem Zweck die FDZ aus der kantonalen Verwaltung auszugliedern und mit der FIG zu fusionieren. Auf Basis des neuen Flughafengesetzes entsteht im Frühjahr 2000 die Flughafen Zürich AG (FZAG). Diese tritt fortan unter dem Namen «Unique» und später «Unique (Flughafen Zürich AG)» auf.

Der neue Vertrag von Clear Channel Plakanda mit Unique schliesst das gesamte Werbevolumen, das heisst auch die Landseite des Terminals 2, mit ein. Die APG verliert damit ihren Auftrag im Zürcher Flughafen; CCP hat günstiger offeriert und ein stimmiges Konzept für die komplette Neugestaltung der Flughafenwerbung mit der Devise «Qualität statt Quantität» eingereicht. Clear Channel Plakanda kann aufzeigen, dass man für beide Seiten viel mehr aus dem Flughafen herausholen kann. Für die APG bedeutet der Abgang im Stellenportfolio einen millionenhohen Umsatzverlust. Der Vertrag von Clear Channel Plakanda mit Unique hat über das Jahr 2014 hinaus Bestand, fünf Mal ist er bereits beidseitig verlängert worden.

Ein Unternehmermärchen

Innert einer Dekade gelingt es dem Unternehmer Peter Gmür gemeinsam mit Martino Bammatter und tatkräftiger Unterstützung des Plakanda-Teams, die regional starke Marktposition national auszubauen und gleichzeitig mit Einsparungen auf Fixkostenebene eine finanziell äusserst rentable Basis zu schaffen. «Gute Stellen, Kostenführerschaft und eine hervorragende ▸ **Occupation-Rate,** damit haben wir es geschafft!», meinen beide. Nachdem Gmür die Firma 1990 mit einem Umsatz in der Grössenordnung von sieben Millionen Franken übernommen hat, schreibt die Plakanda Holding zehn Jahre später Umsatz in der Grössenordnung von über 100 Millionen (Schweizer Geschäft inklusive Radio- und Polen-Geschäft). Der ursprüngliche Marktanteil von schweizweit 2 Prozent erhöht sich auf sagenhafte 30 Prozent, bei einem operativen Gewinn in der Grössenordnung von ebenfalls 30 Prozent. Mit einem stolzen Blick zurück meint der VR: «Die Umsetzung der beim Kauf der Plakanda 1990 definierten strategischen Massnahmen und die aggressive Akquisition von hervorragenden Stellen führten zum grossen Erfolg. Möglich war dies nur dank einem brillanten Kernteam, das sich während der ganzen Zeit loyal für das Unternehmen eingesetzt hat.»

▸ **Occupation-Rate**
Auslastung der Plakatstellen mit Kundenwerbung.

Der Monolith auf der Expo.02-Arteplage von Murten fasziniert: ein rostender Würfel, 34 m × 34 m × 34 m, ein schwimmender Betonsockel als Fundament, mit 24 Seilen im Seegrund vertäut.

Die Schweiz im Fokus

2000–2014

Das neue Jahrtausend ▸ Im Nachgang der Terroranschläge vom 11. September 2001 empört sich die Schweizer Öffentlichkeit über das Grounding der einst stolzen Fluggesellschaft Swissair. Politisch findet mit den bilateralen Verträgen eine Annäherung an die Europäische Union statt, zudem tritt die Schweiz der UNO bei. Der Aufstieg der SVP führt in der nationalen Politik zu einer Polarisierung, die sich 2003 in der Sprengung der traditionellen parteipolitischen Zusammensetzung des Bundesrates (Zauberformel: 2× SP, 2× FDP, 2× CVP, 1× SVP) offenbart, indem die SVP einen CVP-Sitz

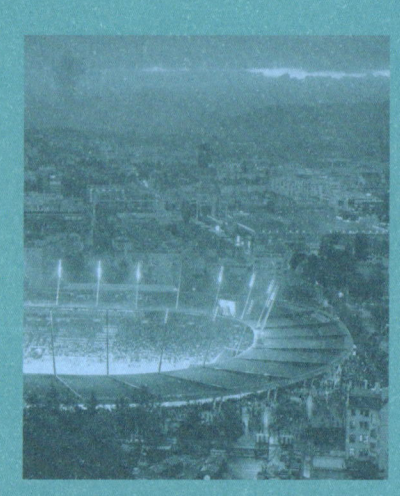

Das erste Letzigrundstadion wurde 1925 eröffnet und 2006 abgebrochen. Der Neubau aus dem Jahr 2007 war während der Fussball-Europameisterschaft 2008 Austragungsort von drei Vorrundenspielen.

Mineure feiern, nachdem die Tunnelbohrmaschine «Heidi» am 23. März 2011 den letzten Abschnitt in der Weströhre des Gotthard-Basistunnels durchbrochen hat.

Die House- und Technoparade in Zürich fasziniert Jahr für Jahr hunderttausende Tanzbegeisterte aus allen Kontinenten.

Die Piloten und das Bodenpersonal der Swissair protestieren am Samstag, 6. Oktober 2001, im Terminal A des Flughafens Zürich.

iPhone und Twitter erobern die Welt.

Zürich West, der Stadtkreis 5, ist im Aufbruch. Das frühere Industriequartier im Umkreis von Escher-Wyss-Platz und Hardturm verändert sein Gesicht wie kaum ein anderes Gebiet in Zürich, 2013.

Plakat von Karl Domenic Geissbühler, einem der berühmtesten Opernplakatgrafiker der Welt, 2000.

erobert. 2008 richtet die Schweiz gemeinsam mit Österreich die Fussball-Europameisterschaft aus, und 2010 erfolgt im Gotthard-Basistunnel der Durchstich des längsten Eisenbahntunnels der Welt. Dennoch hadert die Schweiz weiterhin mit der europäischen Integration, auch weil sie von den internationalen Wirtschaftskrisen mehrheitlich verschont bleibt. Die Bevölkerung ist aufgrund der anhaltend hohen Zuwanderung beunruhigt und nimmt 2014 die eidgenössische Volksinitiative «Gegen Masseneinwanderung» an, dabei zeigt sich erneut ein tiefer Graben zwischen Stadt und Land sowie zwischen den unterschiedlichen Sprachregionen. Kulturell ist das neue Jahrtausend von der rasanten Verbreitung des Internets geprägt, das immer weitere Teile des menschlichen Lebens virtualisiert.

Vorweihnachtliches Gedränge der Einkaufswilligen an der Zürcher Bahnhofstrasse, 2011.

2000 bis 2014
Die Zukunft beginnt: Konsolidierung innerhalb der Clear-Channel-Gruppe

Die jüngsten Jahre sind geprägt von Medienvielfalt und Informationsflut durch das Internet, das sowohl zu Hause, am Arbeitsplatz als auch unterwegs genutzt werden kann. Unter dem Credo «massgeschneiderte Kommunikationslösungen» reagiert Clear Channel Schweiz mit dem Ausbau des Portfolios, neuem Internetauftritt, mit Digitalisierung und einer Logistik, die den wöchentlichen Plakatwechsel möglich macht. Die Finanzkrise wird ebenso überwunden wie wettbewerbsfremde Vergabepraktiken der Behörden. Clear Channel Schweiz ist gewappnet für die Zukunft, wird in Awards auf die vorderen Ränge juriert und engagiert sich auf Kreativ-Festivals. 2010 wird Jürg Rötheli neuer CEO.

Der Werbemarkt erfährt in den 2000er-Jahren vielschichtige Veränderungen. Prägend sind dabei die zunehmende Fragmentierung und Diversifikation der Medienlandschaft sowie die steigende Mobilität der Mediennutzer. Die moderne 24-Stunden-Gesellschaft nutzt mehrere Medien- und Kommunikationskanäle gleichzeitig – sowohl zu Hause als auch unterwegs. Dabei wird sie täglich mit unzähligen Werbebotschaften konfrontiert. In diesem unübersichtlichen und zuweilen ermüdenden Angebotsdschungel wirken nur überraschende, unterhaltende und massgeschneiderte Botschaften nachhaltig. Die klassischen Printmedien verlieren im Zuge dieser Entwicklungen als Werbeträger an Attraktivität. Out-of-Home-Media kann sich mitunter dank innovativen, digitalen Werbemitteln behaupten. Der grosse Gewinner ist die Onlinewerbung. Das Internet ist das Medium mit den höchsten Wachstumsraten und erheblichem Steigerungspotenzial für die Zukunft.

Erfolgsorientierter Start ins neue Jahrtausend

Bis zu weiteren grossen Übernahmen ab 2005 werden alle Möglichkeiten und Positionen als zweitgrösste Plakatgesellschaft ausgelotet. Ab Oktober 2000 tritt die Plakanda AWI gegen aussen nur noch unter dem Namen Plakanda auf, wobei Inhaber und VR-Präsident Peter Gmür die Gesellschaften Plakanda AWI AG und Plakanda Ofex AG als wirtschaftliche Einheiten bestehen lässt. Das neue Logo für Plakanda indes, das in Zusammenarbeit mit der Zürcher Werbeagentur visualix entwickelt wird, ist dem von Clear Channel International angepasst.

Der nächste Namenswechsel auf Clear Channel Plakanda wird 2001 auch als Reaktion auf die Eigenwerbung der Konkurrentin APG landesweit plakatiert. Diese macht mit ihren «Wildplakaten» als röhrender Hirsch oder stolzer Fasan auf sich aufmerksam. Für die Plakanda geht die Werbeagentur Lesch + Frei auf die Jagd und präsentiert Wildgerichte mit dem Claim «Ein Wildplakat der Clear Channel», darunter in kleinerer Schrift: Plakanda.

Mit dem Wechsel ins neue Jahrtausend beginnt sich im Out-of-Home-Markt eine wachsende Brutto-Netto-Schere abzuzeichnen. Werden bislang auf den Bruttopreis überschaubare Preisnachlässe gewährt, offeriert man fortan Rabatte im hohen zweistelligen Prozentbereich. Auslöser ist zum einen die Einführung des Kampagnenstaffelrabatts KSR der Konkurrenz, welche den Werbetreibenden auf den Bruttopreis ab bestimmten Auftragssummen Rabatte von bis zu 50 Prozent und vereinzelt auch mehr gewährt – wohl auch als Reaktion auf den rasant wachsenden Zweiten im Markt, die CCP. Die Konkurrenz versucht proaktiv mit aggressiven Angeboten, die grossen Budgets an sich zu binden. Zudem schliessen sich grosse Mediaagenturen zusammen, die im Zuge des verschärften Wettbewerbs mit Erfolg Druck auf die Bruttopreise ausüben.

Der Rabattschlacht zum Trotz: Das neue Jahrtausend beginnt vielversprechend für Clear Channel Plakanda und übertrifft die Nettoumsätze des Jahres 2001 um 8,2 Prozent bei einem gesamthaft stagnierenden Schweizer Werbemarkt.

Peter Gmür hat seit 1990 gewinnbringend operiert. Ende April 2002 verabschiedet er sich sowohl als VR-Präsident der Clear Channel Holding AG als auch aus allen Funktionen bei CCP. Martino Bammatter scheidet im Jahr zuvor aus dem Verwaltungsrat aus. Grund für Gmürs Abschied sind zum einen seine befristeten Verpflichtungen. Zum anderen möchte er jegliche Interessenkonflikte im Zusammenhang mit seinen neuen Aufgaben als Inhaber des Kino- und TV-Vermarkters RMB-Switzerland und RMB-Austria (später zusammen: Cinecom) vermeiden. Arthur Loepfe – als ehemaliger langjähriger externer AWI-Berater ein mit der Plakatbranche vertrauter Mann – wird neuer VR-Präsident der Holding. Operativ übernimmt Beat Roeschlin die Führung der CCP-Gruppe, gemeinsam mit dem Geschäftsführer Beat Sulzer und dem Finanzchef Andreas Dörler. Sie sind es denn auch, die gemeinsam mit Roger Parry, CEO von Clear Channel International, und Tim Maunder, CFO von Clear Channel International, die Verwaltungsräte in allen Gruppengesellschaften stellen. Dazu zählen mittlerweile Plakanda AG, Plakanda AWI AG, Plakanda Ofex AG, Interpubli Werbe AG und Plakanda Impact AG.

Ein Abschied steht 2002 auch bei den Radiobeteiligungen an. CCP verkauft ihre 51-prozentige Beteiligung an Radio One FM S.A., Radio Lausanne FM S.A. und der Vermarktungsfirma Media One Contact S.A. Seit 2000 ist der Aussenwerbegigant

1 Clear-Channel-Plakanda-Logo, ab Ende 2000.

Clear Channel Worldwide versucht, das in den USA erfolgreiche Zusammenspiel in Europa zu etablieren. Da das Schweizer Bundesgesetz für Radio und Fernsehen (RTVG) jedoch keine Mehrheiten an Rundfunkstationen für ausländisch beherrschte Gesellschaften vorsieht, die Strategie von Clear Channel Worldwide aber ausschliesslich auf Mehrheiten zielt, ist der Rückzug hier bedauerlich – der Verwaltungsrat dazu: «Schade, dass wir aufgrund der geltenden Bestimmungen nicht die Mehrheit an den Radiobeteiligungen übernehmen konnten. Sobald sich das ändert, sind Radio-Engagements für uns wieder interessant.»

2002 bringt CCP noch die erfreuliche Ansicht der Wettbewerbskommission (Weko), «dass Anhaltspunkte dafür bestehen, dass eine unzulässige Wettbewerbsbeschränkung vorliegt», und zwar sei die Vergabe von Plakatierungslizenzen an die Allgemeine Plakatgesellschaft (APG) einseitig erfolgt. Auslöser ist ein Klärungsverfahren, das Clear Channel Plakanda hinsichtlich der Lizenzvergabe für Plakatstellen auf öffentlichem Grund der Stadt Luzern beantragt. Beat Roeschlin zeigt sich nicht zum ersten und auch nicht zum letzten Mal streitlustig, wenn es um Konzessionen geht, die ihm seitens der Behörden verwehrt werden. Im Kontakt mit Behörden kommuniziert Rö, wie ihn seine Mitarbeiter umgänglich nennen, laut und deutlich.

Erweiterung des Produktportfolios

Das Jahr 2003 bildet den Auftakt, das Produktportfolio verstärkt auszubauen, Städtekonzessionen und -ausschreibungen sowie die Flughafenwerbung voranzutreiben.

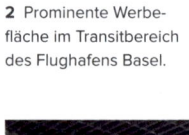

Im September 2003 schliesst CCP einen Exklusivvertrag mit Shell (Switzerland) für die Vermarktung der Plakatflächen an all ihren 155 Schweizer Tankstellen und angeschlossenen 141 Shops. Kontaktfrequenzen an Tankstellen sind kontinuierlich gestiegen. Die CCP-Verkaufstruppe meint: «Bei unseren Kunden sind die Plakatstandorte an Tankstellen sehr beliebt – wegen der attraktiven Zielgruppe und der hohen Frequenzen in den Tankstellenshops.»

Attraktive Zielgruppen stehen stets im Fokus. Auf den Zuschlag für die gesamte Aussenwerbung am Flughafen Zürich im Dezember 2000 folgt im Sommer 2001 die Vermarktung von 80 Prozent der Indoor-Werbung im neu eröffneten Flughafen Basel-Mulhouse. Kein einfaches Unterfangen: Der Flughafen liegt auf französischem Boden, die Verwaltungsgesellschaft besteht aus Franzosen, Deutschen und Schweizern. Bis ein Entscheid gefällt wird, werden zahlreiche Diskussionsetappen durchlaufen. 2014 erhält CC in einem internationalen Auswahlverfahren erneut den Zuschlag für die Vermarktung von über 100 Leuchtwerbeflächen sowie Megapostern am EuroAirport Basel; damit umfasst das Portfolio Werbeflächen sowohl im land- wie auch luftseitigen Bereich des EuroAirports. Ausserdem sind Investitionen in neue Werbeflächen geplant. Zusätzlich betreut Clear Channel Frankreich die Aussenwerbung auf der französischen Seite des Flughafens. Jürg Rötheli, ab 2010 CEO Clear Channel Schweiz, zeigt sich erfreut: «Die Vertragsverlängerung mit dem EuroAirport bestätigt unsere Strategie, unsere Stellung als Qualitäts- und Serviceleader im Schweizer Aussenwerbemarkt weiter zu festigen und auszubauen. Wir freuen uns sehr über den Zuschlag. Dafür ausschlaggebend war unter anderem sicherlich unsere Zusammenarbeit mit Clear Channel Frankreich sowie unsere Bereitschaft, unser Angebot auszuweiten und in neue Flächen zu investieren.»

Auf rückläufige Passagierzahlen in den Jahren 2001 bis 2003 reagiert man gelassen, zumal der Umsatz am Flughafen Zürich auf hohem Niveau «praktisch gehalten» werden kann und Roeschlin als Grund die hier zahlungskräftige und damit relevante Zielgruppe sieht, Entscheidungsträger mit guter Ausbildung. Diese stehen eher im Blickfeld der Werber als der Durchschnittstourist. Ab 2004 macht sich bereits wieder Aufwind in der Flugbranche bemerkbar; 2005 meldet Kloten 17,9 Millionen Passagiere, das sind 3,7 Prozent mehr als im Jahr zuvor und etwa gleich viel wie 2002 vor der grossen Krise; im Jahr 2007 sind es schon 20,7 Millionen Passagiere, Tendenz steigend.

2 Prominente Werbefläche im Transitbereich des Flughafens Basel.

DIE ZUKUNFT BEGINNT

3 Der Flughafen Zürich bietet modernste Architektur und Werbeflächen für einzigartige Kampagnen und exklusive Imagewerbung.

FIRMENGESCHICHTE

4 Das langjährige Verkaufsteam der Clear-Channel-Flughafenwerbung, Francesco Cairati und Sharon Sessa, schafft für ihre Kunden Erlebniswelten, in denen die Brand voll zur Geltung kommt.

Der zwischen Unique und CCP geschlossene Exklusivvertrag läuft 2004 aus. Die Betreibergesellschaft des Flughafens entscheidet sich jedoch weiter für CCP, trotz einer möglichen Inhouse-Lösung und trotz offenbar höheren Abgaben, die die APG Flughäfen bietet. Unique-Sprecher Urs Brütsch begründet dies mit den grossen gemeinsamen Investitionen von Unique und Clear Channel Plakanda in neue Werbeträger, mit erfolgreicher Zusammenarbeit und Kontinuität bei Kundenkontakten. Clear Channel Outdoor bleibt indes nicht untätig, die Kundenkontakte durch neue Werbeformen zu erhöhen. Zum Beispiel 2003 mit der nach eigenen Angaben grössten permanenten Plakatstelle des Landes, dem 750 Quadratmeter grossen Megaposter am neu eröffneten Parkhaus des Flughafens, gebucht von SAP für ein Jahr mit schätzungsweise 22 Millionen vorbeifahrenden Autos. Und 2007 macht die Platzierung des sogenannten WalkSeven (später «ad-e-motion»-Monitoren genannt) entlang der Laufbänder von sich reden. Den Reisenden werden auf ihrem Weg durch den Flughafen auf sieben gereihten Displays Werbefilmsequenzen geboten. Bis ins Jahr 2014 folgen aus der guten Zusammenarbeit zwischen CCP und Unique kontinuierlich Innovationen modernster digitaler Werbeflächen. Der Auftritt mit State-of-the-Art-Technologie an den Flughäfen Zürich und Basel bedeutet für CCP, Markenbotschaften mit modernster Technik in Szene zu setzen und die Menschen dort zu erreichen, wo sie unterwegs sind. Rund um die Uhr.

International übernimmt Clear Channel Plakanda rasch eine Leadfunktion für die Gestaltung von Aussenwerbung an Flughäfen. Beat Roeschlin erhält von Clear Channel Worldwide 2007 die Verantwortung für das Clear-Channel-Flughafengeschäft ausserhalb Amerikas übertragen; er schliesst in der Folge Vermarktungsverträge mit den Flughäfen in Oslo und Budapest ab. Bis 2014 entwickelt Clear Channel International ein Portfolio, das weltweit in 30 Ländern an 260 Flughäfen mehr als eine halbe Million Werbeflächen umfasst und visuell mehr als eine Milliarde Passagiere erreicht.

Was Christian Soppelsa gemeinsam mit Philipp Kaiser am Flughafen aufseiten Akquisition seit 2001 geschickt und nachhaltig – teilweise mit internationalen Spezialisten der Flughafenwerbung – über viele Jahre an neuen Werbeflächen innoviert, setzen Francesco Cairati und Sharon Sessa seitens Verkauf um. Langfristige Werbeverträge und attraktive Exklusivitäten wie stark inszenierte Branding-Zones sind das für alle Seiten – Flughafenbetreiber, Werbekunden und Clear Channel – stimmige Ergebnis. Eine Kundenstimme zu Cairati: «Ihre eigene Begeisterung für die Flughafenwerbung ist auch nach vielen Jahren immer noch deutlich spürbar. Man könnte meinen, Sie leben hier, dies sei Ihr Zuhause.»

Joint Venture, Konsolidierung und Kooperation: Die Nummer zwei wächst weiter

Mitte Juli 2004 meldet Clear Channel Plakanda, dass die Impact Furrer AG die Anteile der Plakanda Impact AG von der Clear Channel Holding AG übernommen hat; Beat Roeschlin und Beat Sulzer scheiden aus dem Verwaltungsrat der Plakanda Impact AG aus. Damit endet das seit drei Jahren bestehende Joint Venture, das Spezialwerbeflächen auf Lkws, Bussen, Fussböden, Tickets und anderem vermarktet.

DIE ZUKUNFT BEGINNT

Ende 2004 steht zudem eine Reorganisation auf juristischer Ebene an. Die offizielle Mitteilung von Beat Sulzer an Kunden und Marktpartner lautet: «Während Clear Channel Plakanda bis anhin ihre Aktivitäten an den wichtigsten Standorten mit unterschiedlichen Firmen erbracht hat, werden neu alle Prozesse an den Verkaufs- und Logistikstandorten von einer einzigen Dienstleistungsgesellschaft, der Clear Channel Plakanda GmbH, mit Sitz in Zürich, betreut. Hingegen werden Rechnungsstellung und Inkasso neu zentral im Namen und Auftrag der Clear Channel-Gesellschaften von der Plakanda Management AG ausgeführt.»

Grössere Umstrukturierungen bringt indes das Jahr 2005. Seit 15. Februar 2001 ist Plakanda eine hundertprozentige Tochter des US-Aussenwerbers Clear Channel. Im Mai 2005 gibt der Mutterkonzern bekannt, dass er die Bereiche Outdoor und Entertainment ausgliedert und an der New Yorker Börse kotiert. Die Tochterunternehmen erhalten den Namen Clear Channel Outdoor (CCO), in der Schweiz den Zusatz Plakanda Gruppe; das Logo wird entsprechend angepasst:

CLEARCHANNEL
PLAKANDA GRUPPE   OUTDOOR

2007 rechnet man damit, dass die Aktionäre des texanischen Mutterkonzerns ihre Anteilsscheine an Beteiligungsfirmen verkaufen werden und CC früher oder später ganz aufgeteilt wird. Die Lage bleibt bis 2008 unklar, verschlechtert sich gar infolge der Finanzkrise. 2007 stimmt das Mutterhaus einer rund 20 Milliarden Dollar teuren Übernahme durch die Beteiligungsfirmen Thomas H. Lee Partners und Bain Capital zu. Doch es kommt zu Unstimmigkeiten mit den Geldgebern, die die Beteiligungsfirmen veranlasst, gegen die Banken, darunter die Credit Suisse, zu klagen. Im Mai 2008 wird das gerichtliche Verfahren eingestellt; die Beteiligten einigen sich auf 36 Dollar je Clear-Channel-Aktie statt auf 39,2 wie vorgesehen.

Die Veränderungen 2005 betreffen auch innerschweizerische Übernahmen. Im August wird der Qualitätsaussenwerber Plakatron von Gustav C. Maurer, Gründer und Inhaber der Plakatron AG, unter das Dach von Clear Channel Plakanda gestellt. Die Plakatron AG ist im Topsegment der Schweizer Plakatstellen mit mehr als 700 beleuchteten Flächen vertreten, vor allem in der Region Zürich, in Bern und Lausanne sowie am Point of Sale (POS). Die Plakatron AG meldet schon 2001 eine Umsatzsteigerung von 12,4 Prozent und ist fortan weiter auf Erfolgskurs. Beat Roeschlin: «Plakatron passt perfekt zu unserer Qualitätsstrategie. (...) Ausserdem erhalten wir Zugang zu der von Plakatron entwickelten Spitzentechnologie [gemeint sind Prismenwender].»

Ebenfalls im Jahr 2005 findet der Erwerb der Aussenwerbefirma Infotrak AG mit Sitz in Lausanne statt, initiiert und durchgeführt von Ruth Morin, der Filialleiterin in Lausanne.

Im November 2005 begleitet Clear Channel Plakanda einen Zusammenschluss ganz anderer Art. Für die Schweiz übernimmt sie den Aushang der ersten globalen Aussenwerbekampagne der Geschichte: Clear Channel Outdoor und UNICEF bringen in 50 Ländern der Erde ein Plakat zu den Folgen

5 Dieses UNICEF-Plakat (Kreation: BesterBurke) ist im Jahr 2005 gleichzeitig in über 50 Ländern zu sehen.

von HIV/AIDS in Umlauf: die berührende Kinderzeichnung eines Mädchens, dessen Eltern gestorben sind.

«Mitten ins Herz plakatieren» ist auch der Slogan, den der neue Internetauftritt der CCO Plakanda im Dezember 2005 prägt. Unter der Adresse www.plakat.ch wird mit wenigen Klicks das Angebotsspektrum transparent, sowohl für das Plakatnetz als auch für Einzelstellen. Kundenwünschen wird zudem mit der Ankündigung Rechnung getragen, ab Januar 2006 zusätzlich zum Zweiwochentakt einen Wochenaushang in den Agglomerationen Zürich, Bern, Basel, Genf, Lausanne, St. Gallen, Luzern, Winterthur, Locarno/Ascona, Lugano und Bellinzona anzubieten.

Im Segment Megapostergeschäft baut CCO ab Sommer 2006 sein Angebot weiter aus, indem es die Felice Display GmbH übernimmt. Diese ist seit 2000 im Schweizer Markt aktiv und die Nummer eins bei Grossflächen auf Messen und an Baustellen. Etwas später, im Jahr 2009, geht der Kauf der CAC City Advertising Company AG über die Bühne. Mit dieser Akquisition erweitert die Clear Channel Outdoor ihr Stellenportfolio in der Stadt Zürich und Umgebung.

Strenge Mutter, empfindliche Tochter

Gesellschaftliche Entwicklungen, Markteinflüsse und politische Rahmenbedingungen sowie die strikten Vorgaben der höheren internationalen Hierarchieebenen bei CCO Schweiz machen wiederholt resolute Zielvorgaben und verschärfte Massnahmen zur Effizienzsteigerung nötig. Gerade bei langjährigen Mitarbeitern, Profis der Plakatbranche und erfolgreichen Dealmakern stösst dies nicht auf Akzeptanz, Motivation oder Gefolgschaft. CEO Roeschlin agiert unter dem Druck der internationalen Mutter, die sensible Schweizer Tochter reagiert empfindlich.

Roeschlin tastet die bestehende positive Unternehmenskultur nicht an. Er weiss nur zu gut, dass sie das langjährige, wichtige Fundament der Firma bildet. Er fungiert als verlängerter Arm der amerikanischen Konzernleitung und kalkuliert genau. Dennoch schottet er seine Schweizer Crew vom direkten Reporting ans Mutterhaus ab, operiert mit der bestehenden Geschäftsleitung weiter, lässt sein Team das Tagesgeschäft selbstständig managen und packt selbst tatkräftig an. Ein Mitarbeiter meint: «Roeschlin hat an vorderster Front gekämpft, hat mit uns gearbeitet, voll mitgemischt.» Und Roeschlin preist «sein» Unternehmen stolz gegen aussen an, wie er im September 2007 in einem Interview mit der «Werbewoche» verkündet: «Gemäss Werbestatistik generiert CCO Schweiz je Plakatstelle einen doppelt so hohen Erlös wie die Konkurrenz.» Doch in einer wirtschaftlich kritischen Phase entlässt das lokale Management einen Teil der Belegschaft. Ein Teammitglied erzählt: «Der Umsatz ging konstant immer in die Höhe. 2008 war das einzige schwierige Jahr mit prozentualem Umsatzminus versus Vorjahr. Relativ zur Branche, die mit minus 20 Prozent unterwegs war, war unser Ergebnis hervorragend. Wir hatten nie eine Krise!»

Forschungsmethoden: Roeschlin will «MORE»

Aktiv wird 2006 Clear Channel Outdoor auch in Sachen Plakatforschung. Das Konzept «Mobilitiy and Outdoor Research», kurz MORE, unter der Leitung von Beat Roeschlin wird angekündigt. Es soll die aktuellsten Entwicklungen der Aussenwerbung aufgreifen, Daten aus GPS-Messungen und dem Frequenzatlas verarbeiten und für den Aussenwerbemarkt der Schweiz das alternative Leistungsmessungstool werden. Doch es kommt nicht richtig in Fahrt. CCO mit 30 Prozent Marktanteil hat es sehr schwer, sich gegen das Tool des 70-Prozent-Marktleaders durchzusetzen. Dazu trägt bei, dass sich der Markt nur eine Reichweitenwährung wünscht, das heisst ein Tool und nicht deren zwei. Und 2008 fehlen aufgrund der angespannten Marktlage die finanziellen Mittel für die erfolgreiche Positionierung im Markt. Ausserhalb der Kontrolle von Clear Channel liegt zudem der langwierige Verkauf der Firma Endoxon an Google. Endoxon ist einer der wichtigsten Datenlieferanten für den Mobilitätsatlas.

Schon vor MORE, im Juni 2005, beendet Clear Channel Plakanda die Zusammenarbeit mit der APG beim Forschungsprojekt Swiss Poster Research (SPR). Das SPR-Konzept stellt allein auf GPS-Messungen ab und kann deshalb aus Sicht von Clear Channel zu Ungenauigkeiten führen. Der Forschungsansatz genügt den Qualitätsansprüchen von Clear Channel International nicht: «Aus Sicht der Clear Channel Plakanda muss die Plakatforschung qualitativ mit den Daten der WEMF [Werbemedienforschung] für Print oder mit denen der Publicata für die elektronischen Medien mithalten können.»

Clear Channel Plakanda setzt von Anfang an auf marktrelevante Innovationen in der Plakatforschung. Im November 2002 präsentiert sie Clear View, ein Geomarketingtool, welches das Mobili-

6 Präsenz am schnellstwachsenden Shoppingmarkt: Tankstellenwerbung.

täts- und Konsumverhalten der Zielgruppen berücksichtigt. Das System ermöglicht, die Plakatstellen in ihrem kartografischen Umfeld darzustellen; der Creative Simulator verschafft realistische Ansichten eigener Sujets in F200-, F12- und Grossformaten; die Rubrik «Jetzt im Aushang» gibt einen Überblick über die aktuell aushängenden Sujets.

Doch CCP sucht nicht den Alleingang; sie bleibt im Dialog, auch länderübergreifend. Juli 2005 regt sie Gespräche mit den Kollegen der Deutschen Arbeitsgemeinschaft Media-Analyse e. V. (ag.ma) an, die halbjährlich die Nutzungsdaten für die Bereiche TV, Radio, Print, Plakat und Online ermittelt. Die Gespräche gehen in Richtung Kooperation. Länderspezifische Unterschiede werden deutlich, auch im Forschungsansatz. So erreichen die Deutschen, die GPS-Messungen mit einem vom Fraunhofer-Institut entwickelten Frequenzatlas zu verknüpfen, das liefert präzisere Werte als das bis dahin verwendete Schweizer Modell.

Im September 2005 wird das irische Plakatforschungsmodell Joint National Outdoor Research (JNOR) freigegeben. JNOR ist ein Beispiel für international erfolgreiche Marktforschung. Getragen wird es von Clear Channel, JCDecaux und Viacom. Das Planungstool ist sehr flexibel einsetzbar und bietet viele Kombinationsmöglichkeiten von Reichweiten und Kontakten unterschiedlicher Plakatstellen. JNOR ist eine Weiterentwicklung von POSTAR, dem seit 1996 in Grossbritannien etablierten Forschungssystem.

Plakatstellen und Konzessionen

2007 ist nicht nur der oben beschriebene Walk-Seven auf dem Flughafen Zürich ein Pressethema. Clear Channel Outdoor setzt auch auf öffentlichem Grund auf modernste Technologie: Zwei F12- und ein F200-Leuchtstellennetz sind in Kombination mit neuestem Trägermaterial ab 2007 im Angebot. Und kamen 2003 die 155 Schweizer Shell-Tankstellen mit ihren angeschlossenen Shops dazu, unterzeichnet Clear Channel Outdoor 2007 einen Vertrag mit Migrol, der ihr die Vermarktung aller Werbeflächen der rund 320 Schweizer Migrol-Tankstellen mit zirka 130 angeschlossenen Convenience-Shops zusichert. Damit steht Clear Channel Outdoor Schweiz ganz oben in der Tankstellenwerbung. Neben Shell und Migrol betreut CCO noch Tankstellen von Coop Mineralöl und Tamoil – insgesamt 1300.

Die Shopping Arena St. Gallen ist 2008 der nächste Coup, das Portfolio um Plakatflächen am POS zu erweitern. Am grössten Einkaufs- und Freizeitzentrum der Ostschweiz kann Clear Channel Outdoor 56 zum Grossteil beleuchtete Stellen vermarkten. Und in den kommenden Jahren wird die Digitalisierung, wie schon am Flughafen Zürich realisiert, auch in Shoppingcentern vorangetrieben, und zwar ausserhalb der Läden, in den Malls.

Die Mehrheit der Anbieter, darunter Goldbach Media, vermarktet digitale Flächen direkt in den Geschäften. Clear Channel Outdoor erobert 2012 mit frei stehenden Displays das Löwen Center Luzern, das Centre Meyrin bei Genf, das Perry-Center Oftringen,

FIRMENGESCHICHTE

7 Werben, wo der Kaufentscheid gefällt wird: Digital Shopping Media.

▶ **Konsortialvertrag**
Mit dem Konsortialvertrag wird ein Konsortium in der Form der einfachen Gesellschaft begründet. Der Konsortialvertrag zielt darauf ab, durch die einfache Gesellschaft mehrere rechtlich und wirtschaftlich selbstständig bleibende Unternehmen zur Durchführung eines bestimmten Geschäfts zweckgebunden zu vereinigen.

das Wankdorf Center Bern und das Shoppingcenter Serfontana Morbio Inferiore. Gezeigt werden zehnsekündige Clips, Animationen und Standbilder. Konkurrentin im Bereich Digital Out of Home ist jedoch nicht nur die APG; diese stellt auf Bahnhöfen eBoards und ePanels bereit. Die in Genf ansässige Neo Advertising ist mit Digital Shopping Media in 48 Einkaufszentren der Schweiz vertreten. Die im Juni 2013 bekannt gegebenen Ergebnisse einer internationalen Channel-Outdoor-Studie belegen, dass eine klare Mehrheit der Befragten digitale Out-of-Home-Werbung für modern (79%), innovativ (69%), attraktiv (67%) und unterhaltsam (63%) hält und dass sie aus anderen Formen der Aussenwerbung heraussticht (70%). Dennoch würden bisher die Möglichkeiten der digitalen Werbung nur teilweise genutzt, dadurch entgingen der Werbebranche jährlich 2,3 Milliarden US-Dollar.

Dass digitale Medien die Möglichkeit zu massgeschneiderten Botschaften am POS erlauben, wo bekanntermassen 70 Prozent aller Kaufentscheide fallen, hat Jürg Rötheli 2013 zur Kooperation mit Neo Advertising bewogen. Um ihre Stärken zu bündeln und sich zur digitalen Zukunft von Out of Home (OoH) zu bekennen, planen die beiden Firmen eine langfristig angelegte, strategische Zusammenarbeit. Clear Channel und Neo Advertising erreichen mit ihren 653 Screens in 54 Shoppingcentern rund 3 Millionen Besucher pro Woche.

Eine wichtige Rolle bei der Umsetzung der digitalen Strategie von Clear Channel nimmt Clemens Albrecht ein, Head of IT und seit 2005 im Unternehmen. Mitunter dank seiner strategischen, weitsichtigen Denke, seinem tragfähigen Netzwerk innerhalb CCO und seinem Hands-on-Engagement in Sachen Technik kann Clear Channel rasch erste Erfolge im digitalen Segment verbuchen.

So reibungslos läuft es aber nicht immer bei Stellenerweiterungen, -vergaben und -konzessionen. Geht es um Vermarktung von Stellen auf privatem Grund, beispielsweise 2001 um Plakatwände auf den Parkplätzen des Einzelhandelsriesen Carrefour, ist die Hürde die Konkurrenz, in diesem Fall Viacom und JCDecaux, die Clear Channel Plakanda hinter sich lässt.

Bei den Plakatstellen auf öffentlichem Grund treten die Behörden mit auf den Plan und eröffnen nicht selten zähe Auseinandersetzungen. Diese können groteske Formen annehmen oder sich über Jahre hinziehen. 2001 will die Stadt Luzern ihren seit 90 Jahren mit der APG bestehenden Konzessionsvertrag neu aufstellen. Sie kündigt ihn und verhandelt mit der APG über neue Bedingungen. Clear Channel Plakanda bringt sich ins Spiel und empfiehlt Submission. Dem entgegen steht ein Bundesgerichtsentscheid aus dem Jahr 1999, nach dem eine Submissionierung bei der Plakatstellenvergabe nicht zwingend ist. Damit lässt sich CCP jedoch nicht ausbooten und schlägt einen ▶ **Konsortialvertrag** vor. Dieser sei jedoch hinfällig, da ein solcher Vertrag Anbieter mit ähnlich grossem Plakatstellenanteil vorsehe – schlecht zu realisieren, wenn einer der Anbieter bereits seit 90 Jahren den Luzerner Raum dominiert. Auf der anderen Seite ist die Stadt nicht uninteressiert an einer Zusammenarbeit mit CCP, um dem Wildwuchs an Plakatstellen auf privatem Grund entgegenzukommen. Solch ein Interessengemenge ist typisch bei sich vielfach hinschleppenden Verhandlungen, die alle Beteiligten finanziell belasten. Ähnlich in Basel, das im Sommer 2002 die Konzession ebenfalls an die APG vergibt. Clear Channel Plakanda legt dagegen Rekurs ein, zumal Basel nicht wie andere Städte eine Konzession vergibt, sondern drei, und alle soll die APG erhalten. «Plakate bleiben eingerollt» titelt im April 2003 die «Werbewoche»; ein Entscheid über Plakatkonzessionen in den Städten Basel und Luzern stehe entweder aus, oder Konzepte dazu müssten weiter ausgefeilt werden. Clear-Channel-Plakanda-CEO Beat Roeschlin bleibt auch gegenüber richterlichen Meinungen resistent und verteidigt seine Ansicht, dass den Baubehörden zu viel Ermessensspielraum zugebilligt werde. Im Frühjahr 2004 steht fest, dass sowohl Basel als auch Luzern an die APG gehen. Clear Channel Plakanda verzichtet in beiden Fällen auf eine Fortsetzung der Rechtsstreitigkeiten.

Doch der unermüdliche Einsatz für mehr Wettbewerb bei der Plakatierung auf öffentlichem Grund zahlt sich langfristig aus: Als «fair» und «richtungsweisend» lobt Clear Channel Outdoor die Plakatsubmission in Zürich 2006. Die Geschäftsleitung der CCP meint: «Jetzt haben wir das Ziel erreicht, nach über 10 Jahren Konsortialvertragspartnerschaft wieder direkter Ansprechpartner von Zürich zu werden, der Stadt mit den meisten Plakatstellen auf öffentlichem Grund und der wichtigsten Schweizer Werbemetropole.» Der Stadtrat hat ein Vergabemodell entwickelt, das die 2199 Plakatflächen der Stadt zu 16 Losen zusammenfasst und diese ausschreibt. CCO erhält 4, die APG 12 Lose, wobei die Gewichtung unterschiedlich ist. Seit 35 Jahren Partner der Stadt Zürich, erhält Clear Channel Outdoor im Jahr 2006 nun doppelt so viele permanente Plakatstellen auf öffentlichem Grund wie bisher, das sind 119 Werbeflächen – ohne F4 –, darunter auch viele F200-Stellen. Die 11 Grossformatstellen der Stadt, bisher in der Hand der APG, fallen komplett an CCO; dafür tritt CCO ihre 88 F12-Stellen an die APG ab. Ausserdem erhält CCO die rund 100 Flächen an Bauwänden zugeschrieben. Die APG sieht in der Vergabepolitik dennoch einen Wermutstropfen: Zürich verlangt, dass die Stellen nach fünf Jahren erneut ausgeschrieben werden. Clear Channel Outdoor reagiert darauf gelassener, da die Regelung der Stadt die Möglichkeit gebe, bei der nächsten Runde noch freier entscheiden und vergeben zu können.

Ausschreibungen und Durchbrechung von marktbeherrschender Stellung sind in den kommenden Jahren wiederkehrende Begriffe, wenn es um die behördliche Vergabe von Plakatstellen geht. Was sich ändert, ist die Haltung von Clear Channel gegenüber den Behörden: Der seit Urzeiten gewachsene Kampfgeist bleibt bestehen, doch in der Tonalität verabschiedet sich der ab Mitte 2010 amtierende CEO Jürg Rötheli vom Konfrontationskurs und positioniert das Unternehmen als Partner der Städte und nicht als Gegner.

Wird der Zeitpunkt der Ausschreibung für die Stellen der Stadt Bern für die Jahre 2010 bis 2014 noch als zu spät kritisiert und demzufolge neu ausgeschrieben, zeigt sich Jürg Rötheli 2012 erfreut über den Zuschlag für die Berner Haltestellen. Er setzt sich für die Aufteilung der öffentlichen Plakatstellen auf öffentlichem Grund ein und betrachtet eine Ausschreibung allein noch nicht als Wettbewerb: «Echter Wettbewerb wird geschaffen, indem mehreren oder zumindest zwei Anbietern ein gleichzeitiger Zugang zum Markt ermöglicht wird.»

2011 erhält Clear Channel Schweiz 100 Flächen auf Fahrzeugen der Verkehrsbetriebe Genf, ein Jahr später gewinnt sie die Ausschreibung für die Plakatierung auf öffentlichem Grund der Gemeinde Meyrin. Da Meyrin als Teil von Genf angesehen wird, ist es für Clear Channel die Premiere, Plakatstellen auf öffentlichem Grund Genfs bewirtschaften zu können. In Zürich fallen die Würfel 2012 erneut und sichern die Interessen bis 2018. Clear Channel Schweiz, APG, Glattal Media und Publicitas haben sich beworben. Die APG erhält 4 Lose, Clear Channel Schweiz 2; die 417 Kulturplakatstellen Zürichs gehen komplett an Clear Channel. Im Jahr 2014 baut Clear Channel Schweiz ihre Präsenz in Basel markant aus. Sie erhält den Zuschlag der Basler Verkehrsbetriebe für insgesamt 80 F12- und F200-Werbeflächen auf deren Bussen. Thorsten Weber, Product & Infrastructure Director Clear Channel Schweiz, ist begeistert: «Die Vereinbarung mit den BVB bestätigt unsere Strategie, unsere Präsenz in den wichtigsten Städten und Agglomerationen der Schweiz auszubauen. Als drittgrösste Schweizer Stadt nimmt Basel diesbezüglich eine wichtige Stellung ein, und wir freuen uns über den Zuschlag der BVB, der unser bestehendes Portfolio optimal ergänzt.» CEO Jürg Rötheli fügt an: «Die Erweiterung unseres rollenden Werbeportfolios bietet uns die Möglichkeit, unsere Kunden noch besser bei der Maximierung ihrer Werbewirkung zu unterstützen, indem sie gezielt Pendler, urbane Berufstätige und Menschen in Einkaufslaune während der Warte-

Infografik

Aussenwerbeflächen
Clear Channel Schweiz AG 2014
Massgeschneiderte Kommunikationslösungen auf erstklassigen Werbeflächen auf der Strasse, am Point of Sale sowie an Tankstellen und Flughäfen: Clear Channel vermarktet in der Schweiz über 20 000 qualitativ hochstehende Plakatflächen.

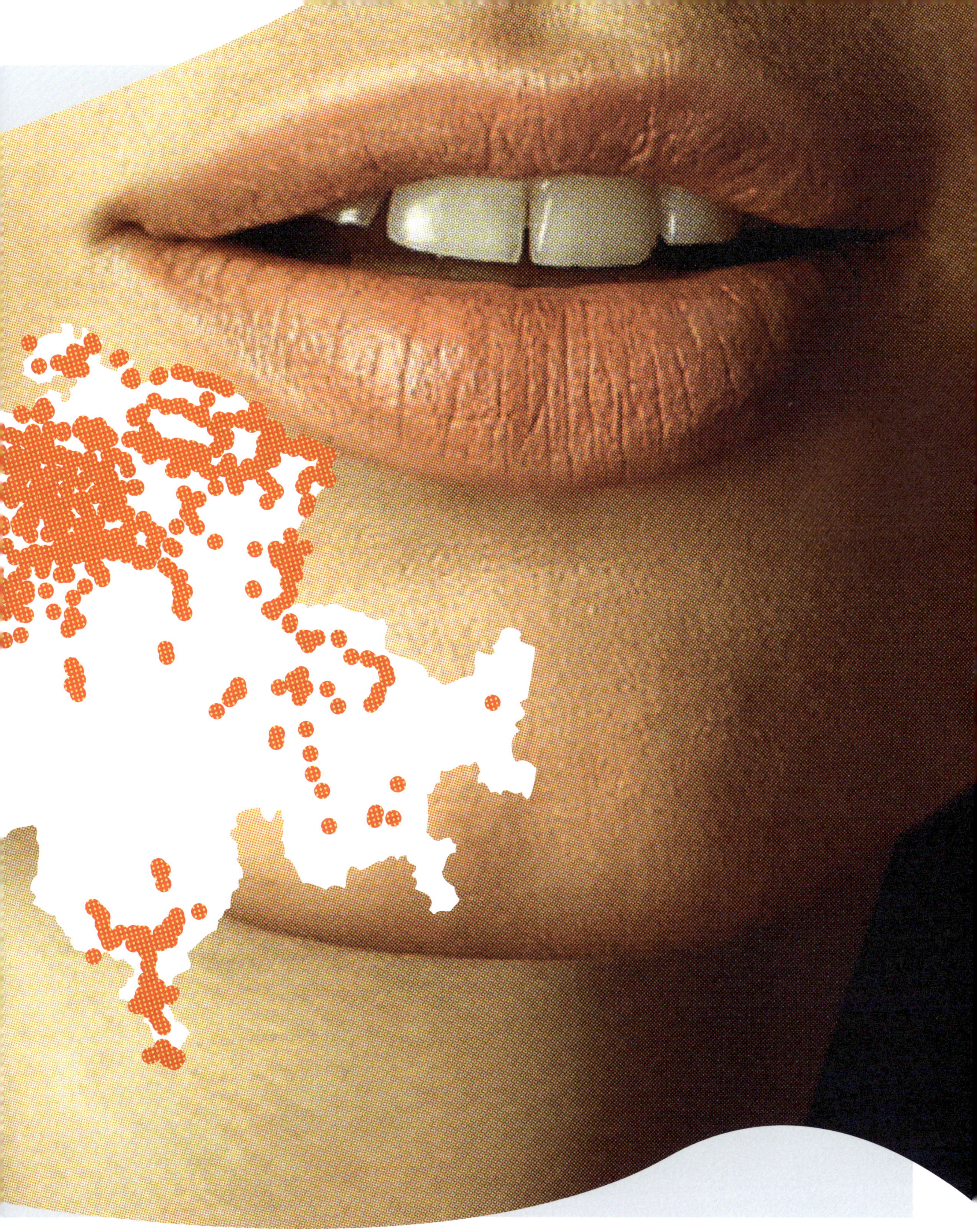

FIRMENGESCHICHTE

und Reisezeit ansprechen können.» Die BVB befördern mit 300 Trams und Bussen täglich 360 000 Fahrgäste auf 180 Kilometern Liniennetz.

Umsatzentwicklung

Optisch sieht es 2008 grossartig aus für Clear Channel Outdoor; mitten im Stadtzentrum gewinnt sie eine weitere Megaposterfläche von 81 Quadratmetern am Zürcher Verkehrsknoten Central hinzu.

Wie bereits erwähnt, ist die Gesamttendenz positiv, bringt schon das erste Jahr im neuen Jahrtausend Nettowachstum, in einer Zeit, in der der Schweizer Werbemarkt ins Stocken geraten ist.

2002 berichtet die «Finanz und Wirtschaft»: «Die im Schweizer Aussenwerbemarkt tätige Clear Channel Plakanda (ehemals Plakanda) hat ihren Umsatz im Bereich Aussenwerbung gegenüber dem Vorjahr um 8,2 Prozent auf 96,5 (89,2) Mio. Fr. gesteigert [inkl. Polen Geschäft]. In diesen Zahlen ist das Ergebnis des Bereichs Radio nicht enthalten. Das Management hält fest, dass diese Zunahme in einem stagnierenden Gesamtwerbemarkt erzielt wurde und das geschätzte Wachstum des Schweizer Plakatmarktes (3,5% bis 4%) übertrifft.» Erst 2003 muss auch Clear Channel Plakanda einen Umsatzrückgang melden: 3,6 Prozent zum Vorjahr. CCP scheidet damit gemäss «Werbewoche» vom 13. März 2003 aber immer noch besser ab als die Konkurrentin APG mit minus 7,5 Prozent. 2004 heisst es: «Gut gehalten und nur knapp unter Vorjahr abgeschlossen.» Und die Umsatzkurve steigt wieder an, klettert in die nächste Erfolgsetappe 2007. In allen Segmenten sind Umsatzzuwächse zwischen fünf und zehn Prozent zu verzeichnen; bei der Bewirtschaftung der Tankstellenflächen und am POS ist CCO mittlerweile die Nummer eins in der Schweiz. Weltweit weist der amerikanische Mutterkonzern für das Jahr 2007 einen Nettogewinn von 938,5 Millionen Dollar aus. Finanziell lässt sich zwar rückblickend sagen, dass das Marktumfeld infolge der Börsenkrise 2008 schwierig und auch der Personalabbau bei CCO durch den Druck des Mutterkonzerns kein Tabuthema ist. Doch mit vielen betroffenen Mitarbeitern wird unter anderem durch Frühpensionierungen nach individuellen Lösungen gesucht.

Auf Erfolgskurs bleibt Clear Channel Schweiz in den Folgejahren. Insbesondere ab dem Jahr 2010 verzeichnet das Unternehmen ein Profitwachstum im hohen 2-stelligen Prozentbereich. Das Erfolgsrezept des neuen CEOs ab 2010 scheint im Schweizer Out-of-Home-Markt deutlich zu greifen.

Führungswechsel

Am 1. Juni 2010 löst der 46-jährige Jürg Rötheli den seit 1996 amtierenden CEO von Clear Channel Outdoor, Beat Roeschlin, ab. Als Konzernleitungsmitglied hat sich Rötheli zuletzt einen Namen bei Swisscom gemacht. Rickard Hedlund, Regional President von Clear Channel International, begrüsst Rötheli als einen idealen Kandidaten mit grosser operativer und strategischer Managementerfahrung.

Rötheli stellt das Unternehmen auf eine neue Basis. Er modelt bei seinem Antritt den Laden rasch um und tastet sich bis tief in die Unternehmensstruktur und -kultur vor. Der Konzerncharakter hält nun stärker Einzug: Das Selbstverständnis, Tochtergesellschaft eines der erfolgreichsten weltweit operierenden Aussenwerbeunternehmen zu sein, wird gestärkt und kontinuierlich nach innen wie nach aussen kommuniziert. Der neue CEO setzt auf Altbe-

8 Christian Soppelsa (Mitte) im Gespräch mit Lara Hösli und Philipp Kaiser über die Marktposition von Clear Channel Schweiz, die Nummer eins am Point of Sale, an Tankstellen, in der Flughafenwerbung und im digitalen Out of Home (663 Screens in 52 Shoppingcentern).

9 Francesco Cairati (links), Nadja Meier und Rouven Strebel im Gespräch über neue, innovative Werbeplattformen am Flughafen. 2012 verzeichnen die Flughäfen Zürich und Basel über 30 Millionen Passagiere.

10 Beat Sulzer und Nadja Meier im Gespräch über die Vorteile von Aussenwerbung. Ein Medium mit starker Tradition und grosser Zukunft, das sich dank modernster Technologie immer wieder neu erfindet.

währtes und fördert parallel die Offenheit für Neues: zu den Wurzeln stehen und stolz auf die Geschichte sein; gleichzeitig mit einem wachen Blick nach vorn, engagiert und offen in die neue Zeit aufbrechen, bereit sein, Neues anzugehen. Er investiert nachhaltig in die objektiven Vorteile gegenüber der Konkurrenz – wie Kundennähe, Tempo und Flexibilität – und regt das Wachsen einer modernen Unternehmensstruktur sowie einer klaren Kompetenzordnung an.

Gleich in den ersten Monaten seiner Führungstätigkeit beginnt Rötheli die Geschäftsleitung umzustrukturieren. Es soll jedoch noch einige Zeit verstreichen, bis sich diese in der von Rötheli avisierten Form wiederfindet und gemeinsam als Team diskutiert und entscheidet. Insbesondere die neu geschaffene Abteilung Marketing und das zukunftsträchtige Direktkundengeschäft müssen sich ihren Platz neben dem seit annähernd 90 Jahren gewachsenen und erprobten Firmenfundament «Akquise und Verkauf» erkämpfen und in ihre Funktion hineinwachsen. Die einzelnen Abteilungen werden umstrukturiert und der internationalen Clear-Channel-Titulierung angepasst: Development, Sales, Marketing, Operations, Finance und Strategic Projects.

Christian Soppelsa, Leiter der Akquisition und seit 1984 in der Geschäftsleitung, tritt per Ende Juli 2012 nach 30 aktiven Plakatjahren in den Ruhestand. Das Geschäft ist durch Soppelsa wesentlich geprägt. Mancher Meilenstein in Sachen Akquise hat er von langer Hand eingefädelt und mit einem erfolgreichen Deal besiegelt. Sopp, wie ihn seine Companions nennen, hinterlässt nicht nur ein gut eingespieltes Akquiseteam, sondern vor allem ein für Clear Channel verlässliches Netzwerk gut eingestimmter Partner. Auf Soppelsa folgt Thorsten Weber, ein Logistik- und Vertriebsprofi. Unter ihm werden die Bereiche Development (ehemals Akquise) und Operations (ehemals Technischer Dienst) aufgrund der vorhandenen Synergien zu einem neuen Bereich Infrastructure Management zusammengeführt.

Der langjährige Verkaufsdirektor Beat Sulzer gibt Anfang 2014 seinen Abschied bekannt. Die Lust, sich nach über 20 erfolgreichen und intensiven Plakanda-Jahren beruflich noch einmal neu zu orientieren, sowie unterschiedliche Auffassungen in der strategischen Ausrichtung des Unternehmens bewegen ihn zu diesem Schritt. Mit Sulzer verlässt ein «Macher der ersten Stunde» die Firma. Sulzer ist während über zweier Jahrzehnte Aushängeschild der erfolgreichen, kämpferischen Clear Channel Schweiz. Thorsten Weber, Product & Infrastructure Director, übernimmt ab Mitte 2014 interimistisch die Verkaufsabteilung.

Der seit April 2013 als Marketingleiter operierende Oliver Schönfeld wird Anfang 2014 in die Geschäftsleitung berufen.

Ein Wechsel findet 2013 und 2014 auch auf regionaler Ebene statt: Daniel Meister übernimmt Mitte 2013 von Ruth Morin die Leitung der Filiale Lausanne, sie tritt nach über 30-jährigem Herzblutengagement in den Ruhestand. Die Westschweiz hat innerhalb von CC einen hohen Stellen-

11 Die Geschäftsleitung Clear Channel Schweiz 2014, von links nach rechts: Urs Zeier (Strategic Projects), Jürg Rötheli (CEO), Oliver Schönfeld (Marketing), Patrik Nietlispach (CFO), Thorsten Weber (Product & Infrastructure). Auf dem Bild fehlt Diego Quintarelli, Sales Director ab Ende 2014.

FIRMENGESCHICHTE

wert, und mitunter dank Morin kann CC in verschiedenen Segmenten in der Romandie ein überdurchschnittliches Wachstum verzeichnen. 2014 findet im Tessin eine Generationenrochade statt: Claudia Cattaneo, eine erfahrene Sales Managerin, übernimmt die Filialleitung von Cristina Maeder, welche nach langjährigem Einsatz für CC, seit 2011 als Filialleiterin in Locarno, ihr Pensum auf 50 Prozent reduziert. Und in der Zentralschweiz geht Hans Sona in den wohlverdienten Ruhestand und übergibt an Philipp Bühlmann, der bereits die Berner Filiale erfolgreich führt. In Basel setzt Eva Grollimund, in St. Gallen Markus Gehrig, beides zwei langjährige, erfahrene Filialleiter, das Geschäft fort.

Im Kontakt mit den Behörden und der Konkurrenz setzt Rötheli von Anfang an auf einen offenen und konstruktiven Dialog; mit Erfolg, wie sich nach kurzer Zeit im engen, positiven Kontakt mit den jeweiligen Ansprechpartnern zeigt. Und er knüpft damit unbewusst an die sympathische Tonalität der ehemaligen Inhaberin Rose-Marie Baumann an. So auch im Umgang mit der APG. Trotz hartem Konkurrenzkampf ziehen Jürg Rötheli und Daniel Hofer – seit 2010 CEO der APG als Nachfolger von Christian Kauter, der seit 1997 für die APG tätig war und als CEO das Unternehmen zur Holdinggesellschaft ausbaute – in vielen Belangen am selben Strick, um ihre gemeinsamen Anliegen und Kräfte für das nachhaltige Wachstum der Schweizer Aussenwerbung zu bündeln.

Rötheli ist ab Beginn seines Einsatzes für CC auch beim Dachverband der Aussenwerber (Verein AWS) engagiert, und 2011 lässt er sich dort zum Vizepräsidenten wählen. Überzeugt davon, dass Gattungsmarketing für Aussenwerbung viel bringt, um gemeinsam gegen die Konkurrenzmedien aktiv zu werden, steht er an vorderster Front des intermedialen Wettbewerbs und äussert sich dezidiert gegen den «Kleinkrieg mit Margenzerfall im intramedialen Wettbewerb».

Awards und Public Relations

Aussendarstellung ist nicht auf den Businessbereich beschränkt. Besonders junge Kreative sind stets auf der Suche, sich und ihre Arbeit präsentieren zu können. Plakanda AWI hat das schon im Jahr 2000 erkannt und zusammen mit der Fotoagentur Keystone in einem dafür geschaffenen Wettbewerb unter dem Titel Cannes Open Künstlern eine Plattform beziehungsweise Plakatflächen zur Verfügung gestellt. Bei mehr als 2400 Interessenten für den Wettbewerb 2001 scheinen die dann tatsächlich eingereichten 20 Arbeiten verhältnismässig gering. Als Grund werden die Teilnahmebedingungen genannt, die bei der an sich animierenden Aufgabe, aus den mehr als zehn Millionen Bildern der Agentur nach Lust und Laune ein Plakat zu gestalten, nur Arbeiten zulassen, die sich auf real existierende Waren und Produkte beziehen. Das Siegersujet wird auf F12-Grösse in Zürich, Bern, Basel, Luzern, St. Gallen, Lausanne, Genf und Lugano an einer prominenten Plakatstelle veröffentlicht. Zudem wird der Sieger ans Werbefestival nach Cannes geschickt. Das Cannes-Open-Projekt entwickelt sich in den Folgejahren zu einem anerkannten und begehrten Wettbewerb in der Branche.

Wettbewerbe, die nicht die Kreativen, sondern die Agenturen jurieren, gibt es zuhauf. Sie dienen der Standortbestimmung, sind probate Plattform, die Positionen untereinander auszuloten. Jeweils im Juli wird mit dem Media Trend Award das beste Medienunternehmen vom «Media Trend Journal» gekürt. Der Media Trend Award basiert auf einer Befragung der grössten Schweizer Werbe- und Mediaagenturen und wird seit 1998 (damals für die Befragung im Jahr 1997) vergeben, ab 2000 in zwei Kategorien – für Medienanbieter und Medienvermarkter. 2003 wird CCP als beste Schweizer Plakatfirma ausgezeichnet, das sechste Mal in Folge seit 1998. Clear Channel Plakanda freut sich auch 2004 über die erreichte Platzierung. Damaliger Geschäftsführer Beat Sulzer kommentiert das mit Sei-

12 Das Fussballgrümpelturnier 2012, Highlight der Teamveranstaltungen.

tenhieb: «Man muss eben nicht die grösste Plakatgesellschaft sein, um auch die beste zu sein.» Auch in den Folgejahren erreicht Clear Channel jährlich einen Platz in den vorderen Rängen.

2009 sind die beiden Glattburger Mediaagenturen M&M und MM&B zum vierten Mal dabei, ihren Media Award für die beste Präsentation aus 66 Beiträgen im Jahr 2008 zu verleihen. Alfred Bieri nimmt für Clear Channel Outdoor die goldene Trophäe für die Aktion «Digitale Medien am Flughafen Zürich» entgegen.

Clear Channel Outdoor nimmt nicht nur entgegen. Seit 2006 fördert sie in Partnerschaft mit der Schweizer Repräsentantin Publicitas Cinecom, mit Publimedia, Alex Schmidt Direct und der Swissfilm Association die Kategorie Outdoor am Cannes Lions International Festival of Creativity. Das Festival dient Kreativen, Marketern und Medienspezialisten aus allen Teilen der Welt jeweils sieben Tage im Sommer an der Côte d'Azur als ein Forum für Wettbewerb, Fortbildung und Networking. Ab 2010 ist Clear Channel International auch als Sponsor am Festival beteiligt. Mit «#canvas for creativity» lanciert Clear Channel Outdoor 2013 eine Twitter-Kampagne während des 16. Cannes Lions-Festivals vom 16. bis 22. Juni. Zum insgesamt neunten Mal ist Clear Channel Schweiz im Jahr 2014 Partner des Cannes-Lions-Netzwerks in der Schweiz und Sponsor der Outdoor-Kategorie. Diesmal wird aufgezeigt, wie wirksam sich Out of Home und Mobiltechnologien kombinieren lassen. Präsentiert wird das Potenzial dieser Kombination mit einer digitalen Out-of-Home-Installation auf dem «Le Grand Hotel», dem grössten auf einem Dach montierten Digitalbildschirm weltweit.

2012 wird in Public Relations investiert. CEO Jürg Rötheli verleiht dem Unternehmen ein neues Gesicht. Die zu diesem Zweck etablierte PR-Abteilung mit Anne-Catherine Rüegg Neuhaus als Head of Corporate Communications professionalisiert die Unternehmenskommunikation nach innen und aussen. Information und Kommunikation sowie die Gestaltung eines konsistenten Firmenimages sind das Ziel. Dadurch verzeichnet Clear Channel bereits 2013 drei Mal so viele Medienberichte in der Schweizer Tagespresse und in Fachzeitschriften wie im Jahr zuvor. Die verstärkte Kommunikation zeigt auch intern eine Wirkung: Dem Austausch zwischen Geschäftsleitung und Mitarbeitern, zwischen den einzelnen Filialen und nicht zuletzt der Zusammenführung der alteingesessenen Plakanda-Garde und der neuen Clear-Channel-Garde wird zusehends mehr Gewicht beigemessen.

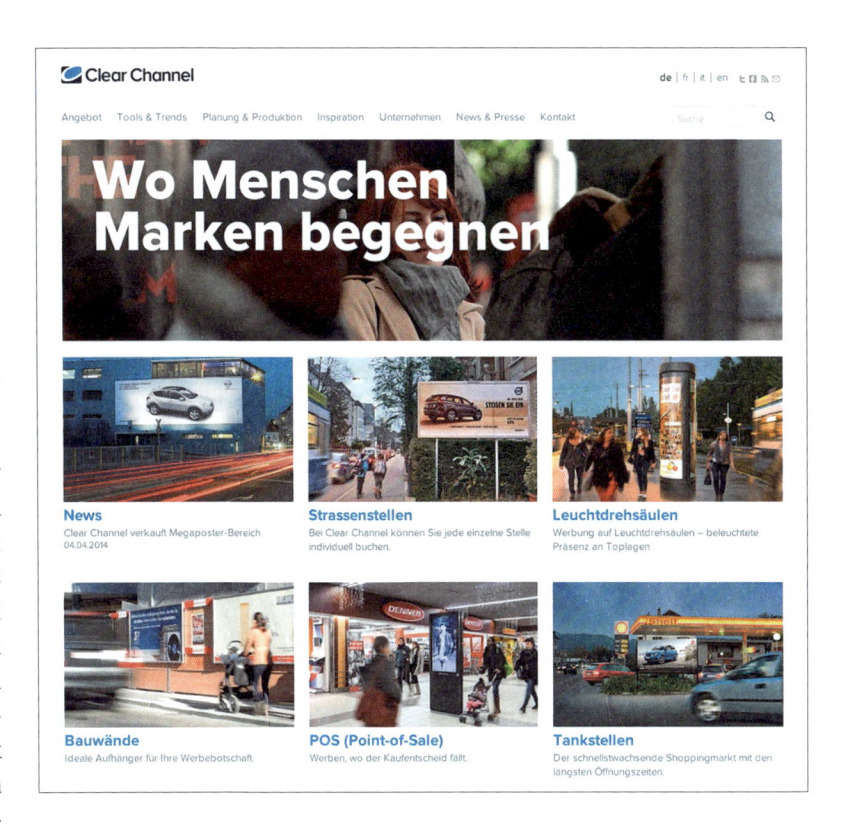

Konsolidierung, Marketing und Sommerfeste

Rötheli bewegt viel. Er setzt auf eine neue zukunftsträchtige Firmenstruktur und zielt auf einen markanten Auftritt unter einem Namen ab. So hebt sich 2011 der Vorhang für den neuen, einheitlichen Unternehmensauftritt: Der neue CFO Patrik Nietlispach konsolidiert alle bestehenden Gruppengesellschaften in die Clear Channel Schweiz AG: Es sind dies Plakanda GmbH, Interpubli Werbe AG, Plakanda AWI AG, Plakanda Ofex AG, Plakatron AG, Infotrak AG, CAC City Advertising Company AG, Clear Channel Felice GmbH, Plakanda Management AG, Clear Channel Plakanda GmbH, Clear Channel Plakanda AIDA GmbH. Nietlispach meint

13 Der neue Internetauftritt im Jahr 2011: Auf www.clearchannel.ch ist nun das gesamte Produktangebot vereint. Unter «Forschung und Entwicklung» wird über die neuesten Erkenntnisse der Out-of-Home-Werbung berichtet. In der neuen Rubrik «Inspiration» werden spannende Beispiele aus dem internationalen Netzwerk präsentiert.

14 Alfred Bieri, Tiziano Bombana und Fabiola Zuleta im Gespräch über das Prinzip «Advertising as a Service». Mehr denn je gilt das Marketingcredo: «Are you relevant to me or do you entertain me?»

FIRMENGESCHICHTE

15 In der Medienszene zählt das alljährliche Clear-Channel-Sommerfest zu den grössten der Schweiz.

dazu: «Neben dem konzentrierten Auftritt gegen aussen, gegenüber dem Markt und unseren Kunden und Lieferanten, ermöglichte uns die rigorose Vereinheitlichung auch intern eine Vereinfachung, wie beispielsweise deutlich effizientere und damit auch wesentlich kostengünstigere Prozesse und Abläufe.» Das neue Branding wird zeitgleich auf allen Kommunikationsebenen umgesetzt, so auch auf der digitalen Plattform: «Unser neuer Internetauftritt widerspiegelt unsere Vision, Marken zu stärken und Menschen mit wirkungsvollen Out-of-Home-Kampagnen zu inspirieren», so der Kommentar von Rötheli zur gelungenen Inszenierung. Die neue Website www.clearchannel.ch ist sowohl für Entscheidungsträger aufseiten der Werbetreibenden als auch für Medienplaner und Kreative eine relevante Informations- und Inspirationsquelle, über Clear Channel wie auch über den Out-of-Home-Markt. Getreu nach dem Motto «Wo Menschen Marken begegnen» versteht sich das Unternehmen nicht als reiner Flächenvermarkter, sondern als moderne, dynamische Plattform, auf der Marken und Zielgruppen am richtigen Ort und zum richtigen Zeitpunkt zusammengeführt werden.

Die Konsolidierung und die vom Mutterhaus heruntergekaskadierten, weltweit gültigen Unternehmensleitlinien lässt Rötheli für die Mitarbeiter bühnenreif im Miller's Studio, in Zürichs bekannter Kabarett-, Party- und Veranstaltungslocation, inszenieren. Unternehmensleitsätze, per se schon ein sperriger Begriff, werden bei dem Event im September 2011 nicht trocken präsentiert, sondern in einem Theaterstück erlebbar gemacht: abstrakte Begriffe, inhaltlich aufgeladen und mit buntem Anstrich. Jürg Rötheli: «Ich bin kein Fan von endlos langem Papier über Grundsätze und Leitlinien. Ich wünsche vielmehr, dass wir unser Credo erleben.»

In Sachen Eigenwerbung liebt Clear Channel schon früh unkonventionelle Wege. In den Jahren 2007 und 2008 ist es die Agentur JWT+H+F, die mit frischen Ideen zur Seite steht, zuerst mit der Fahndungsmeldung nach der WC-Ente, um über die Teilnehmerzahl Fakten für Werbung am POS zu schaffen. Im nächsten Jahr lässt JWT+H+F in der Werbefachpresse die Banane faulen; Tenor: Um den Abverkauf anzukurbeln, gibt es wirkungsvolle Mittel, nämlich Plakate am POS.

Das Feiern der Erfolge, der kreativen Energien, des Networkings und der eigenen Synergien darf auch im neuen Jahrtausend nicht zu kurz kommen. Sowohl CEO Beat Roeschlin als auch sein Nachfolger Jürg Rötheli pflegen die nunmehr 25 Jahre alte Tradition der legendären Sommerfeste. Bis 2012 ist Christian Dür von visualix erfolgreicher Veranstalter des Riesenevents. Nachfolgend übernimmt Joko Vogel von Compresso die Aufgabe, die sagenhaften Feste mit Hunderten von Gästen als Highlight der Werbebranche fortzusetzen.

Auf die 2012 publizierte Imagebroschüre folgt 2013 eine neue Imagekampagne: Die vier verschiedenen Sujets zu den Geschäftsbereichen Strasse, POS, Megaposter und Flughafen sind sowohl

16 Eigenwerbung der Jahre 2007 (Plakat) und 2008 (Inserat).

17 Lebendig gestaltete Einladungskarten der Sommerfeste 2007 und 2012, Kreation visualix.

FIRMENGESCHICHTE

18 Die Imagekampagne im Jahr 2013.

▸ NFC
Near Field Communication ist ein internationaler Funkstandard zur drahtlosen Datenübertragung über kurze Distanzen von wenigen Zentimetern.

▸ QR-Codes
Der aus einem quadratischen Pixelmuster bestehende Quick Response-Code stellt die kodierten Daten (Weblinks, Kontaktinformationen, kurze Texte) binär dar.

schweizweit auf den eigenen Plakatstellen sowie als Inserate in Fachzeitschriften zu sehen. Oliver Schönfeld, Head of Marketing bei Clear Channel: «Wir möchten unserer Marke einen neuen, frischen und selbstbewussten Auftritt verschaffen, der mit hoher Relevanz und Kreativität punktet. Die Leitidee der Kampagne basiert auf einer absichtlich saloppen Entschuldigung bei der Hauptfigur des Gemäldes und ihrem herausstechenden Merkmal, verbunden mit überzeugenden Argumenten zu den Stärken unserer Werbeflächen.» Die neue Eigenwerbung soll die Markenbekanntheit steigern, Clear Channel als Innovations- und Qualitätsführer in der Aussenwerbung positionieren sowie neue Zielgruppen ansprechen.

Rötheli peilt weitsichtig neue Partnerschaften an, die den seit 2010 etablierten Konzernauftritt inhaltlich untermauern und die Marke Clear Channel im Markt auch auf der kreativen Seite erlebbar machen: 2013 teilt Clear Channel mit, Partnerin der Swiss Graphic Design Foundation (SGDF) zu werden. Die SGDF ist wesentlich daran beteiligt, das Erbe von Schweizer Grafikern zu sichern und zu systematisieren. Künstlerisch geht es im Herbst des Jahres auch mit einer weltweit lancierten Out-of-Home-Kampagne zu und her, die Paul McCartneys neues Soloalbum «NEW» exklusiv auf digitalen Clear-Channel-Werbeflächen zeigt, in der Schweiz auf Flight-Information-Media- und «ad-e-motion»-Monitoren sowie auf den Digital-Shopping-Media-Screens in Shoppingcentern.

2014 entscheidet die Geschäftsleitung, den Megaposterbereich zu verkaufen. Vom Transfer ausgenommen sind die lukrativen Megaposterstellen in der Stadt Zürich sowie am Flughafen Zürich, die Clear Channel weiterhin im Portfolio behält. Der Entscheid wird aufgrund der grossen Dezentralisation der einzelnen Stellen und des damit verbundenen enormen Aufwandes gefällt. Mit der wirtschaftlichen Handänderung an die Megapostervermarktungsfirma panorama & printkonzept ag mit Sitz in Basel stellt Clear Channel sicher, dass das Grossflächenportfolio ausserhalb von Zürich professionell weitergeführt wird.

Der Technische Dienst macht es erst möglich

Im Mai 2014 startet Clear Channel Schweiz in Bern ein Pilotprojekt mit 115 Plakatstellen. Es trägt den Namen Connect und ist Teil eines weltweiten Projektes von Clear Channel, Plakatstellen mit ▸ **NFC und QR-Technologie** auszustatten. Die 115 F200-Leuchtplakate werden an Bushaltestellen oder in deren unmittelbarer Nähe angeboten. Dort profitieren die Werbetreibenden wegen der Wartezeiten von einer höheren Kontaktdauer sowie besseren Chancen von Interaktionen der Konsumenten. Letzteren wiederum bietet Connect einen Mehrwert wie Fahrpläne oder shoppingrelevante Inhalte, zum Beispiel Gutscheine, Games, Apps oder Social Media. Rötheli: «Wir investieren in dieses Projekt, weil wir uns sicher sind, dass die Konsumenten die Möglichkeit zur Interaktion mit Marken rege nutzen werden. Dank QR-Codes und NFC wird das Papier digital und interaktiv – das macht das Medium Plakat noch attraktiver.»

Hinter den technischen Innovationen stehen international langfristig angelegte Technologieprojekte und eine enge Zusammenarbeit mit Industriedesignern für die gemeinsame Entwicklung moderner Werbeträger. Die schicken modernen Trägermaterialien – Rahmen und Platten vornehmlich aus Aluminium – lassen heute keine Rückschlüsse mehr auf die ehemals verwendeten sperrigen Holzrahmen und -platten, galvanisierten Eisenblechtafeln oder verzinkten Blechrahmen zu. Hinter den wöchentlich wechselnden Kampagnen steckt eine minutiöse Vor- und Aufbereitung der Plakate. Das Plakatlager in Geroldswil umfasst 1000 Regale auf einer Fläche von 500 Quadratmetern, aufgeteilt in Bereiche nach Sprache, Format sowie Trägertyp/Technologie; die Feingliederung umfasst Kunde und Sujet. Im Schnitt lagern rund 4000 aktive Sujets, insgesamt 200 000 Plakate. Die durchschnittliche Lagerzeit eines einzelnen Plakates beträgt drei Monate. Know-how, langjährige Erfahrung, akribische Bewirtschaftung und fehlerlose, ausgeklügelte Logistik des Technischen Dienstes unter der Leitung von Roberto Credaro, mit tatkräftiger Unterstützung von Roland Sommer, sorgen dafür, dass 20 000 Werbeflächen jede Woche planmässig mit den korrekten Sujets bestückt sind. Neu- und Demontagen sowie Unterhalt der Werbeträger schliesst diese Arbeit mit ein. Sieben bis zehn Minuten dauert ein Sujetwechsel pro Stelle, bis zu fünfzig Stellen fährt ein Aussendienstmitarbeiter an einem Wechseltag an. Bei jedem Wetter. Hundert festangestellte «Plakatanschläger» sind kontinuierlich im Einsatz, hinzu kommen über vierzig freischaffende «Regional-Plakatanschläger». War vor dreissig Jahren der Wechsel je nach Standort ein nicht ungefährliches Unterfangen, ist in der Zwischenzeit viel in die Sicherheit der Aussendienstmitarbeiter investiert worden. Die firmeneigene Schlosserei ist Reparaturwerkstätte und Entwicklungsabteilung zugleich. Sie ist es denn auch, die beim Aufkommen der LED-Technologie für Leuchtplakate eigene Geräte entwickelt und erfolgreich eingesetzt hat. Die moderne Trägertechnologie bringt eine Vereinfachung der Arbeitsabläufe und unterstützt gleichzeitig die Qualitätskontrolle. So liefert beispielsweise das Mobile Operative Management System (MOMS) Methoden und Werkzeuge für die Kontrolle der logistischen Prozesse. Zwecks Qualitätskontrolle im Sinne von «Proof of Posting» werden langfristig sämtliche Stellen mit einem Barcode ausgerüstet, welcher bei jedem Wechsel gescannt wird; jede Stelle ist im System mit Foto registriert. Die Daten werden beim Wechsel automatisch im zentralen Datenbanksystem erfasst und verarbeitet. Die digitale Vernetzung sämtlicher Stellen dient zwar als wirksames Instrument der logistischen Geschäftsprozessgestaltung, doch stellt sie auch neue Anforderungen an die aktionsorientierte Verarbeitung der gewonnenen Daten. Zukunftsmusik ist Contentmanagement auf Knopfdruck bei digitalen Installationen.

19 Roberto Credaro führt ein Team von 140 Mitarbeitern (Festangestellte und Freelancer).

20 Der Technische Dienst betreut schweizweit über 20 000 Aussenwerbeflächen.

21 Hinter der Tätigkeit des Technischen Dienstes steckt sehr viel Know-how und eine leistungsfähige, ausgeklügelte Logistik.

FIRMENGESCHICHTE

22 Floralp-Spezialplakat, 2008, © FLORALP / BOB Branchenorganisation Butter GmbH.

23 Spezialplakat Basler Versicherung, 2011.

Manchmal realisiert Clear Channel auch Ungewöhnliches und benutzt Plakatstellen als Bühne für eine dreidimensionale Umsetzung der Kundenwerbebotschaft. Ein Beispiel ist die Butterdieb-Aktion von 2008 «Butter vom Brot, Loch im Plakat» für Floralp-Butter, für die zahlreiche Plakatstellen komplett umgerüstet wurden.

Dass bei 20 000 Stellen auch einmal ein Montage-Fauxpas vorkommen kann, liegt auf der Hand.

2014 und der Blick nach vorn

Im Jahr 2014 realisiert Clear Channel Schweiz mit einem Team von 200 Mitarbeitern an 10 Standorten massgeschneiderte Kommunikationslösungen auf erstklassigen Werbeflächen an der Strasse, am Point of Sale sowie an Tankstellen und Flughäfen – ein schweizweit dichtes Netz an 20 000 exzellenten Plakatstellen. Dahinter steckt ein seit 1924 gewachsenes Wissen und eine ebenso lange Erfahrung in allen Aspekten, die Plakatkampagnen erfolgreich machen. Jürg Rötheli: «Der persönliche Kontakt mit unseren Kunden hat bei uns höchste Priorität. Kein Produkt kommt ‹ab der Stange›. Wir bieten Out-of-Home-Lösungen an, die mit handverlesenen Plakatstellen auf die spezifischen Kundenbedürfnisse zugeschnitten sind.»

Dass nicht nur wirtschaftliche Themen im Vordergrund stehen, sondern die Verantwortung der Firma für Gesellschaft und Umwelt einen wichtigen Stellenwert einnimmt, bestätigt Oliver Schönfeld: «Mit dem deutlichen Credo zur Corporate Social Responsibility nimmt sich Clear Channel Schweiz in Pflicht, die Unternehmensführung nachhaltig zu gestalten. Das Werteverständnis unserer Firma findet seinen konkreten Ausdruck in fortschrittlichen Führungsprinzipien, in der Gestaltung eines gesunden und motivierenden Arbeitsumfelds für unsere Mitarbeiter, in umweltverträglichen Verhaltensweisen auf allen Ebenen sowie in echten Engagements für die Gesellschaft. Nicht nur auf dem Papier. Wir sind leistungsfähig, und wir schaffen Mehrwert.»

2014 übernimmt Jürg Rötheli nebst der Schweiz und Ungarn neu die Verantwortung für Belgien und Holland: Er wird zum Vice President Central Europe und Mitglied des neu formierten Clear Channel Europe Leadership Team befördert. Dabei bleibt er auch in seiner neuen Funktion CEO von Clear Channel Schweiz. «Ich erachte diese Ernennung primär als Anerkennung und Kompliment für unser gesamtes Team hier in der Schweiz», meint Rötheli. «Ich bin stolz, dass wir in den letzten Jahren jedes Jahr ein neues Rekordergebnis erzielt haben. Ich freue mich darauf, meine Erfahrungen als CEO Schweiz in meine neue, internationale Rolle einfliessen zu lassen und umgekehrt wichtige Erkenntnisse für den Schweizer Markt zu gewinnen. Gerade im digitalen Bereich sind uns Länder wie Belgien und Holland einen Schritt voraus.»

Und was bringt die Zukunft? «Ich bin überzeugt, dass Clear Channel Schweiz in den bevorstehenden Jahren ihre beispiellose Erfolgsgeschichte fortsetzen wird», meint Rötheli. «Es sind makroökonomische Faktoren, die dafür sprechen, aber auch branchenspezifische sowie unsere deutliche Positionierung innerhalb der Schweizer OoH-Branche.»

Die Schweiz verzeichnet inmitten von rezessionsgeplagten Ländern ein zwar bescheidenes, aber stabiles Wachstum. Die erspriesslichen Schweizer Konjunkturdaten, das Wirtschaftswachstum, schlagen sich direkt in der positiven Konsumstimmung und indirekt in steigenden Werbeausgaben nieder – was auch dem Segment Out of Home zugute kommt. Clear Channel Schweiz prognostiziert, dass der prozentuale OoH-Anteil am Gesamtwerbekuchen sogar wachsen wird. Dies trotz der Tatsache, dass die Schweiz im internationalen Vergleich bereits einen deutlich höheren OoH-Anteil ausweist. Zum einen verbleibt das Plakat im Gegensatz zur Print- und TV-Werbung als einziges Massenwerbemedium, dem sich die Zielgruppe nur schwer entziehen kann. Zum anderen bietet der deutliche Digitalisierungstrend in der Aussenwerbung neue Chancen, noch zielgruppenspezifischer zu werben und von der bislang statischen Plakatsprache in den interaktiven Dialog mit dem Konsumenten zu treten. Out of Home ist eine der wirksamsten und wirtschaftlichsten Formen kommerzieller Markenkommunikation.

Auch intramedial ist Clear Channel Schweiz bestens aufgestellt und operiert als starker Player im Aussenwerbemarkt: Als agiles, kundenfokussiertes Unternehmen mit annähernd 100 Jahren Aussenwerbekompetenz im Schweizer Markt und langjährigen, stabilen Kundenbeziehungen ist der Rucksack gut gepackt. Aufgrund der internationalen Einbindung profitiert Clear Channel Schweiz vom immensen Know-how des Mutterkonzerns, von Beschaffungs- und Technologiesynergien sowie vom exklusiven Netzwerk mit weltweit operierenden Agenturen und wichtigen Werbeauftraggebern.

Clear Channel Schweiz wird in den kommenden Jahren ihr Wachstumspotenzial in drei Sektoren kontinuierlich ausloten und optimal realisieren. Oberste Priorität hat dabei der Ausbau der Präsenz auf öffentlichem Grund sowie die Zusammenarbeit mit Verkehrsbetrieben. Der bereits markante Auftritt am POS – Shoppingcenter, Tankstellen –, wo noch enormes Potenzial besteht, wird fortlaufend weiterentwickelt. Und das direkte Geschäft mit dem Endkunden wird in enger Zusammenarbeit mit Agenturen intensiviert: Dem Kunden soll noch verstärkt eine massgeschneiderte, zielgruppenspezifische Werbelösung angeboten werden. Basierend auf dem 2014 lancierten Mobilitätsatlas «Mobility Map» – ein exklusives Clear-Channel-Schweiz-Marketingtool: ein System, das präzise erfasst, wo und wie sich die Menschen mit welcher Absicht bewegen –, ist Clear Channel Schweiz noch besser in der Lage, Letzteres glaubwürdig umzusetzen: Relevante Zielgruppen können viel präziser erreicht und Streuverluste minimiert werden.

Mit Clear-Channel-Schweiz-Plakaten entstehen überzeugende Begegnungen zwischen Menschen und Marken – schweizweit; überall dort, wo Menschen unterwegs sind.

Der Blick zurück

Wanda Häuptli wäre zufrieden, wenn sie heute, beinahe hundert Jahre nach der Gründung ihres Unternehmens Plakat und Propaganda A.-G., einen Blick durch die Fenster der Clear Channel Schweiz AG werfen würde. Denn die sich zu Urzeiten entwickelte Unternehmenskultur, eine Summe aus Normen, Werten und Credo, wird auf Mitarbeiterebene weitergelebt. Nicht nur von denjenigen, die seit über dreissig oder noch mehr Jahren an Bord sind.

Der Lotse ist in der neunzigjährigen Geschichte mehrfach von Bord gegangen, doch die Mannschaft ist in ihrem Charakter bestehen geblieben.

24 Spezialplakat Denner 2012.

25 Ein aus Versehen falsch montiertes Plakatsujet.

«Ich ziehe zwei Sachen auf, Hasen und Plakate.»

Peter Stutz

Peter Stutz, seit 1972 dabei

Um vier Uhr klingelt der Wecker. Seit über 40 Jahren, an jedem Werktag. Um sechs Uhr, eine Stunde bevor ich mit der Arbeit starte, bin ich in der Bude. Ich kann nicht ankommen und gleich loslegen. Erst trinke ich einen Kafi und lese Zeitung. Essen tue ich erst am Mittag. Nur etwas Kleines, häufig Wurstsalat. Den nehme ich mir jeweils von zu Hause mit. Um fünf Uhr mache ich Feierabend.

Zu Clear Channel kam ich 1972. Die hiess damals noch ILG. Ein Kollege erzählte mir von seiner Arbeit bei der Plakatierungsfirma. Zu dieser Zeit war ich als Maschinenführer im Strassenbau tätig. Nach dem Bau der Autobahn N3 zwischen Pfäffikon und Sargans sollte ich auf eine Baustelle in Langenthal. Der Arbeitsweg vom Glarnerland wäre mir zu lang gewesen. So klebte ich fortan mit meinem Kollegen Plakate. Unsere Zentrale bestand aus zwei Mietgaragen und lag in Zollikerberg. Schon damals hatten wir viele Stellen, aber die Plakate wechselten wir nur einmal pro Monat. Meist fixierten wir sie auf 18 Quadratmeter grossen Sperrholzplatten aus 18 einzelnen Teilen. Bis alle korrekt befestigt waren, mussten wir zigmal die Leiter rauf- und runtersteigen.

Zu zweit meisterten wir die ganze Schweiz. Ich mit einem VW-Bus und der Kollege mit einem Opel Caravan. In Egerkingen habe ich meine Tour jeweils gestartet. Von dort fuhr ich bis nach Neuenburg und Sitten. Auf dem Retourweg kamen das ganze Luzerngebiet und das Glarnerland. Letzter Halt war immer Schaffhausen. Eine Riesentour, die ganze Woche waren wir unterwegs. Übernachtet haben wir im Hotel, bezahlt hat alles die Firma. Die restlichen drei Wochen im Monat verbrachten wir im Lager, reparierten Plakatrahmen und bereiteten die kommende Tour vor. Ich war gerne unterwegs, bis es mich 1991 aus drei Meter Höhe von der Leiter zwickte. Dabei habe ich mir zwei Bandscheiben versiechet. Die betroffenen Wirbel haben sie mir im Spital versteift, erst nach drei Monaten konnte ich wieder arbeiten. Raus auf Tour durfte ich danach nicht mehr.

Seit meinem Einstieg ist viel geschehen. 1976 wurde die ILG von der AWAG aufgekauft. Bald hiess sie AWI Klett & Co. Das Büro war erst in Zollikerberg, dann in Seebach und dann wieder in Zollikerberg. Später kaufte man ein Haus an der Nordstrasse. Ich weiss nicht mehr, wie viele Firmen während meiner Zeit noch dazugekauft wurden. Irgendeinmal wurden wir selbst von der Plakanda gekauft. Und diese verkaufte uns nach Amerika, wo wir nochmals weiterverkauft wurden. Verändert hat sich mit der Zeit auch die Arbeit. Als die AWAG ins Spiel kam, wurden die Sperrholzplatten durch Chromstahlbleche ersetzt. Die brauchen wir heute noch, zudem Leuchtkästen und Scroller. Und die Prismenwender, diese Automaten mit den Blechlamellen, die sich bewegen. Da muss sauber und präzis gearbeitet werden. Und zügig, damit alles rechtzeitig parat ist. Nach der Aufbereitung werden die Plakate gerollt, für den Versand kommt die Etikette drauf, und sie gehen per Post oder Kurier zu den Aussenstellen. Die hängen die Plakate dann auf. Oder die Plakate werden auf den Touren des Aussendienstes montiert. Im Vergleich zu früher ist die Technik heute ganz anders. Es ist super gemacht und sieht gut aus.

Ich bin seit meinem Unfall im Innendienst tätig. Nur noch alle 14 Tage gehe ich in der Stadt Zürich auf Tour, wechsle Scroller und Leuchtplakate. Eine Leiter brauche ich dazu nicht. Zwischendurch mal rauskommen tut gut. Mir gefällt mein Job, auch nach mehr als 40 Jahren. Zu meinen Arbeitsjubiläen gab es meist ein Fest. An meinem Zwanzigjährigen haben ein Kollege und ich für die gesamte Belegschaft gekocht. Risotto und Fleischvögel, 120 Stück. Das Fleisch stammte von meinen Chüngeln. Ich bin Mitglied im Kleintierzuchtverein Bilten. Darum hat mir die Firma zum Jubiläum oft Tiere geschenkt. An meinem Dreissigjährigen drückten sie mir zwei Zwerggeissen in die Arme. Ein anderes Mal erhielt ich Hasen. Die züchte ich heute noch. Französische Widder, die grossen. Sie sind ganz lieb und zutraulich. Namen gebe ich ihnen keine, und ich verhätschele sie auch nicht. Wenn ein Tier bei einer Schau am Ausstellungsrichter nicht vorbeikommt, landet es in der Pfanne.

Die enge Kameradschaft in der Bude ist nicht mehr so wie früher. In meiner Anfangszeit waren wir echte Kumpels, haben uns gegenseitig unterstützt. Heute bist du mehr auf dich selber gestellt. Aber Streit gibt es keinen. Und mit meinen langjährigen Kollegen arbeite ich gut und gerne zusammen. Den anderen sagt man einfach hoi und tschau. Der Kontakt zu den Chefs ist eng. Wenn was ist, kommen sie. Nur einmal wurde ich von einem Vorgesetzten verwarnt, weil ich den Fahrausweis abgeben musste. Ich hatte gerade ein neues Auto gekauft, den Renault Koleos, ein Jeepli. Ich hatte den Tempomat noch nicht ganz im Griff. Aber das war die einzige Geschwindigkeitsbusse in all den Jahren.

Nach Feierabend fahre ich nach Bilten zur Kleintieranlage, um die Tiere zu füttern. Manchmal diskutiere ich noch etwas mit den anderen Züchtern. Dann gehe ich nach Hause zur Freundin. Häufig machen wir nach dem Essen einen Spaziergang. Ab und zu schaue ich mir im Fernsehen auch ein Fussballspiel an. Spätestens um halb zehn bin ich im Bett. Das muss sein, wenn man immer so früh aufsteht wie ich. Jetzt freue ich mich auf die Pensionierung. Endlich wieder einmal ausschlafen. Und viel Zeit für meine zwei Enkel haben.

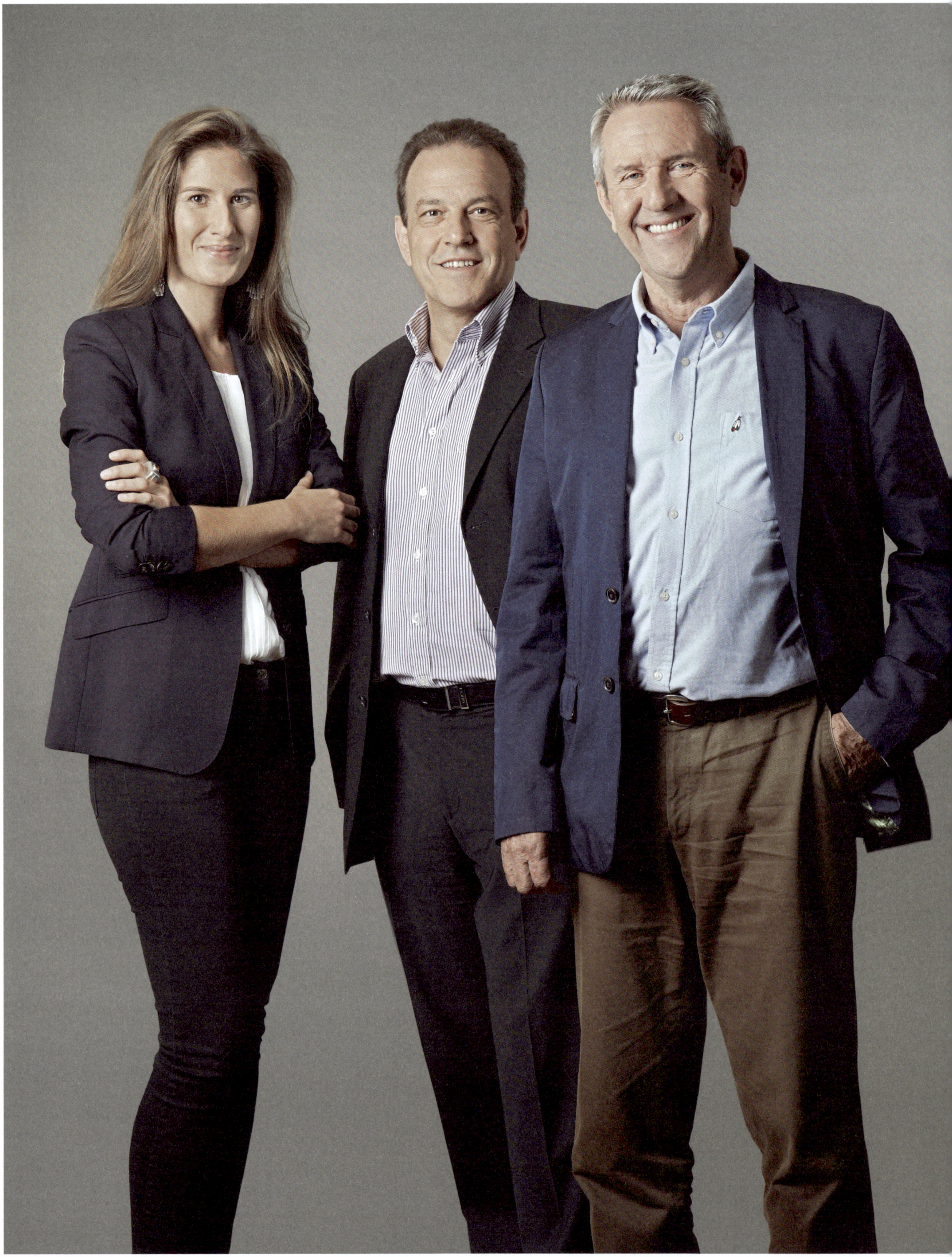

IM GESPRÄCH MIT ROBERTO CREDARO, ALFRED BIERI UND SANDRA CUPIC

«Man darf Ross und Reiter benennen.»

Roberto Credaro (Mitte), Head of Operations
Alfred Bieri, Senior Key-Account-Manager
Sandra Cupic, Marketing Coordinator

Was ist Ihre Motivation, für Clear Channel Schweiz AG zu arbeiten?
Credaro: Meine Begeisterung für Aussenwerbung – das Plakat ist ein konstant sichtbares Produkt. Ein wichtiger Akteur in diesem Markt zu sein, gemeinsam mit meinem Team eine perfekt inszenierte Logistik zu prästieren und den Technischen Dienst für die Zukunft weiterzuentwickeln, das spornt mich an. Seit annähernd 20 Jahren. Clear Channel ist ein erfolgreiches und kundennahes Unternehmen mit urschweizerischen Wurzeln und einer beeindruckenden Unternehmensgeschichte.
Cupic: Ich bin branchenfremd zur Firma gestossen. Zu lernen, das motiviert mich. Immer mehr über das Werbemittel Plakat zu erfahren. Über die Abläufe innerhalb des Unternehmens und des Marktes. Über die Mitarbeiter und die Zusammenarbeit zwischen den verschiedenen Teams. Dabei erfahre ich auch viel über mich. Ich empfinde es als Geschenk, lernen und dabei etwas bewegen zu dürfen.
Bieri: Etwas Stimmiges, Sinnvolles in einem guten Umfeld auf die Beine zu stellen, das ist meine Triebfeder. Meine langjährige Erfahrung im Marketing lässt mich meine jetzige Position im Verkauf differenzierter betrachten. Im Verkauf geht es um die Wurst. Im Vergleich zum Marketing ist das Resultat sofort da. Es gilt ernst. Ich ernähre mich von den Kundenkontakten. Mit diesen Menschen in regem, persönlichem Austausch zu stehen, das freut mich. Dem Kunden die beste, kreativste Lösung zu bieten, die ihn weiterbringt. Sich ein Bein ausreissen. Mein Gegenüber zufriedenstellen. Alles andere blende ich aus. Auch die Zahlen, denn sie sind das letzte Mosaikteilchen. Wenn alle Steine vorher sauber gelegt sind, stimmt es am Ende auch monetär.

Plakanda bestand über mehrere Dekaden hauptsächlich aus den Divisionen Akquise und Verkauf. Das Marketing ist eine relativ junge Abteilung in der Geschichte von Clear Channel Schweiz AG, oder?
Credaro: Die Clear-Channel-Mitarbeiter, insbesondere die Verkäufer, stellen seit Plakanda-Urzeiten das eigentliche Marketing. Früher sind Marketingaktivitäten weniger professionell angegangen worden, sei es aus Kosten-, sei es aus Zeitgründen. Aber die Firma wusste damals: Es läuft sowieso – ob mit oder ohne Marketing. Es wurden jährlich in ein bis zwei clevere, auffällige Eigenwerbeplakatkampagnen investiert, die von guten externen Agenturen entworfen worden waren. Das war's. Eine eigentliche Marketingabteilung, das gab es damals nicht.
Bieri: Ich habe während meiner Marketingzeit bei Clear Channel vor gut zehn Jahren wie verrückt für einen Marketingplan gekämpft. Aber die Devise der Geschäftsleitung war damals: «Mir lueged dänn vorzue.» Jeder, der eine Meinung hatte, brachte sich ein. So entstanden diverse Kommunikationsaktivitäten relativ spontan. «Mer söttid wieder emal e Kampagne schalte», hiess es plötzlich aus einer Ecke. Dann machte man das.
Cupic: Ich bin überzeugt davon, dass es heute beides braucht, Verkauf und Marketing. Das Marketing macht die analytisch-strategische Vorarbeit, während der Verkauf konstant aktiv an der Front kämpft. Die Teams ergänzen sich. Der proaktive Auftritt nach aussen ist noch jung. Als ich vor zwei Jahren zur Firma stiess, war das Marketing gerade in den Startlöchern, war noch nicht fassbar. Heute dagegen ist der externe Auftritt sichtbarer, selbstbewusster.
Credaro: Im Zeitalter der digitalen Welt übernimmt das Marketing eine wichtige

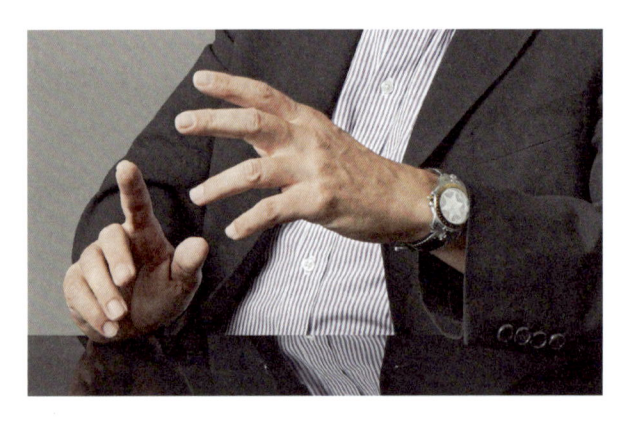

Informations- und Kommunikationsfunktion. Die neuen Produkte – digitale Werbeflächen, NFC, QR-Codes, Augmented Reality – sind anbieterseitig parat, doch der Markt zieht bislang erst langsam mit. Seitens Kunden besteht Nachfrage. Behördenseitig muss jedoch noch viel bewegt werden, agenturseitig ebenso. Eine der primären Aufgaben der Marketingabteilung ist zudem, dass unsere Marke Clear Channel bekannter wird. Der historische Name Plakanda ist immer noch stark präsent. Nach zirka fünf Namensänderungen innerhalb von zehn Jahren, in denen Plakanda immer ein Bestandteil war, erstaunt das keinen.

Bieri: Wir wussten teilweise selbst nicht, wie wir denn nun heissen – und nahmen die Anrufe bis vor wenigen Jahren immer noch mit «Plakanda?» entgegen. Da wir nun Teil eines weltweit agierenden Medienkonzerns sind, läuft die Marketingmaschine heute international strukturiert und professionell. Davon profitieren wir unterm Strich auch.

Von Plakanda zu Clear Channel. Die Firma hat einen spannenden Weg hinter sich. Wie beurteilen Sie die Firmengeschichte?

Credaro: Äusserst spannend. Die Firma hat sich zigmal grundlegend verändert. Es wurden mehrfach Firmen gekauft, inkorporiert. Grundlegend verschiedene Kulturen sind aufeinandergetroffen. Aber: Der Kern, das Herz der Firma, ist so stark, dass das Unternehmen das jedes Mal gepackt hat. Die Neuen haben sich bei uns rasch wohlgefühlt und Fuss gefasst. Vor 20 Jahren bestritten 20 Leute 8 Millionen Umsatz. Heute sind es 200 Mitarbeiter und mehr als das Zehnfache des damaligen Umsatzes. Das Beständige war und ist das Plakat.

Bieri: Das ist der Blick nach innen. Der Blick nach aussen zeigt uns auch Veränderungen auf. So wünscht der Kunde heute Beweise dafür, dass er auf das richtige Medium gesetzt hat. Er geht ökonomischer mit seinem Budget um und verlangt nach Leistungswerten. Früher galt: «Plakanda-Plakat gseht jedä! Super Lag, super Frequänz.» Der Kunde antwortete: «Läck, super, dänn bini überall echli.» Und der Deal kam zustande. Heute fragt der Kunde: «Wer genau und wie viele sehen es wo, wie, wann und wie lange?» Und dies auch immer im Vergleich zu anderen Mediengattungen.

Hat sich mit der Übernahme durch Clear Channel etwas am Blick von aussen auf die Firma geändert? Thema Fremdbild – Eigenbild?

Cupic: Ich glaube, früher reflektierte das visuelle Gesicht des Unternehmens die Denke der Firma. Corporate Design war einfach Nebenschauplatz. Das Wie und Was bezog sich auf den Inhalt, den Dienst am Kunden und die Pflege des Produkts, also der Plakatstellen. Mit dem verstärkten Einfluss von Clear Channel Outdoor in den letzten zwei Jahren wurde punkto Corporate Design alles umgekrempelt, bis ins kleinste Detail auf Clear Channel umgestellt. Ohne aber die Seele zu verkaufen. Die Verpackung hat sich geändert, der Inhalt nicht. Dreh- und Angelpunkt bleibt der Kundenwunsch.

Credaro: So ist es. Eine Veränderung muss zwingend auch immer eine Verbesserung bedeuten. Es ist wichtig, das Vehikel nicht nur in eine Richtung zu fahren, die alles zwanghaft und wild erneuert. Das Gute, was sich über zig Jahre bewährt hat, muss beibehalten werden. Ein frischer Wind mit neuen, sinnvollen und stimmigen Ideen ist sicher gut. Der Kernauftrag ist und bleibt aber der Fokus auf unser Tagesgeschäft. Wir sind und

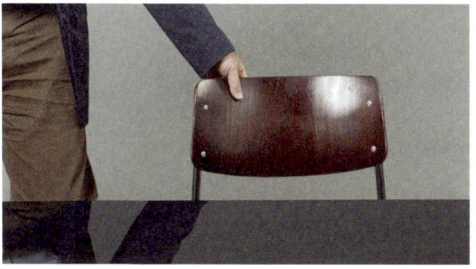

bleiben zuverlässig, glaubhaft, authentisch, gehen für den Kunden immer wieder die Extrameile und bleiben am Boden. Darum ist das Feedback von aussen so positiv.
Bieri: Mir wird rasch langweilig, das heisst, ich habe eine Schwäche für Veränderungen. Aber nur um des Veränderns willen braucht es keinen Wandel. Die Seele darf es nicht vom schnell drehenden Karussell schletzen. Die Anonymität, die in vielen internationalen Konzernen vorherrscht, wird bei uns nie einziehen. Wir müssen uns auf den Schweizer Markt fokussieren; internationale Vorgaben ändern daran wenig. Meine Kunden rufen mich, Fredy, an, nicht Clear Channel. Sie sagen mir: «Du luegsch eus dänn scho.»
Credaro: Das Vertrauen, welches heute dem Frontteam geschenkt wird, muss sich auf die Marke Clear Channel Schweiz ausdehnen.

Wie werden Auseinandersetzungen geführt?
Bieri: Heute herrscht eine gesunde Streitkultur. Das war nicht immer so. Ich fühle mich frei, jedem jederzeit meine Meinung deutlich mitzuteilen. Nach oben und nach unten. Das hat immer Platz, zum guten Glück. Weil der persönliche Umgang niveauvoll gestaltet ist. Das ermöglicht, dass man Ross und Reiter benennen darf, das ist sogar erwünscht.
Cupic: Der respektvolle Ton ist die Voraussetzung. Jeder soll seine Themen adressieren können, dabei aber bei sich selbst, sachlich und ehrlich und professionell bleiben.
Credaro: Bis vor ein paar Jahren war die Kommunikation direkter, unkomplizierter. Damals herrschte noch vermehrt Hands-on-Mentalität. Heute, eingebettet in einen internationalen Konzern mit vordefinierten Prozessen, ist der interne Austausch komplizierter, auch politischer. Aber ja, die Unternehmenskultur lässt nach wie vor Meinungsverschiedenheiten zu.

Die Umstrukturierungen der letzten Jahre und die Neugestaltung gewisser Abteilungen haben auch zu Abgängen von «alten Hasen» geführt. Was ist davon spürbar?
Bieri: Die alten Hasen fehlen. Christian Soppelsa beispielsweise hat über 30 Jahre bei uns gearbeitet, die Abteilung Akquisition aufgebaut und geleitet. Sein Netzwerk, seine Beziehungen waren essenziell. Wir vermissen ihn seit seinem Abgang im Sommer 2012 tagtäglich. Insbesondere auch als Menschen. Dasselbe gilt für Beat Sulzer.
Credaro: Und für Ruth Morin.
Bieri: Mit ihnen hat uns ein Teil der Plakanda-Firmenseele verlassen. Doch die Geschichte geht weiter, und die nachkommende Generation bringt andere, ebenso wertvolle Fähigkeiten und zusätzliches Know-how.
Credaro: Dass Menschen, die ein Unternehmen über mehrere Dekaden geprägt haben, eine Lücke hinterlassen, ist verständlich. Die Kunst ist wohl, das gute Alte zu bewahren und gleichzeitig offen für Neues zu sein. Der Wechsel findet ja auch extern bei unseren Kunden und Vertragspartnern statt. Ein Mix von alten Hasen und frischem Blut ist wahrscheinlich ideal. Ich denke, wir sind auf gutem Weg.

Aussenwerbemarkt

Die Regulierung des Plakatwesens reicht in der Schweiz bis ins 19. Jahrhundert zurück. Grosse Plakatgesellschaften entstehen, allen voran die APG (Allgemeine Plakatgesellschaft). Sie nehmen den Behörden den administrativen Aufwand für ordentliches Plakatieren ab und handeln Konzessionsverträge aus, die sowohl den Interessen der Werbenden an möglichst vielen Anschlagstellen als auch den Interessen der Gemeinden an Gebühren für den Aushang dienen. Die Kommunen wiederum sorgen dafür, dass die Plakatierung im Rahmen der gesetzlichen Vorgaben mit transparenten Kriterien rechtsgleich beurteilt und bewilligt wird. Im Fokus stehen dabei bau- und verkehrsrechtliche Vorgaben, die zum einen eine stimmige Gesamtwirkung mit der gebauten und landschaftlichen Umgebung ermöglichen und zum anderen die Verkehrssicherheit garantieren. Doch die Regulierungen rufen auch Konflikte hervor. Der Alleinanspruch der Behörden wird nicht aufgehoben, sondern geht über auf die Marktführerin APG: Kleinere Plakatgesellschaften werden zurückgedrängt. Hinzu kommen kantonale Unterschiede, die nicht selten begleitet sind von Spannungen bei der Behandlung von privatem versus öffentlichem Grund. Und die Bevölkerung ist nicht unkritisch mit dem, was ihr stadtbildverändernd vor die Nase gesetzt wird. Um die Interessen der unterschiedlichen Anspruchsgruppen – Behörden, Grundeigentümer, Unternehmen, Plakatgesellschaften und Bürger – unter einen Hut zu bekommen, erarbeiten die Behörden Prozesse und Konzepte. Die Plakatierungskonzepte definieren auf Basis der gesetzlichen Vorgaben städtebauliche und stadträumliche Grundsätze, aus denen Prinzipien für die Plakatierung abgeleitet werden. Ziel ist, angemessene Lösungen zu finden, die stadtbildverträglich sind und gleichzeitig den Ansprüchen der Werbevermarkter und -treibenden entsprechen. Die Konzepte geben in der Regel Menge, Verteilung, Anordnung, Trägermaterial und die Formate vor. So hat sich auch eine Standardisierung der Plakattypen je nach Sujet und Umgebung der Anschlagstelle durchgesetzt. Das Weltformat (90,5 cm × 128 cm) wird zur Normgrösse. In jüngster Zeit tun sich Prismenwender, Megaposter, mit LED-Leuchten bestückte Leuchtplakate oder digitale Werbeflächen wie eBoards hervor.

Out of Home in der Nähe zum Point of Sale bewirkt 70 Prozent der Kaufentscheide. Solche Angaben über Wirkungs- und Leistungsvergleiche sind relevant für die Ermittlung der Werbespendings, des Return on Investment. Die Daten dazu liefern Analysesysteme von Mediaagenturen.

Doch verlässliche Daten fallen nicht vom Himmel. Seit Mitte des vorigen Jahrhunderts bearbeitet die Plakatforschung ein schwer einzugrenzendes Feld: Affichen stehen an verschiedenen Orten, werden aus unterschiedlichen Blickwinkeln wahrgenommen. Zahlreiche Modelle sind erdacht worden, um valide Aussagen über Kontakthäufigkeit und -qualität zu geben. Auf Erinnerung basierte Verfahren gehören der Vergangenheit an. GPS-gestützte Erhebungen sind mittlerweile ebenso Standard wie online abrufbare Bewertungen einzelner Anschlagstellen.

Marché de la publicité extérieure

La réglementation de l'affichage publicitaire remonte en Suisse au XIXe siècle. De grandes sociétés d'affichage voient le jour, avec en tête SGA (Société Générale d'Affichage). Elles délestent les autorités du travail administratif lié à l'affichage ordinaire et négocient des contrats de concessions qui servent à la fois les intérêts des publicistes, désireux de trouver le plus grand nombre possible d'emplacements d'affichage, et ceux des municipalités, qui prélèvent des taxes pour l'affichage. Les communes, de leur côté, veillent à ce que l'affichage publicitaire soit évalué et autorisé au moyen de critères transparents dans le cadre des dispositions légales. Les prescriptions afférentes au droit de la construction et de la circulation routière qui, d'une part, permettent d'obtenir un effet global cohérent avec l'environnement urbain et paysager et, d'autre part, garantissent la sécurité routière, revêtent une importance centrale. Mais les réglementations créent aussi des conflits. Le monopole des autorités n'est pas aboli, mais transféré au leader du marché, SGA: les petites entreprises d'affichage sont évincées. Viennent s'y ajouter des différences cantonales, fréquemment accompagnées de tensions quant au traitement de l'espace privé par rapport à l'espace public. Et la population n'est pas sans critiquer tout ce qui, juste sous son nez, altère la physionomie de la ville. Pour concilier les intérêts de ces différents groupes – autorités, propriétaires fonciers, entreprises, sociétés d'affichage et citoyens –, les autorités élaborent des processus et des concepts. Les concepts d'affichage définissent, sur la base des dispositions légales, des principes urbanistes et architecturaux dont sont déduites des règles d'affichage. L'objectif est de trouver des solutions appropriées, qui soient compatibles avec le paysage urbain et répondent en même temps aux revendications des régies publicitaires et des annonceurs. Les concepts indiquent généralement la quantité, la répartition, la disposition, le matériel de support et les formats. C'est ainsi que s'est imposée une standardisation des types d'affiches en fonction du sujet et de la périphérie du site d'affichage. Le «format mondial» (90,5 cm × 128 cm) est devenu la norme. Depuis quelque temps, les prismaffiches, les mégaposters, les affiches lumineuses équipées de lampes LED ou les surfaces publicitaires digitales comme les eBoards occupent le devant de la scène.

L'Out-of-Home à proximité du point de vente est à l'origine de 70% des décisions d'achat. De telles indications sur les comparaisons des effets et des prestations sont importantes pour la détermination du budget publicitaire, le retour sur investissement. Les données sont livrées par des systèmes d'analyses d'agences médiatiques.

Mais les données fiables ne tombent pas du ciel. Depuis le milieu du siècle dernier, la recherche en matière d'affichage traite un champ difficile à cerner: les affiches se trouvent en différents endroits, sont perçues sous différents angles. De nombreux modèles ont été conçus pour fournir des énoncés valables sur la fréquence et la qualité des contacts. Les procédés basés sur le souvenir appartiennent au passé. Aujourd'hui, les recensements à base de GPS font partie de la norme au même titre que les évaluations de différents points d'affichage consultables en ligne.

Mercato della pubblicità esterna

In Svizzera, la regolamentazione dell'affissione pubblicitaria risale al XIX secolo. Nascono grandi società di affissione, in particolare la SGA (Società Generale d'Affissioni), che sgravano le autorità dall'onere amministrativo per l'affissione regolata e negoziano contratti di concessione, stipulati sia nell'interesse dei pubblicitari (avere il maggior numero di superfici pubblicitarie), sia in quello dei comuni (riscuotere le tasse di affissione). I comuni, a loro volta, provvedono affinché l'affissione venga valutata e autorizzata equamente con criteri trasparenti nell'ambito delle prescrizioni legali. Al centro figurano aspetti riguardanti il diritto dei trasporti e quello edile, che da un lato consentono un'armonia con l'ambiente edificato e paesaggistico e dall'altro garantiscono la sicurezza stradale. Tuttavia, la regolamentazione provoca anche dei conflitti. Il diritto esclusivo delle autorità non viene eliminato, ma passa alla SGA, leader sul mercato: le piccole società di affissione vengono quindi schiacciate. A ciò si aggiungono differenze cantonali, che non di rado sono accompagnante da tensioni causate dal trattamento diverso tra suolo privato e pubblico. E la popolazione non rimane zitta di fronte a quello che le viene messo davanti al naso, soprattutto se cambia la fisionomia della città. Al fine di conciliare gli interessi dei diversi gruppi interessati (autorità, proprietari di terreni, aziende, società di affissione e popolazione), le autorità elaborano processi e piani. Sulla base delle prescrizioni di legge, i piani di affissione definiscono i principi urbanistici, da cui vengono dedotte le basi per l'affissione. L'obiettivo è trovare soluzioni adeguate, che siano sostenibili per la fisionomia della città e al tempo stesso corrispondano alle richieste di chi commercializza la pubblicità e degli operatori pubblicitari. Di regola i piani indicano quantità, distribuzione, ordine, materiali dei supporti e formato. Così si impone anche una standardizzazione dei tipi di manifesti a seconda del soggetto e dei dintorni delle superfici pubblicitarie. Il «formato mondiale» (90,5 cm × 128 cm) diventa una grandezza standard. In tempi più recenti spiccano prismi girevoli, megaposter, manifesti luminosi al LED e superfici pubblicitarie digitali come eBoard.

Out of Home nelle vicinanze del Point of Sale provoca il 70 percento delle decisioni di acquisto. Questi dati sul confronto delle prestazioni e dell'efficacia sono rilevanti per stabilire la spesa pubblicitaria, il Return on Investment. Tali dati vengono forniti dai sistemi di analisi delle agenzie media.

Tuttavia, dati affidabili non cadono dal cielo. Da metà dello scorso secolo la ricerca sui manifesti si occupa di un campo difficile da circoscrivere: i manifesti si trovano in diversi punti e vengono visti da diverse angolazioni. Sono stati inventati diversi modelli per fornire affermazioni valide sulla frequenza e la qualità dei contatti. Procedure basate sulla memoria appartengono ormai al passato; sono invece diventate prassi comuni indagini basate sul GPS, così come valutazioni consultabili online di singole superfici pubblicitarie.

Outdoor advertising

Outdoor advertising has been subject to regulation in Switzerland since the 19th century. Large poster companies came into being, led by APG (Allgemeine Plakatgesellschaft). They relieved local authorities of the administrative burden associated with managing poster advertising efficiently and negotiated concessions that served both the interests of advertisers in having as many points of contact as possible and those of the municipalities in raising funds from advertising sites. For their part, the local authorities ensured, in line with statutory guidelines, that the advertising would be independently reviewed and approved on the basis of clearly stated criteria. The focus was on building and traffic regulations, which allowed for coherent harmonisation of advertising and the built and natural environment, while also ensuring traffic safety. Nonetheless, the regulatory process could also lead to conflicts. Even now, the local authorities have not formally ceded their exclusive decision-making powers but, rather, have seen them transferred to APG as the market leader. As a result, smaller billboard companies are held back. On top of this there are differences between cantons, often accompanied by conflicts over the handling of competition between public and private spaces. And, of course, ordinary people are not prepared to keep quiet in the face of changes made to their urban environment. To reconcile the interests of the various stakeholders – local authorities, landowners, businesses, outdoor advertising companies and citizens – municipalities in Switzerland are developing new processes and ideas. Their concepts for outdoor advertising set out to define principles for urban construction and urban spaces in the light of statutory regulations on which guidelines for outdoor advertising can be based. The aim is to find appropriate solutions that are acceptable from an urban landscape perspective and at the same time meet the needs of advertising companies and their clients. The concepts involved tend to concern matters of quantity, distribution, layout, substrate material and formats. As a result, standardised poster types have become established, depending on the particular visual involved and the environment of the advertising site. The Swiss 'world format' (90.5 cm × 128 cm) has become the standard. More recent innovations include Trivision rotating signs, large-format posters (megaposters), illuminated LED displays and digital sites such as eBoards (landscape-format digital screens).

Out-of-home advertising close to the point of sale influences 70% of purchasing decisions. Statistics such as these, comparing campaign performance and effectiveness, are relevant for determining advertising budgets and ROIs. The figures involved are generated by the analytical systems used by media agencies.

Even so, reliable data cannot be taken for granted. Since the middle of the last century, research into outdoor advertising has focused on factors that are difficult to quantify. Billboards, for example, are found in a range of locations, and can be seen from a number of different angles. Many models have been devised in order to produce valid data on the frequency and quality of audience impressions. Measurements based on personal recall are a thing of the past. Nowadays, GPS-derived metrics are standard, as is the facility to check figures online for specific display sites.

Die Geschichte der Plakatierung in der Schweiz

Die Behörden regulieren den öffentlichen Grund bereits in den frühen Jahren des 20. Jahrhunderts. Sie sind insbesondere an einer ordentlichen Abwicklung des Plakatwesens und an der Stadtbildverträglichkeit interessiert. Und die Plakatierung hat auch finanziell zu rentieren. Die APG kann ihnen genau diesen Dienst anbieten – sie steigt dadurch in eine marktbeherrschende Position auf. Viele der kleineren Institute werden in die Defensive gedrängt. Später bemühen sich die Behörden teilweise, die Marktdominanz der APG wieder aufzuweichen und auf öffentlichem Grund auch andere Plakatgesellschaften zum Zuge kommen zu lassen. Die Stellung der APG bleibt jedoch dominant.

GESCHICHTE DER PLAKATIERUNG

Die Funktion des Plakats ist die rasche Kommunikation von Informationen, oftmals verknüpft mit einem propagandistischen Ziel. Zum Adressatenkreis dieses Mediums gehören nicht nur diejenigen, die diese Informationen suchen, sondern auch alle, die das Plakat und seine Aussage im Vorbeigehen wahrnehmen. Kaum ein grosses gesellschaftliches Ereignis – Wahlen, behördliche Mitteilungen, kulturelle Ereignisse, Gedenktage, Sportfeste, Werbung für Konsumartikel und Dienstleistungen – kommt ohne das Plakat aus. Damit hat es eine grosse Alltagsbedeutung. Es ist ein wichtiges Kommunikationsmittel und über Inhalt und Gestaltung auch ein Spiegel der Zeit und gesellschaftlicher Zustände sowie eine wichtige Quelle zum Verständnis einer Epoche.

Das Schreiben des Inhabers eines Reklameinstituts an die städtischen Behörden Luganos aus dem Jahr 1897 zeigt, wie findig und ideenreich Werber schon damals waren, auf Angebote an prominenten Stellen aufmerksam zu machen. Das Lavieren um behördliche Einschränkungen macht aber auch deutlich, dass die Stadt den öffentlichen Raum bereits in den frühen Jahren des 20. Jahrhunderts reguliert hat.

Die Bestimmungen über den Städtebau werden neu festgelegt, der visuelle Aspekt der Strassen und Plätze erhält in der Diskussion um die Stadtgestaltung zunehmend Gewicht. Nach der Jahrhundertwende erlassen die meisten der grösseren Schweizer Städte die ersten Verordnungen, die sich spezifisch und ausschliesslich mit dem Anschlag von Plakaten im öffentlichen Raum beschäftigen.

Das für Lugano vergleichsweise spät erlassene «Regolamento sulle Affissioni» von 1913 betrifft zwar primär den öffentlichen Raum, doch auch den Privatgrund, der daran angrenzt. Dieser muss reinlich gehalten werden, und es ist ohne Bewilligung der Stadt verboten, Plakate, Schilder oder Anschriften anzubringen. Unter genau einzuhaltenden Vorschriften ist das nur gestattet, wenn es sich um das eigene Geschäftshaus handelt. Die behördliche Erlaubnis vorausgesetzt, muss eine Gebühr an die Stadt entrichtet werden, die von Fall zu Fall festgelegt wird. Der Abstand zur Strasse ist ebenso geregelt wie das optische Gesamtbild: Plakate müssen parallel und eng an den Gebäuden angebracht sein und aus festem Material bestehen (Stoff, Papier oder Karton sind nicht geduldet); die Ästhetik des Stadt- und Landschaftbildes darf nicht beeinträchtigt werden.

Die gesetzliche Regulierung des Plakatwesens reicht weit zurück. Im Jahre 1837 widmet sich bereits ein Kapitel des «Règlement Général de Police» der Stadt Genf den öffentlichen Ankündigungen und Anschlägen. Darin wird festgesetzt, dass jedes Plakat zuerst vom Polizeidepartement genehmigt werden muss. Ausgenommen von dieser Regel sind nur offizielle Mitteilungen der Behörden. Im Gegenzug geniessen die Plakate einen gewissen Schutz. So ist es verboten, bewilligte Plakate herunterzureissen oder zu überkleben. Dem wilden Plakatieren ohne behördliche Bewilligung wird hingegen entschieden der Kampf angesagt: «Tout individu qui, sans y avoir été autorisé par la police, fera le métier de crieur ou afficheur d'écrits imprimés, dessins ou gravures, (…) sera puni d'un emprisonnement de six jours à deux mois.»

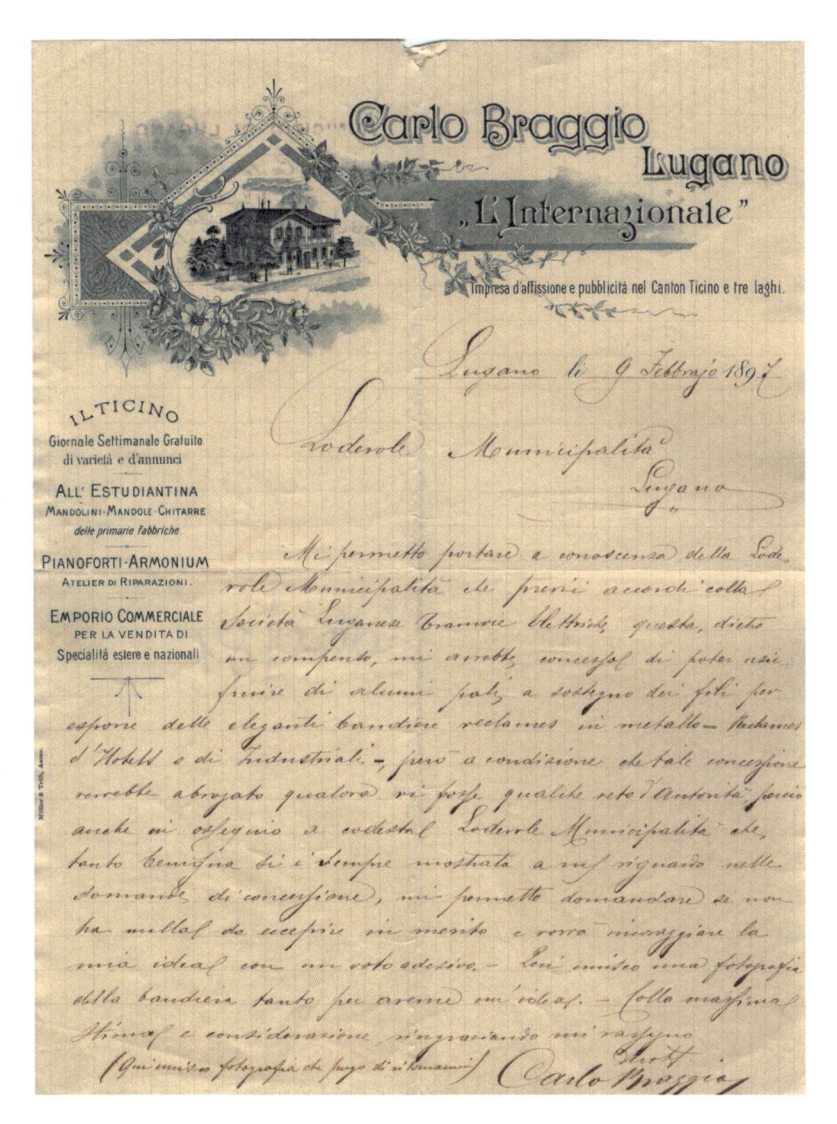

Die von der Stadt Zürich im Jahr 1856 erlassene «Verordnung betreffend den öffentlichen Ausrufer», die zusätzlich «Maueranschläge» behandelt, verlangt, vor der Plakatierung drei Exemplare verschiedenen Instanzen des Polizeiamtes einzureichen. Es gibt 40 Anschlagstellen und feste Gebühren. 1893

1 Handschriftlicher Brief von Carlo Braggio an die städtischen Behörden Luganos, 1897: «Ich erlaube mir hiermit, die Rühmliche Stadtobrigkeit davon in Kenntnis zu setzen, dass im Anschluss an entsprechende Vereinbarungen mit der Elektrostrassenbahngesellschaft von Lugano diese mir – gegen Zahlung eines Entgeltes – die Nutzung einiger Oberleitungsmasten bewilligen würde, um dort elegante Reklameschilder aus Metall anzubringen – Reklameschilder für Hotels und Industriebetriebe –, jedoch unter der Bedingung, dass die Bewilligung rückgängig gemacht würde, sollten die Behörden eventuell kein Einverständnis dazu geben.»

117

AUSSENWERBEMARKT

2 Die Plakatsäule am Bahnhofplatz/Hauptbahnhof Zürich fungierte als Transformatorenstation der ersten öffentlichen Stadtbeleuchtung, 1892.

verordnet die Stadt dann, dass «das Plakatwesen kein freies Gewerbe, sondern dem städtischen Regierungsbetrieb unterstellt» ist. So wird «festgesetzt, dass nur an den polizeilich hierfür angewiesenen Stellen affichiert werden dürfe. Es soll dadurch einer Umgehung der übrigen Vorschriften der Verordnung auf dem Wege des Anschlags an Stellen, die nicht auf öffentlichem Grunde sich befinden, vorgebeugt werden.»

Die Anzahl der Plakatwerbestellen nimmt stetig zu. Ende des 19. Jahrhunderts wird Kritik aus der Bevölkerung an Affichen in öffentlichen Anlagen laut. 1895 fallen in Zürich zehn Anschlagstellen der Modernisierung öffentlicher Pissoirs zum Opfer.

Damit sind die zentralen Konfliktfelder aufgetan, die im 20. Jahrhundert für fortwährende Diskussionen sorgen: Alleinanspruch der Behörden, öffentliche und private Interessen, Stadtbild, zunehmende Kommerzialisierung des öffentlichen Raumes, kritische Öffentlichkeit.

Um 1900 erhält die Stadt Zürich erste Angebote für die Verpachtung von Plakatflächen auf öffentlichem Grund. Zunächst abgelehnt, stellt wenige Jahre später der Polizeivorstand den Antrag, das Plakatwesen der Allgemeinen Plakatgesellschaft (APG) in Genf zu übertragen. Ab 1. Januar 1908 tritt der Beschluss in Kraft, «das Plakatwesen (...) für die Dauer von 10 Jahren [an die APG] zu verpachten». Der Entscheid führt einerseits zu einer quantitativen Vermehrung der Plakatstellen – im selben Jahr sind bereits hundert Standorte bewilligt –, andererseits zu einer qualitativen Verbesserung, indem die APG die hölzernen Plakatwände mehrheitlich durch metallene ersetzt.

Die Gründung der APG im Jahr 1900 – unterstützt durch die Werbeagenturen Haasenstein und Vogler, Vettiner, David und Juvet – hat Signalwirkung: Die meisten grösseren Schweizer Städte arbeiten in den folgenden Jahren entsprechende Verträge mit der APG|SGA aus.

In Basel ist zur gleichen Zeit die Situation insofern eine andere, als dort bereits dem Verkehrsverein das Plakatwesen übertragen worden ist. Ein

3 Konkurrenz der Werbebotschaften auf einer Plakatwand am Bellevue Zürich, 1908, und am Werdmühleplatz Zürich, 1910.

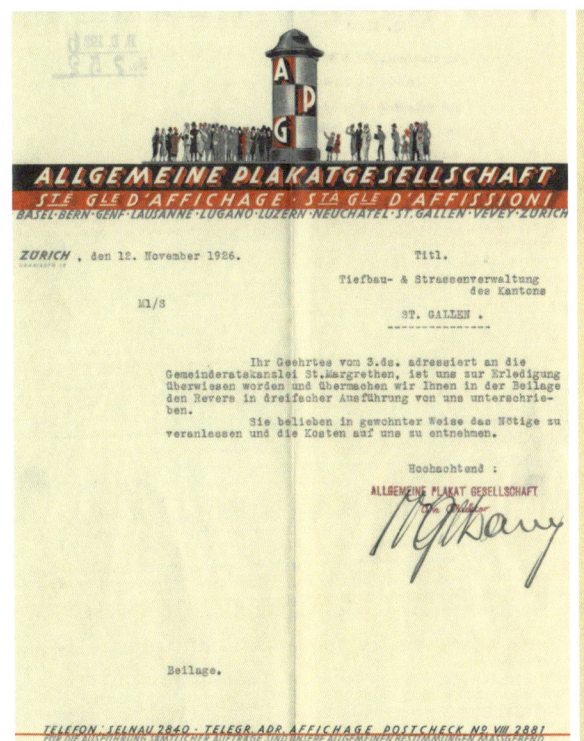

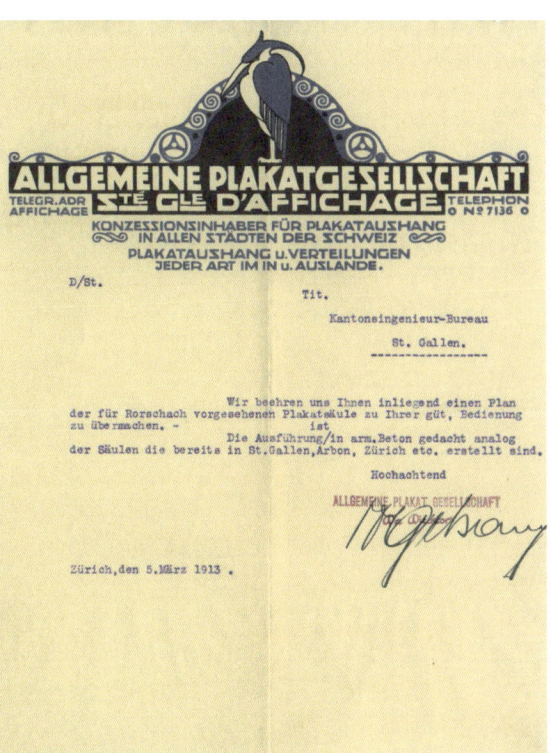

4 Dass die APG im Plakataushang in den Schweizer Städten eine marktbeherrschende Stellung einnimmt, betont sie 1913 und 1926 bereits in ihrem Logo.

nicht unübliches Vorgehen, sind die Verkehrsvereine neben ihrer touristischen Funktion doch auch um Aspekte der Stadtentwicklung besorgt: Sie fordern die Verschönerung der Ortsbilder durch den Bau von Trottoirs, Quais, Promenaden und Parks, engagieren sich aber ebenso für bauliche Massnahmen zur Verbesserung der Hygiene und für die Regulierung des Verkehrs. Obwohl sich hier also Stadtentwicklung und Plakatwesen ergänzen, will die Stadt Basel gegen den Willen des Verkehrsvereins das Plakatwesen auf der Allmend – öffentlicher Grund – an die APG auslagern. Die Gründe sind primär finanzieller Art, wie das Polizeidepartement feststellt: «Wenn aber die öffentliche Verwaltung nach und nach zum richtigen Genusse der im Plakatwesen liegenden Einnahmen kommen will, so muss sie dafür besorgt sein, dass das Plakatwesen geschäftlich tüchtig entwickelt und in seinen Einnahmen gefördert wird. Dass die geschäftliche Entwicklung von der Allgemeinen Plakatgesellschaft in durchaus korrekten Formen und auch unter Berücksichtigung ästhetischer Gesichtspunkte betrieben wird, wird aus den Nachbarstädten bezeugt.» Der erste Konzessionsvertrag zwischen Basel und der APG im Jahre 1910 ist auf zehn Jahre befristet zu jährlichen Pachtgebühren von 12 000 Franken. Davon erhält der Verkehrsverein 3000 Franken als Entschädigung. Der Regierungsrat darf die Zahl und Lage der Plakatstellen bestimmen. Die bisherigen Standorte gehen in den Besitz der APG über, die für deren Unterhalt zu sorgen hat.

Neue Stellen müssen von der Pächterin selbst finanziert werden und wechseln bei Vertragsende in den Besitz der Stadt. Ausserdem muss jedes Plakat dem Polizeidepartement vorgelegt werden, während die Tarifsätze jeweils vom Regierungsrat zu genehmigen sind. Aushänge der Behörden indes müssen unentgeltlich angeschlagen werden.

Als 1919 die Erneuerung des Vertrages mit der APG ansteht, zeigt sich das Polizeidepartement zufrieden mit der Partnerschaft: «Die Frage, ob der Staat selbst das Ankleben der Plakate in Regie übernehmen soll, glauben wir, ist ablehnend zu beantworten. Im Allgemeinen ist über die Besorgung des Plakatwesens durch die bisherige Pächterin nicht zu klagen gewesen. Die Pachtsumme ist so, dass es sehr fraglich ist, ob der Staat mit eigenem Betrieb mehr herausschlagen könnte. Er verfügt nicht, wie die Pächterin, über Filialen in einer grössern Zahl von Städten, die gegenseitig Plakate zum Anschlagen austauschen, und schliesslich eignet sich das Plakatwesen wegen der Ungleichmässigkeit des Betriebes (Saisonzeit, Anschlag während der Nacht) nicht besonders für staatlichen Betrieb.» Und so erneuert Basel – und viele andere Schweizer Städte – den Konzessionsvertrag mit der APG alle zehn Jahre. Federführend amtiert Robert Beaujon, der erste Direktor der APG.

Der öffentliche Verkehr ist stets von Plakatierungsinstituten umworben. So schliesst die Trambahnverwaltung in St. Gallen im Jahre 1924 einen

Konzessionsvertrag mit der APG für «die Innen- und Aussenreklame an 44 Motor-Personen-Wagen und 18 Personen-Anhängewagen sowie für die Anbringung von Reklameschildern an den Trambahnmasten auf dem Gebiet der Stadt St. Gallen». Später stellt die APG auch städtische Infrastruktur wie Wartehäuschen und Telefonkabinen unter der Bedingung zur Verfügung, diese mit Plakaten bewirtschaften zu dürfen. So wird 1930 in Zürich die erste werbefinanzierte Telefonkabine an der Einmündung Usteri-/Bahnhofstrasse platziert.

Auch kleinere Gemeinden spüren Regulierungsbedarf. In Obfelden lässt der Gemeinderat 1929 verlauten: «Es ist denn auch zur Regel geworden, dass Gebäudeeigentümer, erwachsene Personen und Schulkinder die frisch angeschlagenen Plakate schon nach einer halben Stunde herunterrissen, einige Fetzen an den Wänden hängen liessen und die übrigen auf Strassen und öffentlichen Plätzen verstreuten, wo sie oft tagelang liegen blieben und vom Winde herumgetragen wurden. Dadurch entstand einerseits eine ständige Unordnung, und andererseits erfüllte eine solche Reklame den ihr zugedachten Zweck keineswegs, ganz abgesehen davon, dass die Übeltäter, mangels einer gesetzlichen Handhabe nicht gefasst werden konnten.» Während das Plakatieren in der Stadt und auf dem Dorf zunehmend reguliert wird, gibt es zwischen den Ortschaften lange Zeit Graubereiche.

Neben der Beseitigung chaotischer Zustände haben die Gemeinden handfeste wirtschaftliche Interessen: Das Plakatwesen soll in profitable Bahnen gelenkt werden. Dafür bietet sich die bereits etablierte und erfahrene APG besonders an, und sie wird bald auch von kleineren Ortschaften bevollmächtigt, die Plakatierung auf öffentlichem Grund und an öffentlichen Einrichtungen zu organisieren. Bassersdorf beispielsweise versieht seine «Verordnung betreffend das Plakat- und Reklamewesen» von 1928 mit dem Zusatz: «Gestützt auf Art. 4 obiger Verordnung hat der Gemeinderat das Plakat- und Reklamewesen an die Allgemeine Plakatgesellschaft in Zürich verpachtet, der nunmehr das alleinige Recht zum Anschlag von Plakaten und Reklamen zusteht.»

Kleinere Plakatierungsinstitute gegen die Regulierung und die APG-Marktmacht (1920er- bis 1950er-Jahre)

«Die APG verlegte sich denn darauf, das Plakatwesen in den Gemeinden unter dem Deckmantel des Heimatschutzes an sich zu ziehen (...). Der Umstand, dass alle diese Verordnungen nach dem gleichen Schema gehalten sind, (...) beweist, dass all das wohl aus der gleichen Küche stammt.» Die zunehmende Regulierung des Plakatwesens und der Abschluss erster Plakatierungsverträge mit der APG auch in kleineren Gemeinden führen zu heftigen Protesten. Kleinere Reklameinstitute fürchten um ihre Geschäftsmöglichkeiten, Gewerbler sehen sich in ihrer Freiheit beschnitten, und all jene, die ihr Grundstück verpachten, fühlen sich um eine Nebeneinkunft geprellt. Aus ihrer Ablehnung der Zusammenarbeit von Gemeinden und APG machen zwei kleinere Plakatierungsinstitute und ein Förster keinen Hehl, und sie reichen im Februar 1930 gegen die erwähnte neue Plakatverordnung von Bassersdorf Rekurs ein. Der erhobene Rekurs entwickelt sich schnell zum Politikum. Die Kläger versuchen, Verordnung und Vertrag mit der APG für ungültig zu erklären, und sehen deren Marktdominanz im Widerspruch zu den verfassungsmässigen Individualrechten wie der Handels- und Gewerbefreiheit und der Unverletzlichkeit des Eigentums. Nach einer beinahe zwei Jahre dauernden Auseinandersetzung wird der Rekurs vom Regierungsrat in Zürich zurückgewiesen. Gerade was den privaten Grund angeht, dauern die Spannungen aber noch jahrzehntelang an.

Aus der Perspektive des Schweizer Heimatschutzes scheint die APG die unterschiedlichen Interessen gut miteinander in Einklang zu bringen und durch ihre marktbeherrschende Stellung hervorragend geeignet zu sein, den Reklamewildwuchs einzudämmen.

So lobt er ihre Arbeit in einer Broschüre aus dem Jahre 1923 ausdrücklich: «In der Schweiz dagegen sahen zuerst die grössten Städte: Genf, Zürich,

5 Plakate an einer Baustellenwand an der Spitalgasse in Bern, 1937.

6 Das deutsche Plakathandbuch, «Albacharys Führer durch das Plakatwesen», befasst sich bereits 1928 mit dem internationalen Plakatwesen, mit Plakatgestaltung und Drucktechniken, mit rechtlichen Plakatrichtlinien, definiert die zehn Gebote des Plakatanschlages und listet das öffentliche Anschlagwesen mit Angabe der Orte und Anzahl Schlagstellen europaweit auf.

Basel, Bern und Lausanne ein, dass die Übertragung der Plakatkonzessionen nur an eine grosse schweizerische Unternehmung das Beste sei. Die kleinen Orte folgten diesem Beispiele, oft natürlich erst nach Überwindung der gerade in solchen Gemeinden so üppig blühenden Eigenbrötelei. So besitzen nun die schweizerischen Kommunalbehörden gemeinsam einen Plakatkonzessionär, die Allgemeine Plakatgesellschaft, der alle Verantwortung für den geordneten, den wirtschaftlichen wie ästhetischen Interessen und dem Heimatschutz gleicherweise dienenden Plakatanschlag in der ganzen Schweiz übertragen ist. Ohne durch geschäftlich kleinliche Konkurrenten von seiner grosszügigen ideellen Aufgabe abgelenkt zu werden, hat dieser schweizerische Plakatkonzessionär es wirklich verstanden, das in ihn gesetzte Vertrauen der Behörden zu erfüllen und die am Anfang hervorgetretenen Bedenken der Heimatschutzfreunde zu zerstreuen.»

Die Gemeinden erkennen den Vorteil im vereinfachten administrativen Aufwand: einheitliche und zuverlässige Abwicklung über ein weitverzweigtes nationales Netzwerk. Insbesondere ermöglicht es lukrative Konditionen, wo sonst mit unzähligen Plakatierern einzeln und je nach Format zu unterschiedlichen Preisen abgerechnet wird.»

Gemeinden und APG werden zu einem eingespielten Team für die Plakatierung auf öffentlichem Grund. 1938 verfügt die APG über Plakatkonzessionen in über 90 Gemeinden beziehungsweise Städten, mit zehn Gesellschaften des öffentlichen Verkehrs sowie 48 Überland- und Bergbahnen.

In den privaten Raum greifen die Behörden in der ersten Hälfte des 20. Jahrhunderts nur zurückhaltend ein. Die APG kann sich damit nicht zufriedengeben und fordert immer wieder, auch den Privatgrund stärker zu regeln und Plakatstellen auf nicht öffentlichem Grund ebenfalls bewilligungspflichtig zu erklären.

In Basel beispielsweise will ein kleines Reklameinstitut an Privathäusern der Innenstadt Orientierungstafeln anbringen, um die Laufkundschaft auf Geschäfte aufmerksam zu machen. Die APG beruft sich auf das ihr per Konzessionsvertrag zugesicherte exklusive Recht auf Plakatanschlag, ohne den Unterschied zwischen öffentlichem und privatem Grund zu berücksichtigen. Dies wird anfänglich noch polizeilich bestritten; doch die Behörden knicken nach und nach ein, und im Jahre 1941 sieht sich die Stadt St. Gallen in einer Revision der «Verordnung über das Plakatwesen» gezwungen, folgenden Grundsatz zu formulieren: «Für das Anbringen von Plakaten, Reklamen und Bekanntmachungen aller Art auf öffentlichem und privatem Grund ist eine Bewilligung des Polizei-Inspektorates erforderlich.» In Zürich werden Pla-

AUSSENWERBEMARKT

7 Die von Seiten der Behörden als «überdimensionierte Reklame» bezeichnete Plakatfläche der Clear Channel an einer Baustellenwand in Zürich, 1958.

katwerbestellen auf privatem Grund erst Mitte der 70er-Jahre bewilligungspflichtig.

Die kleineren Plakatgesellschaften, die sich im Angesicht der zwischen den Städten und der APG bestehenden Plakatierungsverträge auf den privaten Raum zurückgezogen haben, werden nun ebenfalls immer stärker reguliert. 1928 richtet die Stadt Zürich beim Hochbauamt eine «Amtsstelle für Reklamen» ein. Gleichzeitig werden vorerst Leuchtreklamen im Bereich der Altstadt bewilligungspflichtig. In Zürich existiert in jenen Jahren zudem eine «Kommission zur ästhetischen Begutachtung von Reklame», in der bezeichnenderweise die APG Einsitz und damit grossen Einfluss hat. Ihr Entscheid ist oft negativ. Auf eine Beschwerde der Clear Channel (damals Plakat und Propaganda A.-G.) aus dem Jahr 1938 reagiert sie verschnupft: «Die Plakanda A.G. beschwert sich über ungleiche Behandlung bezüglich der von ihr errichteten Plakatwände. Die Kommission ist heute noch der Auffassung, dass das Aufkommen weiterer Plakatwände nicht erwünscht ist. Direktor Lüthy von der Allgemeinen Plakatgesellschaft hat festgestellt, dass auf dem Gebiet der Stadt etwa 1'100 Plakate angebracht sind, die ausserhalb des Monopolvertrages der A.P.G. angebracht wurden.»

Kleinere Plakatierungsfirmen sind gezwungen, jede Möglichkeit in Bezug auf den Privatgrund auszunutzen. Dadurch bewegen sie sich oft auf heiklem Terrain und erregen – auch in der Öffentlichkeit – widersprüchliche Meinungen. Auch Clear Channel gerät immer wieder in behördliche Kritik.

Etwa im Jahre 1958, als eine «überdimensionierte» Reklamefigur für Lindt & Sprüngli an einer Baustelle beanstandet wird. Nach Einschätzung der Reklamekommission übersteigt sie die übliche Grösse und fügt sich nicht in die parkartige Umgebung ein. Clear Channel wehrt sich mit dem Argument, dass sich die Reklame auf privatem Grund befinde und daher nicht bewilligungspflichtig sei. Zudem sei die beanstandete Reklame Eigentum von Lindt & Sprüngli. Auch der Schweizerische Inserenten-Verband ergreift in diesem Fall für die Clear Channel und insbesondere auch für ihre Klienten Partei, indem er ein weiteres Mal die Rechtsungleichheit zwischen der APG und ihren Konkurrenten anprangert: «Man glaubt in Kreisen der auftraggebenden Firmen feststellen zu dürfen, dass [das Hochbauamt der Stadt Zürich] inbezug auf Bauwandplakatierungen, soweit diese ausserhalb dem faktischen Monopol der Allgemeinen Plakatgesellschaft gelegen sind, Konkurrenten dieser grossen Gesellschaft rechtsungleich behandelt.»

Im Laufe solcher Auseinandersetzungen bessert sich nach und nach die Lage kleinerer Plakatierungsinstitute vor allem in Zürich. Auf dem Land hingegen steht der Konflikt zwischen den einzelnen Interessengruppen erst noch an.

Plakate entlang der Strassen (1930er- bis 1970er-Jahre)

Für einen kleinen Nebenverdienst hat Bauer Anton Danuser aus dem Kanton St. Gallen 1950 an seiner Scheune eine Reklametafel für Pneus der Marke Pirelli angebracht. Das Baudepartement wirft ihm vor: «Die Tafeln hätten auch aus sachlichen (materiellen) Gründen nicht bewilligt werden können, weil sie in ihrer Gesamtheit betrachtet und in fast allen Fällen auch einzeln genommen, das Strassen-, Orts- und Landschaftsbild stören würden.» So ein Schreiben stellt keinen Einzelfall dar, sondern ist Teil einer umfassenden «Reinigung der Staatsstrassenecken». 1949 beschliessen die Behörden die polizeiliche Bewilligung entlang der Kantonsstrassen. Danach entfernt die Polizei eigenhändig zahlreiche Anschläge auf privatem Grund. Die Firma Pirelli legt Rekurs ein und wettert gegen die Organisierung des Plakatwesens: «Während (...) den privaten Handels- und Industrieunternehmungen das Recht zur Strassenreklame verunmöglicht wird, obwohl diese Unternehmen die Hauptträger unserer Wirtschaft sind, räumen die öffentlichen Stellen den wenigen Plakatgesellschaften, die volkswirtschaftlich kaum eine Existenzberechtigung besitzen und für die Gesamtwirtschaft unseres Landes praktisch von so geringer Bedeutung sind, eine Monopolstellung ein, die von diesen Gesellschaften geradezu willkürlich ausgenützt wird.»

Zunehmend regulieren die Behörden gegen die Jahrhundertmitte also auch den Raum ausserhalb der Siedlungen, wobei auf der Reklame entlang der Kantonsstrassen das Hauptaugenmerk liegt. Somit geraten auch diejenigen Unternehmen unter Beschuss, die bis dahin von der ungenügenden juristischen Abstimmung zwischen den Kantonen und den Gemeinden sowie der mitunter laschen Handhabung des Plakatwesens auf dem Land profitiert haben.

Die Zunahme des Autoverkehrs und der damit verbundene starke Anstieg von Reklameflächen entlang der Strassen ist sicherlich ein Grund, warum sich öffentliche Stellen mit der Reklame entlang der Hauptstrassen beschäftigten – sei es zum Landschaftsschutz, sei es zur Verkehrssicherheit. Der Heimatschutz ist hier ein wichtiger Akteur, was die Erhaltung von Orts- und Landschaftsbildern betrifft. Sonst eher für den Schutz historischer Bauten bekannt, verleiht der Kampf gegen das wilde Plakatieren dem erst um die Jahrhundertwende institutionalisierten Heimatschutz ein neues Profil und beschert ihm eine Anhängerschaft. Stolz veröffentlicht er 1951 mit Blick auf sein Engagement im Reklamewesen in einer Broschüre: «Die Weisshaarigen in unseren Reihen erinnern sich, dass der Kampf gegen die unsere Landschaften, Dörfer und Städte verunzierenden Werbebilder zu den ältesten Sorgen und Ärgernissen des Heimatschutzes gehört. Bald ein halbes Jahrhundert haben wir gegen diesen Missbrauch gekämpft; es war wohl der merkwürdigste Streit, den wir ausgefochten haben. In der ganzen langen Zeit haben wir keinen Menschen angetroffen, der uns nicht recht gegeben hätte.»

Die Behörden haben eine Vielzahl von Einzelfällen zu beurteilen. Dazu führt die zuständige Reklamekommission Rundfahrten durch, um die Situation vor Ort zu beurteilen. Nach einer solchen Begutachtung im Jahre 1938 wird Clear Channel hinsichtlich einer ihrer Plakattafeln im zürcheri-

8 Das «Heimatschutz»-Heft schreibt 1951: «Die bekannte Villars-Kuh, die uns, obwohl sie graphisch nicht schlecht gemacht ist, an so manchem Waldrand und Wiesengrund ärgert. Auch für die Villars S. A. wäre es die beste Empfehlung, wenn sie endlich die ganze Kuhherde in ihren Stall nach Fribourg zurücknähme.»

9 Ein Nebenverdienst für die Bauern: Reklametafeln an Scheunen, 1950.

10 Konkurrenz der Reklametafeln entlang eines Zauns im Kanton St. Gallen, 1964.

11 «Fort mit der Blechreklamenseuche!» Ein Aufruf des Heimatschutzes fordert das Entfernen von Reklametafeln, hier im Kanton Nidwalden, 1964.

schen Glattburg mitgeteilt: «An der fraglichen Stelle im Dorfinnern von Glattbrugg bedeutet dies um so eher eine Gefährdung, als die Strasse dort ansteigt, in einer leichten Biegung verläuft und nicht sehr übersichtlich ist. Insbesondere für Lastwagenführer, für die sich die Tafel etwa in Augenhöhe befindet, besteht die Gefahr der Ablenkung.»

Die meisten Kantone gehen gegen die Jahrhundertmitte dazu über, die «Freilandreklame» an den Überlandstrassen unter die eigenen Fittiche zu nehmen und energisch zu beschränken. Muss vorher einzig ein gewisser Abstand zur Strasse eingehalten werden, werden die Reklamen nun auch auf privatem Grund bewilligungspflichtig. Der Regierungsrat des Kantons Baselland geht im Jahre 1950 sogar noch einen Schritt weiter und untersagt komplett das Anbringen und Aufstellen von Reklamen an und in der Nähe von Kantonsstrassen ausserorts: Die Überhandnahme der Reklame «gefährdet die Sicherheit des Strassenverkehrs und gereicht der Umgebung zur Unzierde».

Nachdem die Kantone die Regulierung der Reklame an den Überlandstrassen intensiviert haben, weiten sie ihren Effort auch auf die Gemeinde- und Nebenstrassen aus, auf die sie jedoch keinen direkten Einfluss besitzen. Dennoch versuchen sie mit Ratschlägen und Aufklärung, die Situation zu verbessern.

Existieren in den 1920er-Jahren noch eine Vielzahl kleinerer Reklameinstitute und teilweise eine regelrechte Goldgräberstimmung, konsolidiert sich der Markt zunehmend zugunsten einiger weniger, dafür umso grösserer Plakatgesellschaften. Die Menge an Plakaten nimmt ständig zu. Der Wildwuchs hat eine immer schärfer regulierte Plakatlandschaft zur Folge; dies geht auch zulasten der Experimentierfreudigkeit. Insbesondere die APG macht sich zur Aufgabe, die Behörden proaktiv in ihrem Vorgehen bei der Bereinigung der Strassenzüge von wilder Affichage zu unterstützen. So investiert sie 1937 beispielsweise in die Konzeption eines Standardplakatrahmens, entworfen vom Schweizer Architekten Bruno Giacometti.

Die Problematik unterschiedlicher Herangehensweisen sowohl im Umgang mit Strassen als auch der Gemeinden untereinander setzt sich noch

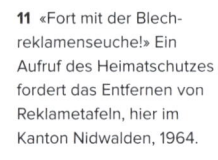

Jahrzehnte fort. Die Uneinheitlichkeit der juristischen Situation, in der sich bereits Pirelli bewegt, veranlasst schliesslich den Bund, verstärkt einzugreifen. Doch erst in der Signalisationsverordnung des Bundes von 1979 werden in einem eigenen Kapitel Grundsätze für Strassenreklamen festgelegt, insbesondere um die unterschiedlichen Gesetzgebungen der einzelnen Kantone zu vereinheitlichen. Die grundsätzliche Bewilligungspflicht für Strassenreklame wird damit obligatorisch, jedoch mit kantonalen Spielräumen: «Das Anbringen und Ändern von Strassenreklamen bedarf der Bewilligung der nach kantonalem Recht zuständigen Behörde.»

Kritische Öffentlichkeit und die Macht der APG (1950er- bis 1970er-Jahre)

Die Städte haben zwar in Verordnungen und Konzessionsverträgen das Plakatwesen geregelt, doch die Bedürfnisse beginnen sich in den Nachkriegs- und Wirtschaftsboomjahren zu ändern. Die Bevölkerung wehrt sich zunehmend gegen die übermässige Plakatierung. 1959 erheben Basler Bürger gegen die Errichtung neuer Plakatstellen im Gundeldingerquartier Protest: «Da der akustische Lärm anscheinend unvermeidlich ist, wenden wir uns vertrauensvoll an Sie um Hilfe gegen den optischen Lärm durch knallige Werbeplakate am falschen Ort. Plakate am Parkrand längs der Gundeldingerstrasse zerstören in ihrer grellen Banalität die harmonische Wirkung der dahinterliegenden Grünfläche und des feinen Reliefs der Baumpartien. Das Ausmass der allgemeinen Empörung der hiesigen Anwohnerschaft möge Ihnen an den beiliegenden 10 Bogen mit über 200 Unterschriften deutlich werden.»

Die APG kann sich in der Zeit vor Aufträgen kaum retten, besitzt aber nur eine begrenzte Zahl an Plakatstellen, die von der Bewilligung der Stadt abhängig sind. Und so nutzt die Marktführerin ihre enge Verbindung zu den Behörden, um fortwährend auf mehr Plakatstellen auf öffentlichem Grund zu drängen. Ihr Einfluss ist bereits so gross, dass sie ohne Bewilligung der Stadt die beanstandeten Plakatflächen im Gundeldingerquartier einrichtet. Dieses Verhalten befremdet auch die Behörden, wie ein Schreiben des Baudepartements von 1959 an die APG zeigt: «Bei der Prüfung einer Eingabe zahlreicher Bewohner des westlichen Gundeldingerquartieres gegen die Plakatstellen an der Gundeldingerstrasse haben wir festgestellt, dass Sie die beanstandeten Plakate ohne Bewilligung durch unser Departement anbringen liessen. Ihr eigenmächtiges Vorgehen befremdet uns sehr. (…) Im übrigen erachten wir es als selbstverständlich, dass Sie in

12 Konkurrenz der Werbebotschaften auf einer Plakatwand im Kanton Bern, 1964.

13 Disput um eine Plakatsäule in einem Basler Quartier, Ecke Batterieweg/Bruderholzalle, 1951.

14 Disput um eine Plakatsäule vor dem Restaurant Heuwage in Basel, 1950.

15 Stört sich an der Werbeflut: Brief einer Kindergärtnerin an den Stadtammann St. Gallen, 1972.

16 Foto aus dem Brief der Kindergärtnerin, Kinder vor Tabakreklame, 1972.

Zukunft neue Plakatsäulen und Plakatwände erst dann errichten, wenn unsere ordnungsgemässe Genehmigung vorliegt.»

Das Problem der überbordenden Werbung ist in der gesamten Schweiz bekannt, und so beschwert sich im Jahre 1972 in St. Gallen eine Kindergärtnerin mit einem Brief an den Stadtammann über eine Reihe von Plakatstellen. In einer Notiz des Stadtammanns an den Vorsteher des Baudepartements zeigt dieser neben einer gewissen Überheblichkeit auch Verständnis für das Anliegen: «Vor ein paar Tagen habe ich unter den Stadträten die etwas naiv-treuherzige Eingabe der Kindergärtnerin Fräulein (…) in Zirkulation gesetzt. Einige der beigefügten Fotografien zeigen allerdings so krasse Beispiele, dass jedenfalls doch etwas unternommen werden sollte. Sonst könnte gelegentlich auch der Vertrag der Stadt mit der APG in Frage gestellt werden.»

Das Spannungsdreieck zwischen Behörden, den Plakatierungsfirmen (insbesondere der APG) und der Bevölkerung betrifft die gesamte Schweiz seit den 1950er-Jahren. Die Öffentlichkeit tritt dabei als Korrektiv auf, seitdem die exklusive Stellung der APG und ihre enge Verbindung zu den Behörden übrige Plakatierer massiv zurückdrängt. Auch Fragen des Umweltschutzes, beispielsweise der Schutz von Naherholungsgebieten, nehmen an Bedeutung zu, werden aber nicht immer berücksichtigt.

Als Grund für mehr Plakatstellen macht die APG oft wirtschaftliche Argumente geltend. Sie verweist auf den Nutzen der Plakate für die allgemeine ökonomische Entwicklung und die Erhöhung des Lebensstandards. Gerade in wirtschaftlich schwierigen Jahren erhofft sie sich – wie etwa im Jahre 1976 – vom Basler Regierungsrat «mehr Verständnis für eine Branche, die nach abgeklungener Hochkonjunktur für einen Auftrieb in der Wirtschaft mithelfen kann».

Zudem generiert die Marktführerin ihre Klagen über Plakatstellen, die behördlichen Strassenkorrektionen geopfert werden, zum Dauerthema. Darauf reagieren öffentliche Stellen zunehmend mit Verständnis, und sie stärken der APG den Rücken, so 1972 das Basler Baudepartement: «Eine gänzliche Eliminierung der Plakatstellen auf Allmend (…) könnte als allzu rigorose Massnahme nicht verantwortet werden. Basel, als Stadt anerkannter Grafiker, würde der Plakatkunst mit einem solchen Vorgehen einen schlechten Dienst erweisen. Die Plakatierung, in vernünftigem Rahmen gehalten, gehört zum Bild einer lebendigen Stadt. Sie vermittelt einem Gewerbe Existenz und wirft zugleich der Staatskasse ansehnliche Einkünfte ab. Aus allen diesen Gründen besteht somit kein Grund, von der bisherigen bewährten Bewilligungspraxis im Plakatwesen abzugehen.»

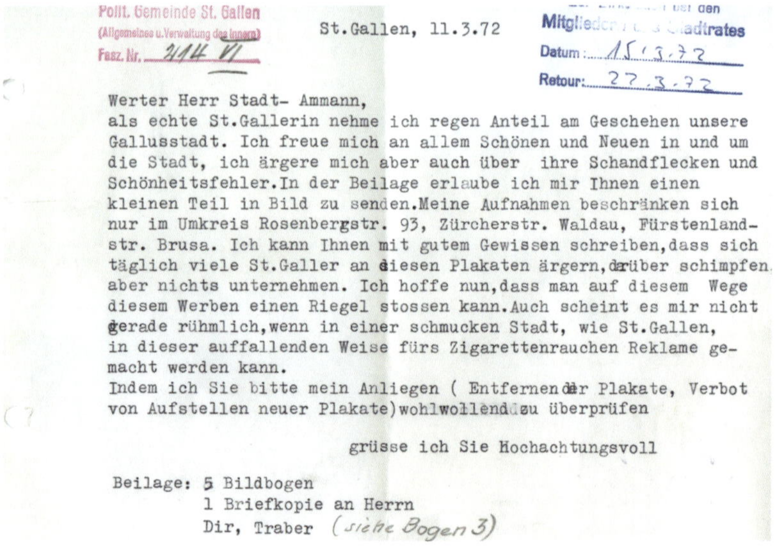

17 Die diversen Grossplakatwerbestellen auf privatem Grund sind den Behörden ein Dorn im Auge. Aufnahmen um 1971.

In der Stadt Zürich hingegen entwickelt sich ein duales System. Zwar besteht seit 1907 ein Konzessionsvertrag mit der APG, dennoch werden schon früh andere Plakatierungsinstitute miteinbezogen. Vorerst müssen diese sich zwar mit dem Privatgrund begnügen, wenn auch mit Einschränkungen, wie das Beispiel der «Kommission zur ästhetischen Begutachtung von Reklame» zeigt. Aber sie dürfen auch schon früh gewisse Teile des öffentlichen Grundes (Fiskalgrund) mit Plakaten bewirtschaften: Bereits 1924, im Gründungsjahr der Clear Channel, werden ihr Flächen in den Wartehallen der Städtischen Strassenbahn zugesprochen. Und im Jahre 1953 kümmert sie sich um die Plakatierung im Strandbad Mythenquai, ganz zum Ärger der APG.

Der 10-Jahres-Plakatierungsvertrag der APG mit der Stadt Zürich endet am 30. Juni 1958. Der Stadtrat fasst bereits im Frühling 1958 den Entschluss, den öffentlichen Grund der Stadt zwischen APG und Clear Channel aufzuteilen. Für Letztere ist der Kreis 11 vorgesehen. Doch bei der Umsetzung beginnt es zu stocken, und der Vertrag mit der APG wird mehrmals für drei Monate verlängert, um Zeit für einen definitiven Entschluss zu gewinnen. Die APG wehrt sich kontinuierlich mit ausführlichen Argumentarien beim Polizeivorstand der Stadt Zürich: «Als bisheriger Grundsatz für die Erteilung dieser Konzession galt das ungeschmälerte Recht des Anschlages von Anzeigen und Plakaten auf öffentlichem Grund an e i n e n Konzessionär. (…) Die Überwachung und Regelung der auf den Strassen und Plätzen Zürichs ihrer Natur nach immer grösser und differenzierter auftreten wollenden Aussenreklame ist bei Vorhandensein nur e i n e s Konzessionärs für Ihre Verwaltung verhältnismässig einfach und ohne weiteres wirksam, was wohl durch die bisherige Ausübung dieser Konzession durch die APG als voll erwiesen gelten darf. Schon eine Zweiheit – oder gar eine Mehrheit – der Konzessionserteilung würde leicht zu Zwiespältigkeit und sachlichen Schwierigkeiten für die Verwaltung führen. (…) Ein solcher sozusagen ständiger Konkurrenzkrieg kann nicht im Interesse eines geordneten Anschlagwesens und auch nicht im Interesse der Öffentlichkeit, noch selbst der Auftraggeber, liegen. (…) Eine Teilung der 127 Plakat-Telephon-Säulen würde eine Änderung des schon seit über 30 Jahren zwischen der Generaldirektion der PTT und der APG bestehenden Vertrages über die Benützung dieser Plakat-Telephon-Säulen nötig machen. Es wäre dies eine materiell und rechtlich sehr schwierige Angelegenheit.» Schliesslich entscheidet sich der Stadtrat für die APG als alleinigen Partner und möchte diesen Beschluss gegenüber Clear Channel auch nicht weiter begründen. Er hält aber fest, die – über den Entscheid massiv empörte – Clear Channel in Zukunft in vermehrtem Masse zu berücksichtigen. Auch bekommt die APG lediglich noch einen 5-Jahres-Vertrag. Die Aufteilung der Konzession findet in der Folge erst im Jahr 1970 statt.

1970 aber bekommt Clear Channel von der Stadt Zürich schliesslich eine Konzession zum Plakatanschlag auf öffentlichem Grund in den Stadtkreisen 6, 10, 11 und 12 erteilt – die APG bewirtschaf-

18 Die APG verteidigt ihre Position als alleiniger Konzessionär für das Anschlagen von Anzeigen und Plakaten auf öffentlichem Grund deutlich: Schreiben des Zürcher APG-Direktors Wolfgang Lüthy an den Polizeivorstand der Stadt Zürich, 14. April 1958.

tet die Kreise 1 bis 5 und 7 bis 9. Zumindest in Zürich ist somit eine gewisse Vielfalt der Plakatierer wiederhergestellt, indem nicht mehr der öffentliche Grund der gesamten Stadt an eine Gesellschaft verpachtet wird, sondern die einzelnen Quartiere unter verschiedenen Bewerbern aufgeteilt werden.

Diese Zürcher Praxis ist jedoch aussergewöhnlich und bleibt für lange Zeit einzigartig. In den meisten anderen Schweizer Städten besteht der Plakatierungsvertrag mit der APG noch jahrzehntelang weiter, oft bis zum heutigen Tag: Ausser in Zürich, Bern, Basel, Nyon, Meyrin und Bellinzona besetzt die APG 100 Prozent des öffentlichen Grundes. Dasselbe gilt – mit Ausnahme des TPG Genf und der Haltestellenplakatierung in Bern, beide werden von Clear Channel bewirtschaftet – für den öffentlichen Verkehr.

Die kleineren Plakatierungsinstitute versuchen dennoch, auch in Zürich weiter zu wachsen. Da zu jener Zeit für Plakatstellen auf privatem Grund noch keine Bewilligungspflicht Vorgabe ist, handelt es sich dabei um ein einfacheres Unterfangen. Trotzdem geraten sie immer wieder in Konflikt mit der Plakat-Kommission. 1972 will die AWAG Aussenwerbung (später AWI) das Terrain ausloten und beruft sich – trotz von sich aus vorgebrachten ästhetischen Bedenken – aufgrund der immensen Konkurrenz auf die Sicherung eines gewissen Marktanteils. Dessen ungeachtet beschliesst die Kommission, «dass beide Plakatstellen gestützt auf die einschlägigen Bestimmungen zu entfernen seien».

Das ewige Ringen der Plakatgesellschaften um mehr Aushangfläche besteht somit weiter. Aufgrund der fehlenden Bewilligungspflicht auf privatem Grund explodiert das Plakatvolumen regelrecht und verschandelt mancherorts das Ortsbild. So beschliesst der Stadtrat von Zürich bei der Revision der Plakatverordnung Mitte der 1970er-Jahre eine allgemeine vorgängige Bewilligungspflicht für Aussenwerbung in der Stadt. Die Bewilligungspflicht schliesst auch den Fiskalgrund der Stadt mit ein.

In den frühen 70er-Jahren folgt Max Fischer auf den bisherigen APG-Direktor Noël-Louis Piccot. Wie sein Vorgänger verteidigt auch Fischer, ein erfahrener Geschäftsmann und vifer Kämpfer, fortan den – bis auf die Stadt Zürich – schweizweiten marktführerischen Stand der APG auf öffentlichem Grund. Er operiert äusserst geschickt und trägt während dreissig Jahren in hingebungsvoller und leidenschaftlicher Führungstätigkeit massgeblich zum kontinuierlichen Wachstum und Erfolg «seiner Affichage» bei. Er untermauert die bereits dominante Marktstruktur mit einer weitsichtigen Geschäftsstrategie: Die dezentrale Organisation lässt die APG/SGA schweizweit bis in die kleinsten Gemeinden hinein operieren. Die Besetzung der entscheidungskompetenten Führungseinheiten mit politisch einflussreichen Akteuren schafft beste Voraussetzungen für den Umgang mit Behörden hinsichtlich des Bewilligungsprozesses. Systematisch entwickeltes und finanziertes Stadtmobiliar ab den frühen 70er-Jahren – Wartehallen des öffentlichen Verkehrs, Telefonkabinen, Stadtpläne, Toilettenanlagen –, das den Gemeinden kostenlos für die Bevölkerung zur Verfügung gestellt wird, im Austausch gegen Exklusivrechte für Plakatwerbung, generiert nachhaltig schweizweit neue Werbeflächen in den frequenzstarken Stadtzentren. Als Leistungen «im Dienste der Öffentlichkeit» preist die APG die Plakatierung für den politischen Plakataushang oder die Kulturwerbung an. Mit wissenschaftlichen Studien über die Plakatforschung in den frühen 80er-Jahren unter der Überwachung und Beratung von Professor Dr. Richard Kühn der Universität Bern werden aufschlussreiche Aussagen über das Medium Plakat publiziert. Als Förderin des schweizerischen Plakatschaffens mit der Durchführung von Plakatwett-

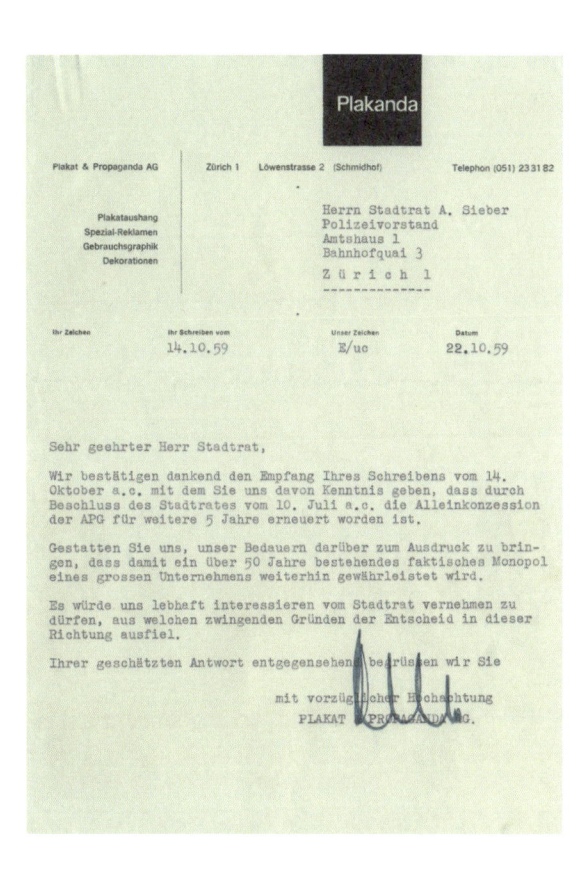

19 Die über den Zürcher Konzessionsentscheid massiv enttäuschte Plakat & Propaganda AG, 22. Oktober 1959.

bewerben, der Verleihung von Nachwuchsförderpreisen und der seit 1941 etablierten jährlichen Prämierung der besten Schweizer Plakate durch die Jury des Eidgenössischen Departementes des Innern (EDI) macht sich die APG einen Namen als Förderin des Werbemediums Plakat.

Neben den ständigen Diskussionen um die Standorte der Plakate gibt auch deren Inhalt immer wieder Anlass zu Kontroversen. Die Geschichte des Plakatwesens ist also nicht nur eine Aushandlung des Wo, Wie und zu welchen Kosten, sondern auch des Was. Dadurch werden Affichen zum Erisapfel gesellschaftlicher Auseinandersetzungen und Normvorstellungen.

Die Geschichte des Plakatwesens dreht sich um die Aushandlung der Nutzung des öffentlichen Raumes, wobei unterschiedliche Akteure mit abweichenden Interessen wirtschaftlicher, ästhetischer, politischer und sicherheitstechnischer Natur eine Rolle spielen. Dabei stellt die Plakatierung nebst manchen anderen nur eine Inanspruchnahme des öffentlichen Raumes dar. Der Diskurs erfährt auf der Basis der zunehmenden Kommerzialisierung des öffentlichen Raumes eine weitere Dynamik. Nicht zuletzt die ständigen Auseinandersetzungen um die Plakatierung im öffentlichen Raum und die Regulierungsmassnahmen des Staates lassen eine Plakatlandschaft entstehen, die lebendig und geordnet zugleich den Alltag prägt.

Zürich plakatiert anders – das Gesamtkonzept 92 (GK92)

Werbung und Plakate prägen bereits früh das Stadtbild von Zürich. Bis 1992 geschieht die Plakatierung mehr oder weniger «nach Zufälligkeit» ohne planerische Methodik. Das in den Jahren 1986 bis 1991 erarbeitete und bis 2006 gültige Gesamtkonzept 92 verbessert das ästhetische Erscheinungsbild der Stadt und verdoppelt die Einnahmen der öffentlichen Hand aus dem Plakataushang. Vertragspartner ist ein Konsortium, bestehend aus zehn auf dem Platz Zürich tätigen Plakatfirmen, unter der Federführung der APG, mit Clear Channel als Konsortialpartner. Die Vertragsbestimmungen gelten für den öffentlichen wie für den privaten Grund.

ZÜRICH PLAKATIERT ANDERS

Ursula Koch, Zürcher Stadträtin und Vorsteherin des Hochbaudepartements/Bauamt II, mag Plakate bei ihrem Amtsantritt im Jahr 1986 nicht. Es ist von Plakatdschungel die Rede. Nur sechs Jahre später ist sie den Affichen auf öffentlichem Boden offenbar zugetan. Und zwar so sehr, dass sie 1992 das Vorwort zur Publikation «52 Jahre prämierte Schweizer Plakate – Ausgezeichnet vom Eidgenössischen Departement des Innern» verfasst: «Das Plakat gehört zur gebauten Umwelt, zur Öffentlichkeit. Es gehört in den öffentlichen Raum.» Was ist in der Zwischenzeit geschehen?

Bewilligungspflicht und Gentleman's Agreement

Ende der 60er-Jahre wird die Stadt Zürich mit grossformatigen Plakaten überflutet, die sich nicht ins Stadtbild eingliedern und ganze Strassenzüge und Plätze verunstalten. Diese Reklamebauten bleiben über viele Jahre bestehen. Die in den 60er-Jahren geltenden Vorschriften stammen vorwiegend noch aus dem Jahr 1925. Diesen Vorschriften gemäss müssen alle Ankündigungen auf öffentlichem und privatem Grund in Relation zu ihrer Umgebung eine ästhetisch befriedigende Wirkung hinsichtlich Farbe, Form und Umfang haben. Einzig im Geltungsbereich der Bauvorschriften für die Altstadt unterliegen die Reklamebauten einer Bewilligungspflicht. In allen anderen Fällen, in denen gegen die Vorschriften verstossen wird, kann die Stadt erst nachträglich aktiv werden. Sie teilt dem Eigentümer der Reklameanlage mit, inwiefern Abhilfe geleistet werden soll. Bei Uneinigkeit wird der Fall der Kommission zur ästhetischen Begutachtung von Reklamen überwiesen, die ihrerseits einen Antrag an die Bausektion II des Stadtrates stellt. Das Fehlen einer Bewilligungspflicht für Plakate auf privatem Grund bis 1975 hat zur Folge, dass die Stadtverwaltung der Errichtung von unerwünschten Plakaten in der Regel machtlos gegenübersteht. Ein Beseitigungsbefehl seitens der Stadt kann erst nach langwierigem Rekursweg durchgesetzt werden, daneben ist immer auch dem Argument der Verhältnismässigkeit gebührend Gewicht beizumessen.

Die 1975 eingeführte Bewilligungspflicht schafft Abhilfe, doch sind die Folgen des jahrzehntelangen Reklamewildwuchses – mitunter auch der Clear Channel – noch viele Jahre später sichtbar.

Die schweizweite Marktführerin APG plakatiert den öffentlichen Raum, gemeinsam mit Clear Channel. Den Privatgrund teilen sich die beiden Firmen mit über zehn mitunter kleineren Plakatierungsgesellschaften. Dass in Zürich nebst der APG auf dem öffentlichen Grund auch noch eine weitere Plakatgesellschaft aktiv ist, präsentiert sich im Vergleich zu allen anderen Schweizer Städten als Spezialfall: Clear Channel erhält 1970 von der Stadt die Konzession für die Plakatierung auf öffentlichem Grund für die Stadtkreise 6, 10, 11 und 12, die APG für die Kreise 1 bis 5 und 7 bis 9 zugeteilt. Die Gültigkeit dieser Konzessionen währt während feissen zwanzig Jahren bis 1992.

Mitte der 80er-Jahre wird in der Stadt Zürich nach dem Zufälligkeitsprinzip, ohne planerisches Gesamtkonzept plakatiert. Die bis 1975 fehlende Bewilligungspflicht für Plakatstellen auf privatem Grund hat im Stadtbild tiefe Spuren hinterlassen. Heftige Kritiker sprechen von «optischer Umweltverschmutzung». Und dies, obwohl 1983 eine sanfte Bereinigung des Plakatwildwuchses auf privatem

1 Ein von den Behörden markierter Zeitungsbericht über eine auffällig positionierte Plakatstelle auf Privatgrund an der Ämtlerstrasse in Zürich, 1971.

2 Fotoaufnahme der Behörde von der «kritischen» Plakatstelle an der Ämtlerstrasse in Zürich, 1971.

AUSSENWERBEMARKT

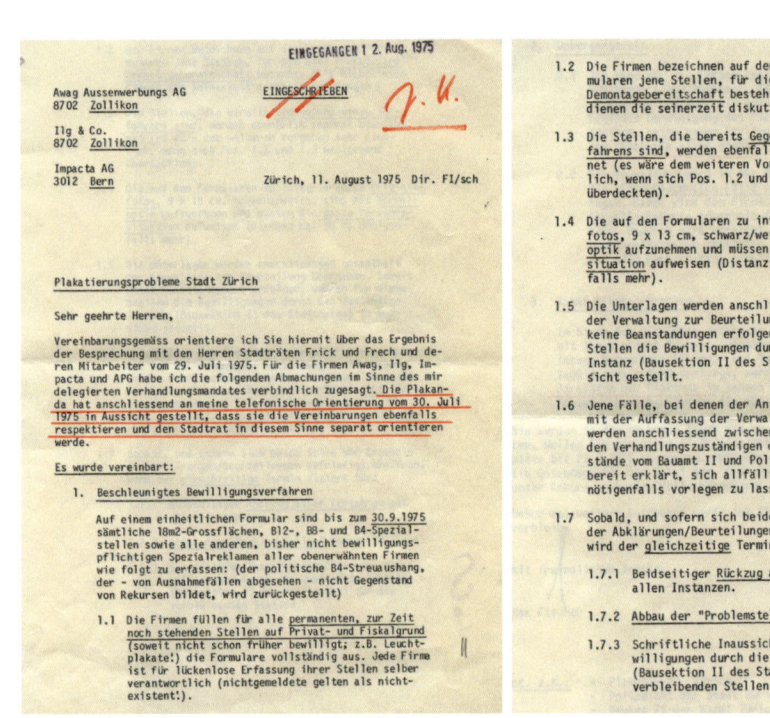

3 APG-Generaldirektor Max Fischer amtiert 1975 federführend in den ersten Verhandlungsrunden um das Gentleman's Agreement zwischen den städtischen Behörden und den Plakatfirmen.

▸ **Streuaushang**

Plakate im Format F4 und früher auch F12, deren Standorte über ein bestimmtes Gebiet «gestreut» sind. Der Auftraggeber kann eine gewünschte Plakatabdeckung nach gewissen Kriterien wie Dauer, Anzahl und Lage zusammenstellen. Er hat jedoch keinen Einfluss auf die konkrete Platzierung. Der Streuaushangtarif gilt als kostengünstig.

▸ **Spezialaushang**

Selektive Plakatwerbung. Plakate, beispielsweise in den Formaten F12, F200, F24, an werbewirksamen Standorten. Der Auftraggeber kann den Standort seines Plakates selbst bestimmen. Regulärer Aushangtarif.

Grund stattfindet, im Zuge eines von der Stadt im Jahr 1975 initiierten und von der APG während der ersten Verhandlungsrunden federführend vorangetriebenen Gentleman's Agreements zwischen den städtischen Behörden und den Plakatfirmen. Hierbei werden von der Stadt in bilateralen Gesprächen mit den jeweiligen Plakatierungsfirmen APG, AWI, Alkon, Impakta, Bronnenmeier, Repla Werbung und Clear Channel parallel altrechtliche Plakatstellen neu beurteilt und pendente Reklamegesuche eingehend geprüft. Grundlage bilden die neu eingeführte Bewilligungspflicht und die sogenannten Einordnungsparagrafen des Planungs- und Baugesetzes des Kantons Zürich (PBG). Auf dieser Basis können die schlimmsten Plakatierungsbausünden bereinigt werden. Bis der von allen Seiten ersehnte «Plakatfrieden» aber hergestellt ist, vergehen lange acht Jahre.

Die Verwaltung, Amtsstelle für Reklamen, reagiert auf die weiterhin aggressiven Wachstumspläne der Plakatgesellschaften, insbesondere der APG und der Clear Channel, rezeptiv. Der Amtsinhaber Robert Bätscher – gelernter Gestalter – ist den Plakatunternehmen gegenüber offen und positiv gesinnt. Die Rekursmacht der Plakatgesellschaften in Bezug auf negative städtische Bewilligungsentscheide ist erheblich. Die Segmentierung der Plakatstellen findet nicht nach qualitativen, sondern rein quantitativen Kriterien statt und bezieht sich vor 1975 nur auf den öffentlichen Grund. Hier beläuft sich das Sollplakatvolumen an permanenten Stellen auf 3160 Felder B4 (1,2 m², heute F4). Effektiv bestehen auf öffentlichem Grund 1500 B12-, auf privatem Grund rund 3500 B12(4 m², heute F12)-Plakatwerbestellen, was optisch in manchen Quartieren einer massiven Überplakatierung gleichkommt. Das Verhältnis ▸ **Streuaushang/Spezialaushang** auf temporären und permanenten Stellen beträgt 30 zu 70 Prozent. Die Wildplakatierung ist gänzlich verboten, mit dem Effekt, dass sie an unzähligen Orten erst recht wild wuchert. Das Erscheinungsbild der Plakatierung in der Stadt Zürich – insbesondere auf privatem Grund – vermittelt den Eindruck, dass vielerorts mit verschieden geeichten Massstäben gemessen wird und dringender Handlungsbedarf besteht. Nicht zuletzt ist dies auf die Tatsache zurückzuführen, dass Ende der 80er-Jahre immer noch spürbar und damit sichtbar ist, dass vor 1975 unbeleuchtete Reklamen, das heisst Plakatwerbestellen auf privatem Grund, nicht bewilligungspflichtig sind. Manche der ästhetisch unbefriedigenden Plakatstellen in privaten Vorgärten sind auf diese Zeit zurückzuführen.

Die Abgaben werden auf der Basis einer festgelegten Umsatzbeteiligung entrichtet, was der Stadt Zürich Ende der 80er-Jahre offizielle Jahreseinnahmen zwischen 1,2 bis 1,5 Millionen Franken generiert. Für gute Plakatstellen mit hohem Wirkungsgrad werden den Plakatgesellschaften von Werbetreibenden rund 3000 Franken pro Monat bezahlt; die billigsten Standorte werden monatlich mit 250 Franken veranschlagt. Mit einem leicht über dem Qualitätsdurchschnitt liegenden Standort ergibt sich ein Einnahmevolumen für die Plakatgesellschaften und die Stadt Zürich von zirka zehn

Millionen pro Jahr. Für einen werbetechnisch ungünstigen Standort ist ein Hauseigentümer für monatliche Pachteinnahmen von 50 Franken bereit, sich 4 Quadratmeter Plakatfläche permanent an seine Hauswand festmachen zu lassen. Der gesamtschweizerische Umsatz der Plakatwerbung beträgt Ende der 80er-Jahre über 200 Millionen Franken. Jährlich gehen beim Amt für Reklameanlagen mehr als tausend Gesuche für den Umbau oder die Errichtung von neuen Standorten ein. Die annuellen Wachstumsraten des Plakatmarktvolumens betragen konstant 15 bis 20 Prozent, was den Druck der Werbetreibenden auf die Plakatgesellschaften und die Schweizer Städte offensichtlich macht.

Das Gesamtkonzept 92 (GK92) – ein Paradigmenwechsel

Der Plakatierungswildwuchs und der aggressive Verdrängungskampf der Plakatgesellschaften auf öffentlichem und privatem Grund lässt Stadträtin Koch Bilanz ziehen. Sie stellt zur Diskussion, ob Architektur nicht als eine Kulturaufgabe betrachtet werden müsste. Ihre Vision ist, eine Neuordnung zu schaffen, in der die Werbebotschaft sowie die bauliche und landschaftliche Umgebung ein stimmungsmässiges Ganzes bilden. 1986 besetzt sie das Amt für Reklameanlagen mit Hans Ulrich Imesch neu. Dadurch erreicht sie einen ersten, bedeutenden Wendepunkt in Sachen Plakatierungsgeschichte der Stadt Zürich. Imesch erfasst sowohl die visuelle wie auch kommerzielle Bedeutung der Plakatierung mit einem kritischen Auge. Sein sensibles Raumgefühl lässt ihn über vier Jahre ein Gesamtkonzept für die Plakatierung auf öffentlichem und privatem Grund entwickeln, das GK92. Es handelt sich dabei um eine Gesamtbetrachtung und Gesamtlösung des Phänomens Stadtplakatierung, unter Einschluss der wichtigsten relevanten Variablen, wie der Interessen, Mitspieler, Zuständigkeiten, rechtlichen Instrumentarien, Plakatformate und -arten, des privaten sowie öffentlichen Grundes, der Gewinne und Verluste.

Aber Imesch polarisiert auch. Er ist Architekt, Tiefenpsychologe, Sahara-Experte. Er vertraut vor allem auf seinen Urinstinkt, zelebriert das Anderssein, indem er relativ kompromisslos seinen eigenen Weg voranschreitet. Begleitet wird er auf Schritt und Tritt von seinem Hund Asta. «Ein ganz spezieller Hund», meint Imesch, «speziell deshalb, weil er vermutlich der Einzige ist, der praktisch alle Plakatstellen der Schweiz kennt.»

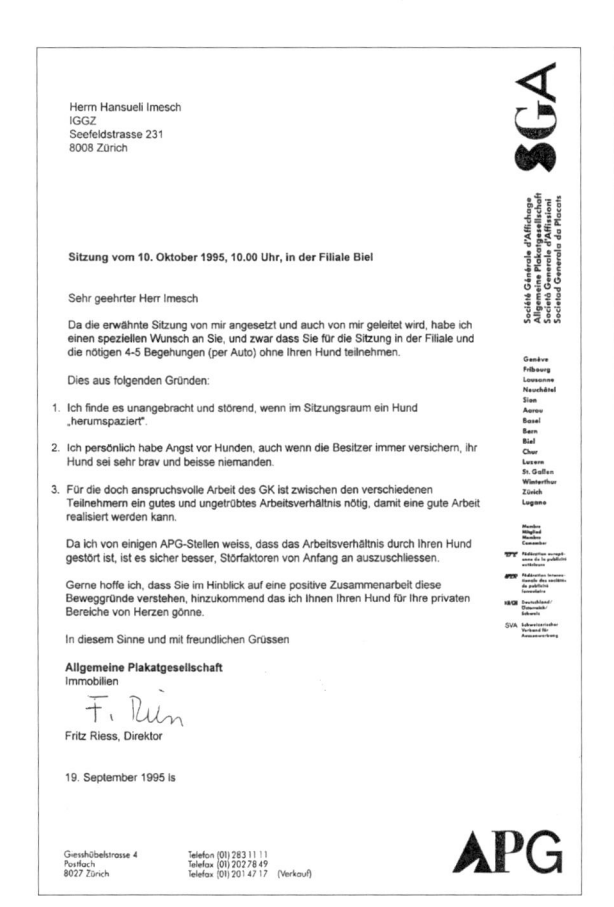

4 Behörden wie Plakatgesellschaften stören sich daran, dass Hans Ulrich Imesch immer in Begleitung seines Hundes an Sitzungen und Stellenbesichtigungen erscheint.

5 Imesch lässt seinen Hund Asta die Reklamationsschreiben in Sachen Hundebegleitung gleich selber beantworten, 1995.

AUSSENWERBEMARKT

6 Visualisierung des Streuaushangs B4 nach GK92, Zürich 1992.

7 Visualisierung der Kulturplakatierung B4 nach GK92, Zürich 1992.

8 Visualisierung der Strassenplakatierung B12 nach GK92, Zürich 1992.

9 Visualisierung der Strassenplakatierung B200 nach GK92, Zürich 1992.

Die Amtsstellen der Stadt Zürich beobachten das neue Mitglied wachsam. Doch Skepsis und Zweifel zum Trotz, Imeschs beachtliches Werk bleibt für vierzehn Jahre die relevante Verwaltungsrichtlinie für Plakatierungsentscheide auf öffentlichem Grund und die wegweisende Vorgabe für die Stellen auf privatem Grund.

Auf Basis der bestehenden gesetzlichen Grundlagen – die städtischen Behörden sind Bewilligungsinstanz für Gesuche um neue Plakatwerbestellen und zugleich alleinberechtigt zum Plakatanschlag auf öffentlichem Grund – legt er die Spielregeln und damit auch die Rolle der Verwaltung neu fest und lässt sie wesentlich initiativer operieren. Er überarbeitet gemeinsam mit dem Gestalter Fritz Gottschalk und der APG das Strassenmobiliar und harmonisiert die Vielfalt an visuell unbefriedigenden und insgesamt widersprüchlich wirkenden Trägertypen zu einem gestalterisch durchgängigen System von hoher Qualität, das Gestaltungstyp, Montageart und Trägermaterial im Detail festlegt. Der schlichte Träger «Soleil» bewährt sich und setzt sich schweizweit als Standard durch. Sämtliche Plakatträger auf öffentlichem wie privatem Grund werden elektronisch und kartografisch erfasst sowie fotografisch dokumentiert. Die Bestandesaufnahme umfasst technische, gesetzliche, administrative und verfahrensrelevante Informationen sowie eine allgemeine Beurteilung der ästhetischen Wirkung auf das bestehende Stadtbild. Das Verhältnis Streu zu Spezial auf temporären Stellen wird von 30 zu 70 auf 70 zu 30 geändert. Plakatstellen werden von unpässlichen Orten am Stadtrand an lebendige Orte der Innenstadt transferiert. Das Credo lautet: weniger, dafür besser platzierte Plakatstellen, ein städtebauliches und ästhetisches Konzept statt Willkür. Das deutlich erhöhte Qualitätsniveau der Summe aller Stellen und ein Abbau des Plakatvolumens in der Stadt um 30 Prozent auf ein Sollplakatvolumen permanenter Stellen von 2200 Felder B4 (bisher 3160 Felder B4) halten sich gemäss Konzept die Waage.

Pilotprojekte GK92

Im Unterschied zu den bisherigen Bestrebungen, nur den Istzustand der öffentlich sichtbaren Plakatierung zu analysieren, geht Imesch feinfühlig und weitsichtig auch auf das filigrane und verworrene

10a Plakatierungsabbaurichtplan
<u>Schwarz</u>: Im Rahmen des GK92 abgebaute Stellen auf öffentlichem Grund: 1900 Quadratmeter. <u>Rot</u>: Im Rahmen des GK92 von APG und Partnerfirmen abgebaute Stellen auf privatem Grund (ohne Clear Channel), Evaluation Clear Channel-Stellen auf privatem Grund findet im Jahr 1993 statt.
Eine Nadel entspricht zirka drei Plakaten im Format B4 oder B200.

10b Plakatierungsstandortrichtplan
<u>Schwarz</u>: B4-Strassenangebot auf belassenen Telefonkabinen und Steinsäulen (ca. 50% vom neuen Bestand) sowie auf umgebauten (ca. 15%) und neuerstellten (ca. 35%) Flach- und Dreiecksäulen. <u>Rot</u>: B200-, B12- und GF-Stadtangebot an stark frequentierten Verkehrsachsen. <u>Blau</u>: Kulturstellennetz der Präsidialabteilung. Ca. 600 B4-Flächen an stark frequentierten Fussgängerachsen, auf Plätzen sowie im Umfeld der Kulturinstitute.
Eine Nadel entspricht zirka drei Plakaten im Format B4 oder B200.

11 Ursula Koch (Stadt Zürich) und Hans Ulrich Imesch (IGGZ) im Gespräch, im Rahmen einer Medieninformation über das GK92-Pilotprojekt Triemli.

12 Enthüllung des GK92-Pilotprojekts Weinbergwand, 1992.

Beziehungsnetz Stadt und Plakatgesellschaften ein. Überzeugt davon, dass das anspruchsvolle Gesamtkonzept nur gemeinsam erreicht werden kann, stellt er die Sache und nicht die Standpunkte in den Mittelpunkt, lenkt er die Aufmerksamkeit aller Beteiligten geschickt auf das gemeinsame Ziel. Er schafft, was bis zu diesem Zeitpunkt undenkbar war, nämlich die qualitativen Vorgaben des neuen Plakatierungskonzepts auch auf den privaten Grund auszudehnen. Dieser ist dem Amt punkto Plakatwildwuchs ein besonderer Dorn im Auge. Die Vertragspartner der Stadt verpflichten sich mit dem neuen Vertrag über die Plakatierung auf öffentlichem Grund, auch den Vorgaben auf privatem Grund gerecht zu werden: Die Pächter sagen der Stadt verbindlich zu, bei den Stellen auf Privatgrund ordnend und vor allem lichtend einzugreifen. Damit findet die Bereinigung der Stellen erstmals sowohl auf öffentlichem wie auch auf privatem Grund statt.

1990 realisiert Imesch zusammen mit Fritz Gottschalk und der APG ein Pilotprojekt im Triemliquartier. Es dient als Grundlage eines Instrumentariums, das die technischen Spezifikationen wie die gestalterischen Dimensionen definiert. Später folgen die Pilotprojekte Stauffacher und Weinbergwand, allesamt mit positivem Echo.

Exkurs: Kulturkleinplakatierung

Der bis dato verbotenen, wilden Kulturkleinplakatierung – die eine hohe «Street-Credibility» als Ausdruck urbaner Kultur insbesondere bei der jungen Bevölkerung geniesst – versucht Imesch ein Ende zu setzen, indem er sie in den neuen Vertrag miteinbezieht und 50 permanente Stellen sowie speziell markierte Flächen auf Bauwänden dafür zuteilt. Ziel ist, die Innenstadt vom Plakatmüll zu befreien. Die offiziellen Flächen – Säulen, Ständer und Plakattafeln – dienen exklusiv dem Aushang von Plakaten mit kulturellem Inhalt, das heisst von Plakaten für kulturelle Veranstaltungen. Der besondere Charakter dieser «Allgemeinstellen» ist, dass sie frei, also von mehreren Werbetreibenden gleichzeitig, genutzt und mit Sujets in verschiedenen Formaten belegt werden können.

Imesch entwickelt Mitte der 90er-Jahre den «Kulturnagel», eine drehbare Plakatsäule in konischer Form, eine öffentliche Anschlagstelle für Plakate im Kleinformat. Doch bei den Zürcher Behörden findet Imeschs Kreation keinen Anklang, sodass die Installationen nach dem Pilotprojekt im Jahr 1997 wieder abgebaut werden: Der Kulturnagel ist formal zu expressiv und lässt sich daher nur schwer in den städtischen Kontext integrieren. Er erscheint den Behörden zudem als unpraktisch und wenig effektiv: Das Format bietet nur wenigen Plakaten Platz, und diese sind – aufgrund der konischen Form des Kulturnagels – schwer lesbar. Die Behörden halten folglich an den bisherigen Einrichtungen, den Kultursäulen, fest. Urs Heiniger, Imeschs Nachfolger, entwirft gemeinsam mit Martin Burri von Burri Public Elements Ende der 90er-Jahre eine neue Kultursäule mit modernisiertem Design, die bis heute im Einsatz ist und von vielen anderen Städten übernommen wird. In Zug, Winterthur oder Biel kommt der Kulturnagel weiterhin zum Einsatz. Schweizweit findet die Kulturplakatierung seit jeher in vielen Städten mit eigens geschaffenem Kulturplakat-Stellennetz und -mobiliar statt.

Dass der Ausbau des offiziellen Flächenangebotes die Wildplakatierung nicht eindämmt respektive ihr kein Ende setzt, zeigt sich in den Folgejahren. In der Stadt Zürich etablieren sich in den 90er-Jahren mehrere Plakatfirmen, welche die wilde Plakatierung mit kommerziellem Hintergrund systematisch und aggressiv vorantreiben und sich gegenseitig bekämpfen. Insbesondere die Beseitigung und Entsorgung der Wildplakate stellt für die öffentliche Hand einen enormen Aufwand dar. Lösungsansätze der Stadt auf verschiedenen Ebenen bleiben nicht unversucht. Doch auch der mehrfache Ausbau des offiziellen Kulturkleinplakatierungsnetzes, Gespräche zwecks Vereinbarungen auf kooperativer Basis mit den Kleinplakatfirmen, Konzepte für alternative Werbemöglichkeiten auf privatem Grund sowie verstärkte repressive Massnahmen und Sensibilisierung der Betroffenen bringen nicht die gewünschte Besserung.

Erst 2001 gelingt es der Stadt Zürich, das Problem in den Griff zu bekommen. Ein aus fünf Punkten bestehendes Massnahmenprogramm – ohne Koppelung an den Stadtvertrag – führt zu einer wesentlichen Verbesserung. Heute beträgt die wilde Plakatierung noch zirka einen Zehntel des Volumens der 90er-Jahre. Zudem wird wildes Plaktieren strafrechtlich geahndet, und Wildplakatierer werden verzeigt, der Aufwand für Entfernung und Reinigung

13 Das «friedliche» Zusammensein von Kleinkulturplakatierung und kommerzieller Plakatierung; speziell markierte Flächen auf Bauwänden für Kleinkulturplakatierung nach GK92 in der Stadt Zürich, 1992.

14 Kultursäule der Stadt Zürich auf öffentlichem Grund, 2013.

15 Kultursäule der Stadt Basel auf öffentlichem Grund, 1988.

16 Kulturnagel, drehbare Plakatsäule, Design Hans Ulrich Imesch IGGZ, Mitte der 90er-Jahre.

17 Wildplakatierung in der Stadt Zürich, 2013.

AUSSENWERBEMARKT

18 Städtische Kulturplakatstelle im Format F4 für kulturelle Anlässe und Veranstaltungen in der Stadt Zürich 2013. Die Kulturplakatierung der Stadt Zürich wird seit 2013 von Clear Channel bewirtschaftet.

19 Litfasssäule für Plakate im Weltformat, Zürich 1910. Das Bild entstammt einem Prospekt der Allgemeinen Plakatgesellschaft Zürich von 1913.

20 Litfasssäule, städtische Kulturplakatstelle im Format F4 für kulturelle Anlässe und Veranstaltungen, 2013.

▶ **Konsortium**
APG (Vertragspartner der Stadt Zürich); Plakanda AG (Konsortialpartnerin der APG|SGA); weitere Partnerfirmen: Impacta AG, Ecofer AG, Videotech Plakat AG, Vuilleumier SA, Bercher Publicité Générale SA, Interplakat AG.

der Wildplakatierung wird den jeweiligen Verursachern verrechnet. Neben den 160 frei stehenden Kultursäulen an Bauwänden auf öffentlichem Grund stehen zirka 40 weitere Aushangflächen zur Verfügung. Die Stadt hat das Recht zur Bewirtschaftung an zwei ansässige Kleinplakatfirmen (2014: ALIVE Media AG und Propaganda Zürich AG) verpachtet.

Vertragsabschluss und Umsetzung des GK92

Als Folge des neuen Ansatzes gemäss GK92 wird der bestehende Plakatvertrag mit APG und Clear Channel 1992 aufgelöst und die Ausschreibung des neuen Pachtvertrages lanciert. Entgegen den bisherigen Verträgen mit der APG und Clear Channel ist neu die APG alleiniger Vertragspartner, die Clear Channel fungiert als Konsortialpartner. Zusätzlich vertritt die APG das ▶ **Konsortium,** das aus acht auf dem Platz Zürich aktiven Plakatfirmen besteht. Grösstenteils handelt es sich bei diesen Firmen um Unternehmen, an denen die APG nicht unerheblich beteiligt ist. Der öffentliche Vertragsraum wird gemäss den vom Schweizerischen Verband für Aussenwerbung (SVA) erhobenen Marktanteilen unter den zwölf Plakatierfirmen aufgeteilt. Einzig die Clear Channel schafft es dank geschicktem Verhandeln, ein etwas grösseres Kuchenstück zu erhalten, rund einen Viertel. Nach welchem Schlüssel die Verteilung der Flächen auf öffentlichem Grund stattfinden soll, überlässt die Stadt den Vertragspartnern.

21 Das Kernteam der GK92-Stellenbereinigung, von links nach rechts: Peter Buchs (APG), Christian Soppelsa (Clear Channel, damals Plakanda AG), Hans Ulrich Imesch (IGGZ), während der gemeinsamen «Begehung» und Sichtung sämtlicher vom GK92 betroffenen Plakatstellen vor dem Vertragsabschluss, 1991.

In erster Linie verhandeln die zwei grossen, APG und Clear Channel, und schliessen einen Vorvertrag ab. Diese Aufteilung ist denn auch der Grund, dass sich die anderen auf dem Platz Zürich operierenden Plakatfirmen – Alkon AG, AWI Aussenwerbung Intensiv Klett & Co., OFEX Orell Füssli Externa AG, Plakatron AG, P+W Plakat+Werbe AG –, die zirka einen Fünftel der privaten Plakatflächen bestreiten, vom GK92 distanzieren. Sie sind in der Folge nicht an den Vertrag gebunden. Mit ihrem bisherigen marginalen oder fehlenden Anteil am öffentlichen Grund würden sie bei einem Vertragsbeitritt aufgrund des vorgesehenen Abbaus auf dem privaten Grund nur Federn lassen. Den öffentlichen Grund deckt das Konsortium zu 100 Prozent ab.

Bereits ein halbes Jahr nach dem ersten Pilotprojekt, im Sommer 1991, stimmt der Stadtrat dem neuen Vertrag zu, per 1. Januar 1992 tritt er in Kraft. Robert Neukomm, Stadtrat und Polizeivorstand der Stadt Zürich, gibt sich überzeugt, der neue Vertrag sei eine «wegweisende Sache». Andere Schweizer Städte bekunden grosses Interesse am Konzept. In der Folge entwickeln sich die Regelungen des GK92 zum nationalen Standard. Und Ursula Koch meint begeistert: «Ich selbst beurteile diesen Vertrag als sensationell und wegweisend.» Diesen Aussagen liegt auch die Tatsache zugrunde, dass der neue Vertrag der Stadt ein garantiertes Einnahmeminimum von 3,25 Millionen Franken per annum sichert, mehr als doppelt so viel wie bis anhin. Die Basis dieser Jahreseinnahmen garantiert der Vertragspassus, dass sich die Abgaben gemäss Mindestgarantie und festgelegter Umsatzbeteiligung berechnen. Doch nicht nur die Stadt profitiert monetär, auch die Plakatfirmen versprechen sich Mehreinnahmen dank der durchschnittlich besseren Qualität der Standorte.

Imesch verlässt 1992 das Amt für Reklameanlagen nach Finalisierung des GK92 und Umsetzung desselben auf öffentlichem Grund. Die langfristige Realisierung und Umsetzung des GK92 auf privatem Grund fällt in die Ära von Urs Heiniger, dem Nachfolger von Hans Ulrich Imesch. – Zuvor verlässt die designierte Nachfolgerin von Imesch, seine langjährige administrative Mitarbeiterin Doris Wittlin, das Amt bereits nach wenigen Monaten. – Auf den intellektuellen Kreativen folgt der kreative Ökonom. Doch der Abnabelungsprozess schreitet zögerlich voran. Imesch ist in der anfänglichen Umsetzungszeit des GK92 als Vertreter des IGGZ, seines Instituts für Ganzheitliche Gestaltung Zürich, ein wichtiger externer Berater der Stadt Zürich. In der Folge erarbeitet das IGGZ für manche Schweizer wie auch ausländische Stadt ebensolche Plakatierungskonzepte.

Der Vertrag mit den Plakatierungsgesellschaften umfasst nebst den planerischen Zielen auch die notwendigen Massnahmen der Zielerreichung. Eine nicht einfache Aufgabe, umso mehr weil nebst den privaten Vertragspartnern, dem Polizeiamt und dem Bauamt II auch weitere öffentlich-rechtliche Institutionen wie Tiefbauamt, Gartenbauamt, Verkehrsbetriebe, städtische Liegenschaftsverwaltung von der Plakatierung auf Stadtgebiet und privatem Grund berührt sind. In der Summe wird das GK92 von ei-

AUSSENWERBEMARKT

22 28. Januar 1993: Präsentation des GK92 vor der Zürcher Werbebranche im Festsaal des Schützenhauses Albisgüetli.

23 28. Januar 1993: Ursula Koch (Stadt Zürich), Reinhard Brunner und Max Fischer (beide APG) am Rednerpult im Festsaal des Schützenhauses Albisgüetli.

nem grossen Projektteam implementiert, das aus Experten der Plakatierung, Architektur und des Städtebaus besteht. Nebst Imesch/IGGZ, Rainhard Brunner, Direktor der APG Zürich, und Heiniger als Vertreter des Amts für Städtebau sind insbesondere Beat Zürcher, Chef Verwaltungspolizei, Fritz Gottschalk, Büro für Design Gottschalk+Ash International, und Christian Soppelsa, Geschäftsleitungsmitglied Clear Channel zu nennen.

Im Januar 1993 lädt die APG die Zürcher Werbebranche in den Festsaal des Schützenhauses Albisgüetli zur feierlichen Präsentation des GK92. Eine ausführliche Diashow illustriert das Zürcher Plakatwunder.

Als Herausforderung erweist sich, das Konzept, das den Rahmen und Visualisierungsbeispiele aus den Pilotprojekten vorgibt, im Gesamtvolumen aller Felder inklusive Privatgrund umzusetzen. In der Detailplatzierung zeigt sich, dass es dem Konzept teilweise an einer Spezifizierung mangelt und es damit hohe Anforderungen an seine Umsetzer stellt. Oder monetäre Annahmen erweisen sich als zu prosperierend, wie die Einnahmen der Stadt aus der temporären Platzierung von GF 12 Quadratmetern, weil effektiv in der Praxis die Flächen, beispielsweise Bauwände, in einem viel kleineren Ausmass zur Verfügung stehen. Es gilt folglich, in der Umsetzung teilweise zurückzubuchstabieren und aus dem Konzept Verhaltensregeln abzuleiten, die für alle Stellen Gültigkeit haben. Jede einzelne, die verändert wird, muss bewilligt werden. Die Konzeptumsetzung und die Verhandlungen mit den Plakatfirmen für die mehr als tausend zu prüfenden Standorte nehmen mehrere Jahre in Anspruch. Die AWI und Plakatron – beide Nichtvertragspartner – verhalten sich in dieser Zeit nicht zurückhaltend und akquirieren mit voller Kraft. Dahinter stecken möglicherweise strategische Überlegungen oder die Angst, zukünftig Terrainverluste hinnehmen zu müssen. Während für die GK92-Vertragspartner ein Moratorium gilt, nutzen AWI und Plakatron die Gunst der Stunde und reichen nonstop Gesuche für neue Stellen auf Privatgrund ein. Sie sind rechtlich nicht an das GK92 gebunden; ihre bisherigen Stellen auf privatem Grund werden vom GK92 nicht angetastet, und auf ihre neuen Gesuche hat die Stadt Zürich nur Einfluss, sobald die Normen des Baurechtes verletzt werden.

Wie schon sein Vorgänger geht auch Heiniger offen auf die beiden hyperaktiven Plakatierer zu. Seine gewinnende Art und sein Verhandlungsgeschick resultieren in Konsenslösungen, die für beide Seiten gangbar sind. Und Heiniger erreicht damit, das GK92 auch für den letzten Fünftel des privaten Grunds als richtungsweisende Vorgabe anzuwenden. Nur dort, wo alte Anlagen auf Privatgrund von den Plakatgesellschaften still und leise durch neues Trägermaterial ersetzt werden, verlangt die Stadt nachträglich eine Baubewilligung, die sie dann und wann aber entschieden ablehnt. Eine der wenigen Situationen, wo in der Ära GK92 zwischen Stadt und Plakatunternehmen auch mal ein Rechtsstreit entflammt.

Plakatformate

F. T. Gabler, Generalsekretär des Schweizerischen Werkbundes, schreibt 1928 in Jacques Alacharys Plakathandbuch: «Die unbedingte Voraussetzung für einen guten Plakatanschlag ist ein gutes Format. Die Formatfrage ist das sine qua non für einen geordneten Plakatanschlag.»

Heute bestehen in der Schweiz bei den Papiergrossplakaten das F4-Format, das F200-Euro-City-Plakatformat, das F12-Breitformat und das F24-

Infografik

Plakatformate 1992 und 2014

Seit dem GK92 existieren in der Schweiz bei den Papiergrossplakaten das F4-Format, das F200-Euro-City-Plakatformat, das F12-Breitformat und das F24-Grossflächenformat (seit 2007 das Nachfolgeformat des GF). Bei den Papierkleinplakaten sind die Kulturformate F1 und F2 standardisiert.

GF
388 cm × 295 cm

F24
268,5 cm × 256 cm

F1 Kultur
50 cm × 70 cm

F2 Kultur
70 cm × 100 cm

F4 Kultur
Weltformat
89,5 cm × 128 cm

F4
Weltformat
89,5 cm × 128 cm

F200
Cityformat
116,5 cm × 170 cm

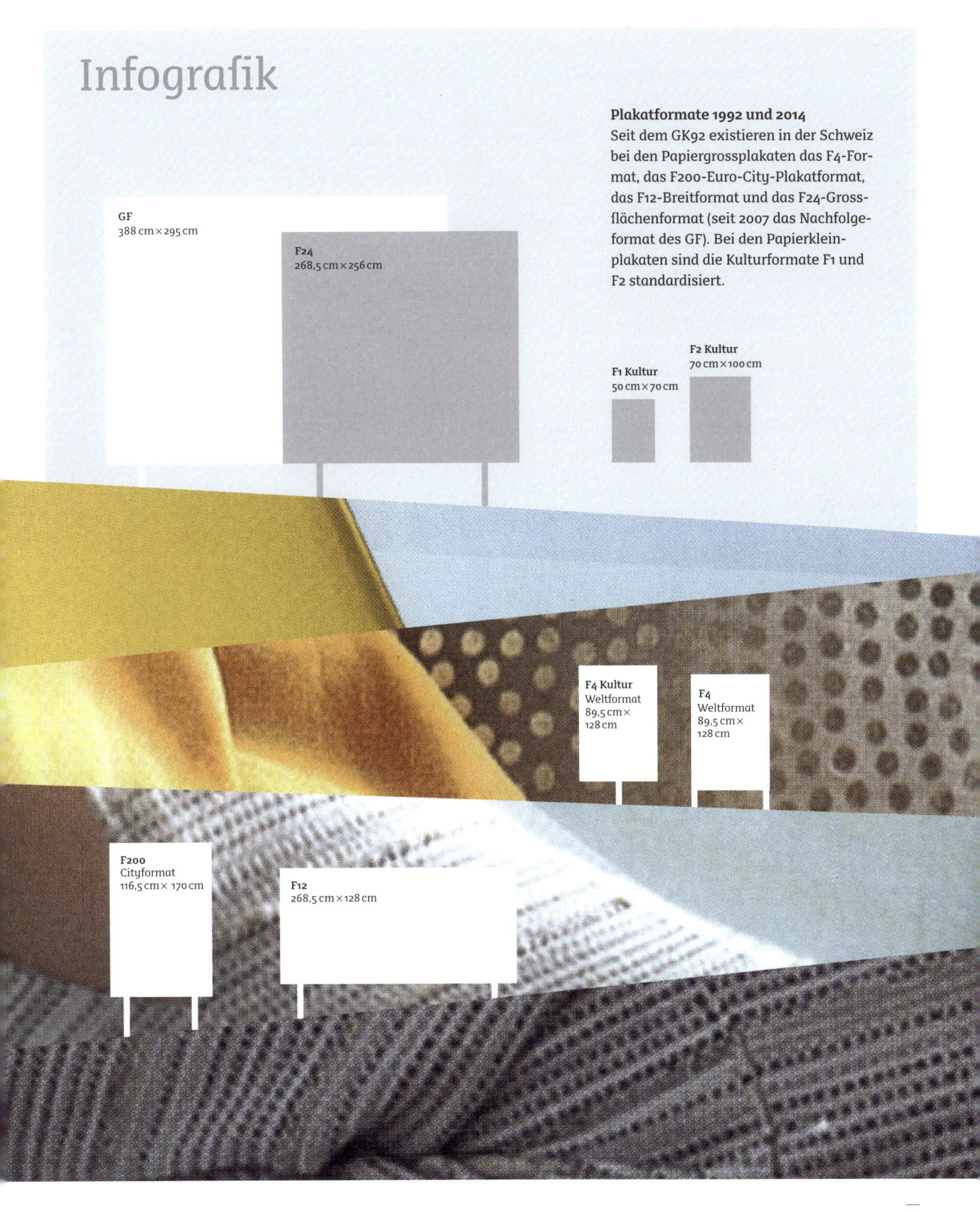

F12
268,5 cm × 128 cm

AUSSENWERBEMARKT

▸ **Scroller**
Automatische Plakatwendefläche mit zwei bis drei Plakatsujets.

▸ **DIN-Vorschriften**
Eine DIN-Norm ist ein unter Führung eines Arbeitsausschusses im Verein DIN (Deutsches Institut für Normung) entwickelter freiwilliger Massstab, in dem materielle und immaterielle Gegenstände normiert sind. Die DIN-Papierformate (DIN 476) sind die vom Deutschen Institut für Normung erstmals am 18. August 1922 festgelegten Formate. Das Verhältnis zwischen Breite und Höhe beträgt bei allen DIN-Papierformaten «1 : √2».

Grossflächenformat, wobei F12 und F200 auch als Leuchtplakat, als ▸ **Scroller** (wechselnde Sujets) und Prismenwender zum Einsatz kommen. Bei den Papierkleinplakaten sind die Kulturformate F1 und F2 standardisiert. Der Buchstabe F steht in allen vier schweizerischen Landessprachen für Format. Die früher gebräuchlichen Begriffe B4 und B12 sind auf den Begriff (Papier-)Bogen zurückzuführen; das B4 setzt sich in der Grösse aus vier Bogen zusammen.

Die Normgrösse für Werbeplakate ist F4, allgemein Weltformat genannt, und basiert auf einem vom deutschen Chemiker Wilhelm Ostwald 1911 entwickelten System von Papierformaten, die verlustfrei durch Faltung ineinander übergehen, und zwar durch Halbierung des Flächeninhalts bei einander sich ähnlichen Formaten. Auch die 1922 festgelegten DIN-Formate erfüllen diese Forderung. Auf der Grundlage von einem Zentimeter errechnete Ostwald die Formate, die er in abgestuften Grössen mit römischen Zahlen bezeichnete. Das Weltformat X ist in etwa so gross wie C4 und liegt zwischen A4 und B4. Die Tatsache, dass das von der Weltformatreihe vorgegebene Briefformat nicht in die verbreiteten Aktenordner im Folioformat passt, erschwert Ostwalds System den internationalen Durchbruch. Lediglich in der Schweiz kann sich das Weltformat etablieren: 1914 beschliesst das Reklamekomitee der Schweizerischen Landesausstellung, alle offiziellen Drucksachen der Ausstellung der Weltformatreihe anzupassen. Dadurch setzt sich das Weltformat in der Inlandwerbung durch.

Erste Erfolge der APG Anfang des 20. Jahrhunderts gehen auf ihren taktischen Schritt zurück, das Weltformat F4 zum einheitlichen Plakatformat einzuführen. Die Normierung der Fläche ermöglicht der Werbebranche das kostengünstige Produzieren und via APG das landesweit gestreute Vermarkten von Produkten und Dienstleistungen. Das ist die Geburtsstunde des Streuaushangs, der zu einem äusserst erschwinglichen Preis angeboten wird. Noch viele Jahre später, im Jahr 1986, beträgt dieser lediglich 16 Franken pro Woche. Die Lancierung des attraktiven F12 in den 60er-Jahren, drei F4 nebeneinander zu einer horizontalen Werbefläche zusammengesetzt, führt aufgrund der verstärkten Werbewirksamkeit und des höheren Aushangpreises zum Begriff Spezialaushang und tendenziell zur Verdrängung des Streuaushangs. Für kleine und weniger finanzstarke Unternehmen stehen so nur noch wenig kostengünstige Werbeflächen (Streuaushang) an guten Standorten zur Verfügung. Das GK92 und auch die nachfolgenden Konzepte tragen diesem Umstand Rechnung, indem sie den Bestand des Streuaushanges mit dem Format F4 sichern. Insbesondere mit der Auflage, diese Flächen an ebenso guten Lagen zu platzieren und speziell lokalen Unternehmen, Gewerbetreibenden, Institutionen und kulturellen Betrieben den Zugang zu diesen Stellen zu verschaffen: «Zu beachten aber ist immer: B4-Strassenstellen dürfen in der Regel nicht von nationalen oder internationalen Werbekampagnen belegt werden, sie müssen der lokalen Werbung vorbehalten bleiben.» Der aktuelle Preis liegt zwischen brutto 35 bis 150 Franken pro Woche. Die Tatsache, dass die Streuaushangstellen an den besten Plätzen – trotz gegenteiligen Auflagen der Stadt – nicht nur für bescheidene Budgets, sondern implizit für kommerzielle Zwecke verkauft werden, erklärt die hohe Preisspanne. Der Spezialaushang umfasst in der Stadt Zürich heute die Formate F200, F12 und F24 für kommerzielle nationale und internationale Werbung sowie das F4 für kulturelle-, aber auch für lokale kommerzielle Werbung.

Weltweit sind seit der Entwicklung des Plakats unterschiedliche Formate im Einsatz. Plakatformate in Deutschland und Österreich unterliegen den ▸ **DIN-Vorschriften**. 1/1-Bogen entspricht dem DIN-A1-Format. Alle weiteren Formate werden daraus abgeleitet. Die Plakatformate werden in Bogen bezeichnet, wobei ein Bogen der Papiergrösse DIN A1 entspricht. Bemühungen um Vereinheitlichung der Plakatformate ergeben sich in den 60er- bis 80er-Jahren durch weltweit agierende Medienfirmen wie Clear Channel Outdoor oder JCDecaux (Mutterkonzern der APG). Diese erkennen früh, dass eine geschickte Verknüpfung von attraktivem und genormtem Stadtmobiliar für Plakate der Aussenwerbung einen fruchtbaren Boden für die Diskussion mit Städteplanern und Behörden schafft. Im Rahmen dieser Bemühungen entsteht das in der Schweiz heute eingesetzte Plakatformat F200. 1986 ist das F200 noch nicht stark im Sortiment der Plakatfirmen vertreten. Die APG lanciert es im Jahr 1985 und bringt im Rahmen der ersten Diskussionen um das GK92 die Option eines grossflächigen Einsatzes des Cityformats auf, wie das F200 damals genannt wird. Imesch begrüsst die Idee. Mit gutem Grund. Sein Gestalterauge erkennt rasch, dass dieses Hochformat im Gegensatz zum üblichen Breitformat F12 mit dem bestehenden Stadtbild wesentlich besser verträglich ist. Sechs Jahre später ist das F200 fester Bestandteil des GK92 mit einem Anteil von 17 Prozent an der Gesamtplakatfläche auf öffentlichem Grund.

Innovationen

Mit dem Ziel, auf den bestehenden Stellen maximale Renditen zu erzielen, suchen die Plakatfirmen und insbesondere die APG beständig nach technischen Innovationen, welche die Werbeflächen erweitern. In den 80er-Jahren werden sie im Prismenwender fündig. Dieser ermöglicht, durch die Drehung von dreikantigen Profilen pro Plakatstelle ebenso viele Sujets eindrucksvoll zu präsentieren. Doch nur wenige Firmen setzen auf dieses Pferd. Eine davon ist die Plakatron AG. Gustav C. Maurer, Gründer und Inhaber der Plakatron, entwickelt eine neue, hochwertige Technologie von beleuchteten Prismenwendern; Ende 2005 verfügt seine Firma gesamtschweizerisch über mehr als 700 beleuchtete Plakatflächen mit dieser Technologie. Die äusserst aufwendige Aufbereitung und Bestückung der Prismenwender mit neuen Sujets im Plakatlager sowie der Verschnitt des Plakatsujets durch die Lamellen verhindert den schweizweiten Durchbruch dieses Formats. Zudem sind die energietechnisch uneffizienten Anlagen heute nicht mehr zeitgemäss und finden in den Plakatierungskonzepten der Schweizer Städte darum kaum Eingang.

24 Plakatstelle F4, Bellinzona, 2011.

25 Plakatstelle F200, Zürich, 2011.

26 Plakatstelle Prismenwender F12, Zürich, 2014.

27 Plakastelle Scroller F200, Zürich, 2014.

AUSSENWERBEMARKT

28 Plakatstelle Leuchtplakat F12, Bern, 2014.

29 Telecab 200'0 mit Plakatstelle F200, Zürich, 2014.

30 Plakatstellen im GF-Format, Spezialdesign GF-Membran Hans Ulrich Imesch IGGZ, Winterthur, 1997.

31 Plakastelle F24, Zürich, 2012.

Die Plakatfirmen werden alsdann wenige Jahre später in der Scrollertechnologie fündig, die zwei bis drei Sujets abwechselnd präsentiert und einen einfachen wöchentlichen oder zweiwöchentlichen Wechsel vor Ort ermöglicht. Während im Ausland die Scroller bereits seit Jahrzehnten eingesetzt werden, kommt die Technik in der Schweiz erst zur Anwendung, als das Strassenverkehrsgesetz (SVG) per 1. Januar 2006 etwas gelockert wird. Denn tangiert die Werbewirkung potenziell die Verkehrssicherheit, ist die Verkehrspolizei rasch vor Ort: Bei Prismenwender und Scroller schreibt sie im Detail maximale Drehgeschwindigkeit und minimale Standzeiten der einzelnen Plakatsujets vor.

Als Leuchtplakat kommt das F200 erstmals mit der Neonröhrentechnologie in den späten 80er-Jahren zum Einsatz; unter anderem rüstet die APG 1987 die Haltestellen der Verkehrsbetriebe der Stadt Zürich VBZ damit aus. Nachfolgend setzt ein Grossteil der Plakatfirmen Leuchtplakate ein und verbindet diese auch mit dem Scrollersystem. Das GK92 platziert Leuchtplakate zurückhaltend. Diese werden nur dort bewilligt, wo es passt und die städtebaulichen Voraussetzungen gegeben sind. Die Plakatfirmen wiederum setzen das Format nur an werbetechnisch effizienten Standorten ein. Die Neonröhren werden bald durch die in der Anschaffung etwas teurere, aber sparsamere und umweltfreundlichere LED-Technologie ersetzt. Als beleuchtete und mit hochwertigem Glas geschützte Werbeflächen im innerstädtischen Bereich sind die Leuchtplakate und Leuchtscroller der Inbegriff des modernen urbanen Werbemittels und ein Garant für hohe Auffälligkeit auch beim Eindunkeln oder nachts, wo unbeleuchtete Papierplakate sich der Zielgruppenwirksamkeit entziehen.

Mit den von Imesch designten modernen, gläsernen Telefonkabinen auf öffentlichem Grund, den «Telecabs 200'0», lanciert die APG im Jahr 1996 neue Flächen für F200-Leuchtplakate mitten im Stadtzentrum – rund 70 Jahre nachdem die APG die erste werbefinanzierte Telefonkabine im Jahr 1930 in Zürich an der Einmündung der Usteri-/Bahnhofstrasse platziert hat. Die Bezeichnung Telecabs 200'0 soll auf das Plakatformat hindeuten und den Anspruch geltend machen, bis weit ins nächste Jahrtausend funktionstüchtig zu sein.

Starke Auftritte

Grossflächige Inszenierung starker Marken machen Werbebotschaften unübersehbar. Im GK92 findet das von den Plakatfirmen 1988 lancierte 12-Quadratmeter-Grossformat GF, die «Königsfläche», mit zwölf Stellen Eingang. Knapp 20 Jahre später, 2007, wird das GF landesweit abgelöst vom 7-Quadratmeter-Format F24, das im Markt auf grössere Resonanz stösst als sein Vorgänger. Denn 7 Quadratmeter ist die Maximalfläche, welche aus Verkehrssicherheitsgründen frei stehend platziert werden kann. Damit setzt das F24 neue Massstäbe, wenn es um höchste Visibilität und Werbeeffizienz geht, und es erobert in Windeseile manch hochfrequentierte Topstelle. Überdimensionale Blickfänge dank Megaposter an auserwählten Standorten in grossen Städten, an Messen, Events und auf Baustellen treten erstmals in den 90er-Jahren gehäuft auf. Dabei finden sich bereits Anfang des 20. Jahrhunderts erste Quellen über Grossplakate in der Stadt Zürich. Die Zeitschrift «Heimatschutz» schreibt im Jahr 1915: «Riesengemälde als Reklame wirken aufdringlich und verwischen jede Proportion in der benachbarten Hausarchitektur.» Heiniger, als Werbefachmann offen für innovative Konzepte, erkennt die Nachfrage der Werbetreibenden nach neuen Kommunikationsformen und grossflächigen Werbeträgern im öffentlichen Raum und treibt in der Stadt Zürich die Diskussion um Megaposter proaktiv voran. Stadtrat und Vorsteher des Hochbaudepartements Elmar Ledergerber, ab 1998 Heinigers Vorgesetzter, zeigt sich innovativen Werbeformen gegenüber aufgeschlossener als seine Vorgängerin. In seiner Funktion als Vorsteher des Amtes für Reklameanlagen erarbeitet und publiziert Heiniger gemeinsam mit dem Architekten Othmar Schäublin ein erstes, richtungsweisendes Leitkonzept für Megaposter in der Stadt Zürich.

32 Prägnante Auftritte der Megaposter am Bellevue, am Central und an der Bahnhofstrasse in Zürich, 2011–2014.

33 Frühes Grossplakat an der Rämistrasse in Zürich, vor 1915.

AUSSENWERBEMARKT

34 Fenster- und Dachreklame Rösslitram, Zürcher Tramgesellschaften, 1890.

Exkurs: Reklame auf Achse

Zu starken Auftritten verhilft auch die ÖV-Werbung, sei es für eine regionale Abdeckung oder als Medium nationaler Reichweite. Sie wirkt dort, wo die Schweiz lebt und wächst. Heute stehen schweizweit über 45 000 Werbeflächen auf zirka 5000 Fahrzeugen für Werbung am Puls der Mobilität zur Verfügung. Allein in der Stadt Zürich erreichen die Verkehrsbetriebe VBZ mit ihrer Werbung in und auf Trams und Bussen täglich annähernd eine Million Einsteiger, mehr als fünf Millionen Menschen aller Altersklassen und Bevölkerungsschichten sind schweizweit täglich mit Tram, Bus oder Bahn unterwegs.

Die Verkehrsbetriebe entdecken sich bereits Ende des 19. Jahrhunderts als Werbemedium. Hinter den ersten Zürcher Tramgesellschaften stehen private, auf Rendite bedachte Firmen, die ihren Umsatz mit dem Verkauf von Werbeflächen auf und in ihren Fahrzeugen potenzieren. Bereits das erste Rösslitram im Jahr 1882 verfügt über Flächen mit Werbeaffichen. In den 1890er-Jahren beginnt die Stadt Zürich, die privaten Verkehrsgesellschaften zu erwerben, um fortan eigene Verkehrslinien zu betreiben. Allerdings mit grosser Zurückhaltung, was Tramwerbung betrifft. In der Krisenzeit der 1930er-Jahre aber greift man gerne auf die Werbeeinnahmen zurück; in einem ersten Schritt wird Reklame nur im Wageninnern und später auch auf der Aus-

35 Reklametram im Auftrag des Gaswerkes für die Arbeitsbeschaffungsaktion «Gas und Arbeit» und Reklametram in Form einer Zahnpastatube während der Landesausstellung 1939, Städtische Strassenbahn Zürich.

senseite erlaubt. Das eigens zur Umsatzsteigerung eingesetzte Reklametram jedoch, ein Dienstmotorwagen, der ohne Passagierbetrieb zu gewissen Zeiten nur zu Werbezwecken unterwegs ist, wird bereits 1940 vom Stadtrat wieder ins Tramdepot verbannt – trotz positivem Echo auf Kundenseite wird diese auffällige Art der Reklame von Politikern nicht geduldet. 1940 beginnen die städtischen Verkehrsbetriebe ihre Werbeflächen selbst zu vermarkten. Ab 1958 ist das Märlitram für die ganz kleinen Fahrgäste während der Vorweihnachtszeit auf einem Rundkurs durch die Zürcher Innenstadt unterwegs, finanziert und dezent beworben vom Warenhaus Jelmoli. In den Krisenzeiten der 60er-Jahre werden neue, lukrative Werbeformen ins Auge gefasst: Die akustische Werbung im Anschluss an Haltestellenansagen setzt sich nicht durch. Anstelle dessen werden sämtliche Haltestellen mit Reklameflächen versehen. Zehn Jahre später erhalten die Haltestellen Wartehallen mit Werbeflächen. Die spärliche Kommunikationsfläche auf den Fahrzeugen bleibt lange bestehen. Die Verkehrsmittel sind jahrzehntelang im Gewand des örtlichen Lokalkolorits unterwegs. Nur den Sondertrams als kulturellen Botschaftern ist eine Aufweichung der konsequent blauweissen Erscheinung erlaubt. Die kommerzielle Vollgestaltung wird erst in den Millenniumsjahren zum Thema. Die Resonanz der Werbekunden auf die impactstarken, mobilen Werbeflächen ist gross und das Echo der Fahrgäste auf die Farbtupfer

36 Dachreklame Rösslitram, Zürcher Tramgesellschaften, 1930.

37 Tramdachreklame, Verkehrsbetriebe Zürich, 1976.

38 Das Märlitram mit dem Werbeauftritt des Warenhauses Jelmoli, welches das Angebot finanziert, Verkehrsbetriebe Zürich, 1958 und 2013.

AUSSENWERBEMARKT

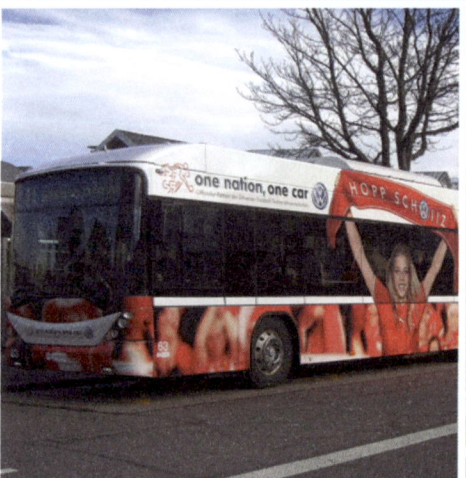

ZÜRICH PLAKATIERT ANDERS

Linke Seite

39 Sondertram als kultureller Botschafter oder zwecks kommerzieller Fahrzeugvollflächenbemalung, 1985 bis 2013.

40 Haltestellenplakatierung, Verkehrsbetriebe Zürich, 1988 und 2014.

inmitten der geschäftigen Innenstädte positiv. Zürich schmückt sein Stadtbild mit verschiedenen vollbemalten Kultur- und Sondertrams, wie dem Ballet-, Ingenieur- oder Schweizermachertram.

Das Produktportfolio der Verkehrsmittelwerbung wird kontinuierlich ergänzt. Beispielsweise haben die Werbekunden in jüngster Zeit mit Moving Poster – einem grossflächigen Poster unterhalb der Dachwerbung – und mit Ganzheckwerbung oder Bodenklebern auffällige Möglichkeiten erhalten, mit ihrer Werbebotschaft die Zielgruppe zu überraschen.

Einen Schritt weiter geht die geschickte Verknüpfung der mobilen Werbung mit verschiedenen technischen Neuerungen wie ▸ **Geomarketing** und ▸ **On-Board Computing (OBC):** So verspricht die standortbezogene Werbung – Location Based Advertising (LBA) – auf hochauflösenden Bildschirmen in öffentlichen Verkehrsmitteln ein grosses Aufmerksamkeitspotenzial bei den Passagieren. Das Terminal verfügt meist über zwei Bildschirme, einen zur Anzeige von Passagierinformationen wie der nächsten Haltestelle und einen für Werbeanzeigen. Parameter wie die Fahrtrichtung des Verkehrsmittels, die bevorstehende Haltestelle und die Distanz zwischen den beiden Haltestellen sind im OBC gespeichert. Bei der Anfahrt einer Haltestelle wird die kalkulierte Position mit der effektiven Position abgeglichen und synchronisiert. Das Infotainmentsystem (IS) vergleicht kontinuierlich den Standort

▸ **On-Board-Computing**

OBC liefert über den Datenbus des Integrierten Bord-Informationssystems Angaben wie Richtung, Geschwindigkeit, Haltestellen zwecks Standortbestimmung.

▸ **Geomarketing**

Mithilfe geografischer Informationssysteme (GIS) und feinräumiger Geodaten werden unternehmensinterne Informationen, z.B. Kundendaten, über Koordinaten in räumliche Gebiete übertragen und mit Markt- und Potenzialdaten vernetzt.

AUSSENWERBEMARKT

des Fahrzeugs mit der Lage von Geschäften, die sich in der Datenbank des IS befinden. So können alle Werbeanzeigen in Bezug auf lokale Angebote interessierten Passagieren rechtzeitig angezeigt werden. Dabei werden fortlaufend Werbenachrichten wie Sonderangebote und Preisvorteile von Geschäften, Informationen über lokale Veranstaltungen oder Sponsorendienste nahe der nächsten Haltestelle berücksichtigt.

Eine Umfrage der VBZ Ende 2010 belegt die breite Akzeptanz und Wirksamkeit der Verkehrsmittelwerbung: Gemäss Studie gefällt 53 Prozent der Befragten Verkehrsmittelwerbung, und bis zu 69 Prozent der Einwohnerinnen und Einwohner der Stadt Zürich können sich an einzelne Sujets erinnern. Ähnlich hohe Werte erzielt im Vergleich mit allen Mediengattungen nur das Strassenplakat.

41 Eine Haltestellentafel mit Reklamefeld und drehbarem, dreieckigem Anzeigekasten für Fahrplan und Reklame, Verkehrsbetriebe Zürich, 1966.

Infografik

Verkehrsmittelwerbung – eine akzeptierte Werbeform in Zürich

Die Werbung auf und in öffentlichen Verkehrsmitteln ist Zürichs beliebteste Werbeform. Mehr als der Hälfte der Befragten gefällt Verkehrsmittelwerbung.

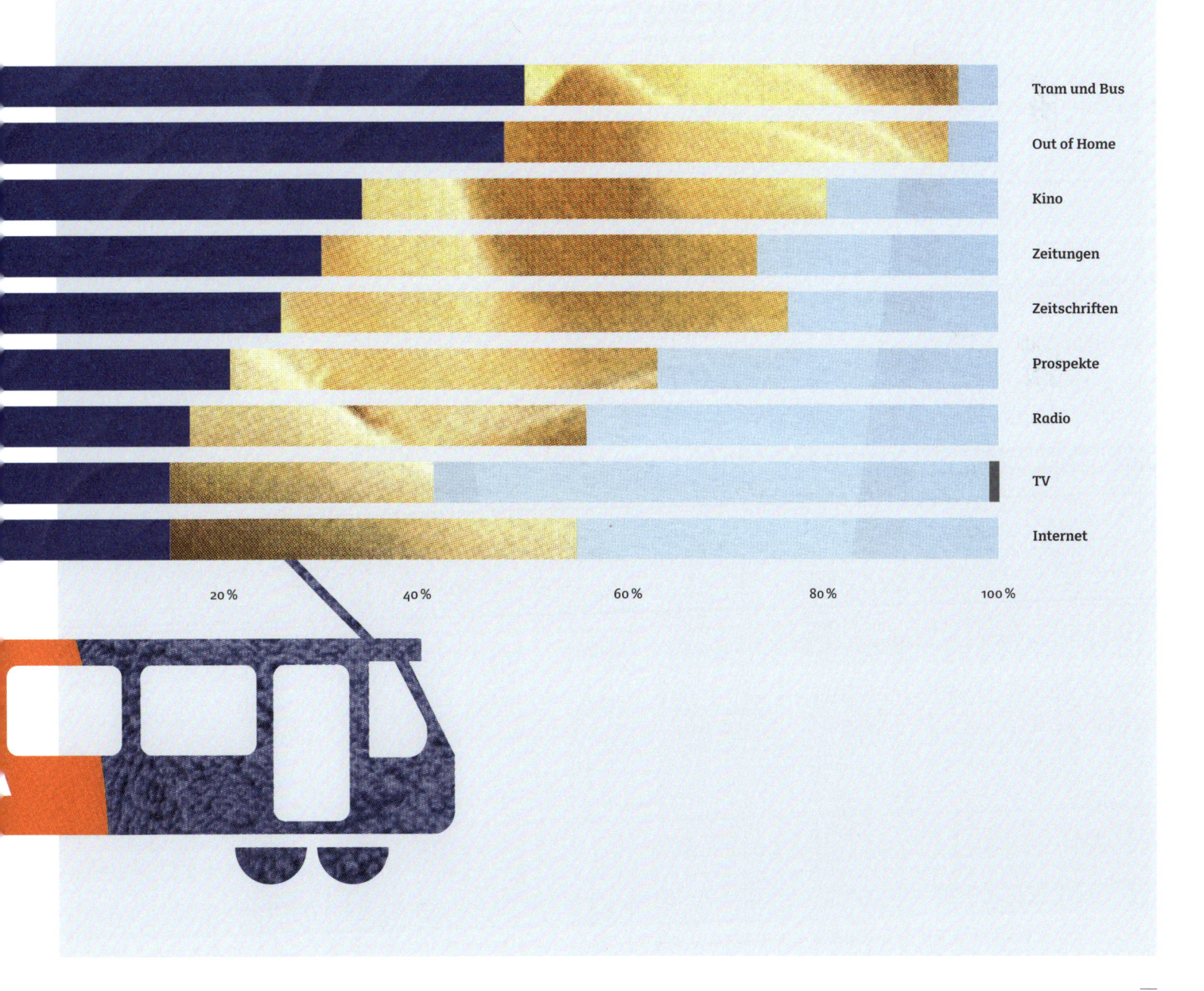

- ■ Gefällt
- ■ Gefällt nicht
- ■ Weder noch
- ■ Weiss nicht

Tram und Bus
Out of Home
Kino
Zeitungen
Zeitschriften
Prospekte
Radio
TV
Internet

20 %   40 %   60 %   80 %   100 %

Schweizer Plakatierungskonzepte heute, am Beispiel der Stadt Zürich

Plakate sind in modernen Städten allgegenwärtig. Entsprechend prägen sie das Bild von Strassen und Städten. Mit der zunehmenden Verdichtung der Städte wird der nutzbare Raum immer knapper, während gleichzeitig die Bedeutung von Werbung zunimmt und der kostbare öffentliche Raum immer stärker umkämpft ist. Heute übersteigt die Nachfrage nach Standorten für die Plakatierung das vorhandene Raumangebot sehr deutlich. Entsprechend werden von einem modernen Plakatierungskonzept wie dem Zürcher Konzept Aussenwerbung Antworten auf rechtliche, organisatorische und gestalterische Fragen erwartet.

Eine Reglementierung der Plakatierung hat die Interessen verschiedener Akteure in Einklang zu bringen. Der Staat, der Kanton, die Stadt tragen städtebauliche und denkmalpflegerische Verantwortung, sie sind für die Sicherheit des öffentlichen Raumes zuständig, wachen über den Wettbewerb im Werbemarkt und agieren in ihrer Eigenschaft als Eigentümer von Grundstücken auch als Verpächter von Werberaum. Weiter müssen die Interessen von Unternehmen, die ihre Produkte bewerben, beziehungsweise von Gesellschaften, die Plakatstellen installieren, unterhalten und vermarkten, berücksichtigt werden. Und schliesslich gilt es, den Anspruch der Bürger auf eine sinnvolle und verantwortungsbewusste Nutzung des öffentlichen Raumes zu berücksichtigen.

Von einem Plakatierungskonzept werden Lösungen für all diese Anliegen erwartet. Vor allem aber soll das Plakat als ein Teil des urbanen Raums verstanden und städtebaulich integriert werden; es soll seinen Platz in der Stadt erhalten. Gleichzeitig muss es darum gehen, diese davor zu schützen, von der Werbewirtschaft überstrapaziert zu werden. Plakate sollen ihre Wirkung entfalten können, ohne das Strassen- oder Ortsbild zu verschandeln, sie sollen stadtbildverträglich sein.

Um all das zu erreichen, haben die Schweizer Städte Plakatierungskonzepte entwickelt, die die verschiedenen Einflussgrössen der Plakatierung, wie sie die Stadt Bern in ihrem Konzept «Plakatierung im öffentlichen Raum» modellhaft darstellt, berücksichtigen. Ausgehend von dem zu bespielenden öffentlichen Raum entwickeln sie mit Rücksicht auf die Interessen von Betreibern und Eigentümern Vorgaben im Hinblick auf Inhalte, Form/Mass, Zeit und Plakatierungsdichte. Wie sich das im Detail gestaltet, wird im Folgenden am Beispiel Zürich beschrieben.

Beispiel Zürich: Das Plakatierungs- und Megaposterkonzept PK06 aus dem Jahr 2006

Mit Blick auf die erste Verordnung von 1911, die schweizweite Einführung des Formats F4 aus dem Jahr 1917 als Standardgrösse, die Implementierung einer spezifischen Amtsstelle für Reklamebewilligungen 1928, den jahrzehntelangen Plakatwildwuchs bis zum Gentleman's Agreement 1983 und das GK92 von 1992 – der Paradigmenwechsel zu einem flächendeckenden Plakatierungskonzept – steht das aktuelle Gesamtkonzept Aussenwerbung PK06 der Stadt Zürich am Ende einer langjährigen Entwicklung.

Ausser der durch Plakatwildwuchs resultierenden Regulierung haben die Behörden in einem weiteren Schritt Werbung als integrierenden Bestandteil der Stadt verstanden und Aussenwerbung und damit auch die Plakatierung als stadtplanerisches Thema erkannt. Der Fachbereich Reklamebewilligungen ist nun organisatorisch im Umfeld der Stadtplanung angesiedelt. Einmal mehr nimmt Zürich damit eine Vorreiterrolle ein und fungiert mit seinem Konzept wegweisend für viele Schweizer Gemeinden.

Das PK06 als stadtplanerisches Instrument entsteht 2006 als Teil der Aussenwerbekonzepte, und zwar unter der Verantwortung der damaligen Stadträtin und Vorsteherin des Hochbaudepartements, Kathrin Martelli, und Bernard Liechti, Leiter des Fachbereiches Reklamebewilligungen im Amt für Städtebau. Das PK06 ist die logische Weiterentwicklung des GK92. Da sich seit 1992 die Rahmenbedingungen im Umgang mit Werbung und insbesondere mit der Plakatierung im öffentlichen Raum verändern, drängt sich eine Aktualisierung des Plakatierungskonzepts auf. Zum einen schaffen städtebauliche und stadträumliche Entwicklungen neue Gegebenheiten für die Plakatierung, zum anderen halten neue Technologien wie Scroller, Leuchtdrehsäulen und elektronische Medien Einzug in den öffentlichen Raum.

Mit veränderten Lebensgewohnheiten, bei der der öffentliche Raum vielfältiger und intensiver genutzt wird, rücken auch Strassen, Plätze und Erholungszonen stärker in den Fokus. Dies ist nicht ohne Bedeutung für die Plakatierung. Deshalb sieht das PK06 neben nutzungsspezifischen Aspekten auch städtebauliche Typologien vor. Das Plakatierungskonzept der Stadt Zürich verfolgt dabei die Strategie einer stadtbildverträglichen Plakatierung.

Insbesondere im Umgang mit ▸ **Fremdwerbung** hat Zürich schon immer einen eher pragmatischen Weg verfolgt, wobei die Qualität im Vordergrund steht. Das tut dem Stadtbild gut und sichert das Niveau der Plakatindustrie. Auf Zürcher Gebiet gibt es rund 8000 Plakate. Dass diese den gesamten öffentlichen Raum nicht dominieren, gelingt in der Regel durch eine angemessene Verteilung, das passende Format und eine gute Integration in die gebaute und landschaftliche Umgebung. Das PK06, das sowohl für den öffentlichen sowie auch für den privaten Grund angewendet wird, ist das optimale Planungsinstrument.

Während das Amt für Städtebau die Plakatstellen auf öffentlichem Grund verwaltet, unterliegen die Plakateinrichtungen im Bereich der Haltestellen

▸ **Fremdwerbung**
Terminologie der Behörden für Werbung, die inhaltlich keinen unmittelbaren Bezug zum Ort aufweist; Plakate, Megaposter und Leuchtschriften auf Dächern, ohne Verbindung zum Ort, gelten demnach als Fremdwerbung. Eine Leuchtschrift hingegen, die über dem Schaufenster eines Verkaufsgeschäfts betrieben wird, gilt als Eigenwerbung.

Infografik

Einflussgrössen der Plakatierung im öffentlichen Raum

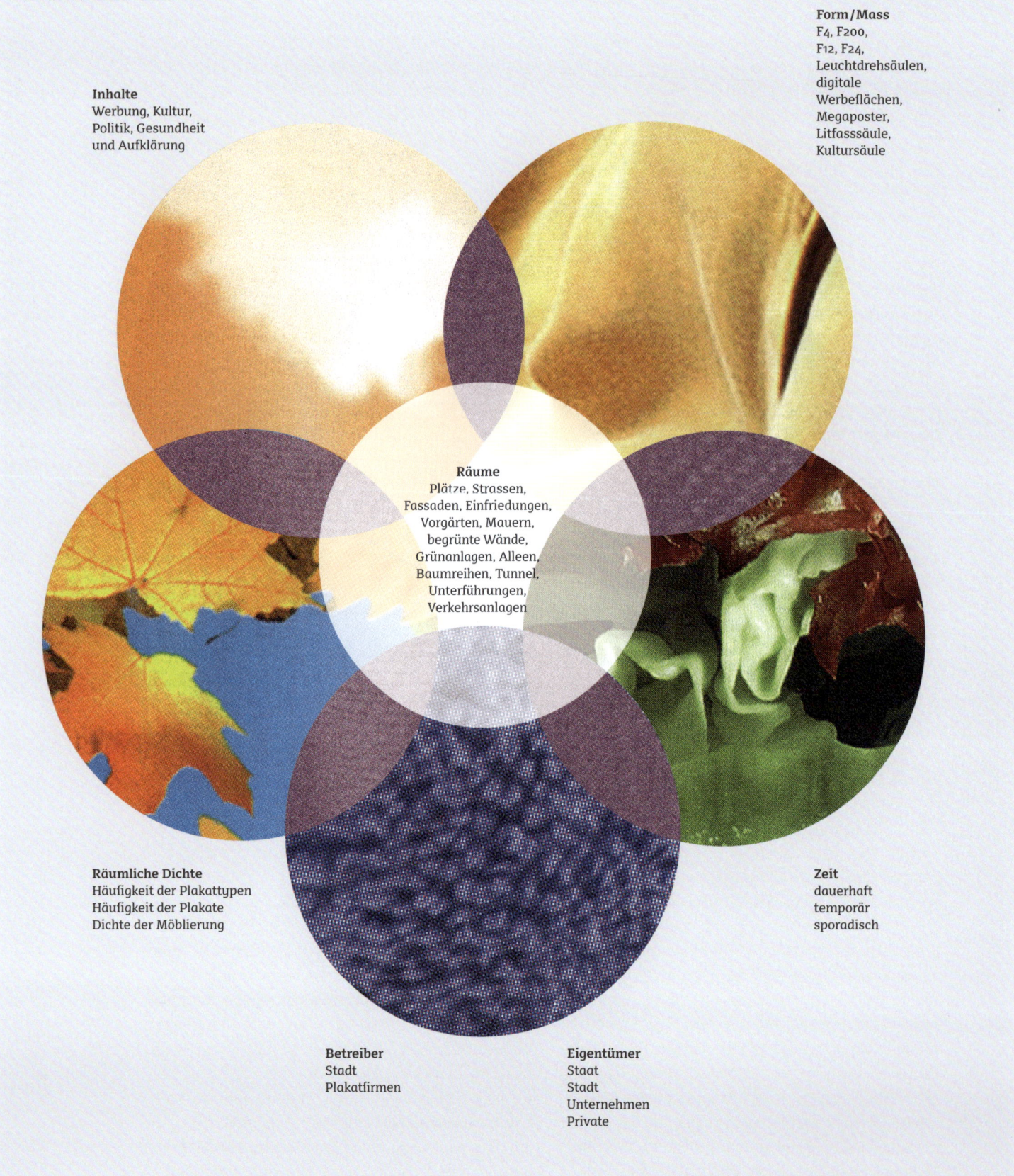

Inhalte
Werbung, Kultur,
Politik, Gesundheit
und Aufklärung

Form/Mass
F4, F200,
F12, F24,
Leuchtdrehsäulen,
digitale
Werbeflächen,
Megaposter,
Litfasssäule,
Kultursäule

Räume
Plätze, Strassen,
Fassaden, Einfriedungen,
Vorgärten, Mauern,
begrünte Wände,
Grünanlagen, Alleen,
Baumreihen, Tunnel,
Unterführungen,
Verkehrsanlagen

Räumliche Dichte
Häufigkeit der Plakattypen
Häufigkeit der Plakate
Dichte der Möblierung

Zeit
dauerhaft
temporär
sporadisch

Betreiber
Stadt
Plakatfirmen

Eigentümer
Staat
Stadt
Unternehmen
Private

PLAKATIERUNGSKONZEPTE HEUTE

den Städtischen Verkehrsbetrieben (VBZ). Zusammen bilden sie das umfangreiche Netz für die Plakatierung Zürichs, das auch die sehr attraktiven Leuchtplakate im Format F200 umfasst. Weitere Plakatstellen gibt es auf Grundstücken der Verwaltungs- und Finanzvermögen. Diese werden von der Immobilien- beziehungsweise der Liegenschaftenverwaltung geregelt und an Drittfirmen verpachtet.

Grundzüge des PK06

Das Planungs- und Baugesetz des Kantons Zürich (PBG) regelt die Bewilligungspflicht für Reklameanlagen und definiert die gestalterischen Anforderungen an die Aussenwerbung. Dabei sollen Plakatwerbestellen eine befriedigende bis besonders gute Gesamtwirkung mit der gebauten und landschaftlichen Umgebung erreichen. Zudem haben die Anlagen den verkehrsrechtlichen Vorgaben des Strassenverkehrsgesetzes (SVG) sowie der Signalisationsverordnung (SSV) zu entsprechen.

Die im PK06 ausgeführten städtebaulichen, stadträumlichen und gestalterischen Grundsätze basieren auf den gesetzlichen Grundlagen des PBG und formulieren diese weiter aus. Das Konzept PK06 definiert die Kriterien, die bei der Beurteilung von Baugesuchen angewendet werden, transparent und nachvollziehbar. Zwar ist es nicht rechtsverbindlich, doch ermöglicht es den Behörden eine stringente und rechtsgleiche Bewilligungspraxis und dient den Bauwilligen als Orientierung. Die Konzeptvorgaben wurden bereits in mehr als 200 Rechtsmittelverfahren angewendet und von den Gerichten bestätigt.

Städtebauliche Grundsätze des PK06

Der wichtigste Grundsatz ist, dass sich Plakatwerbestellen in die bauliche und landschaftliche Situation einfügen und ein Bezug zur vorherrschenden Nutzung erkennbar sein soll. Plakate werden in der Regel in Bereichen bewilligt, wo bereits gewerbliche Nutzung vorhanden ist. In Gegenden, in denen der Wohnanteil mehr als 90 Prozent beträgt, werden sie selten bewilligt. Bei diesem Prinzip geht es nicht um die flächendeckende Verteilung, sondern es werden Akzente gesetzt, die mit der städtebaulichen und stadträumlichen Struktur und Nutzung

1 Stadtmodell Zürich im Massstab 1 : 1000. Das Stadtmodell befindet sich im Gebäude des Amts für Städtebau an der Lindenhofstrasse 19 in Zürich, ist öffentlich zugänglich und kann während der Bürozeiten besichtigt werden.

der Bebauung korrespondieren. Somit ist die Dichte an Plakaten in den Quartierzentren oder gewerblich genutzten Gebieten relativ hoch, während reine Wohngebiete plakatfrei bleiben.

Analysen zeigen, dass sich Plakatwerbestellen und andere Anlagen für Fremdwerbung in städtebaulich und räumlich heterogenen Verhältnissen besser integrieren lassen als in homogenen Bebauungsmustern. Als homogene Stadträume werden Gebiete mit dichter Bebauung verstanden, in denen Häuser mit ähnlichem Massstab in einer Fassadenflucht liegen, zum Beispiel Blockrandbebauungen, wie sie in der Innenstadt und in den Stadtkreisen 3, 4 und 5 anzutreffen sind. Auch Wohngebiete mit zusammenhängenden Vorgärten und strukturierenden Bepflanzungen, Zäunen und Stützmauern, zudem unbebaute Flächen wie Gärten, Parks und Felder gelten als homogene Räume. Für solche Gebiete werden Plakatwerbestellen abgelehnt, da diese sich kaum in das vorhandene Bebauungsmuster einfügen lassen. Dagegen bieten städtebauliche Übergänge – wie sie etwa zwischen unterschiedlichen Bebauungsmustern oder bei punktuellen gewerblichen Nutzungseinschüben anzutreffen sind – gute Voraussetzungen, Plakatwerbestellen zu integrieren. Das heisst, Anzahl und Format der Plakate beziehen sich auf die jeweiligen Verhältnisse vor Ort. Bei beleuchteten Anlagen wird zusätzlich die bestehende Lichtsituation in die Beurteilung einbezogen.

Dynamische Werbeanlagen wie Scroller oder digitale Werbeflächen haben zusätzliche Anforderungen zu erfüllen. Insbesondere die Aspekte Aufenthaltsqualität und Ablenkungsgefahr der Verkehrsteilnehmenden spielen hier eine Rolle.

Plakatypologie

Die Plakatformate des PK06 sind – dem Vorbild GK92 treu – auch nach einem Baukastensystem organisiert: Normierung der Plakatgrössen F4, F200, F12 und GF (ab 2007 abgelöst vom Format F24) sowie Standardisierung von Trägern, Massen und Abständen.

F4-Plakate werden vor allem für Kulturveranstaltungen verwendet, aber auch für lokale kommerzielle Werbung und Wahl- beziehungsweise Abstimmungswerbung. Sie werden in kleinen Gruppen angeordnet. Bevorzugter Standort sind belebte innerstädtische Bereiche, wo sie von Fussgängern gesehen werden können, wie an Haltestellen und in Fussgängerzonen sowie Wohnquartieren, bei Kulturplakaten auch das Umfeld kultureller Institutionen.

Die mittleren und Grossformate sind der kommerziellen Werbung vorbehalten, zum Beispiel Kampagnen national oder international agierender Unternehmen. Sie brauchen aufgrund ihrer Grösse Standorte mit weitem Sichtbereich und werden deshalb oft an Hauptverkehrsstrassen, Verkehrsknotenpunkten und zentralen Plätzen platziert, nicht jedoch in reinen Wohngebieten.

Für die Anordnung der Plakate gibt es detaillierte Regelungen. So müssen beispielsweise Sichtlinien und Fussgängerwege frei gehalten werden.

Im Gegensatz zum GK 92 umfasst das PK06 Regelungen für neue Plakattypen: Prismenwender, Leuchtplakate und Drehautomaten. Auch für sie gilt, dass sie sich in das Stadtbild einfügen müssen. Weil Leuchtplakate insbesondere nachts eine grosse Präsenz haben, dürfen sie nur in einer Umgebung aufgestellt werden, in der es schon viel künstliches Licht gibt, zum Beispiel an Haltestellen des öffentlichen Verkehrs. Ihre Einschaltzeit ist begrenzt von der Abenddämmerung bis 23 Uhr, und sie dürfen ihre Umgebung und Elemente wie Leitsysteme oder Verkehrssignale nicht überstrahlen.

Bei den Prismenwendern und Drehautomaten sind neben der Einordnung in die Umgebung verstärkt Verkehrssicherheitsaspekte zu beachten. Sie dürfen nur dort angebracht werden, wo sie keine Ablenkung für Verkehrsteilnehmer darstellen. Auch die Geräuschentwicklung, die von dieser Art Anlagen ausgehen kann, muss berücksichtigt werden.

2 Ein an stark frequentierter Verkehrsachse positioniertes Leuchtplakat, Zürich, 2011.

PLAKATIERUNGSKONZEPTE HEUTE

3 Unübersehbares Megaposter im Gelände der Messe Zürich, 2011.

Megaposter

Das Gesamtkonzept Aussenwerbung enthält gegenüber dem GK 92 ein eigenes Konzept für sogenannte Megaposter, Werbeflächen über zwölf Quadratmeter Grösse, die im Stadtraum besonders dominant wirken. Die Gestaltungsprinzipien sind ähnlich wie bei anderen grossen Plakaten; Megaposter müssen sich in ihre Umgebung einfügen, das Gesamtbild soll stimmig sein. Hinzu kommt ein zeitlicher Aspekt: Unterschieden wird dabei zwischen der Anbringung an Baugerüsten und derjenigen an Fassaden. Temporäre Megaposter an Baugerüsten haben kaum städtebauliche Grundsätze zu erfüllen; für feste Anlagen an Brandmauern oder Fassaden hingegen gelten dieselben Richtlinien wie für Plakate. An Baugerüsten dürfen Werbeflächen angebracht werden, die idealerweise die gesamte Gerüstfläche ausfüllen oder mindestens die ganze Breite oder Höhe des Gerüsts abdecken.

Für Grundeigentümer und Baufirmen birgt das Anbringen von Megapostern lukrative Nebeneinnahmen. Die Historie zeigt, dass sich die Dauer vereinzelter einfacher Fassadensanierungen – aufgrund der Werbeeinnahmen – weit über die gebräuchliche Erneuerungszeit erstreckt. Um einem Missbrauch vorzubeugen, wird behördenseitig die Laufzeit der Megaposter zeitlich eingeschränkt. Bewilligt werden sie für die Dauer der Bau- oder der Fassadensanierungszeit: in der Regel für vier Monate. Bei Bau- oder Sanierungsverzögerungen kann die Bewilligung einmalig um zwei Monate verlängert werden. Seit dem Jahr 2000 gilt das erprobte Modell der Brachzeiten. Das heisst, je nach Lage müssen die Fassaden drei bis sechs Monate im Jahr frei bleiben. In der übrigen Zeit dürfen sie mit Werbeanlagen versehen werden, die jeweils für zwei Jahre bewilligt werden.

Wie bei allen Plakaten sind bei Megapostern Sujets, die Menschen in irgendeiner Weise diskriminieren, nicht zulässig. Verboten sind – falls diese öffentlichen Grund tangieren – zudem Reklamen der Alkohol- und Tabakbranche. Die Megaposter sollen so gestaltet sein, dass sie die Verkehrsteilnehmenden nicht zu stark ablenken. Die Informationsdichte ist von der Dienstabteilung Verkehr (DAV) vordefiniert. In der Praxis entscheidet die DAV aufgrund der vorherrschenden Verkehrssituation, ob ein Megaposter platziert werden kann, und legt die inhaltlichen Bedingungen für die jeweiligen Werbesujets fest: Sie müssen zwingend einen schnell zu erfassenden Inhalt haben, der in grosser, leicht lesbarer Schrift vermittelt wird. Komplexe Verkehrssituationen beschränken den Werbetext auf ein bis drei Worte und verlangen nach einem einfachen, rasch erfassbaren Bild. Eine «normale» Verkehrssituation lässt drei bis maximal sieben Worte zu.

Ausschreibungsmethodik seit 2006

Vierzehn Jahre nach dem GK92 lanciert die Stadt Zürich nebst den neuen Aussenwerbekonzepten die erste öffentliche Ausschreibung für Plakatflächen auf öffentlichem Grund. Dabei wird das Gesamtvolumen, 2099 Flächen in verschiedenen Formaten, in 16 Losen ausgeschrieben. Schweizweit tun es manche Städte Zürich gleich; alle paar Jahre entscheiden sie mittels einer Submission, welche Aussenwerbefirmen eine Konzession für die Vermarktung der Plakatstellen auf öffentlichem Grund erhalten. Neben den Zulassungskriterien geben die Zürcher Behörden auch die Vergabekriterien vorgängig bekannt. Die Einhaltung des Plakatierungskonzeptes auf öffentlichem und privatem Grund ist Vertragsbedingung. Darin nicht enthalten sind die Stellen der Verkehrsbetriebe und der Liegenschaftenverwaltung der Stadt Zürich, die separate Verträge mit den Plakatfirmen abschliessen. Die Ausschreibung sieht vor, diejenigen Anbietenden auszuwählen, welche die höchsten Abgaben an die Stadt Zürich offerieren. Nach eingehender Prüfung der Jury entscheidet der Stadtrat an der Sitzung vom 7. Juli 2006: Die zwei Grossen machen wiederum das Rennen, ab dem 1. Januar 2007 plakatieren die APG und Clear Channel in der Stadt Zürich auf öffentlichem Grund. Beide haben die besten Angebote für die jeweiligen Lose eingereicht. Zwölf Lose gehen an die APG, vier an die Clear Channel. Mit vier der sechzehn Lose vermarktet Clear Channel inskünftig doppelt so viele permanente Werbeflächen wie bisher – insgesamt 119, das entspricht 30 Prozent aller permanenten kommerziellen Aussenwerbeflächen auf öffentlichem Grund in Zürich, die F4-Stellen nicht miteingerechnet. Die Plakatverträge werden mit einer Laufzeit von fünf Jahren abgeschlossen. Bei bereits bestehenden Plakatstellen auf privatem Grund kann die Stadt keinen Einfluss nehmen. So bleiben dort auch ältere Anlagen, die nicht den 2006 vorherrschenden Vorstellungen einer städtebaulich verträglichen Wirkung entsprechen, weiterhin bestehen – sie sind entweder bewilligt oder geniessen Bestandesgarantie. Die neuen 37 Flächen, welche die bestehenden auf öffentlichem Grund ergänzen, werden in den Entwicklungsgebieten Zürich West und Neu-Oerlikon positioniert. Die Erhöhung des Pachtvolumens sowie der Pachtpreise stellen der Stadtkasse 30 Prozent höhere Erträge in Aussicht. Die APG leistet im Rahmen des Vertrages die Kultur-, Wahl- und Abstimmungsplakatierung. Die Stadt stellt weiterhin vergünstigte Plakatierungsmöglichkeiten für das lokale Gewerbe zur Verfügung.

Die Stadt Zürich schreibt fünf Jahre später, am 6. Juni 2012, die Verpachtung der 1800 Plakatflächen auf öffentlichem Grund, darunter auch die Bewirtschaftung von 420 Kulturplakatwerbestellen, neu aus, wiederum für die Dauer von fünf Jahren. Mit der Headline in ihrer Medienmitteilung «Mehr Wettbewerb bei der Plakatierung auf öffentlichem Grund» reagiert die Stadt auf das im Januar 2012 vom Preisüberwacher publizierte Schreiben, indem es fragt: «Plakatierung auf öffentlichem Grund: Ausschreibungen als wirkungsvolles Wettbewerbsinstrument?» Die Publikation bemängelt zum einen die schweizweit duopolistische Marktstruktur der zwei Konkurrenten APG – 75 Prozent Marktanteil, über 70 000 Plakatflächen, marktbeherrschende Stellung – und Clear Channel – 24 Prozent Marktanteil und über 20 000 Plakatflächen. Zum anderen kritisiert sie, dass mit dem exklusiven Recht zur Sondernutzung einer öffentlichen Sache während eines bestimmten Zeitraums – im Sinne einer Sondernutzungskonzession – für die Laufzeit ein faktisches Monopol konstruiert wird. Der Preisüberwacher fordert Ausschreibungen zur Vergabe von Konzessionsverträgen, die zu ernsthaftem Wettbewerb mit mehreren Anbietern führen und letztendlich auch zu tieferen Endkundenpreisen: fixe Gebühren statt variable Umsatzbeteiligungen, verschiedene Lose in den grösseren Städten, kurze Vergabeintervalle, Heimfall der Infrastruktur an die Gemeinde und das Zuschlagskriterium Endkundenpreis im Falle von Gemeinden, die nur ein Los ausschreiben.

Mit der Ausschreibung im Jahre 2006 hat die Stadt Zürich bereits die wichtigsten Punkte des Preisüberwachers umgesetzt. Damit sich ein möglichst breiter Kreis von Interessenten an der Ausschreibung beteiligen kann, bietet Zürich in ihrer Ausschreibung 2012 ausser den sechs Losen erstmals auch einzelne Plakatstellen zur Pacht an. So können auch kleinere Plakatierungsfirmen oder gar Endkunden den Zuschlag für die Werbeflächen erhalten. Neben den grossformatigen Flächen für nationale oder internationale Werbekampagnen werden auch 980 kleine Plakatflächen im Weltformat ausgeschrieben, die sich vor allem für die Werbung regionaler und lokaler Gewerbebetriebe eignen. Der Stadt geht es nicht nur um den löblichen Ansatz «mehr Markt»; auch das Ansinnen «mehr Einnahmen» steckt hinter der neuen Ausschreibungsmethode. Das wird deutlich in der Vorgabe, dass das jeweils höchste beziehungsweise wirtschaftlich günstigste Angebot den Zuschlag erhält. Zugelassen zur Ausschreibung sind alle Firmen, die eine fachgerechte Bewirtschaftung der Plakatflächen sowie die Bezahlung der Abgaben gewährleisten. Rund 200 F4-Plakate auf öffentlichem Grund, 14 Prozent des gesamten Volumens, werden abgebaut. Dabei handelt es sich um Stellen, die werbetechnisch auf geringes Interesse stossen und zudem den ästhetischen Anforderungen nicht mehr Rechnung tragen. Sechs Angebote werden innert der zweieinhalbmonatigen Ausschreibungsfrist eingereicht. Der Zuschlag geht am 8. November an vier Firmen: die Lose 2 bis 5 und Einzelstandorte an die APG, die Lose 1 und 6, darunter auch die Bestückung von zirka 900 Plakaten an Bauwänden, die Bewirtschaftung der Kulturplakatierung, und Einzelstandorte an Clear Channel sowie weitere Einzelstandorte an die Glattal Media und Publicitas. Letztere sind erstmals Pächter. Im Vergleich zum Vorjahr 2011 lassen die vier neuen Pachtverträge die jährlichen Einnahmen der Stadt Zürich um 33 Prozent auf insgesamt 2,6 Millionen Franken anwachsen. Clear Channel zeigt sich erfreut über den Zuschlag. Und auch die APG – etwas weniger bescheiden – ist glücklich mit dem Resultat der Ausschreibung: «APG|SGA: Weiterhin unbestrittener Leader im Plakatmarkt der Stadt Zürich».

Widerstand gegen das Wuchern der Plakate

Fast alle scheinen zufrieden. Am 29. März 2006 gruppiert sich um Christian Hänggi, Berater einer Kommunikationsagentur, eine Reihe von Gleichgesinnten, die dem Plakat abschwören. Sie gründen einen Verein, die Interessengemeinschaft Plakat/Raum/Gesellschaft, kurz IG PRG, mit dem Zweck, den öffentlichen Raum um einen erheblichen Anteil Plakatflächen zu reduzieren. Auslöser ist die Ankündigung des neuen Plakatierungskonzepts PK06, das eine Zunahme der Aussenwerbefläche um 15 Prozent vorsieht. Die IG PRG stört sich an der Reklameflut und sieht im Plakat eine Belästigung des Individuums mit Werbebotschaften und einen Missbrauch des öffentlichen Raums für kommerzielle, monetäre Zwecke. Fortan verfolgt die IG PRG im Dialog mit der Stadt und den Plakatgesellschaften ihr Ziel. Sie setzt aber auch mit politischen Mitteln Druck auf. Doch nicht nur die IG PRG stört sich an zu viel Reklame, auch andere Privatpersonen äussern sich zu dieser Thematik. So schleichen am 20. September 2005 in einer nächtlichen Protestaktion gegen die visuelle Reizüberflutung zirka 40 Gestalten durch die Zürcher Innenstadt. Sie übermalen Plakate mit weisser Farbe und räumen Leuchtplakate aus. In ihrer Medienmitteilung tags darauf erklären sie in einer anonymen Pressemitteilung, sich mit ihrer Aktion «Züri malt» gegen dumme, nichtssagende und austauschbare Plakatsujets zur Wehr zu setzen. Sie fordern die Bevölkerung auf, die Gestaltung des öffentlichen Raums fantasievoll selbst in die Hand zu nehmen, beispielsweise mit «Kinderzeichnungen, Liebesschwüren, Gedichten und Dosenkunst». Diese Art von Kritik ist weltweit bekannt. Der Begriff Adbusters vereint eine über mehrere Länder verknüpfte sozial-, konsum-, kommerz- und werbekritische Bewegung, eine Art Kommunikationsguerilla, die «visuelle Umweltverschmutzung» und fehlende werbefreie Lebensräume beanstandet.

AUSSENWERBEMARKT

4 eBoard und ePanels, modernste digitale Formate am Hauptbahnhof Zürich, 2013.

5 Digital-Screen-Test der Stadt Zürich und Clear Channel am Escher-Wyss-Platz Zürich, 2013.

Von analog zu animiert und digital

Anfang des 21. Jahrhunderts kommen digitale Affichen in der Schweiz erstmals zum Einsatz. Noch individueller als Scroller und Prismenwender, lassen die ePanels Bewegungen der Werbesujets in Bild und Text wiedergeben. Während im Ausland ganze Strassenzüge mit digitalen Plakaten gesäumt sind, agieren die Schweizer Behörden konservativer: Sie bewilligen keine ePanels, die direkt auf den Verkehr ausgerichtet sind. So sind die ersten in Einkaufszentren, Bahnhöfen oder Flughäfen anzutreffen. Der Einsatz auf öffentlichem Grund bleibt diesem Medium vorerst verschlossen. Als kritische Aspekte werden auch ökologische Gründe wie der Energieverbrauch oder allfällige Lichtimmissionen genannt.

Einen Meilenstein in der Entwicklung der digitalen Werbeflächen setzt die APG im Jahr 2000 mit der Installation des ersten 60 Quadratmeter grossen Out-of-Home-Digitalformates mit LED-Leuchten, ein sogenanntes eBoard, im Hauptbahnhof Zürich. Rund zehn Jahre später wird dieser Screen durch modernste Technik in HD-Qualität ersetzt. Zur selben Zeit bestückt die APG die sieben grössten Bahnhöfe der Schweiz mit hochformatigen ePanels. Die 82-Zoll-LCD-Screens präsentieren animierte Werbung in Full-HD-Qualität. Clear Channel ist ab den frühen Millenniumsjahren mit ersten digitalen Werbeinstallationen am Flughafen Zürich präsent – in einer Zone, die sich hervorragend für den Einsatz der digitalen Kommunikationsflächen eignet.

PLAKATIERUNGSKONZEPTE HEUTE

Die Plakatfirmen glauben fortan an die Stärke der digitalen und animierten Werbefläche – die bewegten Bilder sind emotionaler, intensiver und dem Betrachter näher; sie richten über 24 Stunden verteilt, zeitlich abgestuft, unterschiedliche Werbebotschaften gezielt an verschiedene Zielgruppen. Clear Channel und APG kämpfen vereint über ein ganzes Jahrzehnt für den Einsatz der digitalen Werbeformen auf öffentlichem Grund. Erst 2013 ist die Stadt Zürich bereit für einen Pilotversuch. Mit einer temporären Bewilligung werden Werbescreens am Bellevue und am Escher-Wyss-Platz sowie im Jahr 2014 Plakatleuchtdrehsäulen an insgesamt fünf Standorten der Stadt getestet. Die Plakatleuchtdrehsäule dreht sich um die eigene Achse und wirkt an Toplagen, besonders auch nach Einbruch der Dunkelheit. Mit der Einführung der modernen Werbeformen geht der Abbau von andernorts städtebaulich unstimmigen Plakatstellen einher. Die Stadt Zürich begründet die Massnahme damit, dass die neuen Screens je mit einer Vielzahl von Inhalten geladen werden können und die Werbefläche dadurch massiv zunimmt. Damit setzt sie auf das Credo «mehr Qualität als Quantität». Die digitalen, animierten Plakate stellen auch die Gestalter vor neue Herausforderungen. Die Bewegtbilder sind weder Plakat noch Film. Damit die tonlosen Bildfolgen als interessant, aufmerksamkeitsstark und unterhaltsam eingestuft werden, muss die Nachricht kurz, einfach und verständlich sein, und die visuelle Umsetzung soll einen markanten Eye-Catcher-Effekt erzielen.

Eine Umfrage im Auftrag des Amts für Städtebau Zürich über die elektronischen Werbetafeln am Bellevue und am Escher-Wyss-Platz weist mehrheitlich eine gute Akzeptanz und positive Resonanz der Passanten auf die neuen Screens aus. Insgesamt annähernd 80 Prozent der Befragten gefallen die neuen Werbeflächen «eher gut» oder sogar «sehr gut», in qualitativer Hinsicht werden die Screens von den Befürwortern als «modern» oder sogar als «Belebung des Platzes» beurteilt.

6 Seit 2014 im Einsatz: Plakatleuchtdrehsäule F400, Zürich.

Was kann noch kommen?

Plakate, die dem Betrachter genau das zeigen, was er sehen will. Sciencefiction? Ja, auch, denkt man an Spielfilme, in denen biometrische Daten Alltag sind, in denen actionerprobte Dauerhelden, wie der Protagonist im Streifen «Minority Report» aus dem Jahr 2002, nach einem Augenscan personifizierte

7 Facial Recognition Campaign, Clear Channel UK, 2012.

AUSSENWERBEMARKT

8 Crossmedia Campaign, Clear Channel UK, 2012.

Werbung eingespielt bekommen. Schaut man sich aktuelle Diskussionen um die Auswertung von Nutzerdaten zum Beispiel bei Google an, wäre man naiv zu glauben, die digitalen Zeiten seien an gewohnten Out-of-Home-Medien vorbeigegangen. Im Gegenteil, wem sind QR-Codes nicht am augenfälligsten auf Plakaten aufgefallen? Wer hat nicht schon einmal eine Informations- oder Werbestele gesehen, deren Bildschirm auf Berührung reagiert oder gar erst dann aktiv wird – optisch oder akustisch –, sobald man sich ihr auf eine bestimmte Distanz nähert? Leicht vorzustellen, dass solche Installationen über integrierte Software verfügen, welche die Interaktionen auswerten.

Den entscheidenden Durchbruch für das interaktive Plakat haben die webtauglichen Smartphones geliefert, schon deshalb weil sowohl Plakat als auch Smartphone out of home genutzt werden. Die APG lanciert 2010 ihre erste App, PosterPlus, die den ▶ **B2B-Bereich** fokussiert, sodass Branchenprofis alle erforderlichen Daten für ihre Kampagnen erhalten und über Facebook, Twitter oder E-Mail Plakate beispielsweise für «Poster of the Month» empfehlen können. Die APG fordert schon 2010, dass nach den Agenturen die mobilen Kunden angesprochen werden müssen, dass ihnen ein sofortiger, brauchbarer Nutzen auf das Smartphone geliefert werden muss. Das Smartphone erfasst das Plakat, zum Beispiel auch via Bluetooth®, die App öffnet ▶ **Augmented-Reality**-Anwendungen,

die Zusatzinformationen oder virtuelle Erweiterungen liefert, und sei es nur der klassische Gutschein, der es dem Passanten schmackhaft macht, sich per Smartphone-Navi in die nächste Filiale führen zu lassen. Im Sommer 2011 meldet die APG, dass durch die zusätzlichen Promotionen über PosterPlus für Orange und Orange Young, die in einer schweizweiten Plakatkampagne ihre attraktiven Konditionen fürs Telefonieren, für SMS und mobiles Internet bewerben, das Plakat seine Stellung als Verkaufsmedium Nummer eins behauptet.

Clear Channel Schweiz operiert seit 2008 mit digitalen, interaktiven Installationen im Aussenwerbebereich, insbesondere am Flughafen Zürich. Bezüglich Werbewirksamkeitsforschung greift das Unternehmen 2013 auf nationale und internationale Studien über den Plakatmarkt zurück und belegt mit ihnen, dass crossmediale Interaktion die Wirkung des Mediums Plakat massiv unterstützt. So geben 71 Prozent der Konsumenten an, dass sie über Werbung positiver denken, sobald sie mit ihr interagieren können. Und längst nicht mehr stehen der Nutzen oder das mehr oder weniger begründete Bedürfnis nach einem Produkt allein im Vordergrund. Hinzu kommt der Unterhaltungswert; und der stellt sich ein, wenn über etwas kommuniziert werden kann. Social Media ist das Stichwort. Der Nutzer möchte sich mit seinen Freunden austauschen, er will teilhaben lassen, wenn ihm etwas auffällt, ihm etwas gefällt, er will es liken, twittern,

▶ **B2B-Bereich**
Die Bezeichnung Business-to-Business wird für Interaktionen zwischen mindestens zwei oder mehr Unternehmen verwendet – im Gegensatz zu Interaktionen zwischen Unternehmen und anderen Subjekten, wie Konsumenten (Business-to-Consumer), Mitarbeitern oder Behörden.

▶ **Augmented Reality**
(Erweiterte Realität) Die computergestützte Erweiterung der Realitätswahrnehmung. Diese Information kann alle menschlichen Sinnesmodalitäten ansprechen.

posten. Also müssen Out-of-Home-Medien gerüstet sein und ihr Potenzial ausschöpfen. Und das können sie noch viel stärker tun. Laut einer internationalen Clear-Channel-Studie nutzen 75 Prozent aller digitalen Kampagnen die Bandbreite der technischen Möglichkeiten bislang zu wenig – das dahinter stehende Potenzial für die Werbebranche wird auf jährlich 2,3 Mrd. US-Dollar geschätzt. Das Plakat als statische Werbefläche kann dem digitalen Bildschirm gegenübergestellt werden wie die Streuung von Werbung dem intelligenten ▸ **Targeting**. Das zielgerichtete Ansprechen des tatsächlichen Interessenten ist auch ein Mittel gegen aktive Werbevermeidung, die im Internet mit Adblockern stattfindet, unterwegs mit Schallstöpseln oder coolen Hi-Fi-Headphones. Im Februar 2012 startet Clear Channel in Grossbritannien seine Facial Recognition Campaign. Die in überdachten Bushaltestellen installierten Displays sind mit einer Software ausgestattet, die zwischen den Geschlechtern unterscheiden und sogar eine vordefinierte Altersgruppe filtern kann. Oder Waren können mit dem Smartphone direkt durch Abfotografieren eines QR-Codes auf der Plakatfläche bestellt werden. Damit wird das Smartphone als «pocket screen» auf innovative Weise in die Werbegestaltung eingebunden: So lanciert Clear Channel eine Kampagne, bei der die Zielgruppe in Interaktion mit dem Plakat das neuste Musikalbum einer weltbekannten Musikerin downloaden kann. Eine weitere Entwicklung zeigt sich im «Gap Filling» mit erwünschtem Inhalt: Unterhaltung vom Plakat aus, wenn sich die Rezipienten beim Warten «die Zeit totschlagen», im Stau, in der Schlange vor der Kasse, an der ÖV-Haltestelle.

Damit stehen dem Nutzer alle Möglichkeiten offen: ansehen, hören, touchen, mit sozialen Netzwerken verbinden, downloaden oder – Stichwort Augmented Reality – Teil der Aktion werden.

Ob Integration der Interessenten in eine karitative Kampagne, Teilnahme an einem Event, reine Unterhaltung als Zeitfüller oder Schaffung einer Markenidentität: Die neuen Out-of-Home-Technologien sind Realität. Findet Werbung dann noch in der Nähe zum Point of Sale statt, ist gewiss: Mehr als 70 Prozent der Kaufentscheide werden genau dort getroffen. Damit hat die Werbewirtschaft die beiden wesentlichen Gründe und den Auftrag, im Bereich Out of Home voranzugehen.

▸ **Targeting**
Kommunikationsinstrument, welches das zielgruppenspezifische Schalten von Werbung auf digitalen Plakaten, Websites und Smart-TVs beinhaltet. Je genauer das Targeting, desto höher die Chance, die Zielgruppe mit einer Nachricht zu fesseln und für ein Produkt oder eine Dienstleistung zu begeistern.

Die Marktperformance der Mediengattung Plakat

Das Plakat ist nicht nur das älteste Werbemedium, sondern bezüglich Beachtung und Kommunikationswirkung eines der erfolgreichsten überhaupt. Im hart umkämpften Schweizer Werbemarkt gehört das Plakat zu den wenigen Werbeträgern, die ihre Position über Jahrzehnte halten können. Auch wenn das Zahlenmaterial dazu historisch bedingt keine vergleichbaren Aussagen ermöglicht, sind die Indizien deutlich, und die aktuellen Analysen und Entwicklungen verheissen gute Prognosen für die Zukunft der Aussenwerbung.

Die Medienbranche durchlebt in den Jahren zwischen 1998 und 2014 eine ereignisreiche Zeit. Das zeigt sich besonders deutlich im hart umkämpften Werbemarkt. Zwei Wirtschaftskrisen ziehen durchs Land; die Tendenz, jeden Franken umzudrehen, bevor er ausgegeben wird, nimmt stetig zu. Und wenn Firmen Geld in Werbung investieren, wollen sie sicher sein, dies in den für sie optimalen Medien zu tun. Hinzu kommt der internationale Einfluss bei der Medienplanung von länderübergreifend tätigen Grosskonzernen: Die Werbemittel werden zentral produziert und lokal adaptiert, gleichzeitig werden damit Vorentscheide hinsichtlich Medienwahl getroffen.

Die Zielgruppen werden täglich mit bis zu 5000 Werbebotschaften konfrontiert, Tendenz steigend. Der Anstieg der Kommunikationsmasse und -lautstärke – ein konstantes mediales Hintergrundrauschen – bewirkt beim Nachrichtenempfänger eine aktive Werbevermeidung und geringere Aufmerksamkeit für die einzelnen Botschaften. Man erreicht den Konsumenten nicht mehr mit der simplen Nachricht «Ich biete dir ein Produkt oder eine Dienstleistung an», sondern mit einer nicht ausschlagbaren Einladung «Mit mir kannst du dein Problem X lösen» oder «Ich erfülle dir deinen Wunsch Y». Nur eine massgeschneiderte Mitteilung, die relevante Konsumentenbedürfnisse im richtigen Zeitpunkt anspricht oder Unterhaltung garantiert, erzählt eine starke Geschichte, die auf offene Ohren stösst und inmitten des Werbedschungels gesehen und gehört wird.

Massenmedien werden zu Massen von Mediengattungen. Die moderne 24-Stunden-Gesellschaft spiegelt sich in einer veränderten Mediennutzung. Die Rezipienten sind mobiler und nutzen mehrere Kanäle gleichzeitig. Die Fragmentierung und Diversifikation der Medien und die veränderte Nutzung verlangen nach einer anspruchsvollen Medienplanung, die die verschiedenen Kanäle wieder zu einer zielführenden Kommunikationsstrategie aggregiert.

Im Zuge dieser Entwicklungen verlieren einige Medien als Werbeträger an Attraktivität, andere setzen zu einem Siegeszug an, und wieder andere können sich kontinuierlich und nachhaltig behaupten. Zur letzten Gruppe gehört das Plakat. Basierend auf den Analysen des Marktforschungsunternehmens ▸ **Media Focus,** hat sich der Anteil der Aussenwerbung am Werbekuchen in den vergangenen zehn Jahren stabil auf einem Wert zwischen zehn bis dreizehn Prozent eingependelt. 2013 belaufen sich schweizweit die gesamten Medienbruttospendings auf über 4,8 Milliarden Franken. Mit einem Marktanteil von 11,6 Prozent kann sich die Gattung rund 559 Millionen Franken am Kuchen sichern. Die Zahlen der ▸ **Stiftung Werbestatistik Schweiz** belegen, dass die Aussenwerbung in den vergangenen 30 Jahren mit wenigen Abweichungen den drittgrössten Anteil am Werbekuchen halten und ihre prozentualen Anteile stetig vergrössern konnte.

Der Medienmarkt im Zehnjahresvergleich auf Basis von Media Focus

Zu den Verlierern im relativen Vergleich der Medienspendings gehören die Presse, das Kino und der Teletext. Ihre prozentualen Verluste am Gesamtwerbekuchen sind massiv. So muss das Kino einen Rückgang von über 50 Prozent in den letzten zehn Jahren hinnehmen, beim Teletext sind es sogar 80 Prozent, die an andere Medien verloren werden. Die Printmedien können zwar in absoluten Werten um 18 Prozent zulegen, büssen jedoch im relativen Vergleich mit den Konkurrenzmedien rund 13 Prozentanteile ein. Insbesondere flexiblere Medien bieten den Printmedien die Stirn. So fliessen beispielsweise die Rubrikengeschäfte von Print ins Medium Online. Auch die konstante, rasche Befriedigung der Newsbedürfnisse durch Onlinemedien fördern den Wechsel von analog zu digital.

Trotzdem steht die Printpresse mit einem Anteil von 47 Prozent am Werbekuchen nach wie vor zuoberst auf dem Podest. Die Schweiz ist ein Leseland und dürfte dies nach Meinung von Experten auch in den kommenden Jahren bleiben.

Jubelstimmung herrscht bei den Medien Fernsehen und Online, auf einem kleinen Niveau auch beim Radio. TV verzeichnet eine Verdoppelung des Umsatzes und Steigerung des Marktanteils um 11 Prozent. Der Onlinebereich kann seinen Umsatz seit 2003 verachtfachen, allerdings steht er mit drei Prozent Marktanteil noch auf relativ tiefem Niveau; dieses Segment dürfte auch zukünftig weiterhin auf der Gewinnerseite bleiben. Vor allem die zunehmende Individualisierung und Personifizierung der Onlinewerbung lässt eine deutliche Annäherung an die Zielgruppe zu. Experten sehen das Potenzial des Onlinesegments noch lange nicht ausgeschöpft, der Medienbudgetstrom fliesst in Richtung Web. Hier knüpft der Erfolg des Plakats wieder an. Out of Home ist eines der idealen Medien, um die Zielgruppe mit dem Internet raffiniert zu verlinken, sei es mit QR-Codes oder anderen modernen Interaktionsideen.

▸ **Stiftung Werbestatistik Schweiz**
Reflektiert die räumliche Grösse des Marktes und basiert auf dem Ansatz, dass sich der Markt regional unterscheidet. Mithilfe geografischer Informationssysteme (GIS) und feinräumiger Geodaten überträgt Geomarketing unternehmensinterne Informationen, beispielsweise Kundendaten, über Koordinaten in räumliche Gebiete und vernetzt diese mit Markt- und Potenzialdaten. www.werbestatistik.ch

▸ **Media Focus**
Ein auf die unabhängige Messung von Kommunikation spezialisiertes Marktforschungsunternehmen, das Daten aus den Bereichen klassische Werbung, Medienpräsenz und Suchmaschinenmarketing empirisch erhebt. www.mediafocus.ch.

Infografik

Bruttowerbeausgaben nach Medien in der Schweiz (Media Focus)
Diese umfassen die Ausgaben der Werbetreibenden für die Schaltung von Werbung.
Gewährte Rabatte werden darin nicht berücksichtigt.

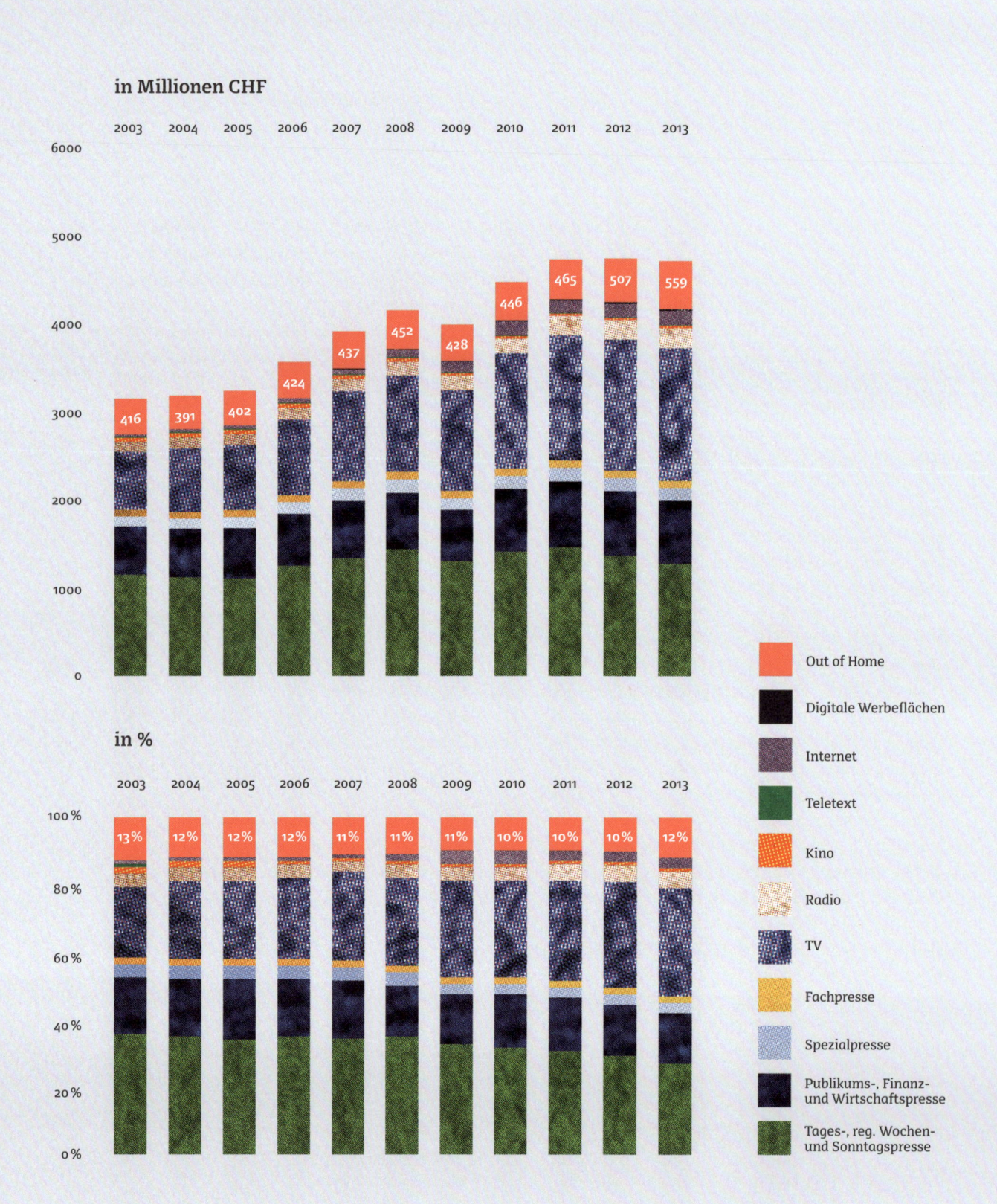

in Millionen CHF

Jahr	Out of Home
2003	416
2004	391
2005	402
2006	424
2007	437
2008	452
2009	428
2010	446
2011	465
2012	507
2013	559

in %

Jahr	Out of Home
2003	13%
2004	12%
2005	12%
2006	12%
2007	11%
2008	11%
2009	11%
2010	10%
2011	10%
2012	10%
2013	12%

Legende:
- Out of Home
- Digitale Werbeflächen
- Internet
- Teletext
- Kino
- Radio
- TV
- Fachpresse
- Spezialpresse
- Publikums-, Finanz- und Wirtschaftspresse
- Tages-, reg. Wochen- und Sonntagspresse

Nettowerbeausgaben nach Medien in der Schweiz (Stiftung Werbestatistik Schweiz / WEMF)
Diese stellen den tatsächlich von den Werbetreibenden bezahlten Preis dar, das heisst den Bruttopreis abzüglich gewährter Rabatte. Die Brutto-Netto-Schere weist potentiell die Differenz zwischen den formell ausgewiesenen Listenpreisen und tatsächlich ausgehandelten Werbeausgaben aus; Die unterschiedlichen Erfassungsmethoden der Brutto-/Nettowerte lassen jedoch keinen direkten Vergleich zu.

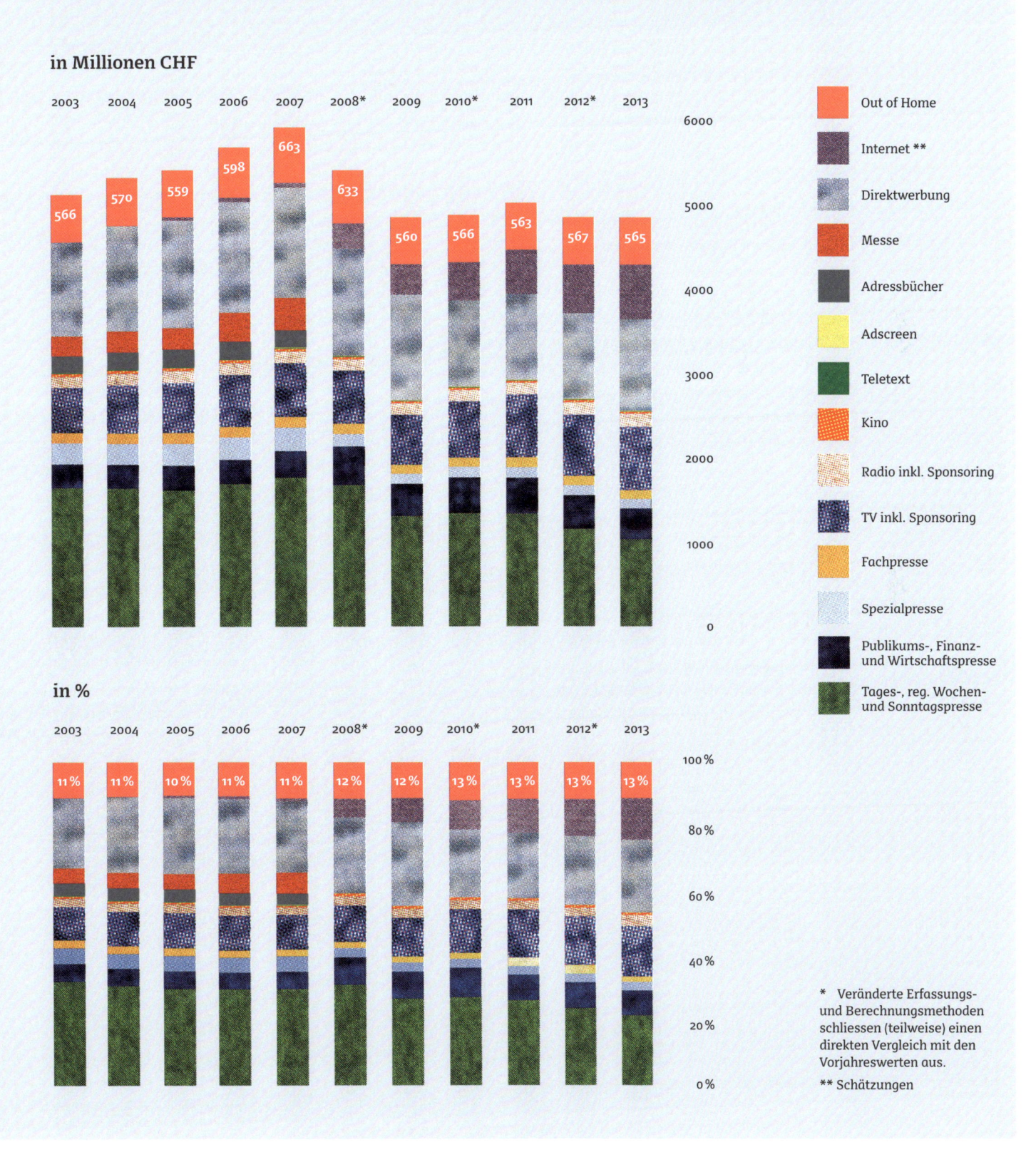

in Millionen CHF

2003	2004	2005	2006	2007	2008*	2009	2010*	2011	2012*	2013
566	570	559	598	663	633	560	566	563	567	565

Legend:
- Out of Home
- Internet **
- Direktwerbung
- Messe
- Adressbücher
- Adscreen
- Teletext
- Kino
- Radio inkl. Sponsoring
- TV inkl. Sponsoring
- Fachpresse
- Spezialpresse
- Publikums-, Finanz- und Wirtschaftspresse
- Tages-, reg. Wochen- und Sonntagspresse

in %

2003	2004	2005	2006	2007	2008*	2009	2010*	2011	2012*	2013
11%	11%	10%	11%	11%	12%	12%	13%	13%	13%	13%

* Veränderte Erfassungs- und Berechnungsmethoden schliessen (teilweise) einen direkten Vergleich mit den Vorjahreswerten aus.
** Schätzungen

AUSSENWERBEMARKT

Blick über die Grenzen

Zürich im Speziellen – und die Schweiz im Allgemeinen – weist bedeutend mehr kommerzielle nationale und internationale Aussenwerbung aus als vergleichbare Städte und Länder in Europa. Die APG schreibt in ihrem Geschäftsbericht aus dem Jahr 1990: «Das Plakat ist, bei unterschiedlicher Bedeutung im relevanten Gesamtwerbemarkt, ein in ganz Europa beliebtes Medium. Mit dem dritthöchsten Plakatanteil darf die Stellung der Schweiz dabei als höchst erfreulich gewertet werden. Eine grosse Herausforderung für die führenden Plakatunternehmen und Fachverbände stellt der vor der Tür stehende europäische Binnenmarkt 92 dar. Die Ländermärkte sind zum einen zwar allgemein recht gut erschlossen, doch wird ihre Zusammenführung infolge heterogener Strukturen, Formate und Aushangperioden der Aussenwerbung noch einige Arbeit bringen. Mit dem Cityformat, welches heute in Europa überall anzutreffen ist, konnte ein erster, bemerkenswerter Erfolg erzielt werden.» Mit durchschnittlich zehn bis dreizehn Prozent Anteil am Gesamtwerbevolumen ist die Schweiz das Out-of-Home-Land par excellence. Die hohe Siedlungsdichte, Mobilität und ÖV-Nutzung bieten dem Medium Plakat die ideale Bühne in der Öffentlichkeit. Historisch haben die frühe Regulierung der Plakatierung im öffentlichen Raum und die Normierung der Plakatformate vorzügliche Bedingungen für die Entfaltung des Plakats geschaffen. Nicht zuletzt hat die Gründung der APG im Jahr 1900 und ihr kontinuierliches Bestreben, das Plakatwesen einer ordentlichen Abwicklung zu unterwerfen, einen grossen Beitrag zum gesunden Wachstum des Plakatsegments beigetragen. Eines ist der Schweiz und allen umliegenden Ländern aber gemeinsam: Out of Home wird insbesondere dort eingesetzt, wo die Zielgruppe ihre Kaufentscheide fällt. Und alle versuchen mit neuen Technologien, die Aufmerksamkeit der Zielgruppe zu gewinnen und in Interaktion mit dem Endkonsumenten zu treten.

Das Plakat – der Medienstar

Das Plakat ist ein schnell und breit wirkendes Passantenmedium. Es erreicht Personen jeden Alters, insbesondere auch mobile Mediennutzer. Mit seinem hohen Bildanteil an der Kommunikationsfläche und ohne publizistischen Inhalt spricht es auch Touristen oder nicht sprachassimilierte Ausländer an. Der Aussenwerbung mit ihrer charakteristischen Out-of-Home-Präsenz kommt zugute, dass die Gesellschaft und damit auch die Werbezielgruppe immer mobiler wird. 90 Prozent der Schweizer Bevölkerung sind täglich ausserhalb des eigenen Heimes unterwegs. Lediglich 10 Prozent verlassen ihr Zuhause weniger als einmal pro Tag. Die täglich zurückgelegten Wegstrecken (2013 sind es 37 Kilometer) und die Zeiten (2013 sind es 84 Minuten), die eine Person täglich unterwegs verbringt, werden zudem immer länger. Prognosen besagen, dass im Jahr 2020 jede Person jährlich 17 500 Kilometer zurücklegen wird. Damit verlagert sich die Mediennutzung immer stärker in Bereiche ausser Haus und in den öffentlichen Raum. Einmal draussen, ist die Wahrscheinlichkeit hoch, dass wir an Plakaten vorbeikommen. Denn ihre Standorte befinden sich in den Zentren der Mobilität, in Shoppingcentern, bei Bahnhöfen, an Haltestellen, in den belebten Innenstädten und entlang von stark frequentierten Verkehrsachsen.

Insbesondere am Point of Sale (POS) schafft das Plakat eine konkurrenzlose zeitliche und örtliche Nähe. Aktuelle Studien belegen: Kommunikation am POS ist matchentscheidend. Nebst Routine- und Gewohnheitskäufen werden 70 Prozent der Kaufentscheide erst im Moment des Ladenbesuchs, direkt am Verkaufspunkt, gefällt. Zwar legt der Kunde möglicherweise vor dem Einkauf die angepeilte Warengruppe fest, für Marke und Produkt entscheidet er sich jedoch erst am Einkaufsregal. 44 Prozent der Konsumenten sind einer Marke gegenüber positiver eingestellt, wenn diese am Ort des Kaufgeschehens mit ihnen in Interaktion tritt. Der Einsatz digitaler Werbemittel am POS bringt im Durchschnitt aller Branchen eine Umsatzsteigerung von bis zu 20 Prozent. Einflüsse auf Impulskäufe haben daneben die Markenstärke wie auch die Produktpräsentation und -präsenz, die zusätzliche Anreize am POS schaffen.

Doch nicht nur für den Abverkauf eignet sich das Medium Plakat. Breit angelegt operiert es als ideales Instrument zur Bekanntheitssteigerung wie auch zur Imagebildung. Das Plakat offeriert eine rasche Präsenz, schnell ansteigende Reichweiten, häufige Kontakte bei der Zielgruppe und eine hohe Bekanntheit in der breiten Öffentlichkeit. Gut gestaltet entwickeln die Botschaften im öffentlichen Raum eine visuelle Anziehungskraft, der sich mancher nicht entziehen mag. Ein mittelstarker Aushang verspricht 70 Prozent Reichweite, ▶ **20 OTS und 1400 GRPs,** die Erinnerungswerte liegen bei einem einprägsamen Motiv im Durchschnitt bei

▶ **OTS**
Opportunity to See beziffert die Durchschnittskontakte einer Medienkampagne. Dabei geht es darum, dass die Zielgruppe möglichst oft mit einer Botschaft in Berührung steht.

▶ **GRP**
Mit Gross Rating Point wird das Mass des Werbedruckes beziffert. Es definiert das Verhältnis der Kontaktsumme eines Medienplanes zur Zielgruppengrösse. Je höher die Reichweite und OTS, desto höher der GRP-Wert und damit der Gesamtwerbedruck.

40 Prozent (APG PPI). Und im Vergleich zu anderen Medien mit publizistischem Inhalt, wo Werbung vom Adressatenkreis auch als «Störer» empfunden wird, geniesst das Plakat als integrativer Bestandteil des Alltags in der breiten Masse eine hohe Akzeptanz. Einen weiteren Wettbewerbsvorteil verschafft sich die Aussenwerbung durch ihre Innovationsfähigkeit. Dank der Entwicklung diverser technologischer Neuerungen wie ▸ **Lentikulareffekte** oder digitaler Plakate lernen die Bilder in den Rahmen zu laufen, sie sprechen mit der Zielgruppe, spielen mit Menschen und Räumen, vermitteln Echtzeitinformationen und unmittelbare Botschaften, ausserdem: Sie lassen sich im Sekundentakt auswechseln. Die Neuerungen beleben den Werbeträger Plakat, transportieren die Botschaften auf eine ungewohnte und überraschende Art und Weise. Mit kreativer Orchestrierung moderner Kommunikationsmöglichkeiten passt sich das Plakat kontinuierlich an die Mediennutzungsgewohnheiten der ▸ **Generation Y und Z** an.

Medienmix versus Monokampagnen

Plakate sind ein wichtiger Bestandteil eines effizienten Medienmix. Neben der präzisen Analyse und Definition der Zielgruppe und der Kommunikation der treffenden Botschaft ist der auf die Kampagne abgestimmte Mix ein weiterer entscheidender Faktor für Erfolg oder Misserfolg einer Werbekampagne. Dass ein Medienmix die Werbewirkung massiv verstärkt respektive den Monokampagnen mit bis zu 20 Prozent an Werbeleistung überlegen ist, steht fest. Denn ab einem bestimmten Budgetniveau sind Monokampagnen gänzlich unwirtschaftlich. Der Grenznutzen des einzelnen Mediums sinkt dabei rapide ab: Ist eine Botschaft über mehrere Quellen verteilt, wird eine bessere Kommunikationseffektivität erzielt. Mixkampagnen weisen nicht nur eine höhere Bruttoreichweite aus, sie profitieren dank «Multiplying-Effekt» insgesamt von einem höheren Impact; die Werbewirkung der einzelnen Medien addiert sich nicht nur, sie erhöht

▸ **Lentikulareffekte**
Linsenrasterbild oder Prismenrasterbild, das mittels kleiner, optischer Linsen oder Prismen einen räumlichen Eindruck oder eine Bewegung beziehungsweise einen Bildwechsel generiert. Dieser Effekt tritt auf, wenn das Bild von verschiedenen Blickwinkeln betrachtet wird.

▸ **Generation Y**
Geboren ab zirka 1980, stellt die sogenannten Millennials und Digital Natives. Erste Generation, die grösstenteils in einem Umfeld von Internet und mobiler Kommunikation aufgewachsen ist.

▸ **Generation Z**
Geboren ab zirka 1995. Digitale Entrepreneurs, mit dem Ziel der persönlichen Einkommens- und Lebenslustmaximierung.

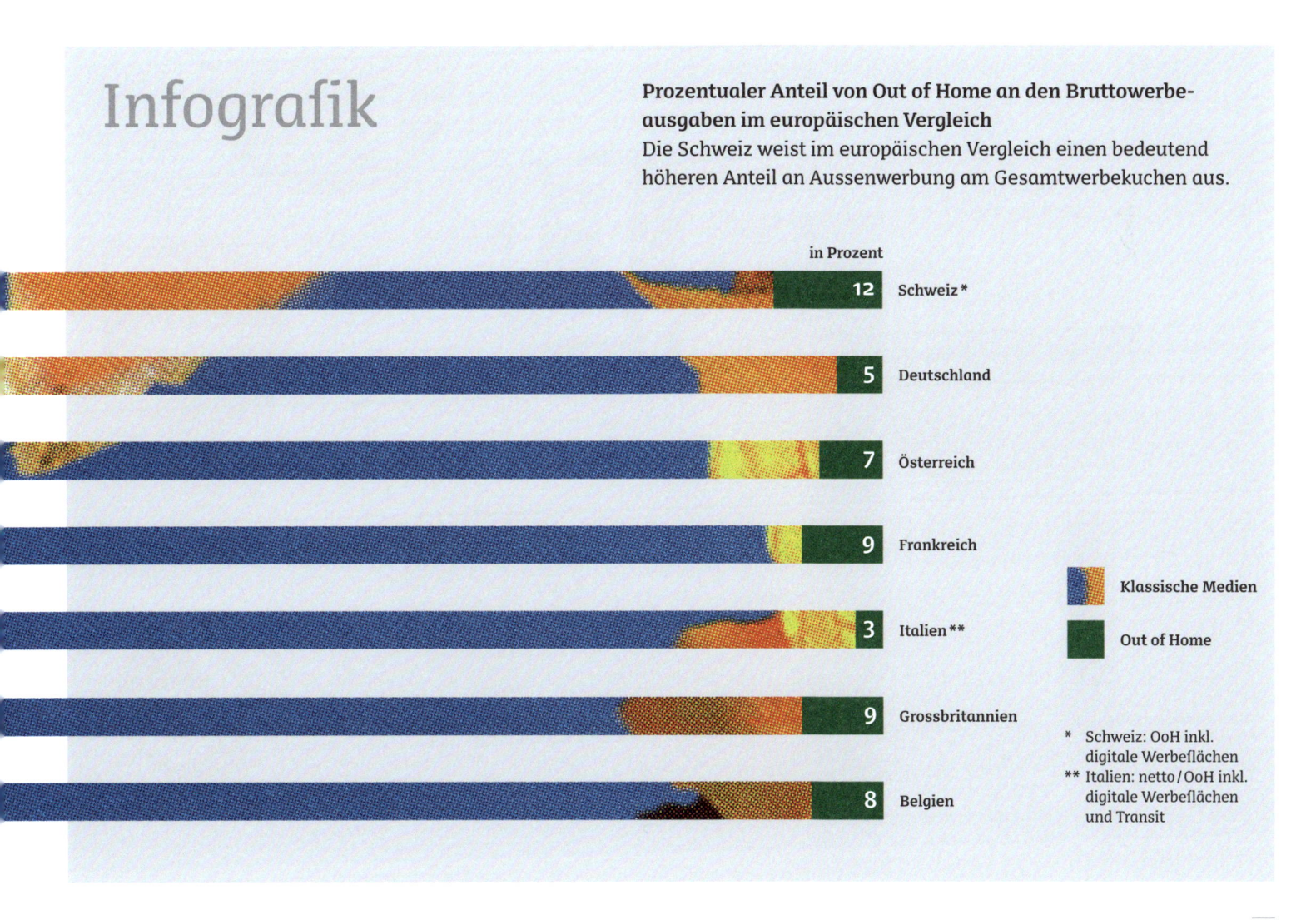

Infografik

Prozentualer Anteil von Out of Home an den Bruttowerbeausgaben im europäischen Vergleich
Die Schweiz weist im europäischen Vergleich einen bedeutend höheren Anteil an Aussenwerbung am Gesamtwerbekuchen aus.

in Prozent

Land	%
Schweiz*	12
Deutschland	5
Österreich	7
Frankreich	9
Italien**	3
Grossbritannien	9
Belgien	8

■ Klassische Medien
■ Out of Home

* Schweiz: OoH inkl. digitale Werbeflächen
** Italien: netto / OoH inkl. digitale Werbeflächen und Transit

Infografik

Top-10-Branchen der Out-of-Home-Bruttowerbeausgaben 2013
Split nach Branchen, Total Bruttowerbeausgaben 578 286 000 Franken.

Fahrzeuge
16,9 %

Finanzen
8,0 %

Nahrungsmittel
7,3 %

Mode und Sport
9,1 %

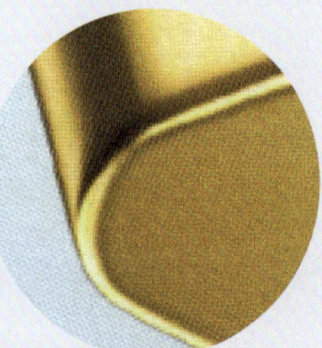

Veranstaltungen
6,7 %

Telekommunikation
5,4 %

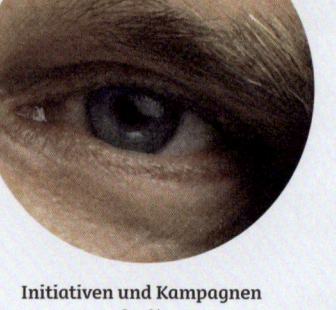

Initiativen und Kampagnen
8,0 %

Freizeit, Gastronomie, Tourismus
6,7 %

Bauen, Industrie, Einrichtung
5,3 %

Detailhandel
4,9 %

sich multiplikativ gegenüber reinen Monokampagnen. Bereits in den frühen 70er-Jahren zeigen umfassende Studien zu dieser Medienforschungsfrage, dass Kumulation und Konsonanz mehrerer Mediengattungen zu Kommunikationssynergien bei der Zielgruppe führen. Jüngste Ergebnisse belegen bei Mixkampagnen zudem eine verringerte Abnutzung der Werbebotschaft. Dem Plakat kommt im Medienmix eine Leadfunktion zu. Durch den Einsatz des Plakats im Rahmen von Medienmixkampagnen wird auch die Wirkung der übrigen Medien signifikant gesteigert, insbesondere des Basismediums TV.

Einschaltkosten und Leistungsvergleich

In der Medienplanung gilt das Plakat per se als kostenträchtiges Medium: Ein nationaler F12-Aushang während 14 Tagen auf zirka 900 Stellen schlägt mit einem Bruttopreis von 430 000 Franken zu Buche. Und der Durchschnittspreis pro Stelle für einen 14-tägigen F12-/F200-Aushang beläuft sich auf 450 Franken. Doch relativ gesehen – im intermedialen ▶TKP-Vergleich – präsentiert sich das Plakat als günstiges Medium. Die Varianz des Plakat-TKPs steht in Abhängigkeit des Gebiets, der Saison und des Formats und liegt im Schnitt zwischen 8 und 40 Franken. Kampagnen-, Staffel- und Konzernrabatte in der Höhe von bis zu 50 Prozent sowie Frühbucher- und Last-minute-Spezialkonditionen und Beraterkommissionen lassen den vom Werbeauftraggeber effektiv bezahlten Netto-Netto-Preis auf ein wesentlich tieferes Niveau sinken.

Jeder Medienplan zielt darauf ab, die bestmögliche Leistung für ein definiertes Werbebudget zu erreichen. Hierfür werden mehrere Leistungswerte ermittelt, wie Reichweite, Kontaktintensität (OTS), Kostenwirtschaftlichkeit (TKP) und Affinität. Beim intermedialen Vergleich ist es zwingend, die den jeweiligen Medien zugrunde liegenden Ansätze der Leistungsmessung zu beachten: Die gattungsbezogenen Forschungsansätze differieren stark. Um im intramedialen Vergleich die in Plänen ausgewiesenen Leistungswerte zu analysieren, werden Gross Rating Points (GRPs) als gemeinsamer Nenner ermittelt.

Nebst der rein quantitativen Betrachtung dürfen die qualitativen Aspekte der Medienplanung – beim Plakat beispielsweise das Stellenumfeld – nicht aussen vor bleiben. Dazu zählt auch die unterschiedliche Wirkung der einzelnen Gattungen: Das Plakat zeichnet sich durch viele, aber flüchtige, die Kinowerbung hingegen durch wenige, aber intensive Kontakte aus.

Beim Wirkungs- und Leistungsvergleich der Medien von spezifischem Interesse ist der Return on Investment (ROI, der pro Bruttowerbeinvestition erzielte Bruttoumsatz des beworbenen Produktes) im Sinne eines Effizienzindikators. Eine im Jahr 2010 von der APG und dem deutschen Fachverband Aussenwerbung FAW in Auftrag gegebene und breit angelegte Medienstudie in Deutschland und in der Schweiz erbringt den Beweis für das Plakat als effizientesten Verkaufsmotor: Eine Plakatkampagne erzielt das Fünffache seiner durchschnittlichen Quote am Medienmixbudget. Die Studie macht zudem deutlich, dass Plakate im Vergleich mit allen anderen klassischen Medien den höchsten ROI erzielen, unabhängig davon, ob sie als Basismedium eingesetzt oder im Rahmen einer Medienmixkampagne platziert werden.

Exkurs Erfassungsmethoden

Bei den Zahlen von Media Focus handelt es sich um Bruttowerte des Schweizer Werbemarktes, die seit 1990 monatlich erfasst werden. Media Focus geht 1989 aus einer Fusion zweier damals bestehender Schweizer Werbestatistiken hervor. Als Joint Venture der beiden global tätigen Marktforschungsinstitute GfK Switzerland AG und The Nielsen Company (Switzerland) GmbH ist Media Focus Teil eines weltweit führenden Netzwerkes im Bereich der Werbe-, Markt- und Medienforschung. Um die Bruttowerte zu ermitteln, wendet das Unternehmen zwei verschiedene methodische Prozesse an: Zum einen sichten Mitarbeitende ganzjährig die Werbeschaltungen sämtlicher Mediengattungen. Sie werden anhand von Ton- und Bildmaterial identifiziert und kategorisiert. Ergänzend liefern Vermarkter und Medienunternehmen ihre Buchungsdaten, die auf den offiziellen Bruttowerbetarifen basieren. Die Bewertung anhand von Bruttotarifen garantiert die Vergleichbarkeit der Werbeschaltungen. Die beiden Methoden werden je nach Mediengruppe einzeln oder kombiniert eingesetzt. Im Falle des Plakats kommen beide Methoden zur Anwendung. Die so veröffentlichten Statistiken ermöglichen, die Werbepräsenz eines Auftraggebers oder das Werbevolumen eines Mediums zu analysieren. Rabatte sind bei dieser Erfassungsmethodik irrelevant, von Interesse ist einzig die Präsenz. Media Focus passt seine Erfassungsmethoden kontinuierlich den technischen Veränderungen und Entwicklungen an. Um

▶ **TKP**

Der Tausenderkontaktpreis gibt an, welches finanzielle Investment bei einer Werbemassnahme getätigt werden muss, um 1000 Personen einer Zielgruppe per Sicht- (oder Hör-)Kontakt zu erreichen. Im digitalen Segment gilt eine Ad Impression als Kontakt (Ad Impression: Aufrufe von Werbemitteln auf einem Ad Server: Jedes Mal, wenn ein User eine Internetseite aufruft, wird im Browser die gebuchte Werbung angezeigt).

Infografik

Der Megatrend Mobilität und die Aussenwerbung ergänzen sich perfekt

90% der Personen gehen täglich aus dem Haus und kommen mit OoH in Berührung. 50% der Wege dienen dem Einkauf und der Freizeit. 92% der Personen haben in den letzten 30 Minuten vor dem Einkauf OoH gesehen.

37 Kilometer legt der Schweizer durchschnittlich pro Tag (u.a. mit dem PKW) zurück, und er ist dabei rund 84 Minuten unterwegs.

Uhrzeit 5 8

Keiner ist schneller als Out of Home
OoH baut sehr schnell eine hohe Reichweite auf. Im Schnitt weist eine Printkampagne mit 4–5 OTS zirka 40–50% Reichweite aus, eine TV-Kampagne zirka 50–60% Reichweite und eine OoH-Kampagne zirka 70–80% Reichweite. Je nach Titel- (Print) und Senderwahl (TV) können die Reichweiten von diesem Durchschnitt abweichen.

Print
40–50%

TV
50–60%

OoH
70–80%

Out of Home   TV   Reichweite in %

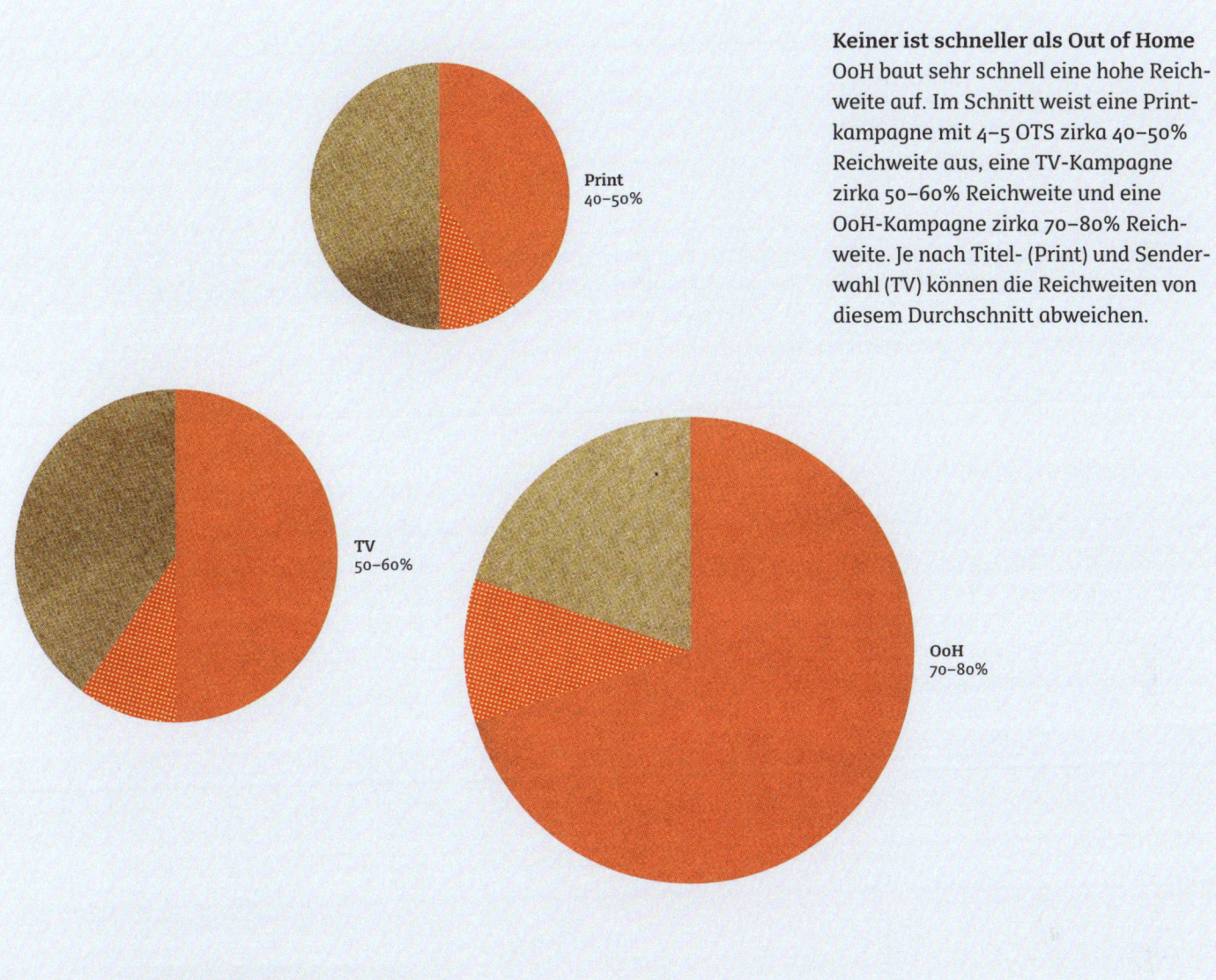

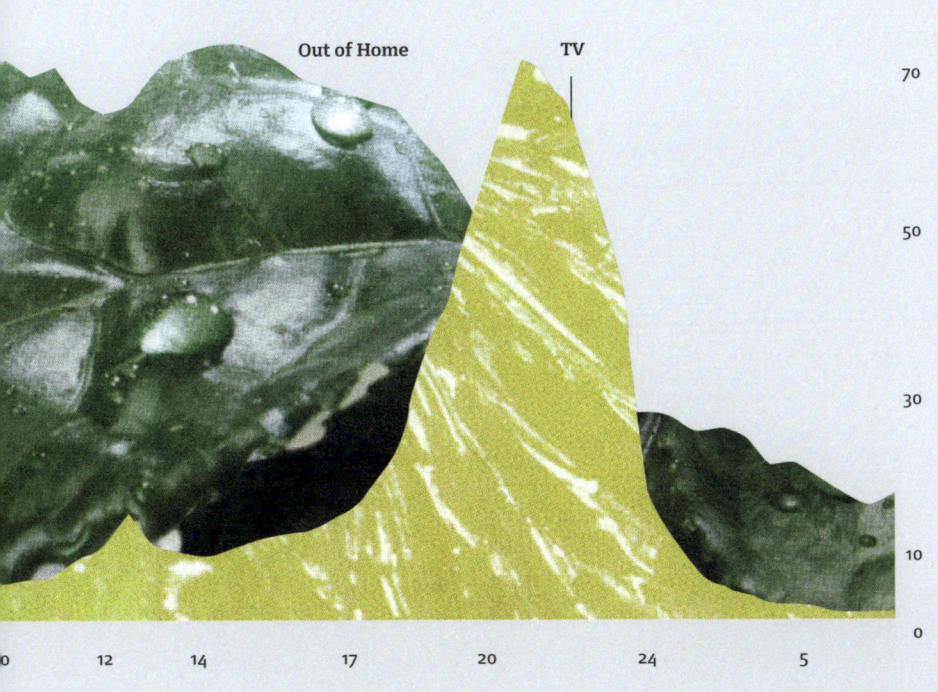

Out of Home als perfektes Komplementärmedium zu TV
Aussenwerbung und TV-Werbung ergänzen sich im Tagesverlauf bestens.

AUSSENWERBEMARKT

▸ **on air**
Synonym für Schalten einer Werbekampagne.

▸ **WEMF AG für Werbemedienforschung**
Neutrale und nicht gewinnorientierte Medienforschungsorganisation. Ihr Kernbereich sind die Medien Print, Kino und Sponsoring. Im erweiterten Fokus stehen im Sinne einer strategischen Allmedienbetrachtung sämtliche klassischen Medien. www.wemf.ch.

▸ **Plakatüberhang**
Bezeichnet die Zeitdauer des Aushangs eines Plakatsujets nach der offiziell gebuchten Werbeperiode.

die Vergleichbarkeit der Zahlen trotz Anpassungen an die Mediensystematik zu gewährleisten, werden jeweils nur die Werte der vergangenen zehn Jahre publiziert. Kritiker beanstanden beim Plakat im Vergleich zu anderen Mediengattungen, die Aussenwerbung müsste in Bezug auf den Werbedruck immer auf 100 Prozent ▸ **on air** gesetzt sein. Das Plakat prästiert als einziges Medium stets volle Auslastung, denn leere Plakatstellen existieren nicht. Ein ▸ **Plakatüberhang** einer einzelnen Kampagne wird ebenso wenig erfasst. Die Veränderungen zwischen 10 bis 13 Prozent Marktanteil des Plakats beschreiben folglich in erster Linie die Dynamik des Gesamtwerbekuchens respektive markante Entwicklungen anderer Mediengattungen als die der Aussenwerbung.

Eine Analyse, welche den Blick weiter als zehn Jahre zurück erlaubt, ermöglichen die Zahlen der Stiftung Werbestatistik Schweiz. Systematisch erfasst und einmal jährlich publiziert werden die Nettowerte des Schweizer Werbemarktes seit 1982. Die

▸ **WEMF AG für Werbemedienforschung** wird von der Stiftung mit der Erhebung und Publikation der Werbestatistik beauftragt. Diese gibt Auskunft über die Nettobeträge, die die Auftraggeber für die Kommunikation ihrer Botschaften in die Werbemedien investieren. Die Umsätze werden jedes Jahr nach denselben Regeln gemessen. Somit sind die Ergebnisse mit denjenigen des Vorjahres vergleichbar. Die Nettowerte ergeben sich nach den Abzügen von Agenturhonoraren, Beraterkommissionen und Buchungsrabatten vom Bruttopreis und zeigen die effektiv getätigten Umsätze der Werbeträger auf. Ermittelt werden die Werte anhand der Datenlieferungen von Medienanbietern und Vermarktern. Die Genauigkeit der Statistik hängt davon ab, dass Medienunternehmen und Vermarkter ihre Umsatzzahlen auch effektiv übermitteln. Zwar sind die am Projekt beteiligten Personen zu strengster Geheimhaltung von Einzelmeldungen verpflichtet. Doch wo Medienanbieter und Vermarkter ihre Nettozahlen trotzdem nicht transparent machen – wie im Falle

Infografik

Out of Home ist der König des Return on Investment (ROI)
Der ROI-Beweis: Das Plakat besitzt unter den klassischen Medien nachweisbar die grösste Hebelwirkung beim Steigern des Verkaufserfolges und damit des Ertrags der investierten Werbegelder. Es erzielt somit als Basismedium den höchsten ROI. Studien belegen zudem, dass das Plakat kombiniert mit Print und/oder TV auch den ROI der übrigen Medien erhöht.

TV 1,3　　Print 1,9　　OoH 2,1

der Aussenwerbung –, kommen Schätzungen zum Zuge. So äussert sich die WEMF zur Publikation 2013 wie folgt: «Die in den letzten Jahren publizierten Daten der Werbestatistik basierten auf unvollständigen Datenlieferungen und zeigten dieses Jahr im Bereich der Plakatwerbung eine Umsatzentwicklung, welche nicht dem Ergebnis der gesamten Branche entspricht. Aus diesem Grunde hat der Vorstand des Verbandes AWS Aussenwerbung Schweiz in Zusammenarbeit mit der Projektleitung der Stiftung Werbestatistik Schweiz die Gruppierung der Aussenwerbung neu definiert und die Daten rückwirkend bis 2009 gemäss aktualisierten Definitionen neu erhoben und bei fehlenden Daten mit Schätzungen ergänzt.»

Die Media-Focus-Methode ermöglicht eine Präsenzstatistik eines Werbeauftraggebers oder eine Werbevolumenanalyse pro Medium. Die Daten lassen eine Auswertung auf unterster Ebene zu; das heisst, einzelne Belegungen können abgerufen werden und damit die Frage «Welcher Werbeauftraggeber hat in welchem Zeitraum, Medium, Format und mit welchem Produkt oder welcher Dienstleistung geworben?» im Detail beantworten. Die Bruttowerte sind eine wichtige Entscheidungsgrundlage bei der Werbepräsenzplanung und fester Bestandteil des Kommunikationsplanungsprozesses. Die Bruttozahlen sind zudem die Basis, die einen Vergleich mit dem Ausland zulässt. WEMF hingegen erhebt die Umsatzentwicklungen einzelner Mediengattungen.

Die unterschiedlichen Erfassungsmethoden von Media Focus und der Stiftung Werbestatistik Schweiz/WEMF lassen keinen direkten Vergleich der beiden Werte zu. Letztere erfasst in ihrer Statistik zudem die Direktwerbung (bei Media Focus nicht berücksichtigt), welche mit einem Nettoumsatz von über einer Milliarde Franken den zweiten Platz hinter der Presse einnimmt. In keiner der beiden Statistiken Eingang finden jedoch die Werte aus den Bereichen der Werbe- und Promotionsartikel, des Sponsorings und Corporate Publishings.

Ein Vergleich der beiden Werte Media Focus versus Stiftung Werbestatistik Schweiz lässt aber Aussagen über die Veränderung der Brutto-Netto-Schere zu – das ist die Differenz zwischen den Brutto- und Nettomedienspendings: Ein konstantes Medienvolumen bei rückläufigem Umsatz lässt eine Zunahme von Rabatten vermuten. Doch spielen im Brutto-Netto-Gefüge auch andere Faktoren eine wichtige Rolle, beispielsweise die Formate pro Mediengattung, die keinem linearen Preissystem unterworfen sind.

Historie Erhebung der Medienspendings

Den ältesten schriftlich belegten Versuch, den Werbeaufwand in der Schweiz statistisch abzubilden, findet sich im Jahr 1967. In einer Dissertation erhebt Dr. Christian R. Grünig die Werbeausgaben der Jahre 1962 bis 1964. Veröffentlicht werden die Ergebnisse 1967 in einer Sondernummer des Fachorgans «Werbung – Publicité» des Schweizerischen Reklameverbandes (heute Schweizer Werbung SW). Fünf Jahre später publiziert der Verband in einer Artikelserie die Werbekosten aus den Jahren 1968 bis 1970. Eine Vereinigung von Ökonomiestudenten der Universität Bern, «Junior Marketing», befasst sich im Auftrag des Verbandes mit der Gewinnung und Analyse der Werbeumsätze. Ihr Ziel ist es, den volkswirtschaftlichen Stellenwert der Werbeausgaben auszuweisen. Die Statistik orientiert sich an der Methode von Grünigs Dissertation. Die Erhebung geht von den Werbemitteln aus und liefert als Ergebnis eine Zusammenstellung der Streukosten. «Dabei meinen wir mit Streukosten Aufwendungen für die Verbreitung der konkret gestalteten Werbemittel oder, aus der Sicht der Auftragnehmer, Nettoumsätze», schreibt Martin Renggli 1972, Mitglied der Arbeitsgruppe «Junior Marketing».

Der Gesamtwerbeaufwand wird im Jahr 1970 auf 2,5 Milliarden Franken geschätzt. Dieser Betrag umfasst neben den Streukosten in Höhe von 880 Millionen Franken (35 Prozent des Gesamtwerbeaufwandes) die Einkommen der Werbeberatung, die Kosten der unternehmensinternen Werbeabteilungen sowie die Herstellung von Werbemitteln inklusive Gestaltungs- und Produktionskosten.

Den Löwenanteil der Werbespendings bestreitet 1970 die Anzeigenwerbung mit 73 Prozent, gefolgt von Direktwerbung mit 11 Prozent und Fernsehwerbung – die zur Zeit der Analysen von Dr. Grünig noch nicht existiert – mit 7,4 Prozent. Messen und

1 Erste Analysen der Werbespendings: Die Arbeitsgruppe «Junior Marketing», eine Vereinigung von Ökonomiestudenten der Universität Bern, analysieren im Auftrag des Schweizerischen Reklameverbandes die Werbeumsätze in der Schweiz. Von links nach rechts: M. Renggli, P. Sommer, W. Rufer, P. Jeremias, U. Geissbühler, J. Schneider, 1972.

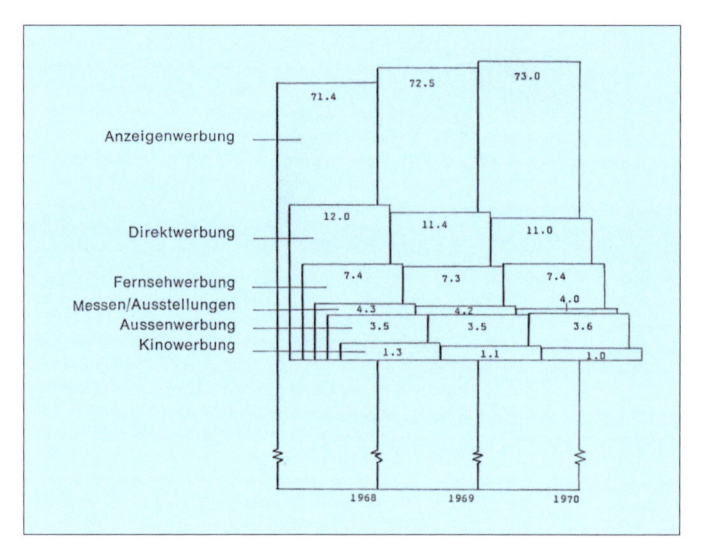

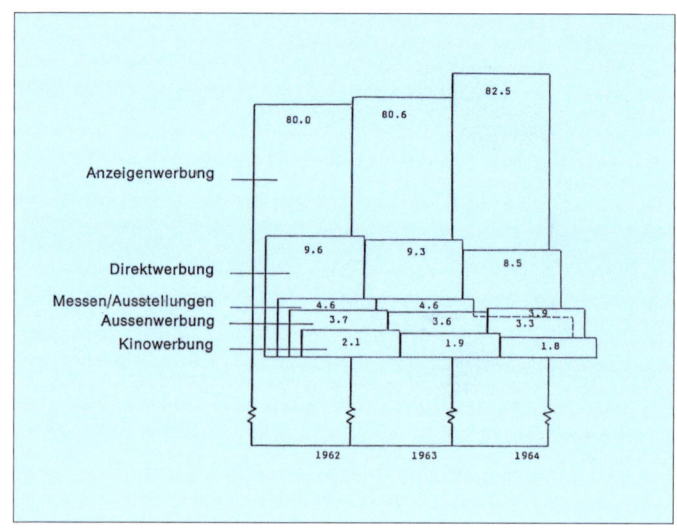

2 Streukostenanteile der Werbemittel 1962–1964 gemäss Werbeaufwanduntersuchung des «Junior Marketing».

3 Streukostenanteile der Werbemittel 1968–1970, gemäss Werbeaufwanduntersuchung des «Junior Marketing».

Ausstellungen fallen mit 4 Prozent zu Buche. Die Aufwendungen der Aussenwerbung belaufen sich seit der ersten Erfassung im Jahr 1962 auf stabile, aber bescheidene 3,6 Prozent. Das Schlusslicht bildet die Kinowerbung mit 1 Prozent, Tendenz rückläufig. «Junior Marketing» kommentiert die Analysen mit der kritischen Bemerkung, bei der Interpretation dieser Zahlen sei zu beachten, dass ein wesentliches Medium, die Schaufenster- und POS-Werbung, nicht in die Untersuchung einbezogen werde, da sie kaum erfasst werden könne.

Eine langfristige und systematisch erfasste Statistik, welche heute einen Blick in die Historie der Werbeausgaben ermöglicht, kann sich aus diesen ersten Versuchen allerdings nicht etablieren. Die Gründe dafür lassen sich nicht eindeutig belegen. Das Bedürfnis und die Nachfrage nach solchen Statistiken ist vor den 80er-Jahren nur in geringem Masse vorhanden. Die Wahl, in welchem Medium und mit welchem Aufwand geworben wird, treffen häufig die Firmenpatrons: Sie entscheiden sich meist aufgrund ihrer Erfahrung und wohl auch persönlicher Vorlieben für einen bestimmten Werbeträger oder einen Medienmix. Die Kreativen der Agenturen legen den Fokus berufsbedingt mehr auf den Wert einer Idee: Nicht das Medium, in dem geworben wird, macht Werbung erfolgreich, sondern die geniale kreative Idee dahinter und deren Umsetzung.

Aus einer objektiveren Warte betrachtet, kann Werbung nur erfolgreich sein, wenn Zielgruppe, Botschaft, gestalterische Umsetzung und Medienwahl optimal aufeinander abgestimmt sind.

Geschichte der Mediaagenturen

Differenzierte Medienmarktanalysen werden zum Thema, als sich auf Analyse spezialisierte Unternehmen zu bilden beginnen. Pioniere der Schweizer Mediaagenturszene, wie Robert C. Baier, Wolfgang Mecklenburg, Vincent Banderet oder Karl-Heinz Müller, üben Medienplanung und -einkauf seit den 70er-Jahren selbstständig aus und gründen in den Folgejahrzehnten die ersten Agenturen. Zu einem Zeitpunkt, als im Ausland das System der Mediaagentur sich bereits etabliert hat. Medienanalyse und -forschung, Medienberatung und -strategie, Medienplanung und -abwicklung, Medieneinkauf werden zum Thema. Innerhalb von knapp dreissig Jahren entwickeln sich die Agenturen zum spezialisierten Dienstleister in der Werbewirtschaft, wenn es darum geht, Unternehmen bei der zielgerichteten Streuung ihres Etats in die adäquaten Medien zu beraten. Sie gehen in den 80er-Jahren aus den frühen klassischen Kreativwerbeagenturen hervor, deren Wurzeln wiederum

4 Werbeaufwand nach Medien (reine Streukosten der klassischen Medien) in Mio. Franken 1975–1981; Tabelle des SAWI, Schweizerisches Ausbildungszentrum für Werbung und Information, 1982.

Werbeaufwand nach Medien (in Mio Franken)³

	1975	%	1976	%	1977	%	1978	%	1979	%	1980	%	1981	%
Zeitungen	392	50,4	388	49,3	477	52,6	521	52,9	548	52,2	583	52,3	635	52,7
Zeitschriften	241	31,0	242	30,8	259	28,5	286	29,0	314	29,9	336	30,2	370	30,7
TV	99	12,7	106	13,5	116	12,8	117	11,9	119	11,3	120	10,8	113	9,4
Aussenwerbung	46	5,9	50	6,4	55	6,1	61	6,2	69	6,6	75	6,7	86	7,1
Total	778	100,0	786	100,0	907	100,0	985	100,0	1050	100,0	1114	100,0	1204	100,0

Quelle: Zeitungen, Zeitschriften, TV: Schmidt + Pohlmann – Aussenwerbung: SVA

bei den Anfang des 19. Jahrhunderts aufgekommenen Vermittlungsstellen für Zeitungsannoncen liegen. Die Kreativagenturen entwickeln sich nach dem Zweiten Weltkrieg zu Full-Service-Agenturen, die ihrem Klientel von der Gestaltung bis zur Schaltung der Werbung alles anbieten. Doch Ende der 70er-Jahre findet ein Wandel auf funktionaler Ebene statt. Die Agenturen beginnen, ihre Leistungen zu differenzieren, sie unterscheiden fortan zwischen Aufgabengebieten der Kreation der Werbemittel und der Medienplanung, -beratung und des -einkaufs.

Die Mediaagenturen leisten einen grossen Beitrag zur erfolgreichen und effizienten Kommunikation ihrer Werbekunden. Sie entwickeln sich über die Jahre zu wichtigen Gatekeepern der Schweizer Medienspendings, in doppelter Treuhänderschaft, mit Blick in zwei Richtungen: Die Werbetreibenden verfügen über die Etats, die Medienanbieter über die Plattformen. Das hochspezialisierte Wissen und die Erfahrung der Agenturen lässt die Werber ihre Anzeigen erfolgreich platzieren und sie somit an die Kunden herankommen. Nach aufwendigen und erfolgreich gewonnenen «Beauty Contests» schliessen die Agenturen mehrjährige Mandatsverträge mit werbetreibenden Unternehmen. Sie verhandeln auf der anderen Seite mit Werbeträgern/Medienanbietern über Preise, Leistungen, Rabatte und Sonderkonditionen für respektable Medienschaltvolumen. «Direktgeschäfte» zwischen Werbetreibenden und Medienanbietern sind und bleiben selten.

In den 90er-Jahren findet eine Marktkonzentration statt: Agenturen fusionieren und schliessen sich zu grossen, teilweise weltweit agierenden Agenturgruppen zusammen. Angesichts der Zunahme und Diversifizierung der Beratungs- und Planungsdienstleistungen breiten sich verschiedene Honorarmodelle und «Agentur-Haustarife» aus. Nicht zuletzt die Tatsache, dass Werbeauftraggeber mit ihren Abteilungen ▸ **Procurement und Auditing** einen zunehmend stärkeren Einfluss auf Honorierungsmodalitäten nehmen, führt zu der Erwartungshaltung, immer mehr Leistung für immer weniger Honorar einzufordern. Aufseiten der Agenturen reagiert man darauf mit einfallsreichen Konditionen. In die Schere zwischen brutto und netto fallen Begriffe wie Provisionen, Kick-backs und Refinanzierung, die nicht immer in jede Richtung transparent gehalten werden. Mitunter führt dies zu eisigen bilateralen Beziehungen zwischen Agenturen und Werbetreibenden. Die Rechtsstellung moderner Mediaagenturen wird infrage gestellt: Handeln sie beim Medieneinkauf auf eigene Rechnung oder im Auftrag ihrer werbetreibenden Kunden? Fazit: Sowohl die Medienanbieter als auch die Agenturen und Werbekunden sind in die Pflicht genommen. Obliegt es den Medienanbietern, Rabatte und Provisionen an die Agenturen und diese an die Werbekunden weiterzuleiten, sind die beiden letztgenannten Parteien gehalten, ihre Ansprüche zu konkretisieren beziehungsweise Gewinnmargen im Vorfeld vertraglich zu regeln.

Hinzu kommt, wie sich ein langjähriger Branchenkenner und Medienguru dezidiert zum Thema äussert: «Eine Topmediaagentur darf selbstbewusst für ihre Topleistung auch ein adäquates Honorar von ihren Kunden verlangen. Brillante Analysten, intelligente Tools kosten nun mal Geld. Spitzenqualität ist nirgendwo gratis zu haben.»

Veränderte Medienlandschaft – verschärfter Wettbewerb

Seit den 90er-Jahren wird der Medienkonsum komplexer. «Crossmedia» wird zum zentralen Thema bei der Werbeplanung. Medienhäuser müssen ihre Angebote kontinuierlich weiterentwickeln und mit innovativen Ideen über verschiedene Träger und Interaktionspunkte mit der Zielgruppe in Kontakt bringen. Vermarkter und Medienhäuser aller Genres sind gezwungen, die digitale Medienwelt entscheidend mitzuprägen, um ihre Position in der Wertschöpfungskette zu verteidigen. Die Firmen operieren internationaler, Marketing und Werbung werden zu zentralen Entscheidungsträgern in den Unternehmen. Dies lässt den Ruf nach zuverlässigen Zahlen und aussagekräftigen Analysen steigen, die als Entscheidungshilfen fungieren, als Instrumente zur Konkurrenzanalyse und nicht zuletzt auch als Beleg für die wirtschaftliche Bedeutung von Marketing und Werbung und die Investition in die einzelnen Mediengattungen.

In diesem Umfeld, das vom Druck nach schnellem ökonomischem Erfolg geprägt ist, sind die Zukunftsaussichten für das Plakat im Pendlerland Schweiz gut. Auch wenn Plakate «en passant» wahrgenommen werden und mit vielen anderen Quellen um die Aufmerksamkeit der Konsumenten kämpfen: Das Segment Out of Home kann sich kontinuierlich stabil halten und seinen Platz in der sich verändernden Medienlandschaft verteidigen, auch während wirtschaftlich schwierigen Zeiten mit knappen Werbebudgets. Es dürfte dies auch künftig tun, dank Innovationsfähigkeit und immerwährend sichtbaren Standorten.

▸ **Procurement**
Unter Beschaffung wird in der Betriebswirtschaftslehre der Einkauf wie die Beschaffungslogistik für Güter, Dienstleistungen und Rechte verstanden.

▸ **Auditing**
Untersuchungsverfahren und -prozesse, die dazu dienen, Abläufe in einem Unternehmen hinsichtlich der Erfüllung von Anforderungskriterien und Richtlinien zu analysieren, zu protokollieren und zu bewerten. Häufig findet das Auditing im Rahmen eines Qualitätsmanagements statt.

Plakatforschung, gestern und heute

Plakatforschung besteht nicht darin, endlose Listen von Mediendaten zu sammeln oder im Nebengebäude eines Forschungsinstituts trockene Analyseverfahren durchzuführen. Die Plakatforschung gehört zu den kompliziertesten Bereichen der Medienforschung. Sie hat sich anderen Herausforderungen zu stellen als die Untersuchung von Werbeträgern wie Zeitschriften, Radio, Kino, Fernsehen. Diese werden dank redaktionellem Inhalt sowieso genutzt, ob mit oder ohne Werbung. Niemand nutzt dagegen eine Anschlagfläche, wenn kein Plakat darauf ist. Diese und weitere Besonderheiten haben für das Medium Plakat ganz eigene Erfassungsmodelle hervorgebracht.

PLAKATFORSCHUNG

Die Gesellschaft für Werbemedienforschung (WEMF AG) ermittelt Leistungswerte von Printmedien, Kino und Internet. Sie fragt nicht direkt nach der Nutzung von Werbung in einem Medium, sondern nach der Nutzung des eigentlichen Mediums; WEMF stellt beispielsweise fest, wie viele Ausgaben einer Zeitung gelesen werden – der redaktionelle Inhalt ist also die Grundlage. Das Plakat hingegen hat keinen redaktionellen Inhalt. Die Erforschung der Leistungswerte für die Aussenwerbung erfasst deshalb unmittelbar die Werbeleistung, denn niemand nutzt eine Plakatstelle, wenn kein Plakatsujet darauf zu sehen ist. Gegenüber der Printforschung müssen beim Plakat zusätzliche Kriterien berücksichtigt werden: So spielt es eine Rolle, wo es steht (räumliche Dimension), weil an unterschiedlichen Standorten unterschiedliche und unterschiedlich viele Passanten vorbeigehen. Auch die zeitliche Dimension, wann die Passagen erfolgen, ist beim Plakat wichtig, denn unbeleuchtete Plakate werden nur tagsüber gesehen.

Die Plakatforschung befasst sich damit, wie viele und welche Personen eine Kampagne gesehen haben – das ist ihre Reichweite (quantitativ) –, und mit der Werbewirkung, mit der Frage, wie die Kampagne die Bekanntheit, das Image oder die Sympathie eines Produktes beeinflusst hat (qualitativ). Plakatforschung im weiteren Sinne beginnt bereits vor der Tätigkeit methodisch und wissenschaftlich anspruchsvoll arbeitender Marktforschungsinstitute: beim Plakatkünstler oder Gestalter, der sich in die Frage hineinfühlt, wie er das zu bewerbende Produkt, die zu bewerbende Dienstleistung darstellen kann, um beim zukünftigen Betrachter Aufmerksamkeit zu erregen. Die Forschung beginnt also bei der subjektiven Leistungsbewertung des Plakats. Das Kapitel «Plakatdesign» beschreibt die Wirkung, die ein Plakat erzielt, wenn der Designer die Grammatik der Formensprache beherrscht, wenn er weiss, wie Schwerpunkte gesetzt werden können: Soll eine Form am Rand oder in der Mitte positioniert werden? Wie kräftig soll der Schattenwurf ausfallen? Sollen Elemente transparent sein, sich überlagern, einen dreidimensionalen Effekt haben? Welches Klima schafft der gewählte Schrifttyp? Wird der Betrachter überreizt im ohnehin medial überreizten Alltag?

Fernwirkung, schnelle Lesbarkeit und Einprägsamkeit können als die drei Hauptforderungen an die ▸**Impactstärke** eines Plakats festgehalten werden.

Die objektive Leistungsbewertung des Plakats

Designer, Grafiker und Plakatkünstler arbeiten im besten Fall mit Empathie und Begeisterung an einem gelungenen, sprich wirkungsvollen, Plakatsujet.

Allerdings bleibt die Frage offen, ob die beabsichtigte Werbewirkung auch tatsächlich erreicht wird. Insbesondere der Auftraggeber möchte wissen, wie viele und welche Personen von seiner Plakatkampagne erreicht werden, welche Wirkung sie erzielen und ob seine mitunter beträchtlichen Investitionen in Werbung zur gewünschten Umsatzsteigerung führen, ob das politische Plakat den Wähler animieren kann. Gehen wir vom Begriff der Wirkung aus, eröffnet sich bald das weite Feld psychologischer Methoden, welche die Kaufentscheidungsprozesse unter die Lupe nehmen. Der kritische Konsument denkt jetzt vielleicht an Instrumentarien wie ▸**Eye-Catcher** oder die ▸**Low-Balling-Technik.** Doch es fängt viel grundlegender an, wenn zum Beispiel englische Plakatanstalten schon vor dem Ersten Weltkrieg untersuchen, welche Wirkungen Farbe und Helligkeitswerte in der Ferne beim Betrachter auslösen. Bis in die 60er-Jahre des vorigen Jahrhunderts haben sich die Untersuchungen so weit differenziert, dass seltsame Apparaturen wie das ▸**Tachistoskop** erfunden werden und für weitschweifige Diskussionen über unterschwellige Werbung sorgen.

Das Plakat – kein «normaler Werbeträger»

Wie sieht die Entwicklung speziell in der Erforschung der Reichweite von Plakatkampagnen aus, und mit welchen Schwierigkeiten hat sie zu kämpfen?

Das Medium Plakat kann nicht wie andere Printmedien oder Radio-, Fernseh-, Kinospots betrachtet werden. Diese auch als «normale Werbeträger» bezeichneten Medien sind vor allem deshalb einer Analyse leichter zugänglich, weil sie in ihrer Erscheinung nicht variieren und weil es für die Kontakthäufigkeit sowie die Kontaktqualität kaum eine Rolle spielt, wo und wann sie konsumiert werden. Das heisst, eine Tageszeitung ist bei jedem Leser das gleiche Blatt, der Kinospot ist in Kino A nicht anders als in Kino B. Plakatstellen dagegen sind verschieden: Sie stehen an Standorten mit völlig unterschiedlicher Ausprägung: im Getümmel einer Bahnhofshalle und an der Kreuzung einer Kleinstadt, in der Zufahrt zum Shoppingcenter, sie stehen in Fussgängerzonen und an Schnellstrassen. Je nach Standort ändert sich nicht nur die Passantenzahl, sondern auch der Mix der Passanten. Um

---

▸ **Eye-Catcher**

Werberisches Mittel, um die Aufmerksamkeit des Betrachters auf ein bestimmtes Ziel zu lenken, das heisst, Nachfragen zu wecken, zum Kauf oder zu einer Antwort zu bewegen. Schlagzeilen, schreiende Farben, montierte oder gestempelte Motive und Schriften, irritierende Bilder sind sogenannte Störer, die die Sehgewohnheiten durchkreuzen.

▸ **Low-Balling-Technik**

Neigung der Verbraucher, sich konsistent zu verhalten, eine Vereinbarung einzuhalten, obgleich versteckte Nachteile aufgedeckt werden: Ein Kunde wird durch ein günstiges Angebot auf ein Produkt aufmerksam gemacht und beginnt, sich an das Produkt zu binden. Offenbart der Verkäufer dann nachteilige Vertragsbedingungen, verhält sich der Kunde verpflichtend zu seiner anfänglichen Zustimmung und konzentriert sich auf die positiven Seiten des Produkts. Ein Abschied vom Produkt wird schwierig.

▸ **Tachistoskop**

Gerät der Wahrnehmungspsychologie der 1970er-Jahre, als man behauptete, Kinobesucher und Fernsehzuschauer würden durch sehr kurzes Einblenden einer Botschaft beeinflusst. Neuere Untersuchungen belegen, dass präattentive (unterschwellige) Werbung möglich ist, wenn sie zu den Bedürfnissen des Probanden passt.

▸ **Impactstärke**

Stärke des Werbeeindrucks auf die Zielgruppe (Rezipienten). Der Begriff wird vor allem im Zusammenhang mit der Werbewirkung benutzt.

Schulhäuser herum ist beispielsweise der Anteil von Kindern besonders gross, in Shoppingcentern findet man mehr Personen in Einkaufslaune als in Wohnquartieren usw. An gewissen Standorten kommen immer dieselben Personen vorbei (z.B. Wegstrecken von Pendlern); an anderen immer wieder neue Personen (z.B. in Feriendestinationen). Wer über die Wirkung von Plakaten Bescheid wissen will, muss sich also mit der Mobilität der Menschen auseinandersetzen. Plakatforschung ist deshalb zuerst einmal Erforschung des Mobilitätsverhaltens. Plakatforscher lernen viel darüber, wie Menschen leben und wie sie sich in der Gesellschaft bewegen.

Auch bezüglich Kontaktqualität spielt der Standort einer Plakatstelle eine entscheidende Rolle: Frontal zur Bewegungsrichtung aufgestellte Plakate werden besser gesehen als parallele, grosse Formate besser als kleine. In Innenstädten mit zahlreichen Schaufenstern gibt es viel mehr visuelle Ablenkung als in optisch ruhigeren Gefilden. In engeren Strassen und bei starken Sichtbehinderungen wie durch Bäume ist die maximale Sichtdistanz kürzer als auf den grossen Einfallsachsen. In Wartezonen wie Haltestellen oder Bahnhöfen bin ich einem Plakat länger ausgesetzt, als wenn ich mit achtzig Stundenkilometern an ihm vorbeifahre. Habe ich Kontakt, wenn ich bei Grün über die Strasse laufe oder bei Rot zwanzig Sekunden lang einem Plakat gegenüberstehe? Kommt der Kontakt zustande, wenn ich das Plakat aus hundertfünfzig Metern Entfernung sehe oder wenn ich direkt vor ihm hochblicke? Wie lange muss ein Blickkontakt sein, damit er als Medienkontakt gewertet wird.

Dies führt zur zentralen Frage: Wer hat oder hatte Kontakt mit dem Plakat? Die Definition des Kontakts ist in der Medienforschung die Voraussetzung, all diejenigen Personen zu erfassen, die das ausgewählte Medium überhaupt wahrnehmen. Doch wann wird ein Plakat wahrgenommen? Schwierige Fragen, zu deren Beantwortung zu unterschiedlichen Zeiten unterschiedliche Methoden eingesetzt werden.

Forschungsmodelle

Das Copland-Modell, benannt nach seinem britischen Erfinder, ist ein typisches Kind seiner Zeit. Mitte der 50er-Jahre, als man noch nicht von medialer Vielfalt spricht, kommt Copland mit wenigen Daten aus, um die durchschnittliche Passagewahrscheinlichkeit für Anschlagstellen, das heisst die Wahrscheinlichkeit eines Kontakts, zu ermitteln. Genereller Parameter seines Modells ist der A-Wert. Er gibt den durchschnittlichen potenziellen Kontakt pro Kopf und Anschlagstelle in einem bestimmten Ort an. In kleineren Orten – zum Beispiel in einem Dorf, wo alle Häuser entlang der Hauptstrasse liegen – ist die Wahrscheinlichkeit, dass ein durchschnittlicher Einwohner ein Plakat an ebendieser Hauptstrasse sieht, grösser, als wenn das Plakat in einer Grossstadt mit zahlreichen Strassen und Quartieren steht. Im kleinen Ort ist deshalb der A-Wert höher als in grossen Gemeinden. Mit anderen Worten: Die einzige Variable in Coplands Gleichung ist die Einwohnerzahl. Wie sich die Einwohner in der Gemeinde bewegen und die Kontaktqualität spielen keine Rolle. Zudem misst der A-Wert nur die Kontaktwahrscheinlichkeit der Einwohner mit Plakatstellen in der jeweiligen Gemeinde, nicht aber die Plakatkontakte von Zu- oder Wegpendlern. Ein Ansatz, der den heutigen Anforderungen und den heutigen gesellschaftlichen Gegebenheiten nicht mehr entspricht.

OSCAR (für Outdoor Site Classification and Audience Research) wird 1981 ebenfalls in Grossbritannien entwickelt und vollzieht den Schritt hin zur Einzelstellenbewertung. Es geht nun nicht mehr nur um die Passage, den Kontakt; die Faktoren rund um Anschlagstelle und Standort fliessen in die Bewertung mit ein. Dadurch erhält jede einzelne Anschlagstelle einen spezifischen Wert, den sogenannten GTKC-Wert (gewichtete tägliche Kontaktchance). Er gibt Auskunft über die Höhe der zu erwartenden Kontakte für einen ausgewählten Plakatstandort. Die Kriterien, welche die Formel beeinflussen, sind vielfältig und reichen von der Strassenkategorie (einschliesslich Zahl der Fahrspuren, Geschwindigkeitsbegrenzungen, Nähe von Verkehrsampeln usw.) über die Nähe zu Einkaufszentren (fünf Abstufungen), den Anschlagstellentyp (zwölf Abstufungen), die Length of Visibility, den Angle of Vision bis hin zur Deflection from Natural Line of Sight. Diese anfänglich begrüsste Vielfalt an Faktoren entwickelt sich in anderen Modellen zu einer Überdifferenzierung, zum Beispiel bei dem deutschen FAW-Nielsen-Modell, das mit 37 Sichtbarkeitsfaktoren eine Anschlagstelle bewerten will. OSCAR stellt einen grossen Fortschritt bezüglich quantitativer Erfassung der Kontakte je Plakatstelle dar. Aber weil nur Informationen je Stelle erhoben werden, ist es mit OSCAR nicht möglich, die Reichweite einer Kampagne zu messen oder die Zusammensetzung der Personen, die von einer Kampagne erreicht werden.

Hier setzt POSTAR an (Akronym aus «poster advertising research»). Das Ende der 1990er-Jahre von Simon Cooper in England entwickelte Modell kann bezüglich Messung der Kontaktqualität je Stelle als Fortsetzung des OSCAR-Modells betrachtet werden. Zusammen mit Paul Barber entwickelt Simon Cooper ein auf wissenschaftlichen Blickverlaufsstudien basierendes Sichtbarkeitsmodell, das eine Vielzahl von Sichtbarkeitskriterien berücksichtigt. Zusätzlich liefert das System Aufschlüsse über die Reichweite von Plakatkampagnen. Dazu werden erstmals Personen über ihr konkretes Mobilitätsverhalten innerhalb der letzten zwei Wochen befragt sowie Verkehrszählungen und Verkehrsschätzungen in das Modell eingeschlossen. Weil jetzt die Geokoordinaten jeder einzelnen Plakatstelle erfasst werden, kann die Mobilität der Passanten mit den Plakatstandorten gekreuzt und damit die Kontaktwahrscheinlichkeit je Zielgruppe gemessen werden. Seit seiner Lancierung in England wird POSTAR von Simon Cooper laufend weiterentwickelt und in andere Länder transferiert. Heute laufen POSTAR-Nachfolgemodelle in Irland, ganz Skandinavien, Holland, Österreich und in der Türkei. Dabei werden die jeweils aktuellsten Mess- und Befragungsmethoden ergänzt (z.B. GPS-Geräte zur Messung der Mobilität einer ausgewählten Bevölkerungsgruppe und ▸ **Web-Interviewtechnologie**). Urs Zeier, Medienexperte und langjähriger strategischer Berater von Clear Channel Schweiz, koordiniert seit 2004 einen Grossteil der weltweiten Implementierung dieser Forschungssysteme in allen Clear-Channel-Business-Units und steht diesen beratend zur Seite.

Auf einer ähnlichen Forschungsarchitektur wie POSTAR beruht das ebenso britische Nachfolgeforschungssystem Route. Anders als POSTAR schliesst Route zusätzlich zum Plakatsegment Strasse auch andere Aussenwerbesegmente mit ein, wie Shoppingcenterwerbung, Flughäfenwerbung, Aussenwerbung auf Bussen.

In Deutschland wird lange Zeit die Plakat-Mediaanalyse PMA verwendet, deren Messgenauigkeit für viele Kritiker nichts anderes als Kaffeesatzleserei ist. Seit 2003 ist die Mediaanalyse Plakat, die Reichweitenforschung für das Medium Plakat, eine Aufgabe der Arbeitsgemeinschaft Mediaanalyse (ag.ma), einer Institution, welche die Medienforschungsansätze aller Medienkategorien überwacht. Bei der von der ag.ma erhobenen «ma Plakat» hat sich ein Systemwechsel in der Erhebungsmethodik vollzogen: vom Befragen nach erinnerten Plakatkontakten bis zum Messen von Mobilität und tatsächlichen Plakatkontakten. In der PMA werden 21 000 Menschen danach gefragt, an welche Plakatstandorte auf ihren täglichen Wegen sie sich erinnern können. In der «ma Plakat» hingegen wird das Mobilitätsverhalten effektiv gemessen. Die Stichprobe liefert Mobilitätsdaten für 43 000 Personen. Davon tragen 12 000 Personen (hauptsächlich in Grossstädten) sieben Tage lang ein GPS-Gerät, das ihre Mobilität über diesen Zeitraum detailliert erfasst. 31 000 Personen dokumentieren per CATI (Computer Assisted Telephone Interview) ihre Wege des vorangegangenen Tages und beschreiben damit die Mobilitätsdaten in der Fläche.

Die Bewertung der Kontaktqualität je Einzelstelle erfolgt bis 2012 anhand des G-Wertes, der von der Gesellschaft für Konsumforschung (GfK) aus Nürnberg erhoben wird. Danach wird dieser Wert durch den PPS (Plakatseher pro Stelle) abgelöst, die neue Kontaktwährung zur Bestimmung des Preises von Einzelstellen.

Frankreich hat den Anspruch, die Analyse der Aussenwerbung auf demselben Niveau zu betreiben wie die des Fernsehens; allerdings beruht die Affimétrie im Wesentlichen auf Befragungen von Personen zu ihren am Vortag zurückgelegten Wegen – sie stützt sich also auf Erinnerungswerte zur Mobilität eines einzelnen Tages. Diese geniessen international keinen besonders guten Ruf, gelten sie doch als wenig gesicherte Informationen – wie die Aussage eines Unfallzeugen, der behauptet, dass Auto sei rot gewesen, während es auf dem Foto einer anderen Zeugin eindeutig blau ist.

L'étude Out of Home (CIM) in Belgien, einem Land, das einen ähnlich hohen Marktanteil in der Aussenwerbung ausweist wie die Schweiz, greift ebenfalls auf Ergebnisse einer Verkehrsstudie auf Basis von Fragebogen zur Mobilität sowie auf Standortanalysen der städtischen Zentren zurück.

Plakatforschung in der Schweiz

In der Schweiz wird schon früh nach Wegen gesucht, sichere Leistungswerte zu den Kontaktchancen der Plakatwerbung zu ermitteln. Für die APG führt Ende der 1960er-Jahre Jean-Michel Agostini eine erste Plakatstudie durch. Agostini hat sich seit 1951 als Direktor in der Pariser Anzeigenagentur Elvinger einen Namen sowohl für die französische als auch US-amerikanische Leseranalyse von Magazinen gemacht.

Aufgrund der auch in der Schweiz spürbaren gesellschaftlichen Veränderungen lässt die APG in zwei Stufen, 1986/87 und 1991, anhand der von ihr

▸ **Web-Interviewtechnologie**

Probanden erhalten ein Web-Log-in, mit dem Sie auf eine internetbasierte Software zugreifen können. Auf einer digitalen Karte geben sie an, von wo nach wo und mit welchem Transportmittel sie unterwegs waren. Die auf dieser Basis gemessene Mobilität ist zwar nicht so genau wie die GPS-Messung (denn es erfolgt nicht eine eigentliche Messung, sondern es werden Erinnerungen eingetragen), aber genauer und einfacher auszuwerten als Befragungen. Der Vorteil ist, dass auch Leute mitmachen können, die kein GPS-Gerät herumtragen wollen, und dass das einzelne Interview günstiger ist als die aufwendige GPS-Messung und -Auswertung.

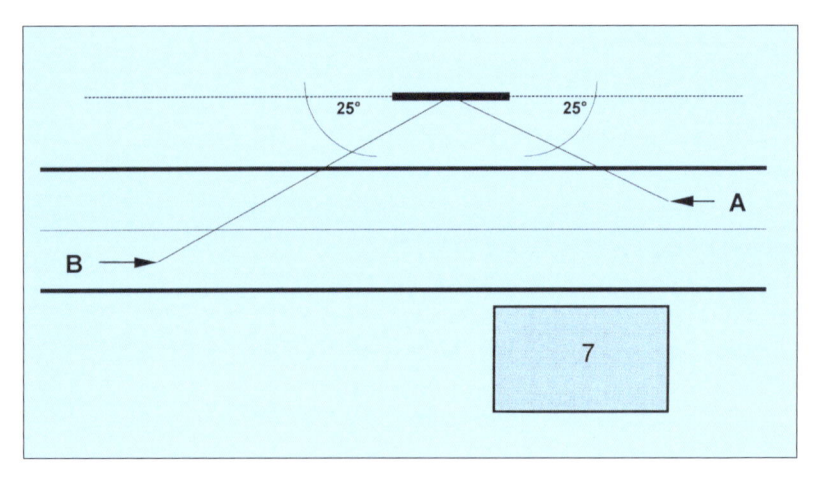

1 Standortbewertung nach OSCAR: der optimale Bewertungszeitpunkt. Innerhalb jeden Verkehrsstromes, der einen gültigen Aspekt hat, gibt es auch einen optimalen Bewertungspunkt. Dies ist normalerweise der Punkt mit der längsten Sichtweite (bis max. 50 Meter bei B12 u. B200 bzw. 80 Meter bei GF 12 m²), bei dem die zu bewertende Plakattafel noch klar zu erkennen ist. Bei Plakattafeln, die als Parallelstandort zum Verkehrsstrom stehen, befindet sich der optimale Bewertungspunkt in einem 25-Grad-Winkel zum entsprechenden Aspekt.

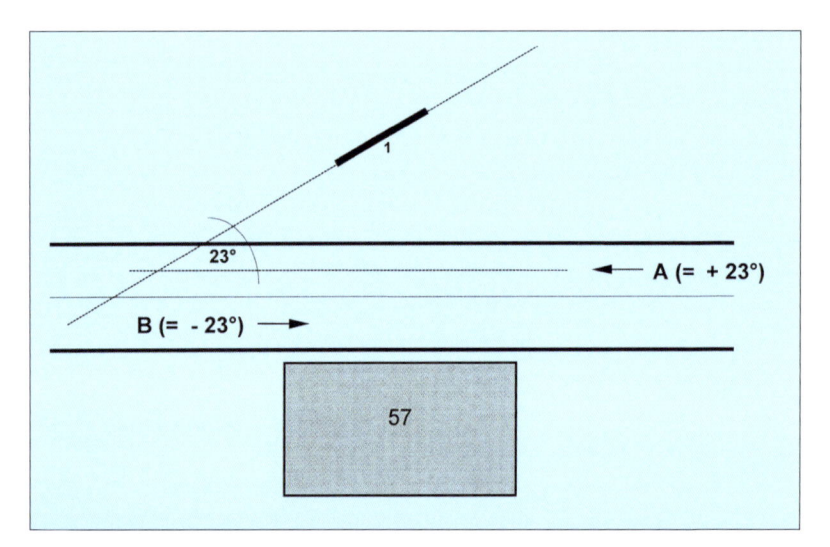

2 Standortbewertung nach OSCAR: Parallelstandort mit einem Sichtwinkel von 23 Grad. Massgebend bei der Entscheidung, ob die Plakattafel quer oder parallel zum Verkehrsstrom steht, ist der Sichtwinkel oder auch die Tafelposition zur Verkehrsachse, der Winkel zwischen der Fahrtrichtung des Autos und der Plakatfläche selbst. Dabei gilt: Parallelstandorte sind Tafeln, die in einem Sichtwinkel von −25 bis 0 Grad und von 0 bis +25 Grad zur Verkehrsachse stehen. Querstandorte sind Tafeln, die in einem Sichtwinkel grösser/gleich +26 Grad zur Verkehrsachse stehen. Ein negativer Sichtwinkel ab −26 Grad gilt nicht mehr als Aspekt. Gemessen wird der Sichtwinkel zwischen der Plakattafel und der Richtung, in welche der Verkehr am optimalen Bewertungspunkt fliesst.

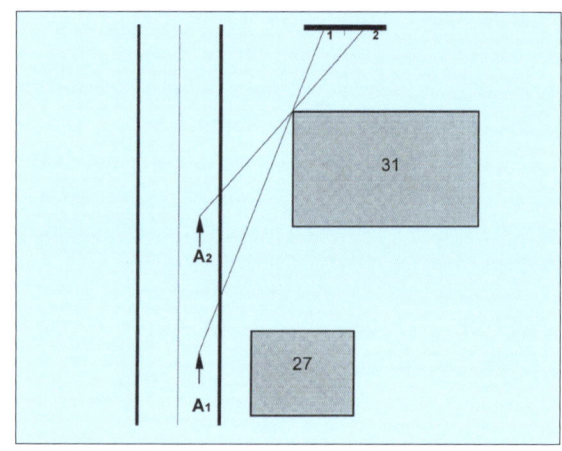

verwalteten Plakatstellen die Leistungswerte für dieses Medium untersuchen, und zwar in folgenden Agglomerationen und Städten: Bern, Chur, Delémont, Frauenfeld, Lausanne, Lugano, Luzern, Payerne und Zürich. Die Untersuchung stützt sich auf die unpopulären Erinnerungs- und A-Werte. Doch die in persönlichen Befragungen erhobenen Werte sind stark ausdifferenziert. Jeder Teilnehmer hat am Vortag zurückgelegte Wege nicht nur in Karten einzuzeichnen, die Art der Fortbewegung (zu Fuss, mit Velo, Auto, Tram usw.) muss zudem spezifiziert werden. Je nach Gewicht der einzubeziehenden Faktoren und requirierten soziodemografischen Angaben werden für jede Agglomeration beziehungsweise Stadt Datenbanken erstellt, anhand deren auf die jeweiligen Bevölkerungszahlen hochgerechnet wird. Man erhält sozusagen einen individuellen A-Wert, eine spezifische durchschnittliche Anzahl an Kontakten für ein fokussiertes Gebiet.

1998 lanciert Clear Channel ein an OSCAR angelehntes Verfahren zur Bewertung einzelner Plakatstellen, das sich bei den Kunden grosser Beliebtheit erfreut.

In Bezug auf die Werbewirkung geht die AWI-Plakatforschung (Aussenwerbung Intensiv, Zürich) bereits 1989 einen Schritt weiter und nimmt die Plakatierung der Shoppingcenter in den Blick. Sie stützt sich dabei auf Untersuchungen, die besagen, dass bis zu zwei Drittel der Kaufentscheidungen erst kurz vor dem Kauf getroffen werden. Das Gesamtprojekt wird in drei Stufen eingeteilt, um nicht nur die quantitativen und qualitativen Daten abzusichern, sondern um in Stufe 3 auch Aussagen über das Verhalten zu erfassen, das ein Plakat auslöst. Das heisst, die Absatzmenge der beworbenen Produkte vor und nach der Plakatierung wird erfasst. Und auch die Voruntersuchungen sind beträchtlich: Stufe 1 soll sicherstellen, dass die in Stufe 2 detailliert befragten Kunden für die Shoppingcenter relevant sind, dass Personen für die Untersuchung zur Verfügung stehen, die in den Agglomerationen, Städten und Gemeinden aller drei Sprachregionen mehr oder weniger regelmässig bestimmte Center für ihre Einkäufe nutzen. Alle von der AWI plakativ bewirtschafteten Shoppingcenter werden in die Untersuchung einbezogen, das sind insgesamt 101. Diese sind repräsentativ für die gesamte Schweiz.

Das Kosten-Nutzen-Verhältnis rückt auch eine 1997 von der APG lancierte Langzeitstudie, den Poster Performance Index, kurz PPI, in den Mittelpunkt. Eine Stichprobe der Wohnbevölkerung im Alter von 15 bis 59 Jahren in den Agglomerationen Basel, Bern, Genf, Lausanne und Zürich wird, gewichtet im Verhältnis zur jeweiligen Einwohnerzahl und nach Geschlecht, hinsichtlich Breit-, City-, Grossformat und Leuchtplakat befragt. Die Ergebnisse werden gesammelt und in regelmässig erscheinenden Testberichten und Newslettern veröffentlicht. Konstantes Resultat der Erhebungen ist der hohe Sympathiewert, welcher der Plakatwerbung entgegengebracht wird. Das war 1997 so mit einem Gesamtdurchschnittswert von 70 Prozent, und das ist es im Jahr 2013 mit 74 Prozent (Innofact Aug 2013). Heute erfolgt die Befragung mithilfe eines Onlinepanels.

Fazit und Kritik

«Die Reklame hat viele Wege; willst du Schnelligkeit der Wirkung, die zündende Schlagkraft und die minimalen Kosten im Verhältnis zur Verarbeitung, dann wähle das Plakat!» Dies notiert 1928 Jaques Albachary im Plakathandbuch «Führer durch das Plakatwesen».

Ja, die Idee ist simpel: Man hat etwas mitzuteilen, also hängt man eine Mitteilung dort aus, wo sie gesehen werden kann. Der Nachteil: Der Absender kann nur mit grossem Aufwand kontrollieren, wen seine Mitteilung erreicht, ob seine Botschaft ankommt. Für die Plakatforschung sind, wie wir gesehen haben, im Prinzip zwei Methoden von Bedeutung: Befragungen und Auswertung vorhandener Verkehrszählungsdaten. Befragungen beruhen auf den Erinnerungen der Befragten und sind deshalb nicht über alle Zweifel erhaben. Wer erinnert sich schon daran, ob er auf dem Rückweg von der Arbeit vor zehn Tagen noch einen Abstecher zum Einkaufen gemacht hat? Vielfach ist darum aus den erinnerten Angaben der Befragten unklar, ob sie tatsächlich Kontakt mit einem Plakat hatten und, wenn eindeutig ja, welche Qualität dieser Kontakt hat. Diese sogenannten erinnerungsbasierten Verfahren werden deshalb immer mehr von passiven Messverfahren abgelöst, bei denen die Mobilität effektiv gemessen, nicht nur erinnert wird.

Gegenwart und Zukunft der Schweizer Plakatforschung

GPS (Global Positioning System) ist der Zauberbegriff für die Beobachtung durch technische Messung. Es ist heutzutage in jedem Smartphone standardmässig installiert und macht eine stetige Orts- und Zeitbestimmung möglich. Die speziell für diesen Zweck entwickelten und ab 2000 in der Aussenwerbeforschung verwendeten Geräte – der grösste Lieferant für diesen Bereich ist die tsche-

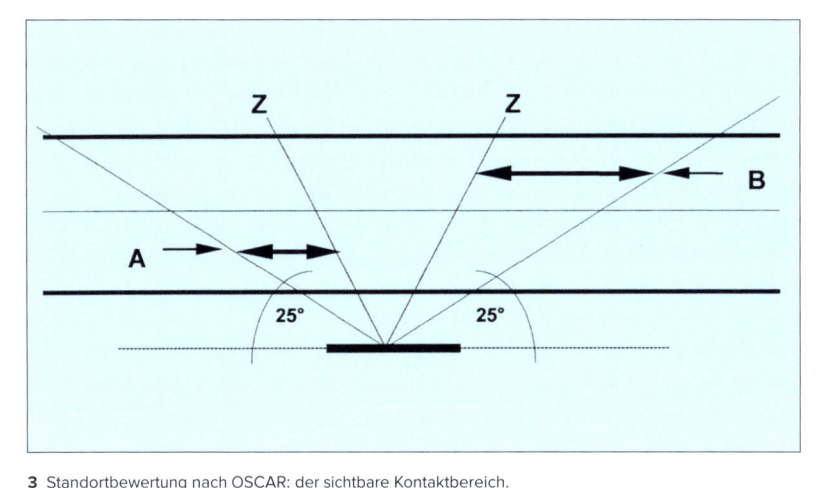

3 Standortbewertung nach OSCAR: der sichtbare Kontaktbereich.
Eine Paralleltafel ist vielleicht aus 50 Metern bereits zu sehen. Sie ist aber so lange nicht wahrnehmbar, wie sie sich ausserhalb des notwendigen Sichtwinkels von 25 Grad befindet. Normalerweise hat eine Paralleltafel zwei Aspekte; die beiden Aspekte A und B mit den entsprechenden Verkehrsströmen, die in beiden Richtungen an der Tafel vorbeifliessen. Dabei liegen die optimalen Bewertungspunkte dort, wo die Fahrzeuge eine von der Tafelmitte aus projizierte Linie des 25-Grad-Winkels überschreiten. Der sichtbare Kontaktbereich – oder auch Sichtstrecke genannt – besteht aus den Strecken AZ und BZ, den Entfernungen zwischen dem Punkt, an welchem die Tafel wahrnehmbar wird, und dem Punkt, an dem die Tafel aus dem sichtbaren Kontaktbereich herausfällt. Ist die Paralleltafel angewinkelt, verbessert sich der sichtbare Kontaktbereich des einen Aspektes, während der des anderen Aspektes entsprechend reduziert wird.

chische Firma MGE Data mit dem Produkt Mobi-Test® – werden von den Probanden täglich mitgeführt und zeichnen jede ihrer Bewegung ohne deren Zutun auf. Der jeweilige Standort der Testperson wird im Sekundenrhythmus erfasst. Anhand der detailliert erfassten Plakatstandorte kann anschliessend ermittelt werden, wann eine Person sich im Beachtungsraum eines Plakates aufgehalten hat. So viel zum technischen Hintergrund. An welche Konzepte in der Plakatforschung ist GPS gekoppelt, und wie sieht die Situation in der Schweiz aus?

Die beiden grossen Aussenwerbeunternehmen APG und Clear Channel beginnen im Jahr 2000, eine gemeinsame Reichweitenforschung für das Medium Plakat zu entwickeln. Ziel ist, eine Marktwährung zu schaffen, die einheitlich über alle Anbieter hinweg gilt und es den Kunden ermöglicht, Aussenwerbekampagnen standardisiert zu planen.

Die beiden Unternehmen beauftragen den Kommunikations- und Medienwissenschaftler Dr. Martial Pasquier, gewichtete Kontakte der Schweizer Bevölkerung mit Plakatflächen zu ermitteln. Die Swiss Poster Research (SPR) entsteht und setzt von Anfang an auf passive Erfassung der Beachtung von Plakaten, angelehnt an Radiocontrol für den Hörfunk oder Telecontrol für das Fernsehen.

Wegen unvereinbarer Ansichten über das Forschungskonzept verabschiedet sich Clear Channel 2005 aus der gemeinsamen Forschung. Clear Channel moniert unter anderem, dass als Datenquelle

AUSSENWERBEMARKT

nur die Auswertungen der Probanden-GPS verwendet und nicht auch auf durchschnittliche Verkehrsfrequenzen im Sinne eines neutralen Referenzwertes abgestellt wird, wie es in den meisten Ländern der Fall ist und wie es die mittlerweile veröffentlichten Global Guidelines on Out-of-Home Audience Measurement der ESOMAR, der Europäischen Vereinigung der Markforscher, nahelegen. Zudem erfasst SPR+ nur die Plakatkontakte von Personen, die innerhalb einer Agglomeration leben; jene von Pendlern gehen verloren. SPR+ kann zu dieser Zeit also keine nationalen Kampagnen bewerten.

Nach dem Austritt von Clear Channel führt die APG das Forschungsprojekt allein weiter. Die APG ist zu hundert Prozent Eigentümerin von SPR+. Im Oktober 2006 formiert sich die Forschungsstelle neu als Swiss Poster Research Plus AG. Diese erfasst nicht nur die APG-Stellen, sondern auch alle Clear Channel-, STAR-PLAKAT- und Swissplakat-Strassenplakatstellen, das heisst, sie publiziert Leistungswerte für alle Stellen der Formate F12, F200 und F24 in den 55 Agglomerationen der Schweiz. Insofern profitiert auch Clear Channel von dieser Plakatforschung. 2009 folgt eine Bahnhofsstudie, welche die Aussenwerbung in 400 Bahnhöfen umfasst.

Mittlerweile sind nach Wechseln in den Führungsspitzen beider Unternehmen die von Clear Channel monierten methodischen Mängel beseitigt. Clear Channel beteiligt sich deshalb auch wieder finanziell an den Untersuchungen, und Urs Zeier von Clear Channel sitzt im Research Advisory Council von SPR+.

Das aktuelle Untersuchungsverfahren bei SPR+

Um stichhaltige Angaben über Kontakte, Reichweite nach Kontaktklassen und zur Soziodemografie für drei Altersgruppen und das Geschlecht machen zu können, bilden die GPS-gestützten Erhebungen auch hier die Grundlage. Das Mobilitätsverhalten von rund 10 000 Probanden wird während einer fixen Periode von 7, 14 oder 21 Tagen ausgewertet. Dazu wird ein sogenannter Beachtungsraum definiert, innerhalb dessen ein Plakatkontakt überhaupt stattfinden kann. Der Beachtungsraum ist ein Spickel mit einem Öffnungswinkel von 150 Grad und einer Schenkellänge von 40 Metern für das Format F200 beziehungsweise 80 Metern für F24-Plakate.

Jede Passage durch den Beachtungsraum wird nach folgenden Kriterien gewichtet: Durchgangswinkel, Passagegeschwindigkeit, Tageszeit und Anzahl Plakatflächen je Standort. Als frontaler Kontakt gilt eine Passage durch den Beachtungsraum mit einem Winkel unter 45 Grad, als paralleler Kontakt gilt eine Passage zwischen 45 und 110 Grad. Ein voller Kontakt liegt bei einer Passagegeschwindigkeit von weniger als zehn Stundenkilometern vor; eine schnellere parallele Passage wird mit dem Faktor 0,3 heruntergewichtet. Unbeleuchtete Kontakte generieren zwischen 20 und 6 Uhr, also in der Dunkelheit, keine Plakatkontakte, beleuchtete hingegen schon. SPR+ liefert vorläufig keine Leistungsdaten für Plakate in Shoppingcentern, am POS, in Parkhäusern sowie keine Daten für Werbung auf öffentlichen Verkehrsmitteln, wie Bus und Tram.

Das neue, 2014 lancierte SPR+ wurde um MobNaT erweitert und besteht nun aus vier Modulen: dem Nationalen Atlas, dem Nationalen Wegemodell, einer Wissensmatrix und den Daten aus dem Plakatplanungstool SPR+ Expert. Das Planungstool ist eine bei SPR+ online aufrufbare Maske, mit der Werbetreibende ihre Plakatkampagnen schrittweise und umfassend von der Simulation über Offerten der Plakatgesellschaften und Leistungsmerkmale bis zur Verifizierung der Aushänge

4 MobiTest, das Gerät der Firma MGE Data, das 2014 in der Aussenwerbeforschung eingesetzt wird.

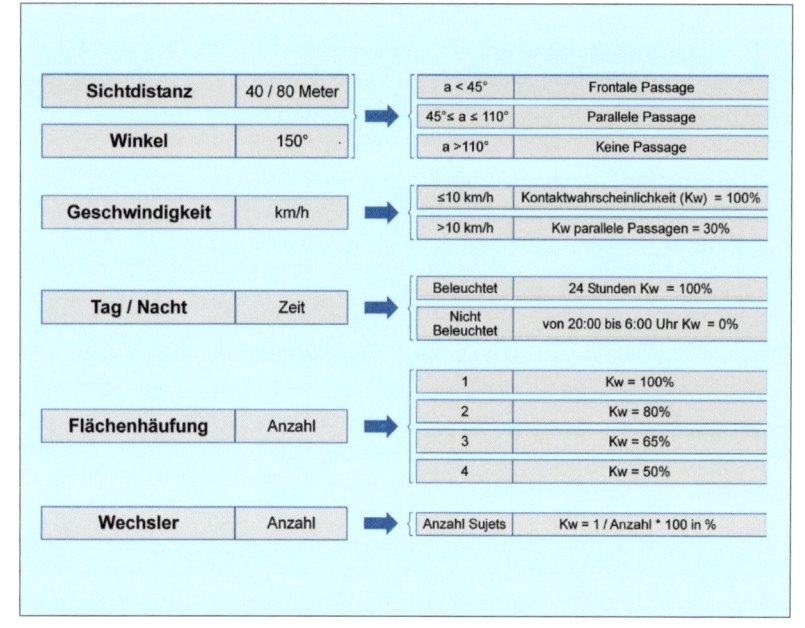

5 Faktoren der Gewichtungskriterien.
Kriterien, die einen massgeblichen Einfluss auf die Kontaktqualität haben. Da es bei den Gewichtungskriterien und ihren Faktoren weder einen internationalen Standard noch veröffentlichte seriöse empirische Studien gibt, lehnt sich SPR+ an die Kriterien anderer ausländischer Forschungen an und berücksichtigt dabei die spezifischen Schweizer Verhältnisse. So hat die im Ausland manchmal beachtete Exzentrizität keinen Einfluss auf die Kontaktqualität in der Schweiz, da die Strassen in der Schweiz sehr schmal und die Plakatformate klein, standardisiert und homogen sind. Die Gewichtungskriterien und -faktoren wurden schon zu Zeiten der alten SPR von Clear Channel und APG gemeinsam im Einklang mit der User-Group als Konvention festgelegt, weil es eben keinen empirisch unterlegten Standard gibt.

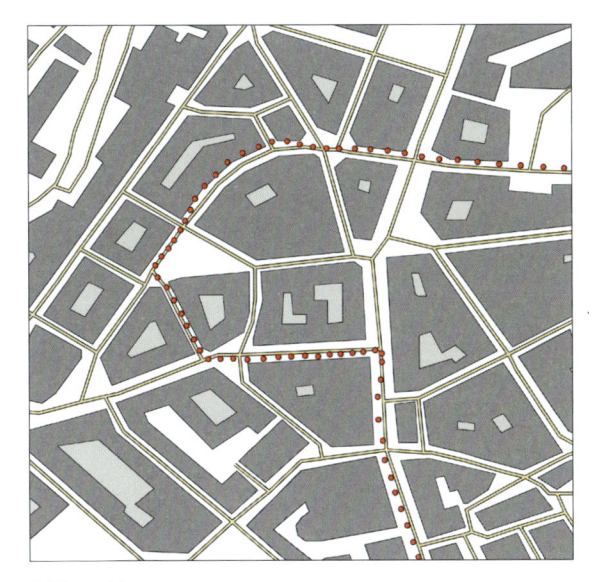

6 Wegpunkte.
Die mit dem Mobilitymeter ausgerüsteten Personen lassen während einer Woche ihre Bewegungen ausser Haus aufzeichnen. Der Vorteil der GPS-Technologie ist, dass auch die Mikrobewegungen wie der kurze Umweg zum Kiosk oder zur Wäscherei genau erfasst werden und im Gegensatz zur Befragung nicht in Vergessenheit geraten. In anonymisierter Form werden die Daten anschliessend auf digitale Karten überspielt. Namen und Vornamen werden in der Datenbank durch Ordnungsnummern ersetzt. Die Messpunkte werden zu Messstrecken (Tracks) konvertiert.

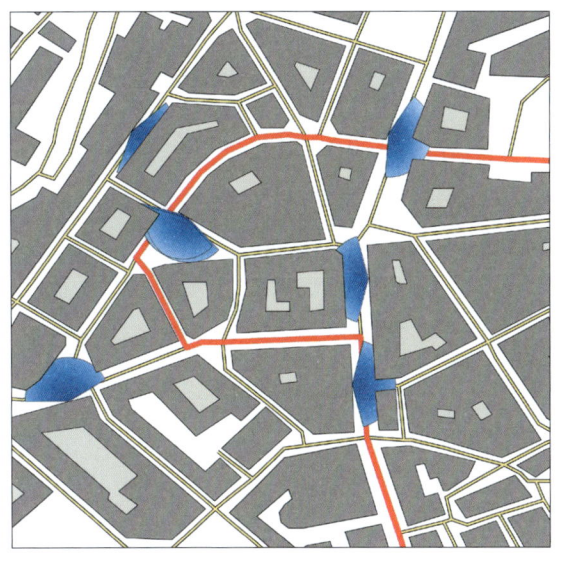

7 Passagen gemäss SPR+-Strassenstudie.
Die Relation zwischen der Mobilität von bekannten Personen (Stichprobe) und den Beachtungsräumen von präzise geocodierten Plakatflächen resultiert in Passagen. Nicht jede Passage des Beachtungsraumes einer Plakatfläche führt zu einem Kontakt. Diese Tatsache berücksichtigt SPR+, indem sämtliche Passagen vier verschiedenen Gewichtungskriterien unterzogen werden: Durchgangswinkel, Passagegeschwindigkeit, Tageszeit, Häufung (Anzahl Flächen pro Stelle). Der SPR+-Plakatkontakt ist die gewichtete Passage durch den individualisierten Beachtungsraum einer Plakatfläche. Die Kontakte von SPR+ sind personifiziert. Das Plakatpublikum bildet die Summe aller mobilen Personen, die in der Öffentlichkeit einen oder mehrere Kontakte mit dem Werbemittel Plakat generieren. SPR+ liefert mit dem Plakatkontakt Kontaktwahrscheinlichkeiten. Ob tatsächlich ein Kontakt zustande kommt, hängt neben den Eigenschaften der Stelle und dem Verhalten der Passanten wesentlich von der kreativen Gestaltung der Plakate ab.

bewerten können. Grundlagen für das MobNaT-Modell sind Verkehrs- und Fussgängerfrequenzen für jede Schweizer Strasse. Das Nationale Wegemodell, das die Mobilität der Wohnbevölkerung beschreibt, basiert auf Volkszählungsdaten sowie auf Verkehrszählungen, GPS- und Mikrozensus-Werten. Die Daten aus Nationalem Atlas und Wegemodell fliessen zusammen mit den Spezifika der Plakatstellen in die Wissensmatrix. Ergebnis ist eine für jede einzelne Plakatfläche vorliegende Kontakthäufigkeit nach Zielgruppen. Die nicht weniger als acht Billionen Einzeldaten der Matrix werden derart in das Planungstool SPR+ Expert integriert, dass der Interessierte wie bisher das Tool für die Planung von Kampagnen nutzen kann – aber neu mit Werten für Kampagnen bis zu acht Wochen und ab 2014 nicht mehr nur für jede Agglomeration einzeln, sondern über beliebige geografische Gebiete hinweg. Das Konzept SPR+ bedeutet nicht nur für die Schweiz einen Durchbruch in Sachen Plakatforschung, es stösst auch international bei Forschungsstellen auf reges Interesse.

Herausforderungen und Chancen der Plakatforschung

Die digitale Plakatwerbung stellt die Forschung vor neue Herausforderungen, insbesondere verlangt sie nach einer noch spezifischeren Analyse. Weil die Screens mit einer grossen Zahl von Inhalten geladen werden können, lassen die sich ständig verändernden Werbesujets die Fragen aufkommen: Wer steht wann vor welchem Sujet? Wird ein animiertes Sujet anders wahrgenommen als ein statisches?

Chancen sieht die Plakatforschung in der zukünftigen Nutzung von Telekommunikationsdaten. Mit dem Zugriff auf die Daten je Mobilfunkantenne liessen sich dank Echtzeitwerten und Geräte-IDs personengenaue Frequenzwerte pro Plakatstelle ermitteln und auswerten. Des Weiteren arbeitet die Wissenschaft kontinuierlich an der Verfeinerung der GPS-Messgeräte. So ermöglicht der Mobilitymeter beispielsweise zukünftig dank ▶ **Akzelerometrie,** die «Modes of Transport» auszuwerten. Die Beschleunigungsmessung differenziert dabei zwischen ÖV, Auto und Fussverkehr. In gewissen Ländern, zum Beispiel in Spanien und in der Türkei, wird diese Technik bereits eingesetzt.

▶ **Akzelerometrie**
Beschleunigungsmessung. Ein am Körper getragener Sensor (der Akzelerometer) misst die Beschleunigungskräfte, die bei Bewegungen auftreten.

«Die Matrix ist allgegenwärtig.»

Hans Ulrich Imesch

WalkSeven®

Hans Ulrich Imesch, Vater des Zürcher Plakatierungsgesamtkonzepts 92

Irgendwann stellt sich jeder von uns die Frage: «Wer bin ich eigentlich?» Ich habe sie mir in meinem Leben früh gestellt. Als Kleinkind spürte ich, dass ich anders bin als die anderen Kinder. Nachdenklich, ruhig. In der Zeit, die ich im Schulhaus Sihlfeld wegen Ungehorsam vor der Türe verbracht habe, machte ich mir Gedanken über mich und mein Umfeld. Habe den Geräuschen in diesem grossen Gebäude gelauscht, die ruhige Stimmung auf mich wirken lassen. Und ich habe mit wachen Augen die Struktur dieses Baus studiert, die Konstruktion analysiert, die Treppenverhältnisse, die Raumanordnungen, das gesamte Gefüge. Diese Momente waren der Grundstein für mein genuines Interesse an Architektur und Ästhetik und – das Wichtigste – am Atmosphärischen, am «Groove».

Nach der Schule habe ich die Lehre als Hochbauzeichner angetreten. Eine strenge Ausbildung bei den renommierten Architekten Gebrüder Pfister. Das bedeutete Lernen des Metiers von der Pike auf. In diesem Beruf fand ich zu meiner Identität. Später habe ich bei namhaften Architekturbüros in Genf, Paris und London gearbeitet, mich autodidaktisch zum Architekten ausgebildet und aufgrund meiner Erfahrungen, meines Könnens und meiner Leidenschaft für Ästhetik eine Stelle als Unterrichts- und Forschungsassistent an der ETH Zürich angenommen. Mein ganzes Leben hindurch hatte ich immer wieder Träume, die mir den Weg wiesen, und Menschen, die mich unterstützten und förderten. Dafür bin ich dankbar.

Ich bin Wissenschaftler und erarbeite mir jede Disziplin in einer systematischen Herangehensweise, nicht nur in der Architektur. Dazu gehört auch meine Ausbildung zum Psychologen am C. G. Jung-Institut und die intensive Auseinandersetzung mit dem Islam und dem Hinduismus in den entsprechenden Ländern über mehrere Jahre. Die Welt über den Intellekt zu verstehen, reicht aber nicht. Man muss die Zusammenhänge spüren. Darum interessieren mich Architekturtheorien und theoretische Lehren über Strukturen nicht. Es ist einzig und allein die Frage «Was leistet ein Gebäude oder ein Objekt punkto Ausstrahlung und Atmosphäre?», die mich fasziniert. Äussere Ästhetik ist nur dann gut, wenn die innere Ästhetik ebenso stimmt. Jeder Gegenstand, Gedanke, jedes Objekt besitzt eine eigene Matrix. Und diese ist Teil einer übergeordneten Matrix. Und so weiter. Ich erschliesse die Welt neu mit diesem Begriff. Die Matrix ist eine unsichtbare Welt, in der einzelne Punkte energetisch geladen sind und bestimmte Eigenschaften in sich tragen. Die Punkte sind alle miteinander verbunden, beeinflussen sich gegenseitig und bilden ein lebendiges, wirksames System. Diese Matrix immer tiefer zu explorieren, beinhaltet das Erforschen des Unbewussten. Betrachtet man einen Gegenstand und fühlt etwas dabei, wird diese Emotion durch das Zusammentreffen der Matrizen des Objektes und des Betrachters ausgelöst. Das Geschehen innerhalb einer Matrix ist final orientiert, das heisst, die Bewegungen tendieren nach Ganzheit, nach Auflösung der Gegensätze in etwas Neuem, auf einer höheren Entwicklungsstufe. Hadert man mit dem Schicksal, tritt man die Matrix. Doch nicht nur einzelne Subjekte und Objekte, sondern ganze Objektgruppierungen wie eine Stadt tragen ihre Matrix in sich. Dort geht es um die sichtbar gewordenen seelisch-geistigen Einstellungen, welche das Atmosphärische bestimmen. Man wartet im Irgendwo auf die Reise nach anderswo. Die Matrix ist überall.

In den 80er-Jahren hatte ich die verrückte Idee, Berater von Muammar al-Gaddafi zu werden. Dazu kam es nicht. Ich bin stattdessen im Team von Ursula Koch – Stadträtin und Vorsteherin des Bauamtes II der Stadt Zürich – gelandet. 1986 spielte sich der Fall Tschanun ab; der Chef der Zürcher Baupolizei erschoss vier seiner leitenden Angestellten, nachdem es zu Unstimmigkeiten innerhalb seines Teams gekommen war. Da wusste ich, dieses Amt braucht einen Psychologen, und zwar einen verdeckten. Eine Art Wallraff. Einer, der die Matrix bearbeitet. Kurze Zeit später sah ich das Inserat in der Fachzeitschrift SIA: «Hochbauamt Zürich sucht Leiter für Amtsstelle Reklameanlagen». Da wusste ich, das ist es. So wurde ich Adjunkt im Hochbauamt der Stadt Zürich für Leitbilder und stadtästhetische Beratungen, an vier Arbeitstagen die Woche. Meine tiefenpsychologische Praxis führte ich währenddessen an den restlichen drei Wochentagen weiter. Die zu bearbeitenden tausend Gesuche pro Jahr für Reklameanlagen waren Nebensache. Eine Karriere als Beamter war undenkbar für mich. Ich bin diese Stelle mit zwei Zielen im Kopf angetreten: eine tadellos kundenorientierte Amtsstelle und die Entwicklung eines umsetzbaren, nachhaltigen Leitbildes für die Aussenwerbung. Fünf Jahre hatte ich mir für die zwei Ziele gegeben. Nach sechs Jahren waren beide erreicht. Voilà, hier kam die Matrix wieder ins Spiel. Mein Plakatierungskonzept hat es geschafft, die Matière grise in den Köpfen aller Beteiligten – Stadt, Politiker, Plakatgesellschaften, Private – nachhaltig zu verändern.

Heute arbeite ich am Monument-of-Peace und gebe Seminare über die Matrix. Das Monument-of-Peace ist ein von mir konzipiertes, architektonisches Symbol. Eine Wegmarke für den Weltfrieden. Dort soll sich eine Art Community bilden. Wir Menschen brauchen einen Ort, um uns mit dem inneren und äusseren Frieden auseinanderzusetzen. Ich sehe immer das Unvollständige und versuche, es in eine ganzheitliche Form zu bringen.

Was einst ein indischer Geistlicher über mich gesagt hat, stimmt. Ich habe das Guruprinzip verstanden und weiss vom kosmischen Ordnungsprinzip. Ich habe mir immerwährend die Aufgabe gestellt, dieses kostbare Wissen in meiner Arbeit umzusetzen.

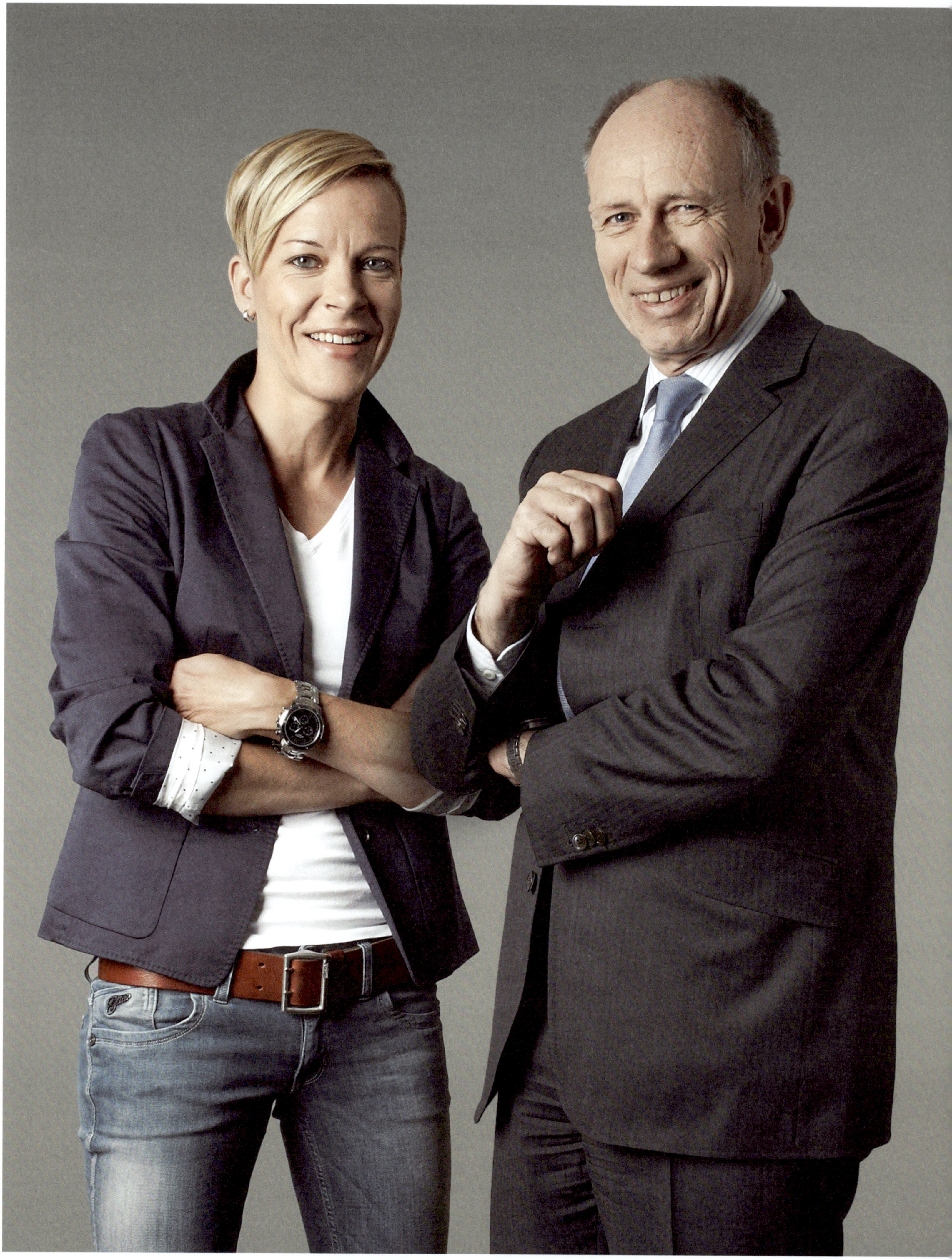

«Das Plakat ist ein Imagegefäss.»

Urs Schneider, Inhaber und Geschäftsführer Mediaschneider
Kathrin Petrow, Geschäftsführerin Kinetic Switzerland

Urs Schneider, Sie sind schon lange im Mediengeschäft tätig, oder?
Schneider: In der Tat seit über 35 Jahren. Nach 10 Jahren im Printsegment habe ich in die Beratung gewechselt. Dann am 23. Juli 2001 die Mediaschneider gegründet. Inhabergeführt und unabhängig. Heute, am 20. Februar 2014, sind das nun gut 4600 Tage, ungefähr.

Führen Sie eine Strichliste?
Schneider: Ja, ja. Aber nicht wie im Gefängnis. Man kann es auch ausrechnen. Eine Kopfrechnung. Sie wissen, ich bin Statistiker. Mir bereitet meine Tätigkeit immer noch sehr viel Freude. Wir schreiben nun das digitale Zeitalter. Nach all diesen Jahren ist das nochmals der richtige Zeitpunkt durchzustarten. Eine tolle Herausforderung ist es, die digitale Welt zu analysieren, zu verstehen und dieses Wissen für unsere Kunden in den stimmigen Medienmix zu transponieren.

Kathrin Petrow, Sie sind Quereinsteigerin in der Medienbranche?
Petrow: Nun, vor meiner Position bei Kinetic war ich in leitender Funktion bei Posterscope Switzerland tätig, davor als Head Out of Home bei OMD Schweiz. Ich bin also Plakatexpertin. Aber richtig, vor etwas mehr als sechs Jahren bin ich aus Deutschland in die Schweiz gekommen und wirkte zuvor in einer anderen Branche. Heute gilt meine ganze Aufmerksamkeit der Aussenwerbung.

Was kann denn das Plakat, was andere Medien nicht können?
Schneider: Visualität, Flexibilität und Awareness. Das Plakat erzeugt eine visuelle Breitenwirkung. Es setzt eine Nachricht prägnanter in Szene. Das Plakat ist geografisch flexibel, es kann einerseits landesweit, flächendeckend operieren, andererseits lokal, regional gebündelt, agieren. Das Plakat erreicht repetitive Kontakte und damit auf einen Chlapf eine sehr hohe Awareness. Zu guter Letzt, der Wiedererkennungswert von Plakaten ist viel höher als bei anderen Medien.
Petrow: Ich schliesse mich dem an. Hinzuzufügen ist, dass es, obwohl es ein altes Medium ist, perfekt zum heutigen Lebensstil passt. Die Mobilität nimmt stetig zu. Einmal unterwegs, blicke ich unweigerlich auf Plakate. Im Unterschied zu anderen Medien, wo ein aktiver Zugang des Users Voraussetzung für deren Nutzung ist, kann ich mich dem Plakat nur schwer entziehen, kann nicht ausweichen. Und es unterbricht mich nicht. Das Plakat geschieht sozusagen unweigerlich. Das ist ein wichtiger Teil unserer Planungsaufgabe, die Platzierung der Nachrichten an den Points of Interest.

Sie sprechen damit von den Bewertungskriterien der einzelnen Plakatstellen? Was macht denn eine gute Stelle aus?
Petrow: Das Produkt und das Medienziel sind ausschlaggebend für die Stellenwahl. Doch prinzipiell lässt sich sagen, dass die Stelle gut einsehbar sein muss. Der Sichtwinkel ist relevant, idealerweise ist das Plakat frontal platziert, in einem für das Produkt stimmigen Umfeld, mit guten Lichtverhältnissen und hoher Frequenz. Dabei spielt auch die Geschwindigkeit des Verkehrsstromes eine wichtige Rolle und die damit einhergehende mögliche Beachtungsdauer.
Schneider: Ein einprägsames Beispiel ist die Tramhaltestelle am Hauptbahnhof, von dieser habe ich meinem Team deutlich abgeraten. Sackteuer und gleichzeitig unsichtbar. Die vielen Stellen nebeneinander kannibalisieren sich gegenseitig. Doch manchmal sind solche standortstrategischen Stellen der präzise Kundenwunsch, unabhängig von der möglichen Konkurrenz, die dort potenziell auch platziert wird.

Und was kann das Plakat nicht?
Schneider: Das Plakat ist ein Imagegefäss. Ob es sich als spezifischer Kanal für Abverkaufsbotschaften eignet, da bin ich sehr zurückhaltend. Aber in einer stimmigen Medienmixkampagne kann das Plakat am POS durchaus abverkaufsfördernde Wirkung erzielen.
Petrow: Genau. Plakatmonokampagnen gibt es ohnehin wenige, im Einzelfall sind es Teaserkampagnen, wo einzig das Plakat zum Einsatz kommt. Das heisst, wir sprechen im Endeffekt immer über einen Medienmix. Gerade bei Abverkaufszielen sind Plakat und TV oder Plakat und Radio sehr erfolgreiche Mixe. Da fungiert es als verlängerter Arm bis zum POS.

Welche Rolle spielt dabei die Kreation der Sujets?
Schneider: Sie ist wichtig. Wenn die Kreation in die Hose geht, kann die beste Planung die Kampagne nicht retten. Die Basis ist immer ein gutes Briefing. Als strategisch denkende Mediaagentur unterstützen wir unsere Kunden nach Wunsch beim Briefing der Kreativagentur.
Petrow: Im Idealfall sitzen alle drei gemeinsam am Tisch: Kunde, Kreativ- und Mediaagentur. Die Devise ist klar, «keep it short and simple – KISS». Was in zwei bis drei Sekunden nicht erfasst wird, funktioniert nicht. Aber nur wenige halten sich daran. Ein fader Text, ein Satz zu viel, eine unauffällige Farbe, ein lauwarmes Bild, und die Kampagne geht baden.
Schneider: Die Prägnanz der Marke ist auch ein ewiger Diskussionspunkt. Der Absender ist auf den meisten Plakaten viel zu klein abgebildet. Meine Befürchtung ist, dass irgendein Kreativer das Logo mal auf die Rückseite des Plakats druckt. Zwischendurch hat ein Kreativer eine Wahnsinnsidee, die sich aber meist nicht flächendeckend umsetzen lässt. Dann versuchen wir, den Einfall wenigstens auf ein paar Stellen möglich zu machen. So was machen wir gerne. Und beim ADC gibt es dann einen Würfel.

Wie werden die einzelnen Stellen für eine Kampagne ausgewählt?
Petrow: Fixe Anbieternetze einkaufen, das kann jeder. Hinter einer stimmigen Kampagne steckt jedoch viel Handarbeit und Kenntnis der einzelnen Stellen. Die Planungstools legen eine solide Basis. Die anschliessende Tiefenselektion greift auf unsere langjährige Erfahrung zurück. Eine intensive Übung ist das.
Schneider: Eine grosse Anzahl der Plakatstellen kennen wir persönlich. Bei neuen, wichtigen Standorten nehmen wir einen Augenschein vor Ort. Es gibt Branchenleute, die behaupten, sie kennen jede Stelle. Das ist unmöglich. Wer aber mit den Profis zusammenarbeitet, kommt nahe an dieses Ziel heran. Das Clear-Channel-Verkaufsteam kennt wirklich jede seiner Stellen im Detail. Wer nicht richtig einkauft, stellt dem Kunden im dümmsten Fall ein unwirksames Klumpennetz zusammen, zum Beispiel alle Stellen der Clear Channel am Blüemliweg und auch gleich noch alle Stellen der APG am Blüemliweg. Fazit: Langjährige Erfahrung ist in der Plakatbranche ein Muss. Das kann nicht jeder.

Was sagt uns der Blick ins Ausland in Sachen Plakate?
Petrow: Der Vergleich mit den umliegenden Ländern zeigt einen wesentlichen Unterschied zur Schweiz auf. Hier haben wir rigorose Ordnung und der hohe Qualitätsanspruch in Sachen Format und Platzierung. Sie finden im Ausland zig verschiedene Formate und Techniken und wilde Sachen hinsichtlich Stellenplatzierung. Der Vorteil der strengen Vorschriften in der Schweiz visualisiert sich insofern positiv, als dass das Plakat in der Schweiz als fester Bestandteil in der

kommunalen Raumgestaltung eingebettet wird. Es erfährt wohl auch darum gesellschaftlich eine breite Akzeptanz. Im Ausland dagegen wirken Plakate oftmals wie optische Störer. Der Nachteil der Schweizer Ordnung ist die Schwierigkeit, Formatinnovationen rasch zu testen, geschweige denn innerhalb eines angemessenen Zeitrahmens im Markt zu lancieren. In Sachen digitale Plakate, 3-D-Umsetzung oder interaktive Kommunikation hinken wir beispielsweise Grossbritannien massiv hinterher. Die Bewegung der Bilder macht Werbung zum echten Blickfang, erweckt die Nachrichten zum Leben. Hier spielt sich die Zukunft ab. Hier muss es in den Schweizer Top-5-Städten massiv vorwärtsgehen.

Schneider: Der Behördenzirkus ist ein Hemmnis. Es dauert im Schnitt zwei Jahre, bis eine neue Plakatstelle bewilligt wird. Das sind Lichtjahre, wenn es darum geht, Innovationen zügig im Markt zu platzieren. Anderes Beispiel: Ein bereits gebuchtes Megaposter an einem Baugerüst wird von den Behörden aus Gründen der Verkehrssicherheit abgelehnt, weil ein einziges Wort zu viel draufsteht. Da fehlen mir die Worte.

Petrow: Pikanterweise hing kurz darauf am Zürcher Stadthaus ein amtlich bewilligtes Grossplakat, das sage und schreibe 76 Wörter trug.

Schneider: Der Anteil der Plakate am Gesamtmedienmarkt ist in der Schweiz relativ zum Ausland höher. Das hat mit der Qualität zu tun, aber auch mit dem Preisgefüge. Die Plakatstellen im Ausland sind eindeutig günstiger. Obwohl die Formate nicht vergleichbar sind – wir haben Briefmarken im Vergleich zu den ausländischen Grossformaten –, wage ich zu behaupten, dass dieselbe Kampagne in Deutschland fast um die Hälfte günstiger einzukaufen wäre. Dort operieren zirka 150 Anbieter. Der Markt spielt im Ausland viel mehr.

Der prozentuale Anteil des Plakats am Schweizer Werbekuchen zeigt sich über manche Jahre als relativ stabil. Korrekt?

Schneider: Der prozentuale Wert ist nur eine Betrachtungsweise. Der absolute Wert zeigt Schwankungen, die einzelnen Jahreswerte differieren. Der Plakatwert ist nicht einfach gesetzt. Einfluss darauf haben die Höhe der Gesamtwerbeausgaben und der Medienentscheid der Kunden, basierend auf unseren Empfehlungen. Auch die Verfügbarkeit der anderen Medien spielt eine entscheidende Rolle. Sind die TV-Werbefenster ausgebucht, liegt der Switch zum Plakat unter Umständen nahe. Das zeigte sich 2012.

Petrow: Bei gewissen Branchen und Kunden ist das Plakat durchaus gesetzt, seit Jahren. Autos, Mode. Weil es eben immer gut funktioniert hat. Am Ende spielt der Preis ein Rolle. Wie bei allen Medien existiert das Thema Rabattierung auch beim Plakat. Das Preis-Leistungs-Verhältnis ist hier im Vergleich zu anderen Medien komplexer. Der Plakatmarkt ist nicht unendlich, die Anzahl Stellen sind im Vergleich zu Freespace-Angeboten wie TV-Werbefenstern und Printanzeigenseiten beschränkt. Hinzu kommt die Bewirtschaftung zusätzlicher Stellen, die ebenfalls Aufwand im Sinne von Kosten nach sich zieht. Und die hinterletzte Stelle in einem zwielichtigen Hinterhof bietet nicht dieselbe Qualität wie die handverlesenen Stellen. Diese Gegebenheiten schlagen sich in den Offerten sichtbar nieder.

Schneider: Lieber die wirklich guten Stellen rechtzeitig einkaufen als einen Mix aus guten und durchschnittlichen oder dürftigen Stellen zum Superpreisdeal einheimsen. Bei Letzterem habe ich mein Team auch zur Vorsicht gemahnt. Qualität geht vor Quantität.

Plakatdesign

Blicken wir auf gerahmte Abstraktionen an der Wand an einer Vernissage, fragen wir uns weder, was da hängt, noch müssen wir nach seiner kulturellen Einordnung suchen: Das Bild ist Kunst.

Anders sieht es mit Plakaten aus, denen wir tagtäglich auf der Strasse begegnen. Würden wir, vor einem Plakat stehend, gefragt, was wir vor uns hätten, antworteten wir wahrscheinlich mit «Das ist ein Plakat», vielleicht noch mit «Das ist Werbung für Schokolade». Mag die Botschaft grafisch noch so anspruchsvoll umgesetzt sein, vielfach steht das Plakat zwischen Kunst und Kommerz. Und diese Spannung besteht seit Ende des 19. Jahrhunderts, als ein Boom in der Plakatproduktion eingesetzt, die Industrialisierung sowohl den Massenkonsum als auch die Entwicklung neuer Druckverfahren befördert hat. Künstler sehen die Möglichkeit, mit Plakaten ihren Stil in Umlauf zu bringen. Der zunehmende Bedarf an Werbung und ihr rascher Wechsel geben besonders dem Berufsfeld des Grafikers und Typografen grossen Auftrieb. In Zürich wird schon ab 1906 grafische Kunst unterrichtet. 60 Jahre später ist die Schweiz führend im Schriftdesign. Typen wie Helvetica und Frutiger beschriften die Welt, der Swiss Style schreibt Designgeschichte.

Am Plakat lässt sich der gesamte technische und kulturelle Fortschritt einer Gesellschaft ablesen. Es steht immer an oberster Stelle des zu seiner Zeit optisch Machbaren; mehr noch: Es bildet die Bedürfnisse und Träume der Gesellschaft ab, zeigt ihre Alltagsgegenstände und ihre Reiseziele. Gleichwohl sind ihm weder Politik noch Kultur und Wohltätigkeit fremd, macht es doch auf Parteien und Konzerte ebenso aufmerksam wie auf notleidende Menschen.

In der Schweiz darf man die Qualität des Plakats bewundern, und das heisst auf ganzer Linie sowohl hinsichtlich Gestaltung als auch punkto Druckverfahren und Trägermaterial. Das Schweizer Plakat ist haptisch wertvoll, begehrtes Sammlerobjekt und ausstellungsfähig.

Chaotische Zustände im Strassenbild, ein strubes Herumkleben aller möglichen Formate und Sujets sind mit den Plakatgesellschaften der Schweiz schnell im Keim erstickt. Der Schweizer sucht nicht das Kurzlebige. Er fragt danach, ob feiner Humor mehr erreicht als provokative Marktschreierei.

Schon 1904 prämiert die Organisation Schweiz Tourismus herausragende Plakate, die Schweizer Feriendestinationen bewerben. Die Organisation tut es bis 1970, und neben ihr gibt es weitere Gesellschaften und Jurys, die in Wettbewerben zu Kreativität und Innovation anregen. Der heutige Swiss Poster Award fordert in fünf Kategorien zu Höchstleistungen heraus.

Design des affiches

En contemplant des abstractions encadrées sur un mur lors d'un vernissage, nous ne nous demandons pas ce que c'est, ni ne devons chercher son appartenance culturelle: le tableau est de l'art.

Il en va différemment des affiches qui fleurissent tous les jours dans la rue. Si on nous demandait, alors que nous sommes face à une affiche, ce que nous avons devant nous, nous répondrions probablement «C'est une affiche», peut-être aussi «C'est de la publicité pour du chocolat». Même si le message se distingue par un graphisme sophistiqué, l'affiche se situe entre l'art et le commerce. Et cette ambivalence existe depuis la fin du XIXe siècle, alors qu'un boom apparaît dans la production d'affiches, et que l'industrialisation propulse tant la consommation de masse que le développement de nouveaux procédés d'impression. Les artistes voient la possibilité de faire circuler leur style par les affiches. Le besoin croissant de publicité et ses mutations rapides donnent de fortes impulsions au champ professionnel du graphiste et du typographe. A Zurich, l'art graphique est enseigné dès 1906. 60 ans plus tard, la Suisse est leader dans le design typographique. Des polices d'écritures comme Helvetica et Frutiger inondent le monde, le Swiss Style écrit l'histoire du design.

Une affiche reflète l'ensemble des progrès techniques et culturels d'une société. Elle est toujours au sommet de ce qui est optiquement réalisable pour l'époque; plus encore: elle reproduit les besoins et les rêves de la société, montre ses objets quotidiens et ses destinations de voyage. Néanmoins, ni la politique ni la culture et la bienfaisance ne lui sont étrangères, puisque l'affiche attire notre attention non seulement sur les partis et les concerts, mais aussi sur les personnes en détresse.

En Suisse, il y a de quoi admirer la qualité de l'affiche, et ce sur toute la ligne, tant au niveau de la conception qu'en matière de procédé d'impression et de matériel de support. L'affiche suisse est un objet précieux aux effets haptiques, un objet de collection convoité et un objet d'exposition.

Les sociétés d'affichage de Suisse étouffent dans l'œuf les états chaotiques dans le paysage urbain, le collage disparate de tous les formats et sujets possibles. Le Suisse n'est pas en quête d'éphémère. Il privilégie un humour tout en finesse plutôt qu'un boniment provocateur.

Dès 1904, l'organisation Suisse Tourisme récompense les affiches exceptionnelles attirant l'attention sur les destinations de vacances suisses. L'organisation le fait jusqu'en 1970, et il existe aussi d'autres sociétés et jurys qui incitent, dans les compétitions, à la créativité et à l'innovation. Le Swiss Poster Award d'aujourd'hui attribue des récompenses sur les performances de pointe dans cinq catégories.

Design del manifesto

Se durante un vernissage guardiamo quadri astratti, non ci chiediamo né cosa sono, né cerchiamo la loro collocazione culturale. Il quadro è arte.

La situazione è diversa con i manifesti che incontriamo giornalmente sulle strade. Se davanti a un manifesto ci chiedessimo che cosa è, probabilmente risponderemmo «È un manifesto» o forse «È una pubblicità della cioccolata». Se però il messaggio è realizzato con molta ambizione dal punto di vista grafico, il manifesto si trova in una posizione tra arte e commercio. Questa contrapposizione esiste dalla fine del XIX secolo, quando è iniziato un boom nella produzione dei manifesti e l'industrializzazione ha favorito sia il consumo di massa, sia lo sviluppo di nuovi procedimenti di stampa. Gli artisti iniziano a vedere la possibilità di mostrare il loro stile con i manifesti. Il crescente bisogno di pubblicità e il suo repentino cambiamento danno una forte spinta in particolare nel campo professionale dei grafici e tipografi. A Zurigo, le arti grafiche vengono insegnate già a partire dal 1906. 60 anni dopo la Svizzera è leader nel design del carattere: font quali Helvetica e Frutiger lasciano la loro impronta in tutto il mondo e lo Swiss Style scrive la storia del design.

Il manifesto permette di cogliere l'intero progresso tecnico e culturale di una società. È sempre al livello massimo di quanto fattibile al momento dal punto di vista ottico e ritrae i bisogni e i sogni della società, mostrandone gli oggetti quotidiani e le destinazioni per le vacanze. Al tempo stesso conosce tanto la politica, quanto la cultura e la beneficienza. Rende attenti sia a partiti, sia a concerti, nonché a persone bisognose.

In Svizzera si può ammirare la qualità del manifesto e ciò su tutta la linea: sia dal punto di vista del layout, sia da quello della procedura di stampa e del materiale dei supporti. Il manifesto svizzero è prezioso dal punto di vista tattile, è un ambito oggetto da collezione e trova posto anche nelle mostre.

Situazioni caotiche sulle strade, affissioni selvagge di qualsiasi tipo di formato e soggetto sono soffocate sul nascere dalle società di affissione della Svizzera. Lo svizzero non cerca qualcosa di effimero, si preoccupa piuttosto se è più efficace un delicato umorismo rispetto a ingannevoli lusinghe.

Già nel 1904 l'organizzazione Svizzera Turismo premia i manifesti di straordinaria qualità che pubblicizzano le destinazioni di vacanza svizzere. Tale riconoscimento continua fino al 1970; oltre a esso esistono altre società e giurie che stimolano la concorrenza per quanto riguarda creatività e innovazione. L'attuale Swiss Poster Award sprona a fornire elevate prestazioni in cinque categorie.

Poster design

When we see an abstract painting hanging on the wall of a gallery, we don't need to ask ourselves what it is or how we might classify it from a cultural perspective. It's just art.

But it's a different story with billboards and posters, things we encounter in the street every day. If we were to ask ourselves, standing before a billboard, "What is it?" we'd probably answer, "It's a billboard," and maybe add, "It's an advertisement for chocolate." Yet however sophisticated the graphic treatment of the message, a poster usually lies somewhere between art and commerce. This contradiction has existed since the late 19th century, when there was a boom in poster production and increasing industrialisation encouraged both mass consumption and the development of new printing techniques. Artists saw the chance to bring their work into the public domain in the form of posters and billboards. The increasing demand for advertising and the rapid rate at which it changed have been strong factors driving the progress of both graphic design and typography. Graphic design has been taught in Zurich since 1906. Now, 60 years on, Switzerland is a world leader in typeface design. Fonts such as Helvetica and Frutiger are used the world over, as Swiss style continues to write the history of design.

Posters provide an insight into a society's technical and cultural progress. They showcase the latest developments in visual representation. But beyond that, they reveal the desires and dreams of society, its favoured destinations and everyday objects. Nor are politics, the arts, and charity strangers to the billboard. Posters are used to draw attention to political parties and concerts, as well as those in need of our help.

In Switzerland we can admire the quality of out-of-home advertising, in terms of its design as well as the printing techniques and physical media involved. The Swiss advertising poster is a sensual object of desire, a sought-after collector's item, worthy of exhibition.

The creative talent of the sector in Switzerland helped prevent an impression of chaos in the streets, or a messy agglomeration of different formats and visuals. The Swiss generally set no store by the ephemeral. Rather, they tend to find subtle humour more effective than brash hype.

As early as 1904, Switzerland Tourism unveiled a series of striking posters to promote the country's holiday destinations, something it continued to do until 1970. In a similar vein there are other organisations and juries that promote creativity and innovation in creative competitions. The modern-day Swiss Poster Award, for example, rewards the top achievements in five separate categories.

Das Plakat – künstlerisches Ausdrucksmittel und visuelle Kommunikation

Das Plakat wird in der Schweiz später eingesetzt als in anderen europäischen Ländern. Doch dessen Geschichte beginnt mit starken, identitätsstiftenden Motiven und entwickelt sich mit einzigartiger Kontinuität hin zum berühmten und international Massstäbe setzenden Swiss Style. Sie führt vom künstlerisch-atmosphärischen Symbolbild für Tourismus, Kultur und Vergnügungsstätten zum durchdachten Massenprodukt grosser Werbekampagnen mit einer sachlich-funktionalen Botschaft. Die Schweizer Designszene prägt die Entwicklung des Plakats in Europa über Jahrzehnte. In der Gestaltung sind erst Lithografen, dann Kunstschaffende und heute Grafiker massgebend.

KÜNSTLERISCHES AUSDRUCKSMITTEL

Eine Ausstellung mit Plakaten aus der Privatsammlung von Fred Schneckenburger, die sich heute im Besitz des Museums für Gestaltung Zürich befindet, betont bereits im Titel ein wichtiges Charakteristikum des Mediums Plakat: Es ist Abbild und Zeugnis des Zeitgeschehens. Die Wandbilder der Strasse lassen den Betrachter sowohl die Historie von Gesellschaft, Wirtschaft und Politik studieren als auch die Entwicklung des gestalterischen Schaffens nachverfolgen.

Gegen Ende des 19. Jahrhunderts entwickelt sich in der Schweiz die Tourismusindustrie. Mit der Industrialisierung wird der Fremdenverkehr nicht nur durch Bahn- und Schifffahrtsgesellschaften angefacht, er wird selbst Teil der kommerziellen Kette, eine Einnahmequelle, um welche die verschiedenen Reiseländer konkurrieren. In diesem Wettstreit reicht blosse Mundpropaganda nicht mehr aus. Die Öffentlichkeit soll ohne persönlichen Botschafter auf die Vorzüge eines Ferienortes aufmerksam gemacht werden. Das Plakat ist für diese Zwecke das ideale Werbemedium. Es kann weltweit ausgehängt werden und gezielt auch dort, wo die Reiselustigen anzutreffen sind, in Bahnhöfen und in Wartesälen. So lässt man ab 1880 Affichen für Schweizer Feriendestinationen gestalten und drucken.

Bis ins 20. Jahrhundert hinein wird mit naturalistischen Motiven geworben, oft verziert mit floralen Ornamenten oder allegorischen Darstellungen. Eine wirklichkeitsgetreue, malerische Ansicht Zermatts liefert 1898 der Österreicher Anton Reckziegel, der 1892 in die Schweiz übersiedelte, wo er als Plakatmaler Beschäftigung fand. Nur zehn Jahre später löst sich Emil Cardinaux von der realistischen Darstellung: Er verzichtet auf Detailgenauigkeit und erhebt über dunkelgrünem Vordergrund das Matterhorn zu gelboranger Monumentalität. Seine Plakate zeichnen sich durch eine gestraffte Bildkomposition und die Reduktion auf wenige Motive aus. Die Idee besteht darin, die Schönheit eines Orts in einem Symbolbild zu verdichten. Durch diese Stilisierung gewinnt das Tourismusplakat an Plakativität im eigentlichen Sinne. Gleichzeitig zeigt sich im Plakatschaffen nun immer stärker der Einfluss der künstlerischen Strömungen der 1910er- und 1920er-Jahre. Sie machen es zu einem experimentellen Medium, in dem Formen, Farben und Materialien ausprobiert werden. Auch die Fotografie bleibt nicht länger Stiefkind der Kunst: Neue Techniken ermöglichen grossformatige Abbildungen in hoher Qualität. Herbert Matter montiert in den 1930er-Jahren fotografische, grafische und typografische Elemente zu eindringlichen Plakaten.

Im Schweizer Tourismusplakat zeigt sich jedoch trotz stilistischer Fortentwicklung ein Rückgriff auf tradierte Sujets. So findet sich das von Emil Cardinaux 1908 verwendete Matterhorn 1967 in einem typografischen Plakat von Peter Kunz: Er baut Berge aus Schrift und setzt Schweizer Kreuz und Plakattitel sparsam und markant ein. Insbesondere während der Kriegsjahre fungieren symbolträchtige, identitätsstiftende Sehenswürdigkeiten auf Plakaten als Zeichen der aktiven (geistigen) Landesverteidigung; der visuelle Fokus wird auf Schweizer Landschaftsbilder und Schweizer Produkte gesetzt.

Für klassische Darstellungen im Genre Schweizer Tourismusplakat werden heutzutage gern fünfstellige Beträge gezahlt.

1 Hans Falk, 1949.

PLAKATDESIGN

2 Reckziegel, 1898.
3 Emil Cardinaux, 1908.

4 Herbert Matter, 1935.
5 Peter Kunz, 1967.

KÜNSTLERISCHES AUSDRUCKSMITTEL

Ein öffentliches Medium

Die Entwicklung des Plakats von einem reinen Informations- zu einem Verführungsmedium und Sammlerobjekt von Kunstfreunden bis hin zum wirkungspsychologisch fundierten Werbemittel lässt sich weit zurückverfolgen. Schon im alten Rom werden öffentliche Anschläge genutzt, um Gladiatorenkämpfe anzukündigen und um der Allgemeinheit Gesetzestexte und Bekanntmachungen zugänglich zu machen. Ab dem Mittelalter werden Plakate für offizielle Anschläge und Mitteilungen im öffentlichen Raum eingesetzt. Im 14. Jahrhundert tauchen erste Laden- und Firmenschilder auf. Mit der Erfindung des Buchdrucks 1439 durch Johannes Gutenberg ergeben sich bisher ungeahnte Möglichkeiten der Verbreitung von Mitteilungen in grossen Auflagen, wobei die Illustration mittels Holzschnitt vorgenommen wird. Ab dem 15. Jahrhundert, im Zuge der Erfindung der Druckmaschine, gibt es erste Anzeigezettel, vor allem von Buchdruckern. Gedruckte Plakatwerbung – als Vorläufer des heutigen Plakatanschlages – verwenden im 16. und 17. Jahrhundert unter anderem Wanderschauspieler und Gaukler, die ihre Auftritte durch entsprechende Anschläge in Wort und Bild bekannt machen. Ab dem 19. Jahrhundert druckt man schwarz-weisse Schriftplakate, um kulturelle und sportliche Veranstaltungen anzukündigen.

Die gemalten Zunftembleme und Firmenschilder werden seit dem 16. Jahrhundert zunehmend ausgeschmückt, so auch von berühmten Malern der Epoche; zum Beispiel fertigt Hans Holbein der Jüngere solche Werbeschilder. Auch Jean-Antoine Watteau malt 1720 ein berühmt gewordenes Ladenschild für die Pariser Kunsthandlung Gersaint.

Ende des 19. Jahrhunderts ergibt sich ein regelrechter Boom in der Plakatproduktion, der einerseits der Entwicklung neuer Druckverfahren und der Industrialisierung der Drucktechnik geschuldet ist; Letztere ermöglicht auch auf diesem Gebiet eine Massenproduktion. Andererseits ist er auf die zunehmende Nachfrage nach Werbung für den Massenkonsum zurückzuführen. In der Schweiz setzt sich das Plakat ab den 1910er-Jahren langsam durch. Die Allgemeine Plakatgesellschaft wird gegründet, um den Anschlag zu organisieren und der wilden Plakatierung ein Ende zu setzen.

Plakatfieber

Die Produktion von Künstlerplakaten setzt in der Schweiz etwas später als in anderen Ländern ein. Die ersten namhaften Plakatkünstler wandern im 19. Jahrhundert ins nahe Ausland aus, wo das Metier der Plakatgestaltung bereits floriert. Später werden sie von der Schweiz wieder vereinnahmt.

6 Alphonse Maria Mucha, 1967.

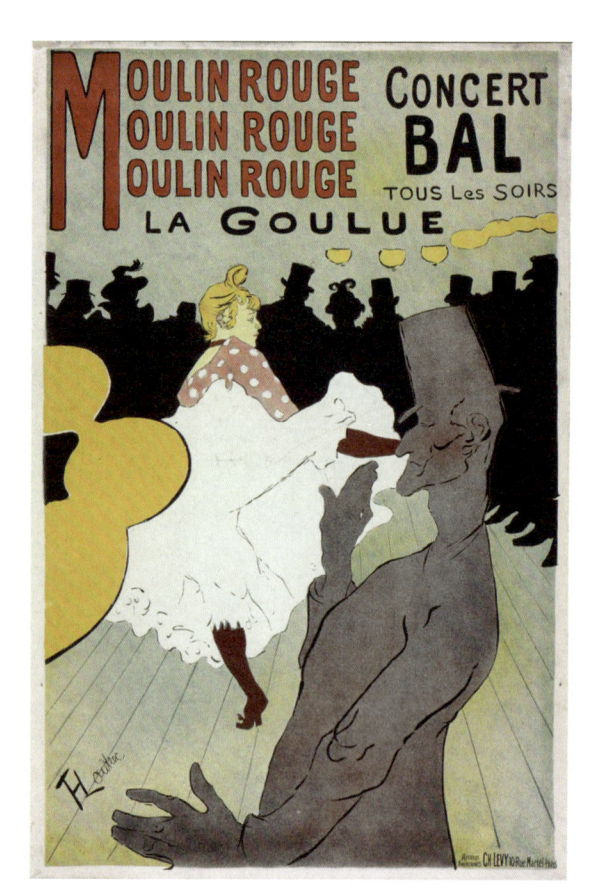

PLAKATDESIGN

7 Henri de Toulouse-Lautrec, 1891.

8 Jules Chéret, 1889.

9 Eugène Samuel Grasset, 1899.

Die Blütezeit des modernen Bildplakats als künstlerisches Ausdrucksmittel beginnt in den 1880er-Jahren, seine Geburtsstätte ist Paris. Als einer der ersten Plakatkünstler gilt Jules Chéret. Der ausgebildete Lithograf verbindet seit den 1860er-Jahren in seinen Werken für Opern- und Zirkusaufführungen, für Vergnügungslokale und Genussmittel einfache, grossflächige Zeichnungen mit knappen, grosszügigen Schriftzügen zur Einheit. Seine Affichen sind die ersten, die in den Kunsthandel gelangen. Chéret er- hält 1888 das Kreuz der Französischen Ehrenlegion. In der Begründung heisst es, Chéret habe mit dem Plakat «einen neuen Kunstzweig geschaffen (...), indem er die Kunst auf kommerzielle und industrielle Druckerzeugnisse übertrug». Das Plakat ist nicht mehr nur Werbemittel, es wird selbst zu einer Ware. So lässt der Schriftsteller und Galerist Léon Deschamps von bekannten Künstlern Affichen zu seinen Kunstausstellungen entwerfen, die er jeweils in einer Auflage von mehreren hundert druckt und als

Sammelobjekte verkauft. Die Sammelwut hält die 1890er-Jahre über an und führt dazu, dass Druckereien, Kunsthändler, Verlage usw. zahlreiche Ausstellungen ausrichten. 1896 werden in Reims die 1700 schönsten Plakate aus der ganzen Welt gezeigt, und in Genf organisiert 1894 das Institut National Genévois eine Ausstellung mit europäischen Kunstplakaten, darunter auch einige wenige aus der Schweiz. Zwei Jahre später zeigt das 1895 gegründete Gewerbemuseum in Basel eine Ausstellung mit Plakaten aus Frankreich, England, Deutschland und den USA sowie in geringem Umfang auch aus der Schweiz.

Charakteristisch für das Plakat als künstlerisches Ausdrucksmittel dieser Epoche ist, dass es von berühmten Künstlern und Lithografen entworfen und nur für bestimmte Zwecke eingesetzt wird. Die Affichen dieser Jahre werben für Kunst, Musik und Literatur, für Nachtclubs, Vergnügungsstätten und damit assoziierte Verbrauchsgüter und Konsumartikel.

Zu den bedeutendsten Gestaltern dieser Zeit zählen neben dem Tschechen Alphonse Maria Mucha Jules Chéret und Henri de Toulouse-Lautrec, die alle in Paris wirken. Toulouse-Lautrecs Plakat für das Varieté Moulin Rouge von 1891 ist nicht nur für sein eigenes Werk von entscheidender Bedeutung, es ist auch zu einem Meilenstein in der Plakatgestaltung geworden. Auch die beiden aus der Schweiz stammenden Maler Eugène Samuel Grasset und Théophile-Alexandre Steinlen, die in Paris leben, tragen massgeblich zum Aufstieg des Plakats bei. Sie regen Mitte der 90er-Jahre die Produktion von Künstlerplakaten in der Schweiz an – zu einer Zeit, als die Plakatproduktion im übrigen Europa aufgrund des Ersten Weltkrieges und der grossen Inflation weitgehend zum Erliegen kommt.

Vorläufer des Künstlerplakats in der Schweiz sind die von dem Unternehmer Karl Wilhelm Bührer seit etwa 1909 vertriebenen Monokarten: Er beauftragt Künstler wie Emil Cardinaux, Burkhard Mangold oder Ludwig Hohlwein mit der Gestaltung von Werbekarten im Einheitsformat, die auch als Sammelobjekte konzipiert sind. Denselben Entwurf nutzt er häufig für entsprechend vergrösserte Plakate.

Ein neuer Stil

Die wichtigsten Einflüsse für die Plakatgestaltung ab 1890 bis 1910 gehen von verschiedenen künstlerischen Erneuerungsbewegungen wie der Arts-and-Crafts-Bewegung in England, dem Symbolismus beziehungsweise dem Secessions-Stil in Österreich,

10 Théophile-Alexandre Steinlen, 1894.

dem Art nouveau in Frankreich und dem Jugendstil in Deutschland und Österreich aus, aber auch der japanische Holzschnitt wirkt prägend.

Künstler der Wiener Secession wie Gustav Klimt und Koloman Moser, der Belgier Henry van de Velde, der sich in Essays auch theoretisch mit dem Jugendstil auseinandersetzt, der Mitbegründer der Münchner Secession Peter Behrens und Alphonse Maria Mucha in Paris sind wichtige Vorreiter für einen neuen Stil im Plakat.

Die englische Arts-and-Crafts-Bewegung ist Antwort auf die Industrialisierung jener Zeit. Die Durchsetzung der Massenproduktion zu Beginn des 20. Jahrhunderts geht schrittweise auf Kosten der handwerklichen Tradition. Die Intention der Arts-and-Crafts-Bewegung ist, diese Tradition im Sinne einer «Ästhetik für jedermann» zu bewahren und die Kunst im alltäglichen Leben erlebbar zu machen.

Auch für den Art nouveau, der in Deutschland als Jugendstil Verbreitung findet, ist die Verankerung der Kunst im Alltag erklärtes Ziel. Stilistisch ist die flächige Gestaltung charakteristisch, in der historisierende Ornamente und Verzierungen keine Rolle mehr spielen. Florale Elemente und organische Formen werden zunehmend abstrahiert wiedergegeben. Sachliche Darstellung ist nur von geringer Bedeutung; es geht vielmehr darum, eine Stimmung, ein Gefühl zu vermitteln und aus der

Synthese verschiedener künstlerischer Gattungen und Mittel ein ästhetisches Gesamtkunstwerk zu schaffen.

Elemente des japanischen Holzschnitts, der sich durch Flächigkeit und Verknappung auszeichnet, treffen sich mit den Anliegen des Art nouveau. Jules Chéret, Henri de Toulouse-Lautrec und Édouard Manet beziehen ebenso wie die beiden Schweizer Grasset und Steinlen in ihren Entwürfen die Bildsprache des japanischen Holzschnitts ein. Der Text wird bei diesen illustrativen Plakaten in die Gestaltung integriert, ist Teil der Illustration und ebenso gemalt wie das Bild.

Der seit Mitte der 1920er-Jahre etablierte Artdéco-Stil, ein dekorativer, eleganter Stil, für den zum Beispiel der in Frankreich tätige Italiener Leonetto Cappiello, A. M. Cassandre und Roger Broders sowie in Deutschland Ludwig Hohlwein stehen, kann als Weiterentwicklung des Jugendstils verstanden werden. Er hält sich bis etwa 1940, wird dann von neuen Tendenzen abgelöst.

Anfang des 20. Jahrhunderts gestalten in der Schweiz die Maler Emil Cardinaux, Otto Baumberger und Burkhard Mangold – Plakatkünstler der ersten Stunde – Affichen, die in dieser Tradition stehen. Auch Ferdinand Hodler hat mit seinem stilisierten, rhythmisierten, malerischen Stil Einfluss auf die Plakatgestaltung der Zeit. Einige eindrucksvolle farbige Plakate von hoher künstlerischer Qualität und ausgefeilter technischer Perfektion entwirft zudem Augusto Giacometti. Der Plakatstil dieser Künstler entspricht dem ihrer freien Werke. Der vom Symbolismus beeinflusste Genfer Ferdinand Hodler verwendet in Plakaten zum Teil Bildzitate eigener Gemälde, etwa auf dem berühmten Plakat für die Secessions-Ausstellung in Wien 1904. Eines der bekanntesten Motive von Cardinaux ist sein Werbeplakat für Zermatt aus dem Jahr 1908, das zunächst als Monokarte erscheint und den Beginn der Schweizer Plakatgeschichte markiert. Sein Entwurf für die Landesausstellung von 1914 erregt wegen seiner expressiven Farbgestaltung mit grünem Pferd grosses Aufsehen. Es ist eines der ersten Plakate, das im sogenannten Weltformat von 128 cm × 90,5 cm gedruckt wird.

Das Schaffen der jungen Schweizer Plakatkünstler ist in den ersten Jahren eng mit der Graphischen Anstalt J. E. Wolfensberger in Zürich verbunden, die für die hohe Qualität ihrer Druckerzeugnisse bekannt ist. Dort übertragen Künstler wie Ferdinand Hodler und Karl Bickel ihre Entwürfe teilweise direkt selbst auf den Stein oder vertrauen sie renommierten Lithografen an. Johann Edwin Wolfensberger, der auch als Galerist tätig ist und vor allem Gegenwartskunst ausstellt, verpflichtet so beispielsweise Burkard Mangold, Otto Baumberger und Emile Cardinaux als Mitarbeiter. Das Schweizerische Landesmuseum würdigt von Oktober 2013 bis Februar 2014 das Familienunternehmen mit einer Ausstellung, die sich ganz der Geschichte der Graphischen Anstalt

11 Blick in den Maschinensaal der Graphischen Anstalt J. E. Wolfensberger: Ölbild von Karl Hayd, 1922.

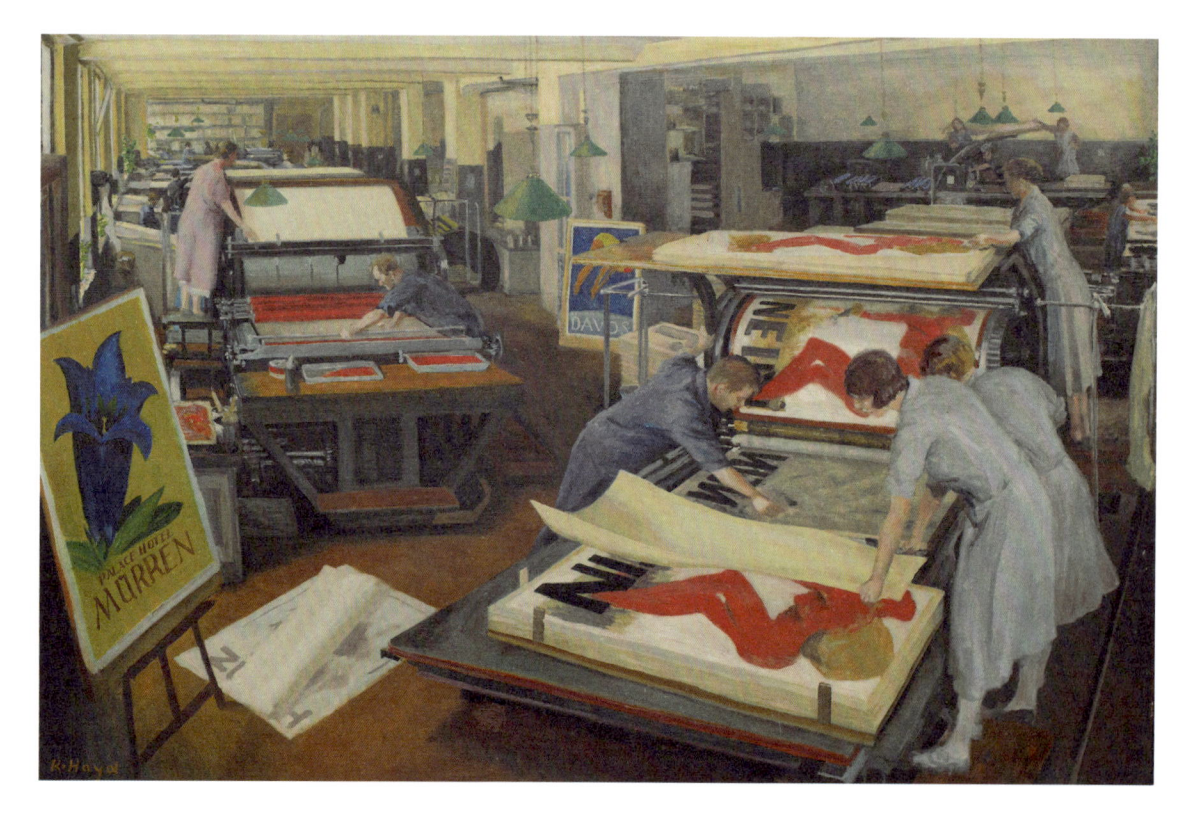

KÜNSTLERISCHES AUSDRUCKSMITTEL

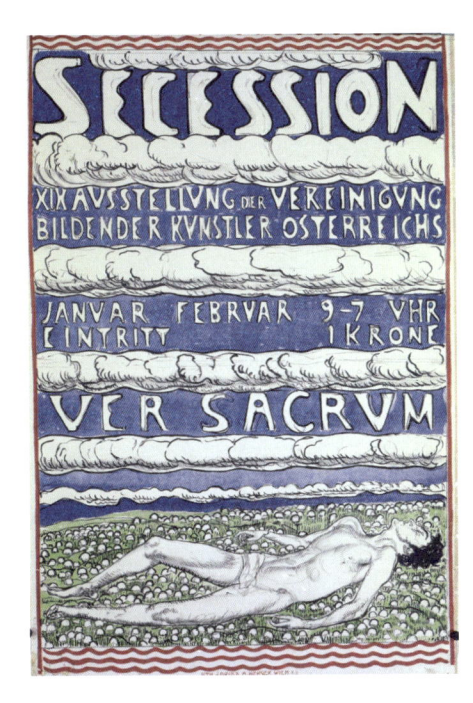

J. E. Wolfensberger widmet. Die Exponate visualisieren ein breites Spektrum an hochkarätigen Drucksachen – erstklassigen Steindrucken –, von kleinformatigen Affichen über Originalgrafik und Kunstreproduktionen bis hin zum Plakat.

«Form follows function»

In den 1910er- und 1920er-Jahren werden stilistische Elemente des Expressionismus und Kubismus ins Plakat integriert. Otto Baumbergers frühe Plakate orientieren sich am künstlerischen Expressionismus. Auch Einflüsse des um 1920 entstandenen Surrealismus sind bis in die 1940er-Jahre hinein deutlich, zum Beispiel in den Plakaten von Hans Erni (*1909), der 2014 seinen 105. Geburtstag feiert und als Maler, Grafiker und Bildhauer noch immer aktiv ist. Er hat Hunderte von Plakaten geschaffen.

Charakteristisch für diese Epoche ist die entschiedene Abgrenzung vom dekorativen Jugendstil und die bewusste Hinwendung zu einer stärker sachlich-funktionalen Gestaltung in der freien sowie in der angewandten Kunst. Bereits der 1907 in München gegründete Deutsche Werkbund versucht, künstlerische Ideale mit modernen industriellen Herstellungsverfahren in Einklang zu bringen. Zu ihm gehören neben Hermann Muthesius mit Peter Behrens und Henry van de Velde zwei der wichtigsten Vertreter des Jugendstils und mit Walter Gropius einer der später führenden Bauhaus-Designer. Die wichtigsten Einflüsse gehen jedoch von der niederländischen Gruppe De Stijl mit ihren Hauptvertretern Theo van Doesburg und Piet Mondrian aus, vom russischen Konstruktivismus mit Künstlern wie Eliezer Lissitzky und Alexander Rodtschenko, vom unter anderem von Kurt Schwitters vertretenen Dadaismus, von dem italienischen Futurismus sowie dem international enorm einflussreichen Bauhaus.

Das Bauhaus wird 1919 in Weimar begründet. Es hat sich zum einen innovative Ausbildungsformen auf die Fahnen geschrieben: die konstruktive und kreative Zusammenarbeit von Lehrenden und

12 Ferdinand Hodler, 1904.
13 Emil Cardinaux, 1908.
14 Augusto Giacometti, 1918.

15 Hans Erni, 1940.

PLAKATDESIGN

16 Niklaus Stoecklin, 1939.
17 Otto Baumberger, 1923.
18 Karl Bickel, 1928.

Lernenden. Zum anderen sollen Gestaltung und Technik zu einer neuen Einheit verschmelzen. Zentral ist dabei die Ausrichtung auf Funktionalität im Sinne des Grundsatzes «Form follows function». Zu den bekanntesten Bauhaus-Gestaltern gehören Herbert Bayer, Joost Schmidt, Max Bill, Max Gebhard und Karl Straub. In der Schweiz sind Bauhaus-Einflüsse ab Ende der 1920er-Jahre spürbar.

Der erfolgreichste Schweizer Plakatgestalter dieser Jahre ist Otto Baumberger. Mit seinem berühmt gewordenen fotorealistischen PKZ-Plakat, das von der gestalterischen Avantgarde begeistert aufgenommen wird, setzt er neue Massstäbe. Das Plakat aus dem Jahr 1923 erregt aber auch Aufsehen, weil die realistische Darstellung zunächst für eines der frühesten Fotoplakate gehalten wird. Baumberger steht nicht mehr für einen persönlichen künstlerischen Stil im Plakat, sondern versucht, für jede einzelne Botschaft, jedes Plakat die passende Umsetzung, die stimmige Sprache zu finden. Als Werber der ersten Stunde gelten auch Donald Brun, Peter Birkhäuser oder Viktor Rutz. Der Basler Maler und Grafiker Niklaus Stoecklin wird in der Frühzeit des Markenartikels, in den 1930er-Jahren, zu einem Hauptvertreter des sogenannten Sachplakats. Seine realistische Darstellung alltäglicher Produkte entfaltet eine hohe Suggestivkraft. Stoecklins Plakate stehen in der Tradition der in den 1910er-Jahren in Deutschland aufgekommenen Neuen Sachlichkeit. Im Plakat findet dieser künstlerische Stil seine grafische Übersetzung in einer stark reduzierten Darstellung, die den einzeln beworbenen Gegenstand als ikonenhaftes Objekt sowie den Markennamen ins Zentrum setzt. Karl Bickel aus Zürich, ein Pionier der Gebrauchsgrafik in der Schweiz, entwirft ab den 1920er-Jahren Plakate, die mediale Gesetze wie schnelle Lesbarkeit, Prägnanz und Fernwirkung wirkungsvoll einsetzen. Malerisch-atmosphärische Gestaltung im Plakat wird nun zunehmend in den Hintergrund gedrängt. Es sind nicht mehr vorwiegend Künstler, die neben ihrem freien Schaffen Plakate gestalten, sondern ausgebildete Grafiker, Typografen und Lithografen. Die Entwicklung des Plakats vom Künstler- zum Gafikerplakat widerspiegelt sich auch im Ausbildungswesen an den schweizerischen Gestaltungsschulen. In den 1920er-Jahren setzt sich das rein typografische Plakat in der Schweiz immer stärker durch. Schrift und Buchstaben als autonome Gestaltungselemente gewinnen an Bedeutung. Das Typo-Plakat vermittelt seine Botschaft unter Verzicht auf jegliche Ablenkung durch Dekoration und Illustration. Die Lesbarkeit der Botschaft steht ganz im Vordergrund. Beispielhaft dafür sind Werke des Deutschen Jan Tschichold, der 1933 in die Schweiz auswandert, sowie von Walter Käch und Ernst Keller.

Die Schweiz, Zentrum innovativer Gestaltung

Die Schweiz wird während der Nazizeit in Deutschland und der Kriegsjahre zu einem Zufluchtsort für Künstler und Designer. Spätestens nach dem Zweiten Weltkrieg entwickelt sie sich zu einem bedeu-

KÜNSTLERISCHES AUSDRUCKSMITTEL

tenden Zentrum innovativer Gestaltung, das sich bis heute durch eine hohe Kontinuität in der Entwicklung auszeichnet. An den einen internationalen Ruf geniessenden Gestaltungsschulen in Zürich und Basel entsteht, mit unterschiedlicher Ausprägung und Dogmatik, der strenge, an die Prinzipien des Bauhauses erinnernde Swiss Style, der bis in die 1970er-Jahre hinein international wirksam bleibt.

Bis heute gibt es in der Schweiz keine eigenständigen Kunstakademien. Der sogenannte Swiss Style basiert auf strengen Kompositionsregeln, denen oftmals mathematische Raster zugrunde liegen, favorisiert Schwarz-Weiss-Fotografien anstelle von Illustrationen und verwendet starke typografische Elemente mit zum Teil neu entwickelten Schriften wie der 1957 eingeführten Helvetica. Auch basierend auf den Kriegserfahrungen wird eine universale, objektive Ausdruckssprache gesucht.

Der Künstler und Grafikdesigner Max Bill, der in den 1920er-Jahren am Bauhaus studiert hat, wird mit seiner reduzierten geometrischen Bildsprache neben Richard Paul Lohse und Josef Müller-Brock-

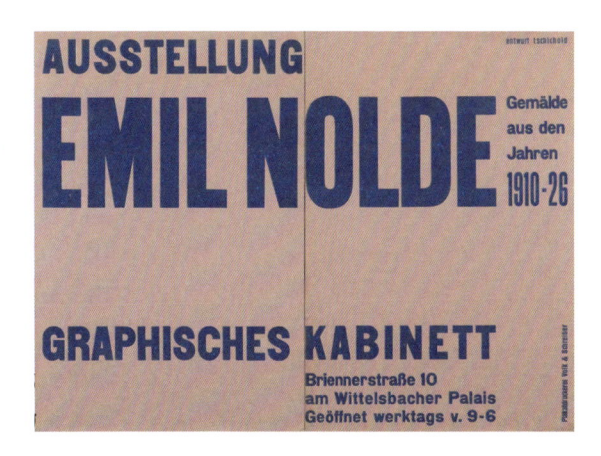

19 Jan Tschichold, 1928.

mann zu einem der wichtigsten Vertreter des Swiss Style der Nachkriegszeit. Müller-Brockmanns rein typografisch gestalteten Konzertplakate für die Tonhalle Zürich, die beim Publikum zunächst auf Widerstand stossen, gehören heute zu den Klassikern der Epoche.

In Basel wird der Swiss Style weniger streng verfochten, und er findet in den Plakaten von Armin Hofmann und Emil Ruder eine sinnliche Variante. Seit Ende der 1920er- und bis in die 1970er-Jahre ist

20 Walter Käch, 1927.
21 Ernst Keller, 1926.

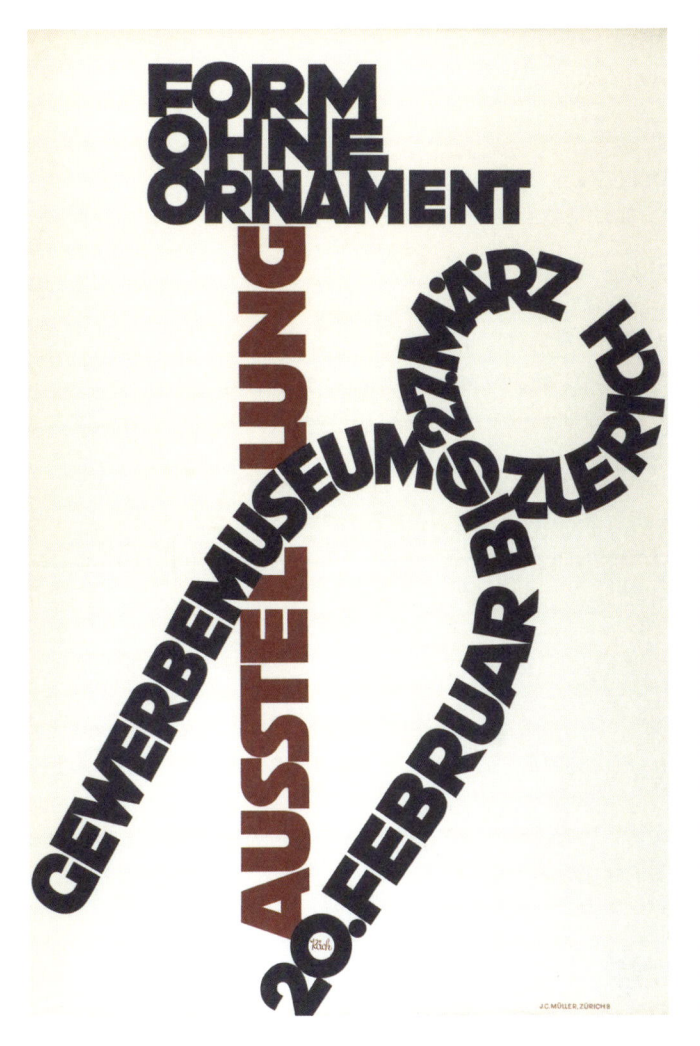

22 Max Bill, 1950.
23 Josef Müller-Brockmann, 1963.

Rechte Seite:
24 Herbert Leupin, 1953.
25 Donald Brun, 1948.
26 Celestino Piatti, 1956.
27 Werbeagentur Advico/Ruedi Külling, 1968.

der Basler Donald Brun dort als Entwerfer tätig. Seine Arbeiten stehen in der Tradition des magischen Realismus von Stoecklin. Zu einem der berühmtesten Schweizer Gestalter ab den 1950er-Jahren gehört auch der vielfach ausgezeichnete Herbert Leupin. In Bruns und Leupins Werken wird der Basler Humorismus deutlich, wo sich suggestive Objektdarstellungen als anekdotische Lösungen mit Bildwitz präsentieren. Werke von Leupin werden unter anderem 1964 auf der Documenta, einer internationalen Ausstellungsreihe für zeitgenössische Kunst, in der Abteilung Grafik gezeigt. Dort sind auch Plakate von Celestino Piatti zu sehen, dem vor allem aufgrund seiner Tätigkeit für den Deutschen Taschenbuchverlag (dtv) bekannt gewordenen und international anerkannten Grafikdesigner. Nur wenigen Frauen gelingt es, sich einen Namen als Plakatgestalterin zu machen. Zu ihnen gehört Rosmarie Tissi (*1937), deren Entwürfe zahlreiche Auszeichnungen erhalten und heute weltweit in Galerien und Museen vertreten sind.

In den 1970er- und frühen 1980er-Jahren verliert der Swiss Style zunehmend an Einfluss. Seine Werke werden in dieser Zeit oft als zu hart und starr, zu wenig experimentell und zu unpersönlich empfunden. Seit Beginn der Achtzigerjahre experimentieren Gestalter mit verschiedenen typografischen und illustrativen Formen. Bis heute hat sich kein führender Stil mehr herauskristallisiert, die fundierte Basis der Swiss-Style-Schule zeigt sich aber auch in vielen zeitgenössischen Werken. Neuerungen aufgrund technischer Innovationen führen gelegentlich zu modischen Trends, die schnell in das Arsenal gestalterischer Mittel integriert werden. Ebenso werden aus dem Bereich der Kunst immer wieder Impulse und Gestaltungselemente aufgegriffen. So hat bereits in den 1960er-Jahren die Pop-Art ein Plakat beeinflusst, das 1968 für ein Erfrischungsgetränk wirbt.

Die Möglichkeiten rein computergenerierter Grafik machen in den 1990er-Jahren nicht nur das elektronische Publizieren für fast jeden zugänglich,

209

PLAKATDESIGN

28 Rosmarie Tissi, 1983.

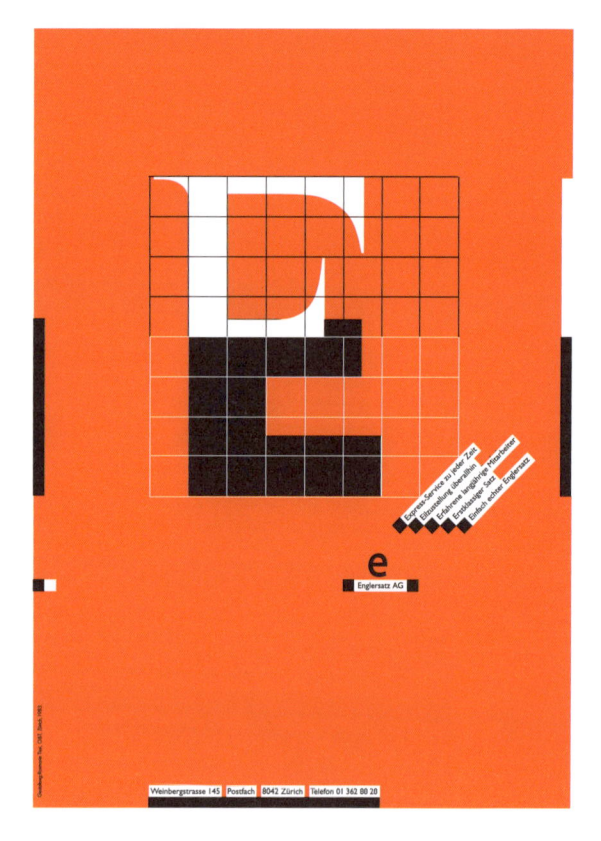

sie führen auch zur weiteren Internationalisierung des Grafikdesigns. Experimentierfreudige Tendenzen und neue technische Zugänge, die das Sampling, die Montage, das effektvolle Spiel mit Typografie erleichtern, breiten sich über digitale Medien aus. Ab den 1990er-Jahren wird aber auch eine Gegenbewegung zur Anonymität der computergenerierten Grafik deutlich. Autorendesign mit einer betont individuellen Haltung propagiert das «Zurück zum Handwerk» und verschafft sich ein Gesicht mittels Verwendung altbewährter Techniken wie des Siebdrucks oder handgezeichneter Illustrationen.

Kunst der Strasse

Sind Plakate Kunst? Die Diskussion wird vor allem Ende des 19. Jahrhunderts geführt, seit Künstler dieses Medium für sich entdecken und die Kunst auf kommerzielle und industrielle Druckerzeugnisse übertragen. In jener Zeit werden Plakate vielfach als Kunst fürs Volk verstanden, die es den Künstlern ermöglicht, mit ihren Werken eine breite Masse anzusprechen. Durch ihre Präsentation auf der Strasse erreichen sie ein weitaus grösseres Publikum als die Kunst in privaten und öffentlichen Innenräumen. Zudem werden ihre Werke häufig direkt in Plakate übersetzt, malerische Mittel verwendet oder Bildzitate auf sie übertragen. Folgerichtig fordern die Art-nouveau-Künstler die Aufhebung der Trennung zwischen hoher und Gebrauchskunst. Zweifellos trägt die Gestaltung aus der Hand von Kunstmalern dazu bei, dass sich das Plakat als eigenständige ästhetische Form etabliert. Doch der künstlerische Aspekt tritt mit der Zeit immer mehr in den Hintergrund und macht anderen Anforderungen an das Medium Platz. Auch wenn immer wieder künstlerische Techniken und Mittel zum Einsatz kommen: Im gleichen Mass, wie das Plakat zunehmend im Rahmen gestaltungstheoretischer und werbepsychologischer Schriften betrachtet und analysiert wird, wird seine ästhetische Qualität in Abhängigkeit von seiner Werbewirksamkeit bewertet. Auftragsarbeiten unterscheiden sich durch teilweise sehr enge Vorgaben von den freien Werken. So schreibt Viktor Mataja 1909 in seinem Buch «Die Reklame. Ankündigungswesen und Werbetätigkeit im Geschäftsleben»: «Man redete sogar öfter in Beziehung auf die Anschläge von einer Gemäldegalerie der Armen – ein nicht sehr empfehlender Ausdruck vom Standpunkt des Reklamers aus, der mit seinen Anzeigemitteln nicht gerade die Unbegüterten treffen will. (…) Der Kaufmann will mit seinen Ankündigungen das Publikum anziehen, aber nicht erziehen, er will für seine Waren werben und nicht für neue Stilarten.» Plakate müssen für Mataja also in erster Linie nach wirkungsästhetischen Gesichtspunkten entworfen und beurteilt werden. Und Julius Klinger stellt im Jahrbuch des Deutschen Werkbundes 1913 fest: «Schliesslich und endlich wissen wir, dass wir nicht Ewigkeitswerte, sondern nur anspruchslose Arbeiten schaffen, die naturgemäss der Mode des Tages unterworfen sind. Aber eine unbescheidene Hoffnung hegen wir: dass unsere Arbeiten vielleicht einst in 50 oder 100 Jahren starke Kulturdokumente sein werden für die Art, wie der Kaufmann anfangs des zwanzigsten Jahrhunderts seine Waren anpries.»

Ab den 1920er- und 1930er-Jahren gewinnt das neue Berufsbild des Grafikers an Gewicht, sodass Gestalter wie Max Bill oder Richard Paul Lohse fortan zwei Berufe, Grafiker und Künstler, unter einem Hut vereinen.

1996 zieht Rolf Thalmann in seinem Vorwort zum Ausstellungskatalog «Hundert Jahre Basler Plakatsammlung» den salomonischen Schluss: «Plakate sind keine Kunstwerke, auch wenn sie durchaus Kunstwerke sein können.» Das Plakat für den Wettbewerb «100 beste Plakate» von 2006, in dem die Frage ironisch gebrochen wird, zeigt, dass das Thema bis heute virulent ist.

KÜNSTLERISCHES AUSDRUCKSMITTEL

Künstler, Grafikdesigner und Agenturen

Bis Mitte des 19. Jahrhunderts werden Plakate meist von Druckern und Lithografen entworfen. Ab zirka 1850 treten zunehmend Künstler als Plakatgestalter mit neuen Ideen auf – durchaus auch gegen den Widerstand vieler Lithografen, die das klassische Plakat mit kleinteiligen ornamentalen Mustern bevorzugen, das ihre eigene Kunstfertigkeit besser zur Geltung bringt. Doch neben Plakatgestaltern wie Baumberger, Cardinaux und Mangold, die aus der Malerei kommen, machen sich schnell auch Zeichner, Lithografen und Typografen einen Namen als innovative Entwerfer.

Der vermehrte Bedarf an Warenwerbung für den allgemeinen Konsum infolge von Industrialisierung und der Massenproduktion wirkt sich auch auf die Herstellungsverfahren von Plakaten aus: Diese werden nun verstärkt arbeitsteilig organisiert. Die Gestaltung von angewandten Drucksachen wird an der Kunstgewerbeschule in Zürich und an der Allgemeinen Gewerbeschule in Basel in speziellen Kursen und Klassen gelehrt. In Zürich unterrichtet man ab 1906 grafische Kunst, ab 1918 gibt es eine Klasse für angewandte Grafik. Fachklassen für Typografie und angewandte Grafik werden 1915 auch in Basel eingerichtet. Es erscheinen Fachzeitschriften, Berufsverbände entstehen. Ab den 1920er-Jahren wird in Abgrenzung von der Buchtypografie einerseits und der bildenden Kunst andererseits mit dem Begriff Grafikdesign eine zweckgebundene Grafik bezeichnet. Im Gebrauchsgrafiker beziehungsweise Grafikdesigner vereinigen sich künstlerisches, handwerklich-technisches und kommunikationstheoretisches Wissen. Der Wirtschaftsboom der 1960er-Jahre führt dazu, dass unabhängige Plakatgestalter zunehmend von Werbeagenturen abgelöst werden: Die Affiche wird zum Produkt verschiedener Fachleute aus der Werbebranche und zum Bestandteil grösser angelegter Kampagnen.

29 Fons Matthias Hickmann, 2006.

30 Plakat aus der Fachklasse für Grafik, Gewerbeschule Zürich, 1925.

Spiegel der Gesellschaft

Plakate fungieren als unerschöpfliches Quellenmaterial für die Alltags- und Mentalitätsgeschichte. Sie widerspiegeln das Gesicht einer Gesellschaft, zeigen ihre Traditionen, Interessen, Bedürfnisse und führen zugleich ihren Geschmack und ihr Stilempfinden vor. Bilder von Alpenpanoramen, Aufrufe zu Volksentscheiden und Werbung für Schwingerfeste kann es nur in der Schweiz geben. Und ein gediegener Stil, eine anspruchsvolle Plakatkultur kann sich nur in einem Land etablieren, das einen hohen drucktechnischen Standard erreicht hat und Wert auf eine bewusste Gestaltung des öffentlichen Raums legt.

SPIEGEL DER GESELLSCHAFT

Die berühmtesten Künstlerplakate im Paris des Fin de Siècle, das nicht zufällig mit Dekadenz konnotiert ist, werben für Nachtclubs und Varietés, für Alkoholika und Zigaretten. Sie spiegeln die ästhetische Gegenwelt zum bürgerlichen Leben wider, die von Bohemiens, Dandys und Femmes fatales bevölkert ist. Und was hat die Schweiz in dieser Zeit zu bieten? Wofür wird hier geworben und mit welchen Motiven? Überblickt man die Plakatproduktion des vergangenen Jahrhunderts, erscheinen die Motive in den Anfängen seriöser, bodenständiger. Statt für Vergnügungsstätten wird hier für Kammermusik, statt für Absinth für das traditionelle Winzerfest geworben.

In der Schweiz besteht von Anfang an ein ausgeprägt ästhetischer Anspruch an das Plakat – sowohl an seine Gestaltung als auch an seine Präsentation im öffentlichen Raum. Und das gilt nicht nur für offizielle und staatliche Auftraggeber, sondern auch für Produzenten von Waren für den täglichen Bedarf. Viele Firmen legen über Jahre und Jahrzehnte hinweg Wert auf künstlerische Gestaltung ihrer Affichen und tragen damit zu deren anhaltend hoher Qualität und zur Wertschätzung des künstlerischen Entwurfs bei. Dass die Schweiz ein wohlhabendes Land ist, zeigt sich an der langjährigen Förderung der Plakatkultur, einerseits seitens der Auftraggeber, beispielsweise der Tourismusvereine, andererseits seitens der Plakataushanggesellschaften, insbesondere der APG. So sind denn auch die Einbussen in der Plakatbranche im Zweiten Weltkrieg wesentlich geringfügiger im Vergleich zu den umliegenden Ländern.

Plakate sind also im mehrfachen Sinn Kulturdokumente: Sie geben Auskunft über gesellschaftliche Gegebenheiten, spiegeln Veränderungen im ökonomischen, wirtschaftlichen, sozialen, kulturellen und politischen Leben wider und zeigen durch die Ästhetisierung der Werbung im öffentlichen Raum das kulturelle Niveau einer Gesellschaft.

1 Fritz Boscovits, 1911.

2 Marguerite Burnat-Provins, 1905.

Wintersport und Sommerfrische

Unverwechselbar ist von Beginn an die Schweizer Tourismuswerbung. Charakteristische Landschaftsmotive mit unberührter und kultivierter Natur, mit Bergen, Seen, Feldern und Kühen, aber auch Stadtansichten sowie Darstellungen von technischen Errungenschaften und Meisterwerken der Ingenieurskunst, von Postbussen, Eisenbahnen, Brücken und Tunneln tragen das Bild der Schweiz in die Welt. Sie werben für das Land als solches, aber auch für einzelne Orte, Bäder, Hotels, für Wintersport und Sommerfrische. Dabei orientieren sie sich zunächst an der realistischen Landschaftsmalerei und stehen in der Tradition der ersten Plakate für Eisenbahn- und Schifffahrtsgesellschaften. Diese kommen Ende des 19. Jahrhunderts auf, bilden häufig zugleich auch Fahrpläne beziehungsweise das Streckennetz ab und dienen damit nicht allein der Werbung, sondern liefern auch wichtige Informationen.

Die selbstbewusste Darstellung der reizvollen Schweizer Landschaft bei der Tourismus- und Verkehrsmittelwerbung setzt sich bis heute fort, wenn

214

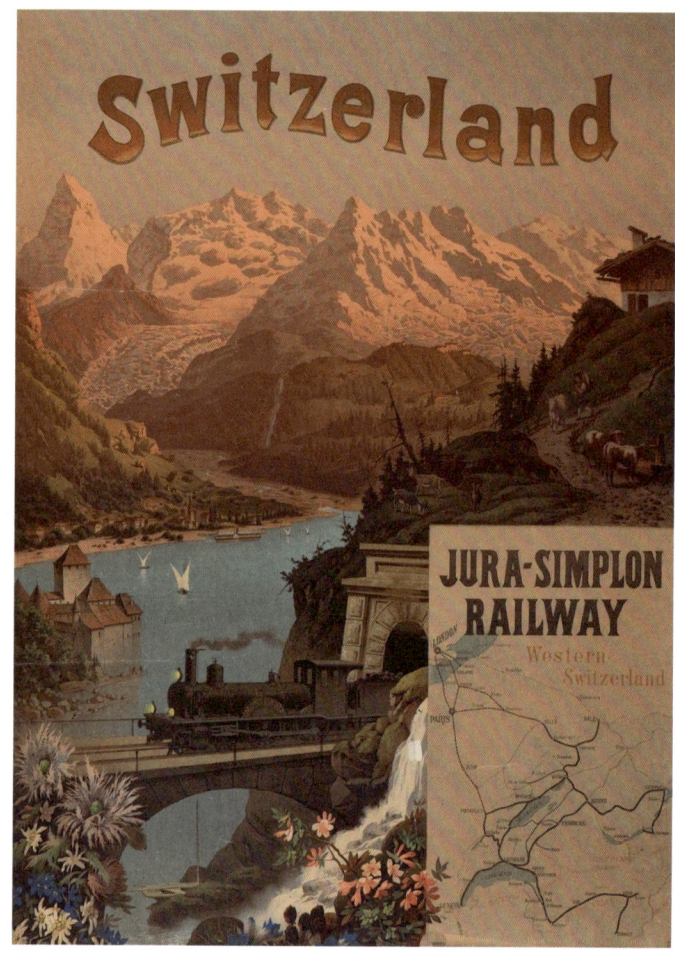

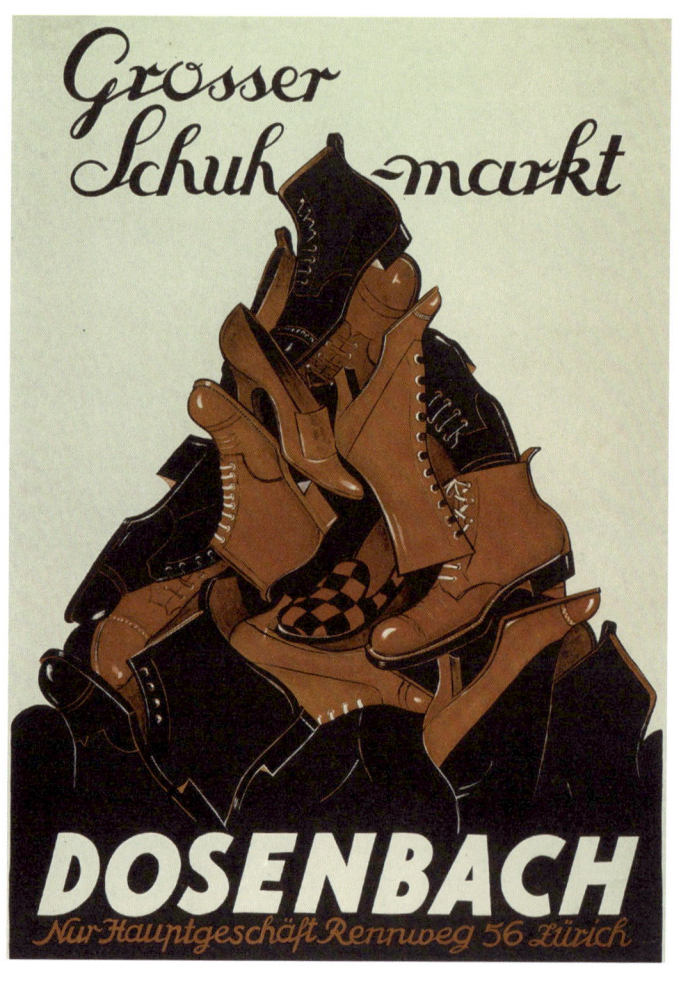

7 Jung von Matt/Limmat AG, 2007.

auch bald stärker stilisiert als bei Donald Bruns Entwurf für Davos aus den 1950er-Jahren und gelegentlich ironisch gebrochen wie auf dem Plakat für die SBB aus dem Jahr 2007.

Bestimmte Landschaftsmotive und das dekorativ eingesetzte Schweizer Kreuz finden sich auch in der Werbung für Genussmittel und Konsumartikel wieder. Über die werbestrategische und identitätsstiftende Bedeutung des Matterhorns in der Schweiz, das auf einem um 1920 entstandenen Plakat von Otto Baumberger zum Beispiel auch für die Reklame eines Schuhmarkts herhalten muss, liessen sich ganze Bücher schreiben. Sogar Schokolade wird in die Form des Matterhorns gegossen und wird gerade so berühmt.

Dass bestimmte Klischees überstrapaziert werden, zeigt die Schwierigkeit, sich vom Bild der heilen Welt der Berge, Wiesen, Kühe und Eisenbahnen zu lösen und neue Bilder des Landes zu etablieren.

Schokolade und Smartphone – das Konsumplakat

Schokolade ist eines der ersten Konsumgüter, für das in der Schweiz geworben wird. Ab etwa 1898 tauchen dafür Werbeplakate von Firmen wie Suchard, Frey, Sprüngli und Tobler auf. Auch hier spielen von Anfang an narrative Darstellungen eine Rolle, die Landschaften oder andere Szenerien zeigen: einen Kuhhirten vor Bergpanorama für die Chocolat-au-lait-Werbung, eine Hausfrau bei der Zubereitung von heisser Schokolade und Ähnliches.

Seit 1910 nehmen Plakate der Schuhfabrik Bally und des Modeunternehmens PKZ grossen Raum im Schweizer Strassenbild ein. Beide Firmen beauftragen namhafte Künstler wie Emil Cardinaux, Otto Morach, Niklaus Stoecklin, Otto Baumberger.

Massgeschneidert für die Produktwerbung ist dabei das Sachplakat, das um 1920 auftaucht und vor allem in den 1940er- und 1950er-Jahren verwendet wird: Es stellt den Markennamen und den beworbenen Gegenstand ins Zentrum, zeigt diesen jedoch in präziser und realistischer Darstellung wie etwa das Astra-Speisefett und -Öl auf Hans Loosers Plakat von 1946. Auf diese Weise werden Schuhe

Linke Seite:
3 Emile Cardinaux, 1919.
4 E. Conrad, 1890.
5 Donald Brun, 1957.
6 Otto Baumberger, zirka 1920.

8 Anonym, 1898.

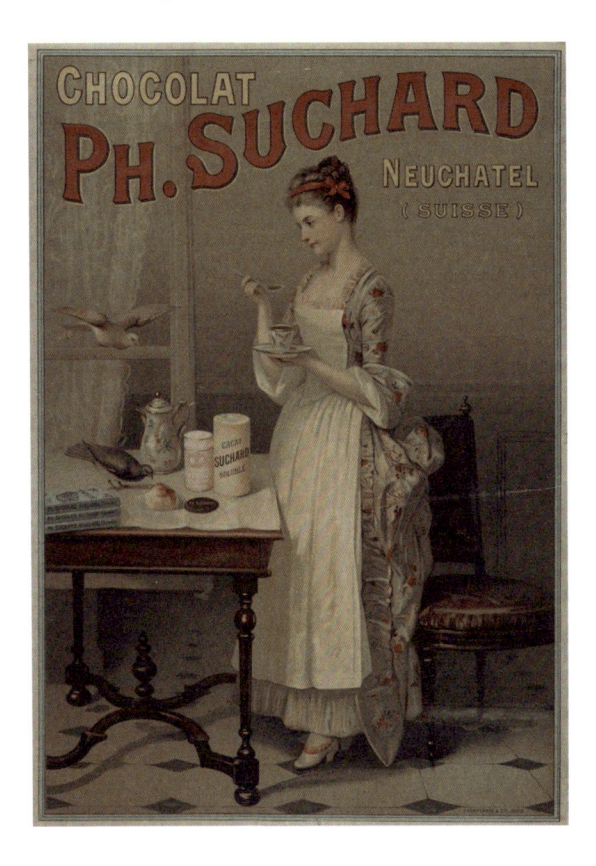

PLAKATDESIGN

ebenso wie Küchengeräte, Zigaretten und Autos beworben.

Das Konsumplakat entwickelt sich parallel zur industriellen Massengesellschaft. An seinen Motiven lassen sich die Technisierung und später Digitalisierung der Welt und die Veränderung des entsprechenden Konsumverhaltens ablesen. Neue Produkte wie Elektroherde, Telefone, Autos, Staubsauger, Fernseher und Smartphones erscheinen auf dem Markt, überflüssig gewordene oder nur noch selten verwendete Dinge wie Tinte und Lampenöl verschwinden aus der Werbung.

Ebenso prägt das politische Geschehen die Bilder der Werbung. So zeigt die Firma Henkel, die 1939 noch mit einem rosa Babystrampler für Persil geworben hatte, 1940 den Wäschesack eines Soldaten.

Neben den alteingesessenen Schweizer Unternehmen geben in der Nachkriegszeit zunehmend international agierende Konzerne Werbung für den Schweizer Markt in Auftrag – ein Indiz für die Globalisierung des Marktes.

Viele Marken beweisen eine grosse Kontinuität in der Präsenz. Manche von ihnen bleiben ihrem Image treu, andere verändern es im Laufe der Zeit ebenso wie ihre Verkaufsargumente. Mit steigender Konkurrenz will Produktwerbung nicht mehr nur eine Marke bekannt machen oder die Qualität eines Produkts hervorheben, sondern mit diesem assoziierte Gefühle, Stimmungen, Images vermitteln. Diese Strategie wird für Luxusartikel wie auch für Genussmittel, für Mode, für Möbel und Wohnaccessoires eingesetzt. Wenn Marken oder Produkte mit Up-to-date-Sein, besonderem ästhetischem Wert oder künstlerischer Coolness in Beziehung gesetzt werden sollen, finden sich häufig Anklänge an eine künstlerische Bildsprache und Anspielungen auf Kunst, auf klassische oder populäre Musik. So stapelt die Werbung für eine Biermarke die Dosen wie Andy Warhol seine Campbell-Dosen übereinander und benennt das Ganze nach dem Album «The Wall» von Pink Floyd.

Im Kontext der niemals satten Konsumgesellschaft mangelt es manchem zeitgenössischen Werbeplakat allerdings an Ideenreichtum. So gerät das beworbene Produkt ob zu viel Lifestyle-Attitüde völlig in den Hintergrund. Einige Unternehmen jedoch, die kontinuierlich an der adäquaten Bewerbung ihrer Produkte festhalten, lassen diese weiterhin, insbesondere auf Plakaten, als Hauptdarsteller auftreten.

12 Hans Looser, 2000.

Schweizer Kreuz und Rotes Kreuz – soziale Plakate und Präventionsplakate

Vorläufer des Bildplakats sind offizielle Anschläge, die der Information der Bevölkerung dienen und als schmucklose Textplakate seit Erfindung des Buchdrucks im Einsatz sind. Ende des 19. Jahrhunderts ergänzen gemäldeähnliche historische Bilder die schriftlichen Ankündigungen für die Schweizerische Landesausstellung, Bundesfeiern und Ähnliches. Zur Ikonografie dieser frühen Art von Bildplakaten gehören zunächst neben Landschaftsmotiven Darstellungen der Helvetia, das Schweizer Kreuz und die zum Schwur erhobene Hand, wie sie Otto Baumberger auf seinem im Stil des Sachplakats gestalteten Anschlag von 1941 zeigt.

Ein Anliegen offizieller Plakate ist die Aufklärung in Fragen der Gesundheit und Sicherheit. 1939 wird vor dem Hintergrund des Zweiten Weltkrieges zum Erwerb von Gasmasken aufgerufen, in den 1960er-Jahren warnen Plakate vor den Auswirkungen des Rauschgiftkonsums, 1971 wird das Anlegen von Sicherheitsgurten im Auto und ab Ende der 1980er-Jahre im Zuge der Stop-Aids-Kampagne das Verwenden von Präservativen propagiert.

Traditionell stark vertreten sind in der Schweiz Affichen von Wohltätigkeitsorganisationen wie Terre des hommes, Winterhilfe, Rotes Kreuz und Caritas, die für karitative Zwecke werben. Von den Auswir-

Linke Seite:

9 Hans Looser, 1946.

10 Fritz Bühler, 1940.

11 JWT + Hostettler + Fabrikant, Werbeagentur AG, 2000.

PLAKATDESIGN

13 Otto Baumberger, 1941.
14 Hans Falk, 1946.

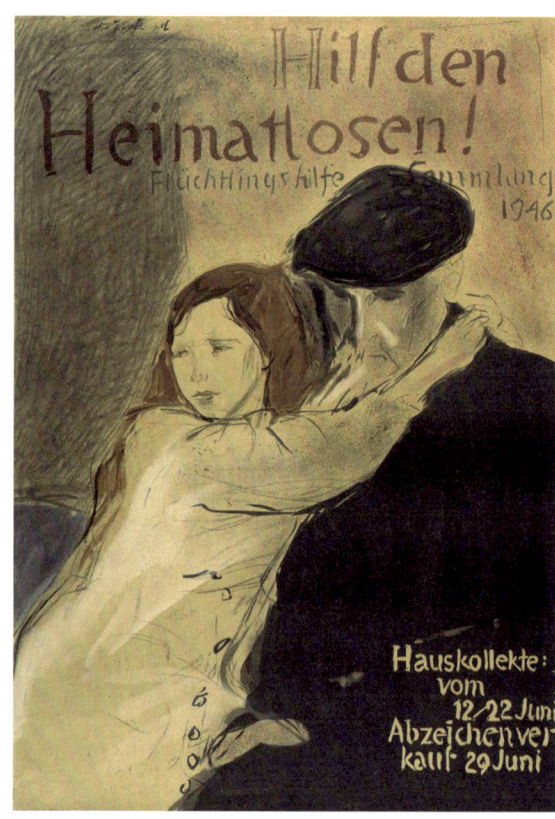

15 Seiler DDB Needham/ cR Werbeagentur AG, 1997.

Rechte Seite:
16 Olivia Heussler, 2002
17 Vanessa Dell, 2010.
18 Kunde: Amnesty International, Kampagne: Es geschieht nicht hier, aber jetzt. Motiv: China. Agentur: walker Werbeagentur, www.walker.ag 2007.

kungen der beiden Weltkriege zeugen Anschläge, mit denen zu Spenden für Kriegsopfer und Flüchtlinge aufgerufen wird. Das 1946 von Hans Falk entworfene Plakat orientiert sich am expressiven Realismus der Zwischenkriegszeit. Falk setzt den Appell neben die realistische Darstellung von zwei Flüchtlingen. Plakate, die an das karitative und soziale Engagement der Schweizer appellieren, verwenden in 1970er-Jahren häufig Fotos im Reportagestil in Kombination mit Textappellen. Der journalistische Ansatz, teilweise mit erschreckenden Bildmotiven oder «lautem» Text-Postulat, verbraucht sich allerdings im Laufe der Zeit. Nur wenige zeitgenössische Kampagnen arbeiten auf diese Weise.

Die Kampagne «Es geschieht nicht hier, aber jetzt» von Amnesty International aus dem Jahr 2007 rückt das Thema der Verletzung von Menschenrechten mitten in den schönen Schweizer Alltag des Plakatbetrachters. Mit individuell der Umgebung angepassten Plakaten sensibilisiert die Zürcher Agentur Walker die Öffentlichkeit für das Unrecht, das Menschen in fernen Ländern täglich widerfährt. Die Kampagne gewinnt 2007 in Cannes Gold. Migration bleibt ein emotionales Dauerthema.

Weltfrauentag im Bundesamt für Flüchtlinge,
8. März 2002, ab 15.00 Uhr zum Thema
"Frauen begegnen Frauen"
Bundesamt für Flüchtlinge
Quellenweg 6, Wabern
BFF ODR UFR UFF
Copyright Olivia Heussler

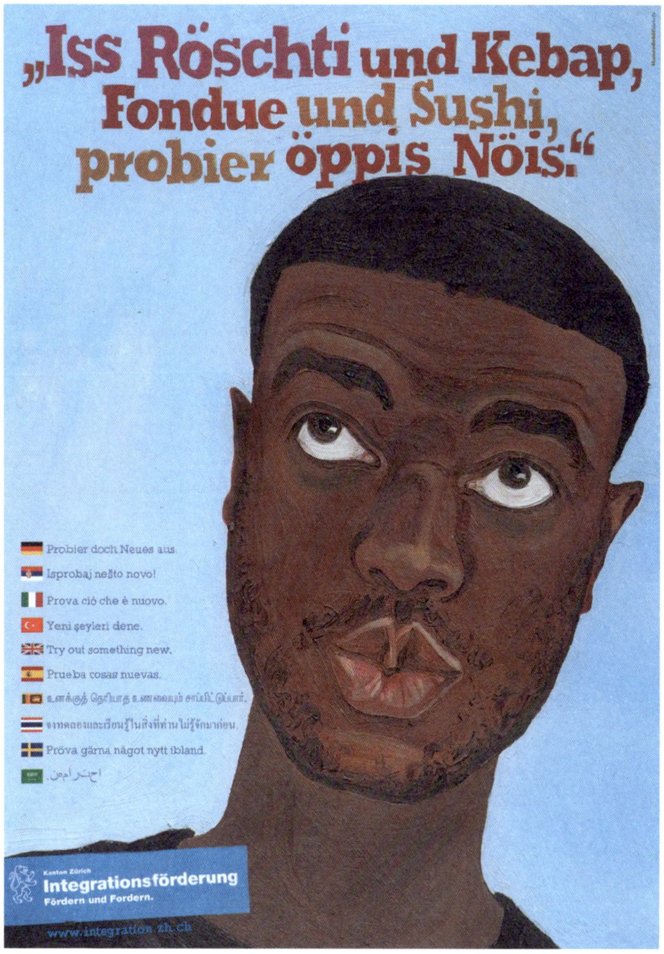
„Iss Röschti und Kebap,
Fondue und Sushi,
probier öppis Nöis."
Probier doch Neues aus.
Isprobaj nešto novo!
Prova ciò che è nuovo.
Yeni şeyleri dene.
Try out something new.
Prueba cosas nuevas.
Pröva gärna något nytt ibland.
Kanton Zürich
Integrationsförderung
Fördern und Fordern.
www.integration.zh.ch

ES GESCHIEHT NICHT HIER
ABER JETZT amnesty international
apg

PLAKATDESIGN

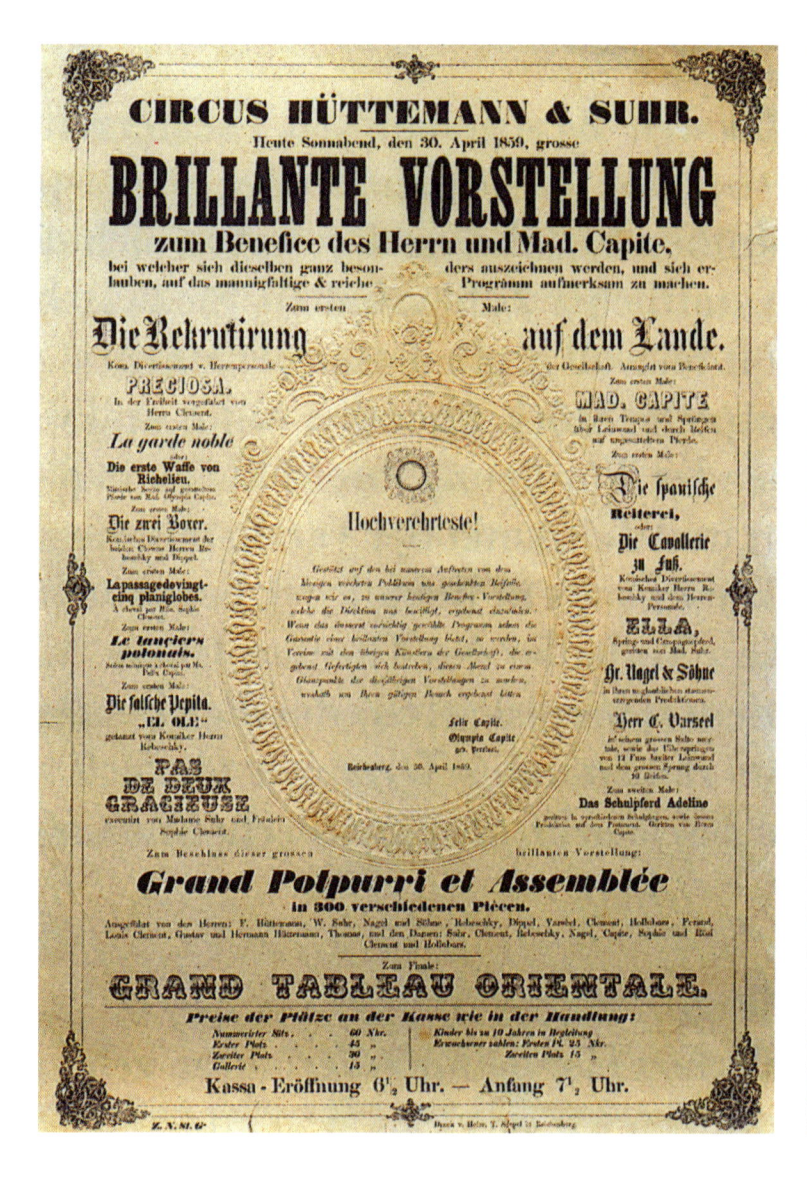

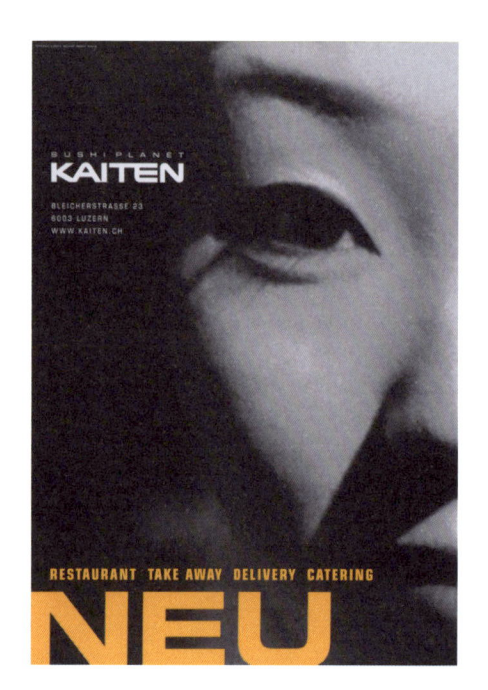

SPIEGEL DER GESELLSCHAFT

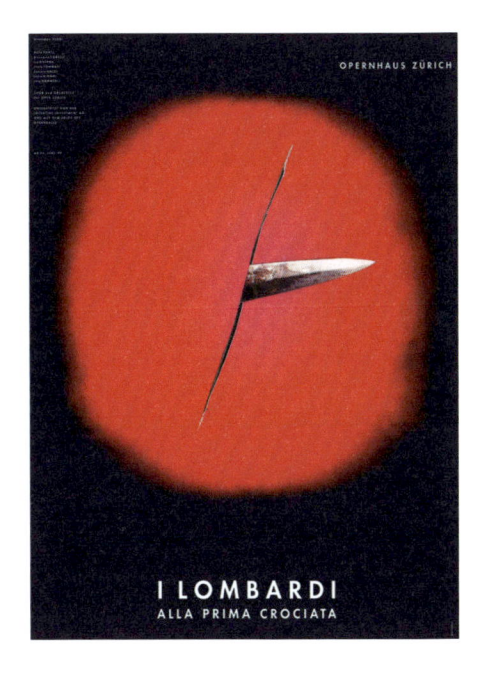

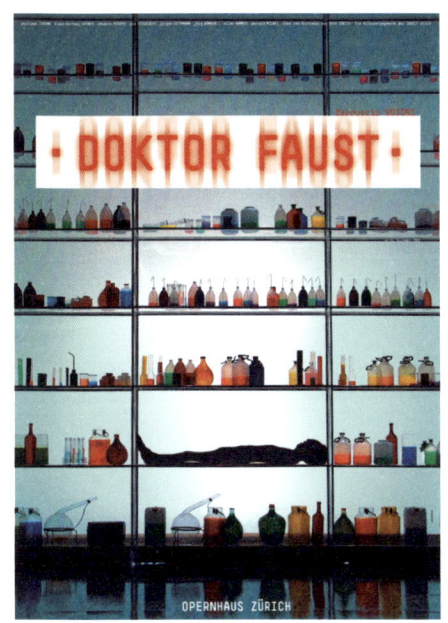

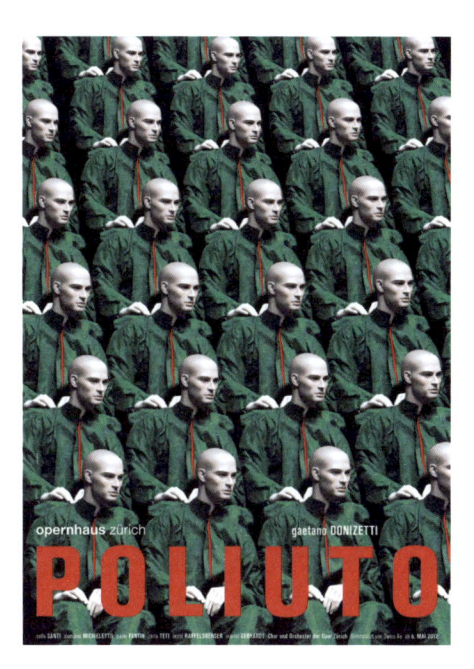

Zirkus, Kunst und Kultur

Eine bis Anfang des 19. Jahrhunderts zurückreichende Tradition haben Plakate, mit denen für Museen, Konzert- und Kunsthäuser, für Theater, Zeitungen und Verlage, für Filme und Festivals, aber auch für Zirkus und Zoo geworben wird.

Vorläufer des Plakats aus der Hand von Künstlern sind Theaterzettel und ähnliche im Buchdruck hergestellte Anschläge. Das Plakat für den Circus Hüttermann von 1859, eine Lithografie, lässt sich in dieser Reihe verorten.

Kulturelle Veranstaltungen jeder Art werden von Beginn an bevorzugt von Künstlern beworben. So hat zum Beispiel Ferdinand Hodler fast ausschliesslich Ausstellungsplakate gestaltet. Für Künstler ist die Plakatgestaltung eine willkommene Möglichkeit, jenseits ihrer freien Arbeit Geld zu verdienen. Viele befürchten jedoch eine Abwertung ihrer Kunst, wenn sie auch für Werbezwecke tätig sind. Kulturwerbung liegt einer genuin künstlerischen Intention immerhin näher als rein kommerzielle Werbung. Sie bietet Ausdrucksmöglichkeiten jenseits von Markenwerbung und Verkaufsargumenten. Manchmal bedienen sich aber auch Konsumplakate einer ähnlichen Bildsprache, wie zum Beispiel die Werbung für ein Luzerner Sushi-Restaurant, das wie ein Kinoplakat wirkt.

Reklame für Kulturanlässe bietet Künstlern die Möglichkeit, Neues auszuprobieren und mit verschiedenen Stilen zu experimentieren, da die kreative Freiheit seitens der Auftraggeber meist weniger eingeschränkt wird. So zeigen sich verschiedene künstlerische Stilrichtungen in solchen Entwürfen in besonders reiner Form. Dass die funktionale Gestaltung, wie sie der osteuropäische Konstruktivismus entwickelt und wie sie am Bauhaus gelehrt wird, in der Schweiz auf besonders fruchtbaren Boden fällt, ist gerade an Kulturplakaten ablesbar, etwa an Jan Tschicholds Plakat für die Konstruktivistenausstellung in der Kunsthalle Basel aus dem Jahr 1937.

Ab der Nachkriegszeit bieten Kulturveranstaltungen beliebte Sujetsvorlagen für den typografiebetonten Swiss Style. Die zunehmend dogmatische Auslegung desselben führt aber bald zu Widerstand und stärker experimentellen Plakaten, die frei mit typografischen Elementen und Bildern spielen und bisweilen ungeordnet und chaotisch wirken wie Wolfgang Weingarts Entwurf von 1984.

Die Werke Karl Domenic Geissbühlers (*1932), der während 36 Jahren mit rund 500 Motiven das Gesicht des Zürcher Opernhauses markant geprägt hat, zeigen auf, wie ein Autorenstil identitätsstiftend für eine Kulturstätte stehen kann, ohne sich dabei auf ein auffälliges Logo berufen zu müssen.

Mit Kulturplakaten wird zudem ein Publikum anvisiert, das sich Zeit und Musse für den Blick auf das Plakat nimmt und aktiv in den Rezeptionsprozess einbezogen wird. Das Gebot der Lesbarkeit kann daher in diesem Sujet mit mehr Spielraum ausgelegt werden.

Bis heute sind dem Kulturplakat stilistisch keine Grenzen gesetzt. Von innovativen Ansätzen über postmodern eklektische Zugänge bis hin zu historisierenden Plakaten ist alles möglich.

24 Karl Domenic Geissbühler, 1999.
25 Karl Domenic Geissbühler, 2006.
26 Karl Domenic Geissbühler, 2012.

Linke Seite:
19 Zirkus- und Theaterplakat, 1859.
20 Walo von May, zirka 1916.
21 Melchior Imboden, 2010.
22 Jan Tschichold, 1937.
23 Wolfgang Weingart, 1984.

Eidgenössisches
Schwing u. Aelplerfest
Sonntag & Montag
1898
den 14.-15. August
Landhof in Basel.
Hornussen
Fahnenschwingen
Jodeln
Springen
Alphornblasen
Steinstossen
Eintrittspreise: I Platz 2. Fr. II " 1. " III " 50 Cts
Abonnement: I Platz 5. Fr. II " 2.50.-

Eidgenössisches
Schwing-und
Älplerfest
Biel 23./24. Aug. 1969

29.-30. AUGUST
1 9 9 8
B E R N
EIDG. SCHWING- UND ÄLPLERFEST
FÊTE FÉDÉRALE DE LUTTE SUISSE
ET DE JEUX ALPESTRES

X. INTERNATIONALES
KLAUSENRENNEN
DAS BERGRENNEN EUROPAS 5. AUGUST 1934

SPIEGEL DER GESELLSCHAFT

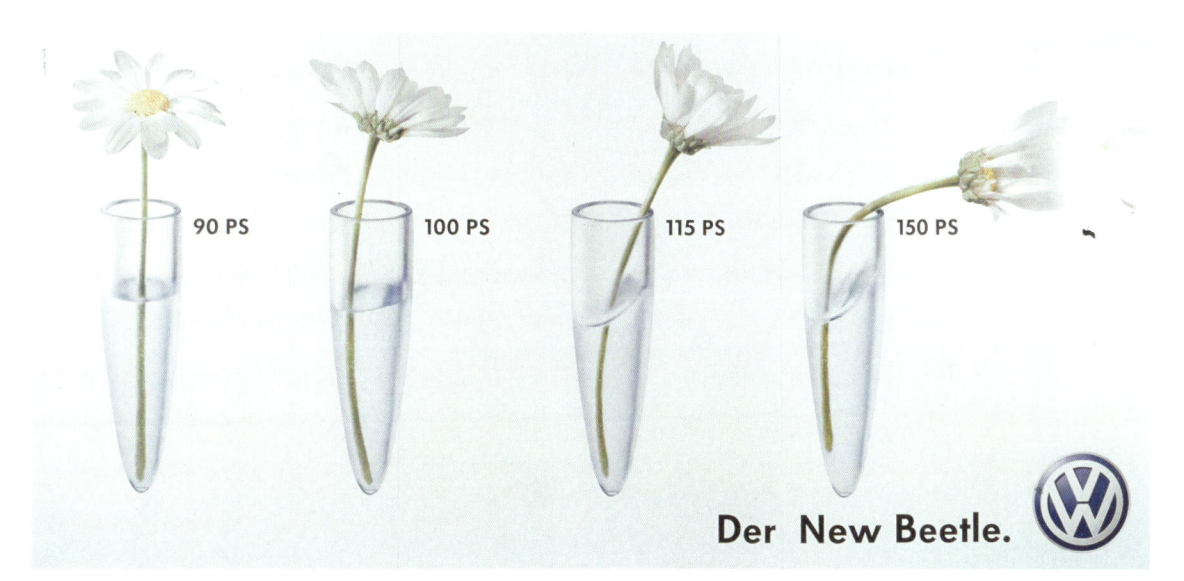

31 Lowe GGK Werbeagentur AG, 2000.

Schwingerfest und Autorennen

Sportanlässe bieten ähnlich wie die Kunst dankbare Sujets für den Plakatkünstler. Affichen, die für Sportveranstaltungen werben, gehören seit Mitte des 19. Jahrhunderts zum Strassenbild.

Geworben wird natürlich für Grossereignisse wie die Olympischen Winterspiele, die 1928 und 1948 in St. Moritz stattfinden, oder die Fussballweltmeisterschaft 1954.

Stärker als in anderen Ländern zeigen sich im Schweizer Plakatschaffen auch hier patriotische Elemente. Neben Schützen- und Turnfesten ist das Schwing- und Älplerfest, das dem Schweizer Nationalsport gewidmet ist, Thema in Plakaten. Und mögen sie noch so unterschiedlich gestaltet sein, das Schweizer Kreuz fehlt auf keiner der Darstellungen.

Eine besondere Faszination üben neben Pferderennen offenbar Automobilrennen aus. Verschiedenste Künstler versuchen sich an der Darstellung von Kraft und Bewegung, so Ernst Schönholzer auf dem für seine Zeit typischen Plakat von 1934.

Bei Darstellungen des Autosports zeigen sich Parallelen zum Konsumplakat für Autos, Autoreifen, Batterien und Ähnliches. Auch hier geht es um Stärke und Geschwindigkeit – in einem Plakat für den VW Beetle auf originelle Weise mit einer Anspielung auf die Flower-Power- beziehungsweise VW-Käfer-Zeit der 1960er-Jahre verknüpft.

Auch die Werbung für andere Konsumartikel bedient sich des Sports. So werden Schokoladenriegel, Erfrischungsgetränke und Uhren häufig mit Bildern von Athleten beworben, um sie in Verbindung mit Gesundheit, Lebenskraft oder Erfolg zu bringen.

Linke Seite:
27 R. Schweizer, 1898
28 Jörg Schaffer, 1969.
29 Claude Kuhn, 1998.
30 Ernst Friedrich Schönholzer, 1934.

32 Ernst Emil Schlatter, 1919.
33 Anonym, 1946.
34 Aebi, Strebel AG, Zürich, 1995.

PLAKATDESIGN

Wahlen und Volksentscheide – Arbeiten mit Emotionen

Politische Plakate tauchen in der Schweiz ab 1919 auf. Anlass ist die Wahl des Nationalrats, die zum ersten Mal mittels Proporz erfolgt. Politische Parteien verschiedenster Couleur rufen zur Wahlbeteiligung auf und appellieren dabei nicht nur an das Verantwortungsbewusstsein der Bürger, sondern nutzen bewusst auch Ängste und Ressentiments der Bevölkerung für ihre Zwecke aus. Um Wahlen und Volksentscheide auf kommunaler, kantonaler und eidgenössischer Ebene geht es in der Folge in vielen politischen Plakaten. 1920 wird über den Beitritt zum Völkerbund abgestimmt, 1922 geht es um die Einführung der Vermögenssteuer, 1947 um die Einführung der Altersversicherung und 1992 um den Beitritt zum Europäischen Wirtschaftsraum. Über das Frauenstimmrecht, ein emotionales Dauerthema, wird mehrfach abgestimmt; Gegner desavouieren sich in den 1940er-Jahren unter anderen Plakatmotiven mit dem etwas rätselhaften Symbol des Teppichklopfers.

Und auch die kommerzielle Werbung bedient sich beim politischen Plakat: 1995 wird für eine deutsche Biermarke mit der Rhetorik eines Wahlplakats geworben.

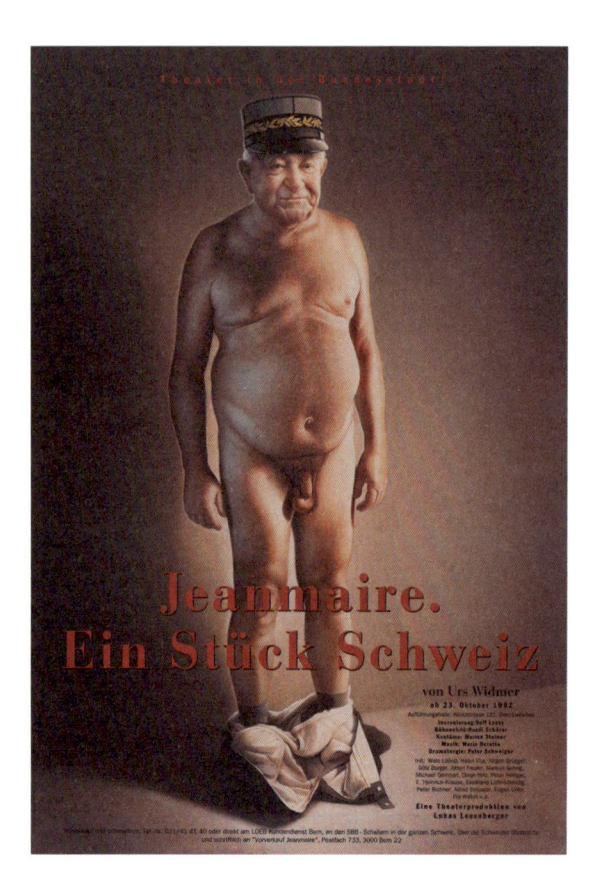

Was nicht gezeigt wird

Die Auseinandersetzungen darüber, was auf einem Plakat dargestellt werden darf, entzünden sich einerseits an den beworbenen Produkten selbst, andererseits an Art und Weise der visuellen Botschaftsvermittlung.

«Das ist einfach der Punkt: Ein sehr betagter Mann wird verhaftet, wird nackt ausgezogen. Und wenn einer, der ein Leben lang ein Militär war und eine bestimmte Art von Stolz hat, nackt dasteht, die Hosen unten, dann ist das das Maximum an Degradierung. (...) Diese Hilflosigkeit, das Ausgeliefertsein (...), das wollte ich zeigen mit diesem Moment. (...) Und deshalb ist Jeanmaire auf meinem Plakat nackt.» So versucht der österreichische Künstler Gottfried Helnwein sein Plakat für die Uraufführung des Theaterstückes «Jeanmaire. Ein Stück Schweiz» in Köniz zu rechtfertigen. Das Bild nimmt Bezug auf die Affäre um den Brigadegeneral Jean-Louis Jeanmaire, der in den 1970er-Jahren verhaftet und zu 18 Jahren Gefängnis verurteilt wird, weil er ausländischen Geheimdiensten Informationen zugespielt hat. Die Affäre wird kontrovers diskutiert, nicht zuletzt, weil man an ihm im Kontext des Kalten Krieges ein Exempel statuieren möchte. Das Plakat zeigt Jeanmaire als betagten Mann, die Hose heruntergelassen, einzig mit seinem Eichenlaubhut bekleidet.

Diese explizite Darstellung führt zu einem Aufschrei in der Öffentlichkeit, zumal Jeanmaire im selben Jahr gestorben ist. Die Medien nehmen die Diskussion um die Grenzen des Geschmacks dankbar auf. Die APG, die das Plakat an ausgewählten Standorten in der Stadt Bern platzieren will, reagiert sofort und sieht im letzten Moment vom Aushang ab. Der regionale Direktor Roland Petitmermet teilt mit: «Wir sind aus moralischen und ethischen Gründen nicht bereit, dieses Plakatsujet in den Aushang zu bringen.»

In der Geschichte des Plakats wird seit 1900 um moralische und ästhetische Grenzen gerungen. Es geht dabei immer wieder um Plakate, die durch zu viel nackte Haut oder durch eine religionskritische oder politische Aussage in Text und/oder Bild provozieren.

Die Frage des öffentlich Erlaubten betrifft bis heute besonders die Darstellung von Frauen. 1904 zeigt ein Plakat von Burkhard Mangold für ein Konzert im Basler Musiksaal zwei unbekleidete Damen. Eine zweite Variante desselben Plakats mit bekleideten Damen – in Form eines schwarzen Überdrucks – lässt darauf schliessen, dass man sich an

35 Gottfried Helnwein, 1992.

so viel Nacktheit gestossen hat. In den Folgejahren treten eine ganze Reihe von freizügigen Sujets auf, die gesellschaftliches Aufsehen erregen und nachträglich «zwangsbekleidet» werden. Indes trägt die Gesetzgebung den «guten Sitten» schon früh Rechnung. Die Stadt Genf legt 1877 im «Règlement de Police sur les Affiches et Annonces publiques»» im ersten Artikel fest: «L'autorisation sera refusée si l'annonce est contraire aux loi, aux règlements ou aux bonnes mœurs.» Hier wird bereits formuliert, was in späteren Jahren in der gesamten Schweiz Eingang in die Verordnungen und Reglemente fand. Im Jahre 1981 fordert eine diesbezügliche Motion in St. Gallen, dass in den Vertrag der Stadt mit der APG ein Artikel aufgenommen wird, der «rollenfixierende» Werbung untersagt. Die Frau werde in der Werbung als «sexuell vielversprechender Lockvogel», als «aufopfernde und gütige Hausfrau und Mutter» oder als «teures Luxusobjekt mit viel Sex-Appeal» dargestellt. Die Motion wird nicht angenommen, aber sie zeigt auf, dass Plakate nicht nur zum Stadtbild gehören, sondern auch Teil politisch-gesellschaftlicher Debatten sind. Noch 1982 darf eine allzu freizügige Rifle-Jeanswerbung des Zürcher Werbers Peter Marti in den meisten Kantonen nicht gezeigt werden. Sie wird durch ein «Luftloch» ersetzt. Dem Werber aber bringt das Sujet rasch Bekanntheit und in Insiderkreisen den Übernamen «Füdli-Marti» ein. Ermutigt von diesem Effekt, nutzen Werber in der Folge viel Nacktheit als Trittbrett für raschen Erfolg in der Branche.

Neben sittlich als anstössig gewerteten Plakaten sorgen auch solche mit politischem Inhalt immer wieder für Kontroversen. Im Vorfeld des Zweiten Weltkriegs ist es ein Plakat für Kundgebungen der Sozialdemokratischen Partei, das vor dem Hintergrund der geistigen Landesverteidigung hitzige Diskussionen entfacht. Abgebildet ist ein Gesslerhut (als Zeichen der Unterwürfigkeit), der unter anderem mit dem Hakenkreuz und dem Sonnensymbol des japanischen Imperialismus versehen ist. Daneben sind die sieben Schweizer Bundesräte ohne Gesichter abgebildet, und der markige Text lautet: «Wohin steuert die Schweiz? Das Volk soll entscheiden, nicht dieser Bundesrat; nicht ein reaktionärer Block im Parlament; fort mit der Dringlichkeitsdiktatur!» National orientierte Kreise und Politiker fühlen sich provoziert und bezeichnen es als «Schandplakat». Die in der Öffentlichkeit geführte Diskussion über die politische Fahrtrichtung der Schweiz spiegelt sich auf vielen Plakaten jener Jahre. Der Stadtrat von St. Gallen versucht in diesem Kontext, das Medium Plakat objektiv als Medium

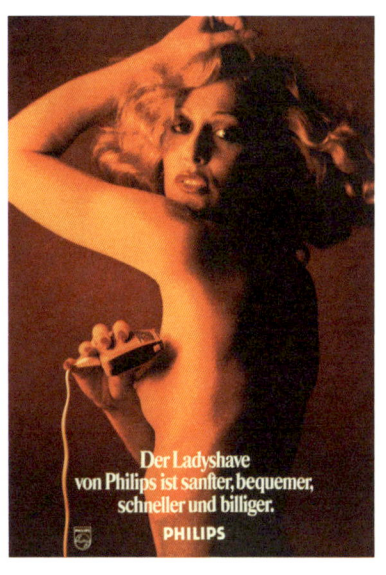

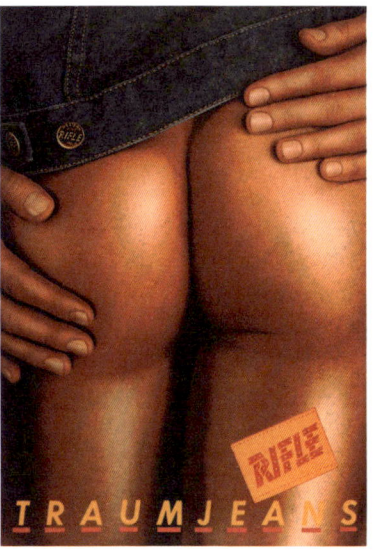

36 Friedrich Kuhn, 1968.

37 Anonym, 1974.

38 Peter Marti, 1982.

PLAKATDESIGN

39 Goal AG für Werbung und Public Relations, 2009.

40 Sozialdemokratische Partei, im Vorfeld des Zweiten Weltkriegs.

der politischen Meinungsfreiheit zu bewerten. Er weist aber auch auf die persönlichkeitsverletzende Darstellung der Bundesräte in diesem besonderen Plakat hin und beschliesst letztlich seine Entfernung – mit der Einschränkung, dass es auf Privatgrund weiterhin geduldet werde, da der Stadtrat nicht die Kompetenzen habe, in diesen einzugreifen. Heute ist die Öffentlichkeit bezüglich visuell diskriminierender Botschaften sehr sensibilisiert. Zuletzt haben im Jahr 2009 Plakate für das Minarettverbot, auf denen Minarette als Raketen dargestellt sind, zu heftigen Diskussionen geführt.

Die begehrten Plakatstellen an Bahnhöfen der SBB sind seit je bezüglich parteipolitischer Werbung eingeschränkt. Die SBB hält damit an ihrer «neutralen» Haltung fest. Eine Partei darf beispielsweise von der gesamten Werbefläche im Hauptbahnhof Zürich pro Tag höchstens die Hälfte für sich beanspruchen. Und verboten ist Plakatwerbung mit religiösen Inhalten oder Botschaften, die offensichtliche Unwahrheiten beinhalten, ehrverletzend sind oder sonst geltende Gesetzesbestimmungen verletzen.

Werbeverbot für Alkohol- und Tabakwaren

Die Kantone verfügen über Zuständigkeiten und Kompetenzen im Bereich der Alkohol- und Tabakprävention. Damit können sie die Plakatwerbung von Alkoholika und Tabakwaren reglementieren. In manchen Kantonen ist es heute generell nicht erlaubt, für solche Produkte zu werben, manche differenzieren zwischen öffentlichem Raum und öffentlich einsehbarem Privatgrund. Seit den 1970er-Jahren wird der Einsatz von Werbung für Suchtmittel debattiert. 1969 legt ein Zusatz zum Konzessionsvertrag zwischen der Stadt Bern und der APG fest, «dass die Alkoholreklame im Jahresdurchschnitt 10 Prozent aller Plakate nicht überschreitet, wobei das Monatsmaximum auf 20 Prozent limitiert wird». Mit Beschränkungen allein geben sich die Kritiker aber bald nicht mehr zufrieden; sie fordern ein allgemeines Verbot der Plakatwerbung für Alkohol und Tabak. Der Stadtrat in St. Gallen antwortet etwa im Jahre 1973 auf eine Interpellation, dass schon länger darauf geachtet werde, dass für den öffentlichen Grund keine Verträge mehr abgeschlossen würden, falls für Suchtmittel geworben wird. Limitierend wird wie so oft auch hier ergänzt, dass die Stadt keine rechtlichen Mittel zur diesbezüglichen Regulierung des Privatgrundes besitze. In Basel gibt es 1978 ebenfalls Bestrebungen für ein Verbot der Alkohol- und Tabakwerbung auf öffentlichem Grund. Die APG wehrt sich dagegen in einer ausführlichen Stellungnahme, in der sie zwar Verständnis für die Suchtproblematik zeigt, jedoch deren Zusammenhang mit der Werbung bestreitet. Ihre Gegenargumente lauten beispielsweise: «Sicher das drastischste Zeugnis legt der Rauschgiftkonsum der Schweizer Jugend ab. Obwohl dafür noch nie Werbung gemacht wurde, stieg der Konsum raketenhaft an.» Oder: «Die grössten Trinker gibt es in der Sowjetunion und anderen Ostblockstaaten – obwohl es hier überhaupt keine Werbung gibt.» Doch die gesundheitliche Aufklärung ist nicht mehr aufzuhalten, und der neue Konzessionsvertrag der Stadt Basel mit der APG von 1979 enthält ein explizites Verbot der Werbung für Alkohol und Tabak.

Gestaltungsmittel, Reproduktionstechnik und Wirkung

«Plakate markieren unsere Entwicklung zu einer Industriegesellschaft wie Wegmarkierungen einen Waldweg.» Max Gallo, französischer Kritiker und Schriftsteller, 1975

Plakate spiegeln sowohl kurzlebige als auch langlebige gesellschaftliche Interessen, Ideologien, Wünsche und Entwürfe. Gleichzeitig lassen sie aufgrund ihres Gestaltungs- und Druckprozesses wertvolle Aussagen über den technischen Level einer Gesellschaft zu. Die Parallelnutzung vielfältiger Medien- und Kommunikationskanäle macht es anspruchsvoller, die Aufmerksamkeit der Zielgruppe zu erregen.

GESTALTUNGSMITTEL

1 Fahrender Dompteur, 1525.

2 Akrobaten im 18. Jahrhundert.

Mehrere bedeutende Erfindungen haben das Medium Plakat überhaupt erst möglich gemacht: Im 10. Jahrhundert gelangt das lange zuvor in China erfundene Papier auch nach Europa. Mitte des 15. Jahrhunderts erfindet Gutenberg den Buchdruck. Im 18. Jahrhundert ermöglicht die Lithografie grössere Auflagen farbiger Drucksachen. Schliesslich wird mit der grossformatigen Farblithografie um 1970 die Geschichte des modernen Bildplakats eingeläutet. Gleichzeitig ist die Ergänzung reiner Schriftplakate mit Bildern und schliesslich die kompositionelle Verwebung von Text und Bild entscheidend für die Entwicklung des Plakats.

Typografie und Bild als gestalterische Elemente

Für die Betrachtung der Beziehung von Schrift und Bild lohnt sich ein Blick zurück ins Jahr 1525, als das Plakat eines fahrenden Dompteurs in Genf angeschlagen wird. Es zählt zu den ersten Plakaten überhaupt. Bildliche Darstellung und Text sind deutlich voneinander abgegrenzt. Auf einem Plakat aus dem 18. Jahrhundert, wo Akrobaten ihr Können in textumrahmten Zeichnungen darstellen, stehen Schrift und Bild noch nebeneinander. Das bleibt auch in den folgenden Jahrhunderten so; die Schrift ist nicht Bestandteil der Grafik. Die Illustration allein erfüllt ihren werbenden Zweck, kann doch ein Grossteil der Bevölkerung nicht lesen. Eine interessante Umkehrung der Schrift-Bild- bzw. Schrift-Ornament-Gewichtung ist im 20. Jahrhundert zu beobachten. Sogenannte Lagerplakate mit banalen Ornamenten oder allgemeingültigen Motiven werden auf Vorrat produziert und je nach Bedarf mit Veranstaltungsangaben oder Firmennamen bedruckt, ein Vorgang, der beim heutigen Selbstverständnis von Corporate Identity undenkbar wäre. Allenfalls die immer stärker um sich greifende Stockfotografie könnte mit den Lagerplakaten verglichen werden.

Gerade für die Schweiz ist die Wechselbeziehung von Schrift und Bild oder grafischen Elementen im modernen Plakat wichtig. Im Idealfall ergänzen sich Schrift und Bild und bekräftigen zusammen die Botschaft. In vielen Fällen kann das Plakat aber auch auf das Bild verzichten, wenn es um reine In-

3 Ruedi Külling, 1961/66.

PLAKATDESIGN

4 Rosmarie Tissi, 1981.
5 Armin Hofmann 1963.

Rechte Seite:
7 Herbert Matter, 1935.
8 Carlo Vivarelli, 1940.
9 Richard Paul Lohse, 1940.
10 Armin Hofmann, 1693.

6 Bruno Munari, 1965.

formation geht oder wenn die Schrift selbst zur Illustration wird. Sind grössere Textmengen unterzubringen, hat der Gestalter die Aufgabe, Bild und Schrift in eine Gesamtkomposition einzubinden, in der die Wörter ebenfalls nicht reine Informationsträger sind, sondern wie die Illustration autonome Gestaltungselemente.

Collagen und Fotografie

Rosmarie Tissi verwendet für ihr Plakat «Sommertheater» die Gestaltungstechnik der Collage: Die schrifttragenden Sonnenstrahlen sind aufgeklebt, wirken dadurch plastisch und regen zum Hinsehen an. Bereits Bruno Munari greift die Collage, die wirkungsvolle Technik der vielfachen Bildmotive, für einen Produktnamen auf.

Auch die Fotografie ist ein beliebtes Element im Gefüge von bildlicher und textlicher Plakatgestaltung, wie Armin Hofmann in den 1960er-Jahren mit seinen schwarz-weissen Ausstellungsplakaten beweist. Die Verwendung der Fotografie im Schweizer Plakat hat ihren Ursprung in den 1920er-Jahren. Herbert Matter setzt als einer der ersten Plakatgestalter die Fotomontage ein. Andere Gestalter wie Max Bill, Carlo Vivarelli, Richard Paul Lohse, Josef Müller-Brockmann tun es ihm gleich und verbinden fotografische Elemente, Grafik und Typografie, teilweise mit der Collagetechnik. Die Reportagefotografie beeinflusst die Bildsprache des politischen Plakats. Wenn Sachfotografie eine Werbebotschaft dominiert, kann ein Fotosujet auch für sich alleine stehen, wie das Beispiel von Bally aus dem Jahr 1968 beweist.

231

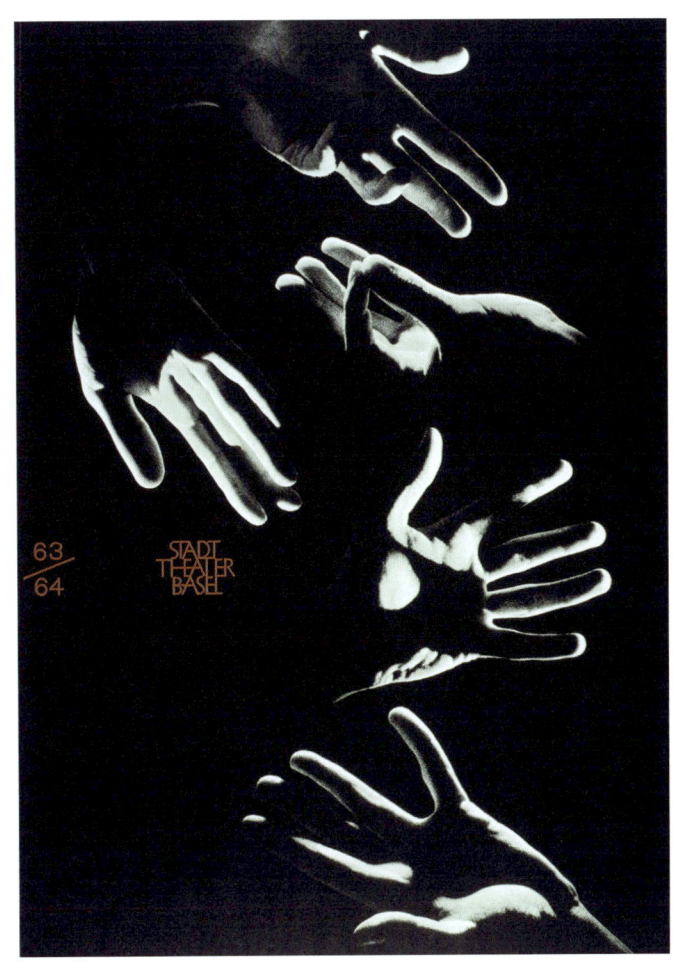

232

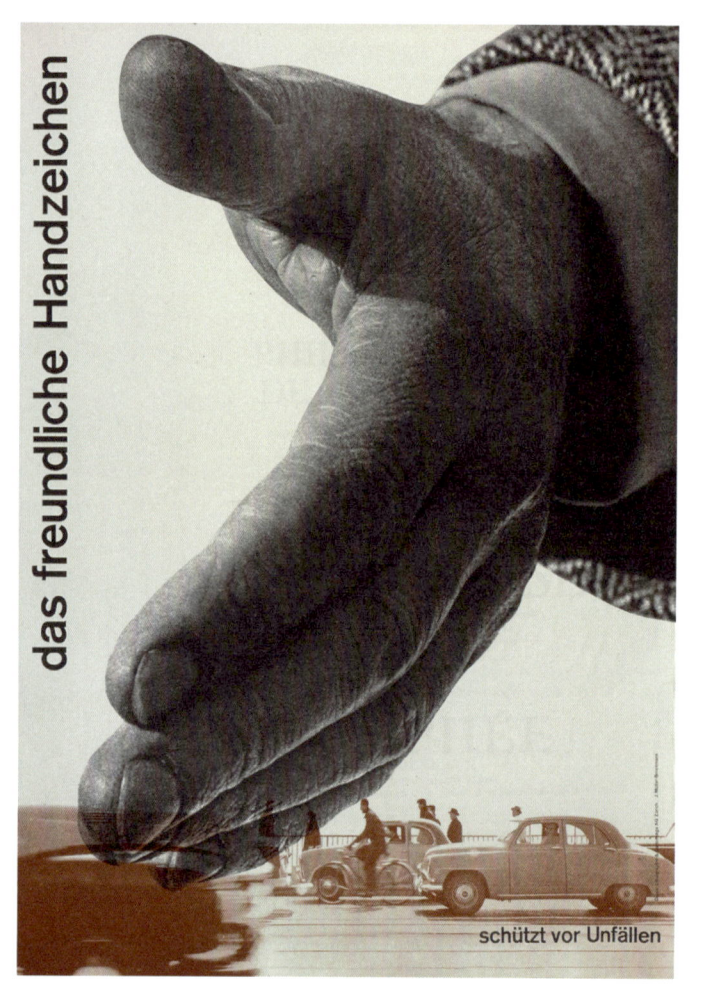

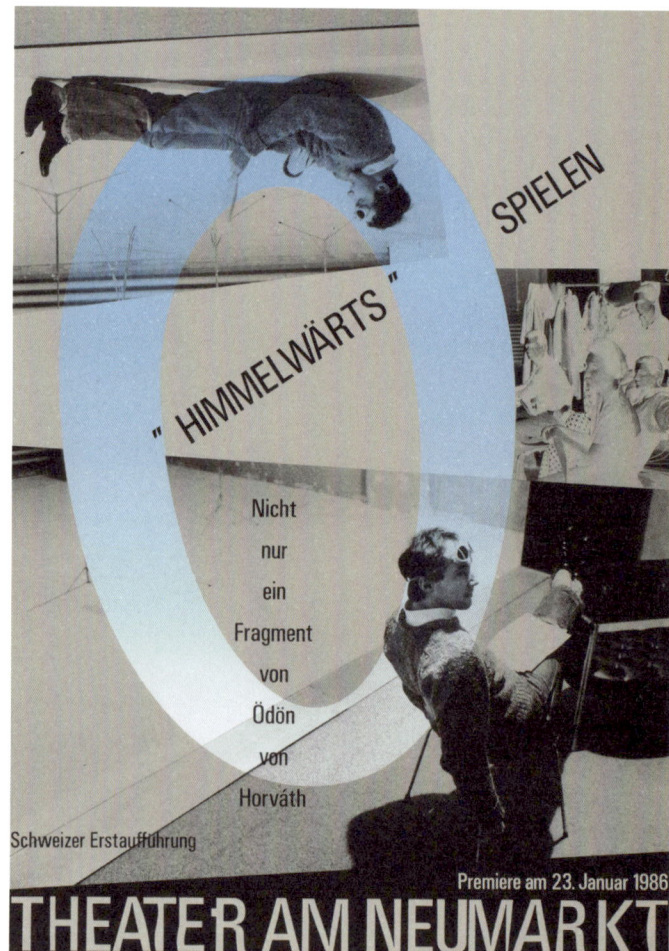

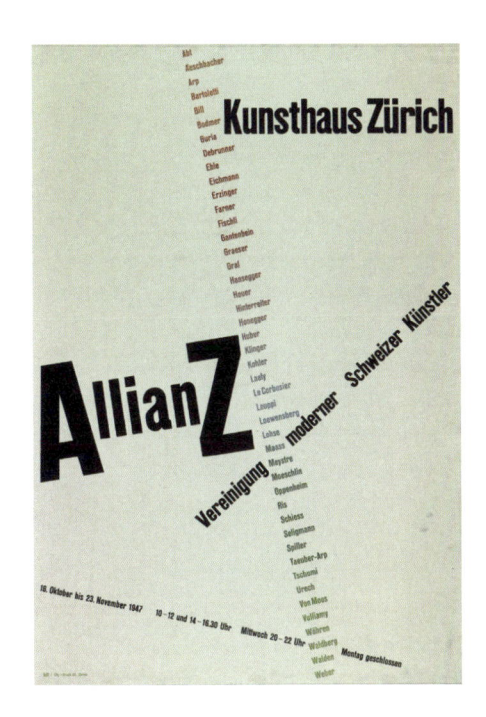

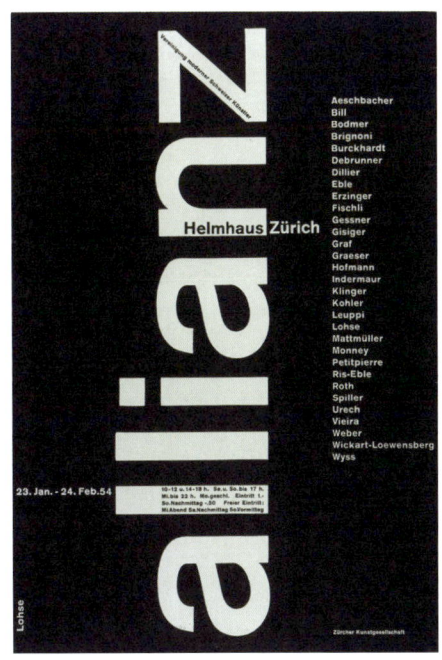

Alles Schrift

Buchstabe und Schrift werden erst um 1915 als autonome Gestaltungselemente erkannt und befruchten so die Entwicklung des Schriftplakats. Das Bauhaus und die nachfolgenden Stilrichtungen üben einen starken Einfluss auf den Umgang mit den Buchstaben aus. Für reine Schriftlösungen sind unter anderen Max Bill, Richard Paul Lohse oder Emil Ruder bekannt. Ruders Plakate, die überwiegend für Kunstausstellungen werben, stehen in einer Linie mit der von Bauhaus und Tschichold begründeten modernen Typografie. Emil Ruder wird 1942 Fachlehrer für Typografie an der Allgemeinen Gewerbeschule in Basel und 1965 deren Direktor. Ab den 1960er-Jahren wird der Einsatz der Typografie mutiger, expressiver und verspielter, Buchstaben und Schrift als gestalterisches Material werden zu Bildern. Dieses Jahrzehnt bildet den Auftakt der für die Schweiz herausragenden Rolle im Schriftdesign. Ausser Ruder, Tschichold und Hofmann sind mit schweizerischer Schriftkultur Namen verbunden wie Ernst Keller, Walter Käch, Hans Vollenweider, Walter Diethelm und Adrian Frutiger. Die Frutiger ist als serifenlose Linear-Antiqua in den 1970er-Jahren in die Designgeschichte eingegangen. Und die Helvetica ist seit den 1950er-Jahren als Hausschrift vieler Firmen und damit auch auf Plakaten allgegenwärtig; sie wird oft in einem Atemzug mit dem Swiss Style genannt, jenem typografischen Garant für Klarheit, Lesbarkeit und Objektivität.

Drucktechnische Entwicklung

Wie in anderen Ländern durchläuft die Schweizer Plakatproduktion die bekannten Etappen der Druckgeschichte: Hochdruck, Tiefdruck, Lithografie, Offset, Siebdruck, Digitaldruck. Die Lithografie lässt Mitte des 19. Jahrhunderts die Farbe in alle Arten von Werbedrucksachen einziehen und die Entwicklung immer stürmischer werden. Mit dem möglichen Einsatz grossformatiger Lithosteine beginnt die eigentliche Geschichte des modernen Bildplakats in Frankreich. Nach und nach wird die Lithografie vom Siebdruck und Offset abgelöst.

Die Lithografie ist ein Flachdruckverfahren. Anders als beim Hoch- oder Tiefdruck, bei denen die Farbe entweder auf den druckenden Formen (hoch) oder in der gravierten Druckform (tief) liegt, beruht die Lithografie auf dem Prinzip, dass sich die fetthaltige Druckfarbe vom Wasser abstösst. Auf Plattenkalk wird das zu Druckende mit einer besonderen Tusche oder auch mit Kreide gezeichnet. Der Stein wird befeuchtet, er ist hydrophil, kann Wasser aufnehmen. Das hydrophobe Zeichnungsmittel dagegen stösst das Wasser ab und kann Farbe aufnehmen, wenn der Stein damit eingewalzt wird. Mittels einer Steindruckpresse wird die Zeichnung auf Papier oder Karton übertragen. Beim Siebdruck (ein Durchdruckverfahren) wird Gaze mit mechanischen oder chemischen Mitteln in farbdurchlässige und -undurchlässige Bereiche geteilt. Die Farbe wird durch die Gaze auf die zu bedruckende Fläche gestrichen. Diese kann auch uneben sein wie Produkte oder raue Wände. Der Offsetdruck ist quasi eine

15 Max Bill, 1947.

16 Richard Paul Lohse, 1954.

17 Emil Ruder, 1963.

Linke Seite:

11 Josef Müller-Brockmann, 1955.

12 Polly Bertram, Daniel Volkart, Sabina Rüber, 1986.

13 Anonym, Greenpeace Schweiz, 1990.

14 Ruth Imhof, Thomas Cugini, 1968.

Infografik

Druckverfahren
Schematische Darstellung der Druckverfahren, Druckfarbe in Grün

Tiefdruck

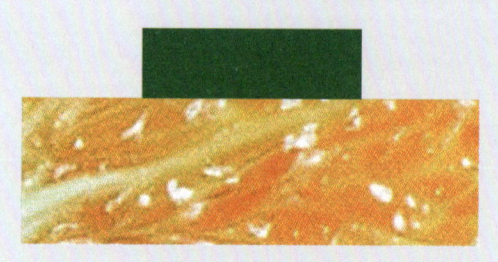

Flachdruck / Offsetdruck

Hochdruck / Buchdruck

Durchdruck / Siebdruck

Weiterentwicklung der Lithografie. Die Druckform besteht beim Offset aus einer hydrophilen Aluminium- und einer hydrophoben Kunststoffschicht. In einem fotomechanischen Prozess wird der Kunststoff an den nichtdruckenden Stellen beseitigt. Diese nehmen Feuchtigkeit auf und stossen die dann aufgetragene Farbe ab an die hydrophoben Stellen. Eine Gummiwalze nimmt die Farbe auf und überträgt sie auf den Bedruckstoff.

Neben den seit 1970 aufkommenden und für den Plakatdruck weitgehend unbedeutenden Officedruckverfahren (Nadel-, Tintenstrahl- und Laserdruck) nimmt der Digitaldruck an Bedeutung zu. Er ist oft eine Mischung aus Laserdruck und Offset: Die Druckform wird per Laser digital in der Druckmaschine bebildert (Direct Imaging).

Heute noch stehen alle erwähnten Druckverfahren zur Verfügung. Im Autorenplakat wird häufig wieder der Hochdruck eingesetzt und in kleinen Auflagen von Kulturplakaten weiterhin der Siebdruck, welcher im Vergleich zum Offset ganz andere Farbqualität bietet.

Die Wirkung eines Plakats

An Plakaten gehen wir oft achtlos vorüber, wir nehmen sie meist nur bewusst wahr, wenn uns ein ungewöhnliches Design oder eine pfiffige Idee ins Auge springt. Plakate sind überall, an der nächsten Kreuzung, auf dem Tram, in der Fussgängerzone. Jährlich werden in der Schweiz 4 Millionen Plakate ausgehängt. Und wir sind zu aufgeklärt, um noch etwas auf die psychologische Binsenweisheit zu geben, unbewusst von Werbung beeinflusst zu werden. Wir durchschauen ihre Intention meistens, und oft genug spielt sie selbst mit ironischen Brüchen. Plakate sind in der Schweiz lebendiger denn je, sind in Städten mobil auf öffentlichen Verkehrsmitteln unterwegs, verkleiden Baugerüste und Container, sind über QR-Codes und Links mit dem Internet verknüpft, werden als digitale Werbung zum bewegten Blickfang mit interaktiven Funktionen.

Wie auch immer Plakate daherkommen, entscheidend ist ihre Wirkung auf den Betrachter, wobei beabsichtigter und tatsächlich erzielter Werbeeffekt hier und da auseinanderklaffen.

Die stetig zunehmende Fragmentierung der Medienlandschaft führt zu einem grundlegenden Wandel im Mediennutzungsverhalten. Die Aufmerksamkeit der Zielgruppe für ein einzelnes Medium nimmt mit der Parallelnutzung verschiedener Informations- und Kommunikationskanäle deutlich ab.

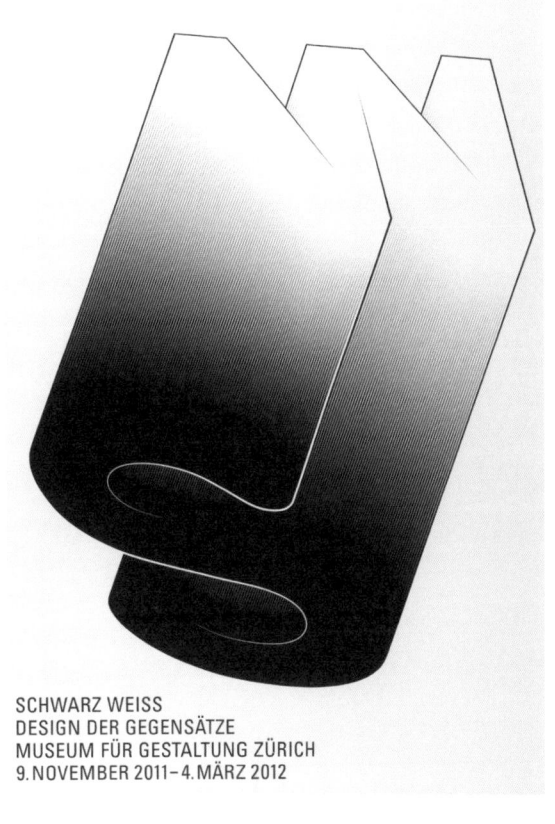

18 Eric de Coulon, 1929.
19 Ralph Schraivogel, 2011.

Die Plakatforschung analysiert an dieser Schnittstelle und ermittelt Aufmerksamkeitswerte: Wie hoch ist der Ablenkungsgrad, die Dauer der Kontaktchancen? Welchen Einfluss haben Beleuchtung, Sichthindernisse, Aufstellwinkel des Werbeträgers?

Primär relevant sind sicher die inhaltlichen Aspekte eines Plakats, die den Betrachter reizen können, dem Plakat seine Aufmerksamkeit oder auch nur einen Blick zu schenken. Dabei unterscheiden sich die Plakatgattungen und deren Zielgruppen erheblich. Das kulturelle Plakat spricht eher den Intellekt an, das politische Plakat spielt mit Emotionen, das Konsumplakat lockt mit Reizen.

Grösse ist sicher der einfältigste Weg, um aufzufallen. Ein zwischen gegenüberliegenden Hauswänden gespanntes Plakat ist zweifellos unübersehbar. Neben seiner eigentlichen Botschaft schwingt jedoch bei exorbitanter Grösse so etwas wie «Hallo, ich bin ein Plakat!» mit. Das kann gelingen, wenn Extension und Darstellung korrespondieren, wenn das Dargestellte die Form aufgreift, die mit dem Plakat verhüllt wird. Das heutige Inventar an Gestaltungsmöglichkeiten ist schier unerschöpflich, muss sich nicht in der Fläche austoben, ist zudem im digitalen Zeitalter problemloser einzusetzen. Aber ohne handwerklichen Sachverstand, ohne das Gefühl für Farben und Formen, kompositorische Zusammenhänge und ohne Empathie für den zukünftigen Betrachter bleiben alle Bildbearbeitungswerkzeuge digitales Spielzeug.

Zur Basis der allgemeinen Formensprache gehören die Kenntnis über Fülle oder Leere einer Fläche und das Wissen über den wirkungsvollen Einsatz von Bildelementen in angemessener Zahl und Grösse. Das dominante Bildmotiv, beispielsweise ein Schmuckstück, wirkt intimer und damit kostbarer, wenn es vom Bildrand weg ins Zentrum gerückt wird, umgeben von einer einfarbigen oder leeren Fläche. Umgekehrt ist die Anordnung expansiver, sobald die Formen vom Rand angeschnitten sind. Und sie wird dynamischer, wenn man Schräglagen oder gar Diagonalen in beiden Richtungen verwendet. Werden die Diagonalen in einem Werbeplakat für ein Autorennen zusätzlich durch Schraffuren, die die Geschwindigkeit untermalen, unterstützt, braucht man Text nur noch für Angaben zu Ort und Zeit des Autorennens. Rotation und Pulsation werden durch zirkuläre Formen hervorgerufen. Die Positionen dominanter Formen kennzeichnen Schwerpunkte: Ganz unten wirken sie lastend, aber beruhigend, ganz oben schwebend, mitunter bedrohlich. Formentransparenz oder -überlagerung, Schattenwurf, Materialmix und Fotomontagen sind gut für das Erzeugen von Illusionen und surrealen

PLAKATDESIGN

20 Werbeagentur: Ruf Lanz, Auftraggeber: Verkehrsbetriebe Zürich, 2010.

21 Stalder & Suter, Basel 1984.

Eindrücken oder Dreidimensionalität. Dass Schrift die Wirkung eines Plakats beeinflusst, dass ein Plakat nur mit Schrift gestaltet werden kann, wurde bereits ausgeführt. Der Gestalter braucht auch nicht auf vorhandene Typensätze (Schriftfonts) zurückzugreifen; er kann selbst Typen entwerfen. Schwungvolle, massige Schrifttypen werden eher im Bereich Gestaltung, Technik, Bauwesen eingesetzt, klassische Antiquaschriften besonders für sachliche, institutionelle Themen gewählt. Der versierte Einsatz formaler und gestalterischer Mittel bleibt indes schal, wenn die zündende Idee fehlt, wenn die drei Hauptanforderungen an die Impaktstärke des Plakats vernachlässigt werden: Fernwirkung, schnelle Lesbarkeit, Einprägsamkeit. Es kommt dem Gestalter entgegen, wenn sein Sujet die Sinne ansprechen kann, das Fühlen, Riechen, Schmecken, oder es glatt durch den Kopf geht – hier

22 Raymond Savignac, 1964.

GESTALTUNGSMITTEL

ist die Kreativleistung entscheidend, nicht das Arsenal formaler Gesetzmässigkeiten und technischer Möglichkeiten. Ist dabei noch Humor, Witz oder Ironie im Spiel, wird der Rezipient bewegt: Er schaut nicht nur hin, er denkt vielleicht einen kurzen Moment über die Bedeutung nach, schmunzelt und spielt den Gedanken weiter. Abbildung 20 ist ein Beispiel für feinen Humor: zwei «bekannte Tramreisende», die ohne besondere Gestik oder Mimik ihre (politische) Abneigung zueinander auf Tuchfühlung ertragen. Das Sujet wird 2010 mit dem Swiss-Poster-Award-Gesamtpreis sowie mit Gold vom Art Directors Club Schweiz ausgezeichnet. Schön ironisch wird es, wenn sich Plakate selbst reflektieren. Humor kann aber auch Grenzen überschreiten, ein Tabu brechen, zum Beispiel, indem Trauer mit Lachen verbunden wird, so gesehen in Berlin.

23 Imagekampagne: Bestatter suchen nach witziger Werbung, Plakat in der U-Bahn-Station, 2008.

Besonderheiten der Schweizer Plakatkultur

«Albacharys Führer durch das Plakatwesen» von 1928 schreibt zur Schweizer Reklame, internationale Einflüsse würden «durch eine gesunde Bodenständigkeit zurückgehalten» und «nicht jene Fluten aufwerfen, die als Modewasser bald wieder verdunsten». Jedoch sei die Werbung in der Schweiz wie das gesamte Wirtschaftsleben von der Wechselwirkung mit dem Ausland abhängig: Wir besitzen keine «unberührte, gleichsam in Spiritus aufbewahrte Sondergattung von Plakatkunst».

Wo liegen nun also die Schwerpunkte der Schweizer Plakatkultur, was sind ihre Besonderheiten?

SCHWEIZER PLAKATKULTUR

Trotz Albacharys früher Einschätzung zeichnet sich die Schweizer Plakatkultur durch Stilpluralismus und regionale Verschiedenheiten aus. Dass nicht jeder angesagte Stil Aufnahme an schweizerischen Gestaltungsschulen gefunden hat, ist vor allem darauf zurückzuführen, dass die Kunst des 20. Jahrhunderts mehr ein Nebeneinander unterschiedlicher, oft auch gegensätzlicher Stilkonzepte ist und die Schweiz keine dominierende Kunstmetropole hat, die die Strömungen bündelt. Jede Region reagiert mit ihrer eigenen Mentalität auf Einflüsse von aussen und wartet im besten Fall ab, wie sich eine Tendenz entwickelt. Die Einflüsse der umliegenden Länder sind innerhalb der Schweiz unterschiedlich zu spüren. Bauhaus-Strömungen finden sich vermehrt in den deutschsprachigen Kantonen, während sich illustrative Ansätze ihren Weg durch Basel und die Westschweiz bahnen. Kurzlebigkeit ist dem Schweizer fremd, ebenso die Überreizung beziehungsweise der ästhetische Verschleiss. So kann ihm nicht vorgeworfen werden, die Ornamentik des Jugendstils verflacht, die surrealistischen Bildketten banalisiert, die Pop-Art für sich ausgewalzt oder Graffiti sich einverleibt zu haben. Und wenn es auch keine Kunstmetropole gibt, so hat doch Mitte des 20. Jahrhunderts der Swiss Style weltweit für Bewegung gesorgt, experimentelle Plakate mit typografischem Material inspiriert und einen Duktus initiiert, der in seiner Klarheit unübertroffen ist. Der Swiss Style beeinflusst noch heute die angewandte Grafik und die Typografie. Junge Gestalter haben sich an seiner stilistischen Strenge immer wieder gerieben und in konstruktiver Auseinandersetzung mit dem Swiss Style neue Ausdrucksformen gefunden.

Ausstellungsfähig produziert

Wenn Christian Brändle, Direktor des Museums für Gestaltung Zürich und Präsident der Jury des Swiss Poster Award, 2010 davon spricht, dass sich die Plakatgestaltung in der Schweiz auf einem hohen Niveau befinde, so ist zweifellos das Attribut «konstant» zu ergänzen. Der gesamten schweizerischen Plakatgeschichte, sei sie mehr eine Geschichte heimischer Kreationen, des Umgangs mit grafischen Anregungen anderer Länder oder der Gegenreaktionen auf gestalterische Bevormundung, kann eines gewiss attestiert werden: Qualität. Diese beweist das Schweizer Plakat aber nicht nur in gestalterischer Hinsicht. Der Qualitätsanspruch zieht sich schweizweit wie ein roter Faden von der Gestaltung über das Papier, den Druck bis zum Trägermaterial des Plakataushangs: eine saubere, präzise Arbeit, seit über 100 Jahren!

Ein Grundgesetz des Plakats ist seine Fernwirkung: Es bleibt dadurch im Gedächtnis des Betrachters haften, auch ohne dass er direkt davorsteht und seine Elemente abscannt. Und trotz dem flüchtigen Charakter des Plakats haben die Schweizer nicht wie anderswo auf holzhaltigen Papiersorten gedruckt: Hiesige Plakate sind auch haptisch wertvoll, sind begehrte Sammelobjekte und ausstellungsfähig. Dazu haben nicht unwesentlich die schweizeri-

1 Armin Hofmann, 1958.
2 Marc Rudin, 1973.
3 Peter Bäder, 1981.

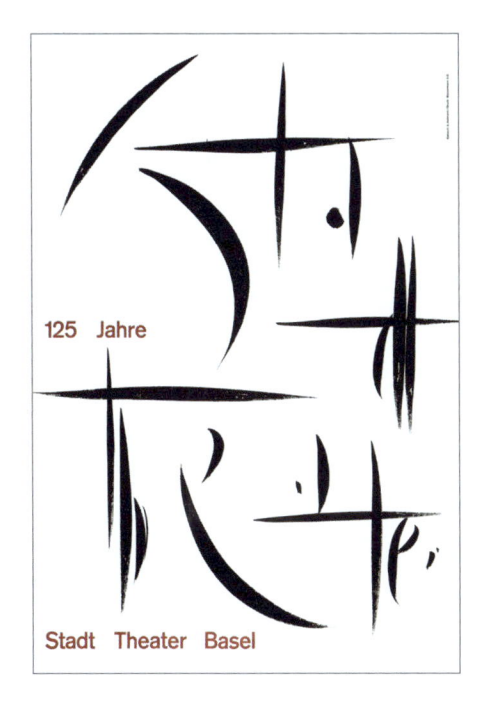

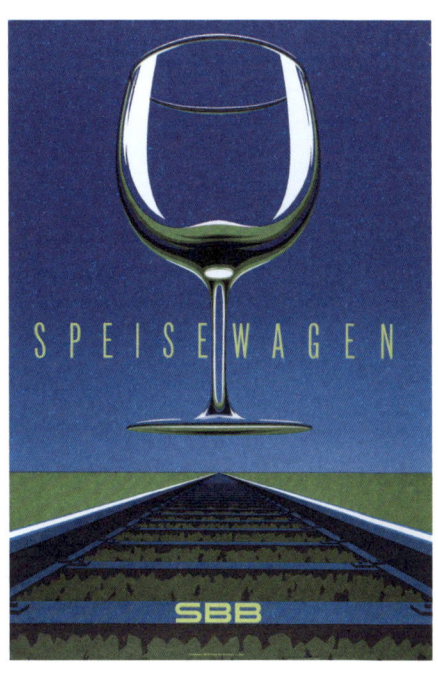

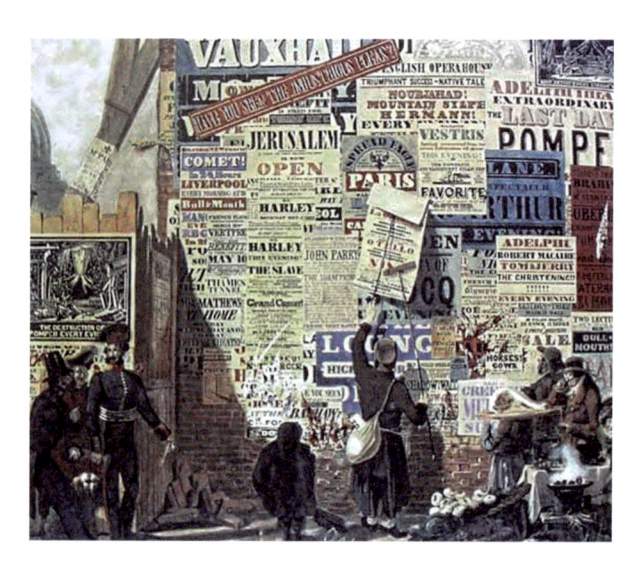

4 John Orlando Parry, 1835.
5 «Beste Plakate des Jahres 1951» an der damals sogenannten «Klagemauer» auf dem Barfüsserplatz in Basel.

schen Druckereien beigetragen, allen voran die Druckerei Wolfensberger.

Johann Edwin Wolfensberger ist seit 1902 als Lithograf tätig. 1911 vereint er in Zürich Steindruckatelier, Druckerei, Wohnräume und Kunstgalerie unter einem Dach. Er verpflichtet unter anderem die Künstler Burkhard Mangold und Emile Cardinaux als ständige Mitarbeiter. Dieses Dreigestirn verschafft dem Schweizer Plakat jene künstlerische und technische Geltung, die es bald auch international geniesst. In der deutschen Fachzeitschrift «Gebrauchsgrafik» wird die herausragende Qualität von Wolfensberger mit einem «Sieg der handwerklichen Qualität und des handwerklichen Formwillens über jede Art von reproduzierender Ersatzkunst» erklärt. Das inhabergeführte Unternehmen ist auch heute, in der vierten Generation, eine ausgezeichnete Adresse für Printmedien. Neben modernen Druckverfahren wird die über 100-jährige Tradition des Steindrucks für exklusive und limitierte Künstler-Editionen weitergeführt.

Plakatgesellschaften

Zur Qualität gesellt sich die Ordnung. Für die Schweiz und die ihr nachgesagte Mentalität wahrlich keine grosse Herausforderung, will mancher denken. Doch in der Frühzeit des Plakats herrschen hier wie auch in anderen Ländern teilweise chaotische Zustände. Ein Aquarell des Briten John Orlando Parry aus dem Jahre 1835 belegt die Unsitte, in London alle möglichen freien Flächen, beispielsweise Hauswände, wild zu bekleben. In Deutschland führt das dazu, dass der Berliner Drucker Ernst Litfass 1855 die Genehmigung erhält, eine Säule für den Plakatanschlag aufzustellen. Zeugnisse ähnlicher Vorrichtungen sind in Zürich aus dem späten 19. Jahrhundert bekannt: Die erste Plakatsäule wird 1892 prominent auf dem Bahnhofplatz vor dem Hauptbahnhof platziert. Der Individualismus des Schweizers zeigt bei Papierformat und Ort des Anschlags eine derart schrankenlose Willkür, dass weder Stadt- noch Landschaftsbild verschont werden. In Genf wird 1900 die Société Générale d'Affichage, die Allgemeine Plakat-Gesellschaft (APG), gegründet, die alles daransetzt, die Zustände der Plakatierung zu verbessern. Sie erhält von den Gemeinden das alleinige Recht, an speziellen Wänden oder frei stehenden Säulen Plakate anzuschlagen.

Wettbewerbe

Im Jahr 1913 beschliesst das Reklamekomitee der Schweizerischen Landesausstellung eine Verordnung, laut der alle offiziellen Drucksachen dem Weltformat (F4: 89,5 cm × 128 cm) anzupassen sind. Die vom Chemiker Wilhelm Ostwald entwickelte Papiernormierung setzt sich nur in der Schweiz durch und ist bis heute die Normgrösse für Werbeplakate.
In diesem Zusammenhang wird oft von einer Demokratisierung gesprochen, weil sich erst mit Vereinheitlichung der Formate ein fairer, für die Öffentlichkeit überschaubarer Wettstreit der Plakate einstellt. Damit ist ein weiteres Spezifikum der schweizerischen Plakatlandschaft angesprochen, der Wettbewerb. Die bedrohliche Weltlage um 1940 und die Befürchtung des Rückgangs künstlerischer Freiheit und damit eigenständiger, kreativer Leistungen lassen im Herbst jenes Jahres Wolfgang Lüthy, Zürcher Direktor der Allgemeinen Plakatgesellschaft, und den Grafiker Pierre Gauchat zusammenkommen. Sie sind sich einig, dass eine jährliche Prämierung und Publizierung der besten Plakate den Mut zu künstlerischer

Qualität und Originalität fördern würde. Der Plan wird konsequent umgesetzt, und 1942 werden erstmals 24 Plakate aus dem Jahr 1941 ausgezeichnet. Auf eine Rangfolge verzichtet man; vielmehr will man zeigen, dass auf allen Gebieten hervorragende Lösungen möglich sind: Reine Schriftlösungen finden sich neben realistischen, abstrakten oder symbolisierenden Darstellungen, Fotoplakate für Handel und Industrie stehen neben solchen für Ausstellungen und kulturelle Veranstaltungen. Jedes Plakat wird nach den drei Kriterien künstlerische Qualität, Werbewirkung und drucktechnisches Niveau beurteilt. Die jurierten Arbeiten sind nicht nur für interne Kreise bestimmt, sondern werden veröffentlicht und auf Plätzen aller grösseren Städte der Schweiz ausgestellt. Auch die Organisation Schweiz Tourismus prämiert von 1904 bis Mitte der 1970er-Jahre die herausragenden Plakate, die Schweizer Feriendestinationen bewerben.

Die inspirierende Kraft des Wettstreits dauert bis heute an. Beim Swiss Poster Award 2013 werden 28 Nominierungen in den fünf Kategorien Kommerzielle Plakate, Public-Service-Plakate, Kulturelle Plakate, Poster Innovations und Digital Out of Home präsentiert. Die Jury freut sich besonders über die witzigen Lösungen, die die neue Kategorie Poster Innovations hervorgebracht hat. Doch Freude hat nicht nur die Jury, sondern haben auch all jene, die jeden Tag an gelungenen Plakaten vorbeikommen. Neben technischen Neuerungen wie Animationen, Lentikulareffekten und Screens sind es immer wieder die innovativen Sujetkreationen, die das Werbemedium Plakat perfekt inszenieren und orchestrieren und damit unseren Schritt verlangsamen lassen: wenn wir im peripheren Blickfeld plötzlich eines wahrnehmen und es uns aufmerken lässt, es uns zum Schmunzeln bringt oder etwas zum Nachdenken mit auf den Weg gibt.

Der Kommentar von Swiss Poster Award zum Gewinner des Jahres 2012 in der Kategorie Kommerzielle Plakate lautete: «Ein berühmter Bildhauer wurde einmal gefragt, wie es ihm gelingt, seine beeindruckenden Löwenskulpturen zu erschaffen. Seine Antwort lautete: ‹Das ist gar nicht so schwierig. Man muss einfach alles weghauen, was nicht nach Löwe aussieht.› Mit einem beeindruckenden Plakat verhält es sich ganz ähnlich. Man sollte nichts mehr weglassen können, aber auch nichts mehr hinzufügen. Das Sieger-Plakat [es bestand aus zwei aufeinanderfolgenden Aushängen] ist ein besonders schönes Beispiel für diese Reduktion aufs Wesentliche. Auch wenn es kein Löwe geworden ist. Sondern ein Gold-Hamster.»

6 Felix Pfäffli gewinnt mit seinem Plakat für Südpol [Südpol | Musik Tanz Theater, Kriens] am Swiss Poster Award 2012 in der Kategorie Kulturelle Plakate den zweiten Platz.

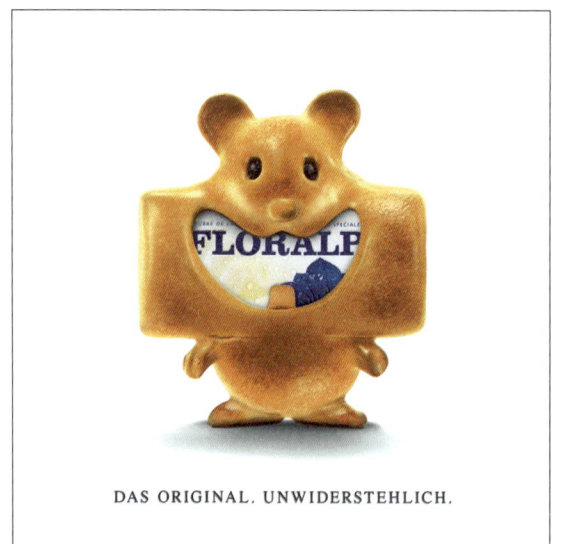

7 Das Siegerplakat des Swiss Poster Award 2012 in der Kategorie Kommerzielle Plakate: Floralp-Spezialplakat © FLORALP / BOB Branchenorganisation Butter GmbH. Agentur: Spillmann Felser Leo Burnett.

Fazit

Dem Schweizer Plakat geht es gut. Es kann auf eine gestalterisch und drucktechnisch einzigartige Tradition zurückblicken und ist aufgeschlossen für neue Tendenzen – ebenso seitens Gestalter wie auch seitens Auftraggeber. Und will man die Besonderheiten der Schweizer Plakatwerbung mit drei Schlagwörtern skizzieren, sind es: Qualität, Format und gesunder Wettstreit.

«Ich bin eine Durch- und-durch- Grafikerin.»

Rosmarie Tissi

Rosmarie Tissi, eine herausragende Plakatgestalterin ihrer Generation

1953 spielte ich noch mit dem Gedanken, Chemikerin zu werden. Marie Curie, die Nobelpreisträgerin für Physik und Chemie, war damals mein Vorbild. Die Vorstellung, etwas ganz Neues erfinden zu können, faszinierte mich sehr. Doch in der Auseinandersetzung mit verschiedenen Berufsbildern war ich mir rasch sehr sicher, dass ich meinen eigenen Weg als Gestalterin gehen wollte. Chemie war später doch noch ein Thema, als ich das Design für ein Chemielehrbuch entworfen habe.

Der Auftrag liefert mir den Ansatzpunkt für das Herangehen an ein Sujet. Ich abstrahiere meine Arbeiten nicht vom Publikum weg, sondern ringe um deren Verständnis. Der Erkennbarkeit und dem Inhalt der Sache, die im Plakat präsentiert werden, messe ich ebenso viel Gewicht bei wie der Ästhetik meines Entwurfes. Nie ging es mir um Ruhm. Es hat mich einfach immer gluschtet, eine neue Fragestellung anzupacken, und wundergenommen, welcher Weg mich zum Ziel führt.

Ich sage nie gerne, was ich von Beruf bin. Die Leute verstehen es nicht, und am Ende sagen sie noch «Künstlerin». Wir sind Gestalter, nicht Künstler. An einer Aufgabe studiere ich lange herum, bevor ich mich ans Skizzieren wage. Gute Ideen fliessen mir oft am Abend vor dem Einschlafen oder am Morgen beim Erwachen zu. Dann muss ich mich sofort hinsetzen und ausprobieren, ob es hinhaut, ob ich die Idee umsetzen kann. Ich bin Frühaufsteherin, immer schon. Auch in den Ferien; da schwimme ich eine halbe Stunde, lange bevor die Leute im Pool plantschen. In meinen aktivsten Jahren begann der Arbeitstag um sechs Uhr. Als Erstes habe ich mich ins Café No an der Kuttelgasse gesetzt und den «Tages-Anzeiger» komplett gelesen. Dieses Café war gemütlich, grosszügig und nicht spiessig, nicht so tantig. Als es 2007 seine Türen schloss, habe ich mir eine Espressomaschine gekauft. Jetzt beginnt der Tag mit einem Kafi zu Hause, und ich komme etwas später ins Atelier. Auch aus Mangel an Aufträgen. Es fehlt mir nun richtig, das gestalterische Schaffen. Am Morgen sind mir immer die besten Würfe gelungen. Ich kann Leute nicht verstehen, die spät zu arbeiten beginnen. Aber auch am Abend sass ich manchmal bis tief in die Nacht im Atelier vor meinen Entwürfen. Oft hat es mich dann gereut, das Werk zu verlassen und nach Hause zu gehen. Über Mittag ging ich in die Badi. Ich bin etappenweise einen Kilometer geschwommen – ohne Badekappe, denn ich muss hören, was um mich geschieht; zudem kenne ich die Zeiten der Kursschiffe –, lag anschliessend auf dem Rasen und habe nach Lösungen für die grafische Aufgabenstellung gesucht. Anschliessend kam ich mit tollen Ideen zurück ins Atelier.

Der Austausch mit meinem Partner Sigi Odermatt war zeitlebens wichtig, für uns beide. Odermatt & Tissi, so heisst unsere Atelier- und Arbeitsgemeinschaft an der Schipfe seit 1968. Wenn man ganz alleine für sich arbeitet, kann man sich verrennen. Wir haben unsere Arbeiten immer im kritischen Auge des anderen gespiegelt. Mit externen Gestaltern haben wir uns eher selten unterhalten. Vielleicht einmal im Buvette an der Storchengasse über Mittag mit Leo Gantenbein oder Hans Erhardt. Jack J. Kunz haben wir auch getroffen. Der Inhalt dieser Gespräche war fesselnd. Früher war der Austausch unkomplizierter. Man ist jemandem begegnet und ist zusammen einen Kaffee trinken gegangen. Damals gab es diese Treffpunkte, Lokale mit Cachet.

Tiere sind mir wichtig. Sie inspirieren. Die Katze im Atelier strahlt Ruhe aus, und das Streicheln lässt meine Gedanken beim Schaffen zwanglos fliessen. Ich beobachte gerne die Wildtauben vor dem Atelierfenster. Zu Hause habe ich eine richtige Voliere auf dem Balkon. Ich brauche fast mehr Geld für die Vögel als für mich. Den zwei gierigsten Männchen habe ich Namen aus der Zürcher Bankenprominenz gegeben. Ja, Humor gehört dazu. Nur verstehen die Leute manchmal nicht, wenn ich einen Witz mache. Sie nehmen es persönlich. Darum sage ich jeweils im Voraus, wenn ein Witz kommt.

Ich leide an der heutigen Zeit. Das Unechte, Schnelllebige, Bodenlose finde ich furchtbar. Ich laufe durch die Warenhäuser und schaue mir die Produkte an, gehe durch die Strassen und werfe einen Blick auf die Plakate. Und ich frage mich: Wo geht es wirklich um Inhalt? Wer setzt sich heute mit einem Thema differenziert auseinander? Mein ganzes Leben lang habe ich mich reingekniet. So richtig. Nie habe ich ein Werk abgegeben, auf das ich selber nicht stolz war. Was bleibt am Schluss? Wer sieht heute, wie viel Kopf und Herz hinter einem stimmigen, gelungenen Plakatentwurf stehen? Es gibt junge Grafiker, die richtig gute Arbeit machen. Aber es sind wenige. Ich gebe heute noch Workshops mit Freude und Engagement und versuche, den Interessierten solides Gestaltungsrüstzeug zu vermitteln.

Am Abend koche ich mir eine Kleinigkeit. Darauf freue ich mich jeweils. Vor dem Schlafengehen lese ich Zeitungsartikel, die ich mir zur Seite gelegt habe, oder Fachartikel. Bücher lese ich auf Reisen. Früher war ich abends noch mehr auf der Gasse, bin unter die Leute gegangen, gerade im Sommer. Man braucht ein Umfeld, eine enge Freundin. Aber ich bin immer alleine auf meine langen Reisen gegangen. Ich bin gerne alleine. Denn dann fühle ich mich nicht allein.

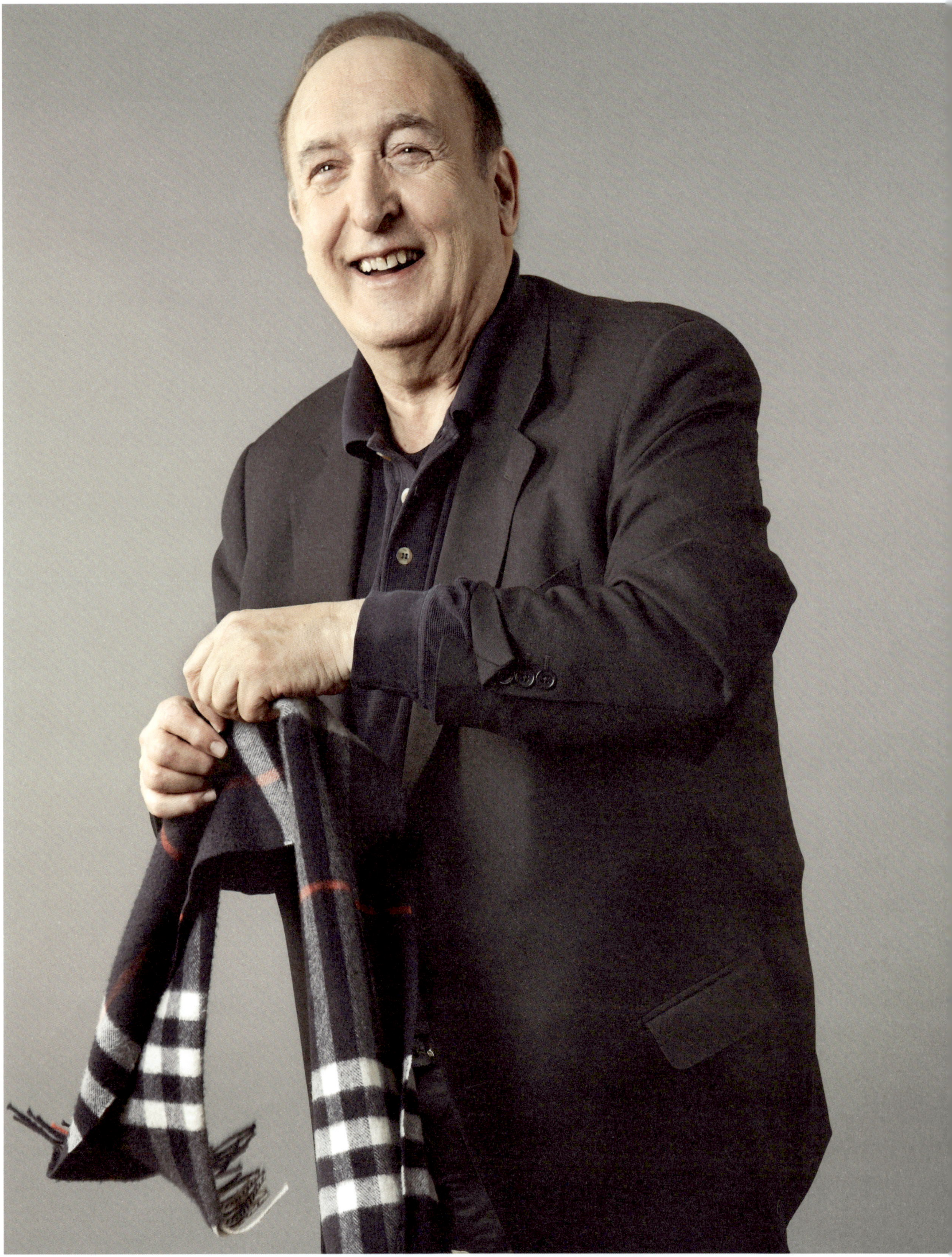

«Unsere Plakate können sich sehen lassen.»

Ruedi Wyler, Werber des Jahres 1983 und 2003

Was macht ein gutes Plakatdesign aus?
Das ist ganz einfach. Eine Werbeagentur ist dann stark, wenn sie kreativ ist. Das hat teilweise auch mit Selbstverwirklichung zu tun. Ein Sujet ist gut, wenn man es wahrnimmt, wenn man hinschaut, aber nicht auf Kosten von primitiven Trittbrettern. Das Design ist gut, wenn es beim Betrachter etwas bewirkt. Starke Ideen verkaufen Produkte, schärfen Markenbilder, schaffen Sympathien. Ein kreatives Plakat bringt Menschen zum Lachen, zum Nachdenken oder – wenn es der Sache dient – auch mal zum Weinen.

Als Dozent an der Kreativschule Zürich habe ich für meine Vorlesungen die Wirkung einzelner Plakate auf Passanten in einem Kurzfilm festgehalten. Das Fazit lautet: Wenn jemand zehn Meter nach dem flüchtigen Blick aufs Plakatsujet den Inhalt nicht mal noch ansatzweise präsent hat, hat der Gestalter versagt, und zwar auf der ganzen Linie.

Den guten Ruf der Schweizer Plakatkunst haben Künstler begründet wie Matter und später Müller-Brockmann oder Max Bill. Bei Letzteren handelt es sich schon fast um konkrete Kunst – grossartige Werke sind das. Heute ist keine Spur mehr davon zu spüren, geschweige denn zu sehen. Stilsichere Plakatdesigns sind spärlich gesät.

Was kann ein Plakat, was andere Medien nicht können?
Ich wehre mich dagegen, dass das Plakat ein Ergänzungsmedium ist. Dieses Medium kann werblich ein ganzes Quartier oder eine grössere Fläche vereinnahmen, ganz so, wie ein Hund sein Quartier markiert. Und zwar dort, wo der Gedanke für das jeweilige Produkt oder die entsprechende Dienstleistung bei der Zielgruppe wachsen kann oder bereits aktuell ist. Mit einer sinnvollen Streuung gelingt es dem Plakat zudem, aufsässig und penetrant aufzutreten, denn gegen einen Blickfang kann sich die Zielgruppe schlecht wehren. Und wenn wir vom Blickfang sprechen, sind wir wieder bei der Kreativität. Mit diesem Medium kann man aussagekräftig arbeiten, ohne etwas zu sagen, ohne Text meine ich. Suggestiv. Darum funktioniert dieses Medium auch für Analphabeten, und die viel strapazierte Phrase «Ein Bild sagt mehr als ...» ist hier für einmal angebracht. Und wenn Text zum Zuge kommt, dann bitte ohne Firlefanz. Ganz sec, dann klappt's.

Ich glaube an das Plakat. Ein faszinierendes Medium.

Was macht Ruedi Wyler anders als andere Werber oder Gestalter?
Reden wir von uns, nicht von mir; Wyler Werbung besteht ja nicht nur aus mir. Wir regen in erster Linie das Denken, den Humor und das Herz an. Man muss den Menschen, sein Verhalten spüren, um ihn mit einer Nachricht zu treffen. Und Rhetorikkenntnisse sind ebenso relevant. Wir fahren einen feinen, visuellen Umweg, verwenden Analogien. Dadurch geschieht beim Betrachter etwas. Er muss aktiv werden, eine Sekunde nachdenken, sich mit der Botschaft einen kurzen Augenblick auseinandersetzen. Idealerweise arbeiten wir mit einem Schuss Humor. Wenn die Leute schon öffentlich Werbung konsumieren müssen, dann sollen sie auch etwas unterhalten und nicht nur mit Informationen zugemüllt werden. Auch der Marke zuliebe, die beworben wird. Bringen wir die Leute zum Schmunzeln, haben wir ganz viel erreicht. Und dann bleibt die Markenbotschaft beim Betrachter hängen.

Zu den Parkplätzen im Glatt.

Zu den Parkplätzen in der Stadt.

Einkaufszentrum Glatt: Parkplakat am Central.

Plakat fuer das Modehaus Modissa.

Einkaufszentrum Glatt: Plakat für eine Fischausstellung.

Fischausstellung im Glatt. Vom 27. Februar bis 16. März. Glatt

STRICK TOTAL BY modissa

Wie viele gute Plakatkampagnen kommen Ihnen spontan in den Sinn? Wenige bis gar keine wahrscheinlich. Ich verstehe nicht, warum ich nicht öfters starken Sujets begegne. Wer solch schlechte Kampagnen lanciert, muss unbelehrbar mutig sein. Mich regt das auf. Wir haben Topagenturen in der Schweiz mit brillanten Köpfen. Vielleicht sind ja manche Kundenbriefings so schlecht. Hinzu kommt, dass das Kräfteverhältnis Agentur/Kunde zuungunsten der Gestalter ausfallen kann; in diesen Fällen würde der Kunde das Sujet am besten von Anfang an selbst malen.
Nun, in der Retrospektive ist es immer einfacher, die Dinge kritisch und gescheit zu beleuchten. Ich mache das ja auch bei meinen eigenen Sachen.

Wie entsteht ein Entwurf, und wann ist Ruedi Wyler mit einem Wurf zufrieden?
Ich setze mich hin und lese das Briefing nicht. Ich gehe laufen. Beim Spazieren die Gedanken fliessen lassen, die Ruhe dulden und den Sauerstoff wirken lassen. Und möglichst nicht studieren. Und das Briefing wirklich beiseitelegen. Oder ganz simpel mit einem Mitarbeiter brainstormen, das Thema wälzen. Es steckt viel Analytik dahinter. Was genau ist die Botschaft, die Essenz? Was die gewünschte Wirkung? Und wenn ich das Thema eingekreist habe, suchen wir Ideen, Bilder, die diese Botschaft transportieren. Nehmen wir folgendes Beispiel: Das Einkaufszentrum Glatt plant eine Fischausstellung mit grossen Aquarien. Der klassische Ansatz wäre, hübsche Fischli schön zu präsentieren. Aber so was mach ich nicht, nie. Viel lieber lasse ich eine Mieze, mit Schnorchel gerüstet, zur Ausstellung stiefeln. Dieses Sujet ist im Teamwork mit einem Mitarbeiter entstanden. Der iterative, kreative Prozess wiederholt sich, bisweilen zum Zähneausbeissen. Ideen kommen, man verwirft sie wieder. Manchmal ist es fast schmerzhaft, bis ich genau das Bild vor mir habe, das stimmig ist. Den Knochen sozusagen. Meine Stärke ist, Bilder abzurufen, die so deutlich sind, dass sie (fast) ohne Text funktionieren, oder mit einfachsten stilistischen Massnahmen zu arbeiten, die einen Entwurf zu einem prächtigen Wurf entwickeln lassen. Gute, persönliche Beziehungen zu den Kunden sind zudem ein fruchtbarer Boden für das Entwickeln griffiger Kampagnen. Ich habe die Werbung nicht erfunden. Aber ich spreche eine andere Sprache als viele andere Werber.

Welches sind in der Retrospektive Ihre schönsten Aufträge?
Wir durften für viele renomierte Schweizer Firmen Plakatkampagnen entwickeln. Ich möchte an dieser Stelle zwei Auftraggeber hervorheben: das Einkaufszentrum Glatt in Wallisellen und die «Aargauer Zeitung».
Bei der Zusammenarbeit mit dem Glatt handelt es sich um eine Zeitspanne von über zwanzig Jahren. In einer Kampagne aus Einzelmotiven setzten wir die Vorzüge des Glatt immer wieder neu, prominent und überraschend in Szene. Für die «Aargauer Zeitung» realisierten wir zur Kommunikation des Kernnutzens «besser sehen, was in der Welt, der Schweiz, der Region passiert» ein Konzept mittels prägnanter und auch polarisierender Visualisierung eines Keyvisuals, das kein anderes Printmedium verwenden kann, des Rüebli. Die Herausforderung lag darin, die im Grunde etwas platte Metapher «Rüebli für den Rüeblikanton»» humorvoll und formal schön zu inszenieren. Ob ein Auftrag für mich als Gestalter stimmig

Plakat für RoadCross.

Plakate für die «Aargauer Zeitung».

Plakat für Kinderbekleidung der Migros.

ist oder nicht, hängt zum einen mit dem Inhalt, mit dem Auftragsziel zusammen. Zum anderen aber wertschätze ich gute Beziehungen zu meinen Kunden enorm, insbesondere bei einem langjährigen Auftragsverhältnis. Die Chemie muss stimmen, die Kommunikation soll auf derselben Ebene stattfinden, die Begegnung auf Augenhöhe, das echte Interesse am Gegenüber, am Menschen vis-à-vis darf nicht fehlen. Beide genannten Beispiele basieren auf einer positiven, engen und persönlichen Kundenbeziehung.

Wie stehen Sie zur Firma Clear Channel Schweiz, ehemals Plakanda?
Dazu eine Geschichte. Ich plante vor vielen Jahren eine Kampagne für eine Tageszeitung, bei der an prominenten Plakatstellen täglich die Nachricht wechselte. Wie bei einem Adventskalender. Zielgruppe waren Pendler, im Auto unterwegs auf grossen Einfallstrassen in Richtung Zürcher Innenstadt. Die Idee dahinter war, die Zielgruppe täglich mit Schlagzeilen zu kitzeln. Die Verweise auf die Tagesaktualitäten animierten zum Zeitungskaufen, wie die Boulevard-Headlines am Kiosk. Einmal mehr, so was kann nur ein Plakat. Nebenbei erwähnt, war die Kampagne gleichzeitig Werbung für das Medium Plakat.
Rose-Marie Baumann von Plakanda hat das Mecano sofort verstanden und insbesondere auch die Chance in der Kampagne gesehen, eine einzigartige Seite des Mediums Plakat, die Flexibilität, herauszustreichen. Plakanda zeigte sich einmal mehr beweglich genug, einem Spezialwunsch des Kunden mit allen Mitteln nachzukommen.
Die freundliche, flexible und vor allem persönliche Plakanda hatte man gefühlsmässig einfach gern.

Anhang

Quellen

Adsolution: Aktuelle Studie der GFK: 70% aller Kaufentscheidungen fallen am POS [2011, «Store Effects»]. www.adsolution.net.

Albachary, Jacques: Plakat-Handbuch: Albacharys Führer durch das Plakatwesen. Albachary, Berlin 1928.

Allgemeine Plakatgesellschaft (Hrsg.): 50 ans affiches suisses primées par le Département fédéral de l'intérieur: 1941–1990. Allgemeine Plakatgesellschaft, Genf 1991.

Allgemeine Plakatgesellschaft: 52 prämierte Schweizer Plakate, 1992. Schweizer Plakate des Jahres 1993.

Allgemeine Plakatgesellschaft: Zürich plakatiert anders, Eröffnung GK92; 28.01.1993.

APG|SGA: Jahresberichte 1987, 1988, 1989, 1990.

APG|SGA: Studienmethode Posttest PPI. www.apgsga.ch.

APG|SGA: Am Puls der Mobilität, ÖV-Werbung in der Schweiz. www.traffic.ch.

archithese: Zürich plakatiert und telefoniert anders; in: archithese 1.96, Januar/Februar 1996.

AWS Aussenwerbung Schweiz: Facts and Figures. www.aussenwerbung-schweiz.ch.

AWS Aussenwerbung Schweiz: [diverse Einzelbeiträge]. www.aussenwerbung-schweiz.ch.

Basler Zeitung: «Telecab 200»: Das Publifon der Zukunft; 10.05.1996.

Bauamt II, Hochbauamt der Stadt Zürich, Amtsstelle für Reklameanlagen: GK92, Gesamtkonzept 1992, Plakatierung Stadt Zürich. Plakatierung auf privatem Grund. Beispiel: Weinbergwand. Pressemitteilung, 09.04.1992.

Bauamt II, Hochbauamt der Stadt Zürich, Amtsstelle für Reklameanlagen: GK92, Plakatierung Gesamtkonzept GK92. Bericht, 28.02.1995.

Bauamt II, Hochbauamt der Stadt Zürich, Amtsstelle für Reklameanlagen: 1. Informationstagung mit Firmenkonsortium, Plakatvertrag 92; 08.11.1991.

Bieler Tagblatt: Ein 110 Kilo schwerer Kulturnagel wider den wilden Plakathagel; 13.06.1997.

Bieler Tagblatt: Neuer Vertrag mit APG bringt mehr Geld und mehr Leistung; 10.10.1997.

Bieri, Susanne: Die «voyages pittoresques» und das Portfolio: Reise durch ein Fotoarchiv in sechs Stationen (Reihe «Als regne es hier nie»). Schwabe, Basel 2003.

BILANZ: Allgemeine Plakatgesellschaft (APG): Kauter baut still und heimlich um. 31.03.2002. www.bilanz.ch.

BILANZ: APG: Der FDP-Filz hat nichts gebracht: 28.02.2002. www.bilanz.ch.

BILANZ: Plakanda: Keinen Franken. Clear Channel als Goldesel der Plakanda? Nein, sagt Plakanda: 31.12.2001. www.bilanz.ch.

BILANZ: Unternehmen: Goldenes Handwerk: 04.11.2004. www.bilanz.ch.

Born, Ernst: Geschichte des Bilderdrucks. E. Born, Ambripress, Basel 2006.

Brendel, Rolf: Das Schweizer Plakat: Versuch einer systematischen Darstellung der Gestaltungsformen, der Werbewirkung und der kulturpolitischen Bedeutung des Plakats am Beispiel des Plakatschaffens der Schweiz. [s. n.], Berlin 1955.

Bruggisser, Thomas: Benzin: junge Schweizer Grafik. L. Müller, Baden 2000.

Bundesgerichtsentscheid BGE 115 II 57: Rechtsnatur des Insertionsvertrags. www.bger.ch.

Burda News Group: Wissen [div. Stichwörter]. www.medialine.de.

Campusmedia: Vergütungsmodelle bei Media-Agenturen. www.campusmedia.de.

Centre d'art contemporain Genève: Panorama: design graphique en Suisse romande 25.03.–26.06.2011. Centre d'art contemporain Genève, Genf 2012.

Chroniknet Fotocommunity: [diverse Einzelbeiträge]. www.chroniknet.de, 2013.

Clear Channel Schweiz: ROI Return on Investment: Das Plakat: Top-Medium für Verkaufserfolg (Studie Plakatwirkung der FAW, Fachverband Aussenwerbung e. V. [Frankfurt/Main, D] und APG|SGA). http://www.clearchannel.ch/ROI.html, 16.01.2014.

Clear Channel Schweiz: [diverse Einzelbeiträge]. www.clearchannel.ch.

Der Landbote: Neues Plakatierungskonzept; 22.10.1997.

Döring, Jürgen / Klein-Wiele, Holger: Grafik-Design im Jugendstil: der Aufbruch des Bildes in den Alltag. Hatje Cantz, Ostfildern 2011.

Fawcett-Tang, Roger / Roberts, Caroline: Buchdesign heute. Stiebner, München 2004.

Fick, Bill / Grabowski, Beth: Drucktechniken: das Handbuch zu allen Materialien und Methoden. DuMont, Köln 2010.

Garten + Landschaft: Stadtplakatierung nach Konzept; 04/2001.

Genner, Sarah: Widerstand gegen Plakatinvasion und Konsumkultur, «Züri malt» – Wirbel um weisse Werbeplakate. http://genner.cc/Sarah_Genner/Publikationen_files/werbewildwuchs.pdf.

Giornale del Popolo: Prime cabine per il telefono del Duemila; in: Giornale del Popolo, 30.07.1996.

Giroud, J.-C. / Hôtel de Ville: Les artistes suisses et l'affiche: un siècle de fascination et de confrontation. Association des Amis de l'Affiche Suisse, Neuchâtel 2001.

Gisler, Bruno: 120 Jahre Werbung beim Zürcher Tram – eine Chronik. Verkehrsbetriebe Zürich, 2013.Grünig, Christian R.: Grösse und Struktur des schweizerischen Werbeaufwandes: Möglichkeiten der Ermittlung und Versuch einer praktischen Erhebung. Diss. rer. pol., Bern 1967; in: Werbung – Publicité, Ausgabe 11/12/1967 (Fachorgan des Schweizerischen Reklame-Verbandes [heute SW Schweizer Werbung]).

Guhl, Martina / Meili, Jolanda: Plakat – Technik – Gesellschaft, Diplomarbeit Wintersemester 1997/98, ETH-Bibliothek.

Handelszeitung: Spotlight: 24.08.2005: Übernahme. www.handelszeitung.ch.

Härdi, Werner (Zusammenst.): Schweizer Plakatkunst. Fabag, Fachschriften-Verlag, Zürich 1966.

Hartmann, Hans / Thalmann, Rolf: Das Schweizer Plakat 1900–1984. Gewerbemuseum, Museum für Gestaltung, Basel 1984.

Heffler, Michael / Möbus, Pamela: Der Werbemarkt 2004. Solides Wachstum nach dreijähriger Talsohle; in: Media Perspektiven, Ausgabe 6/2005.

HORIZONTonline: Ruzicka öffnet die Schatzkiste der Mediaagenturen. www.horizont.at.

IFI CLAIMS Patent Services: Verfahren zum Falten von Plakaten und Faltmaschine zu dessen Durchführung EP 0080519. www.google.com.

IG Plakat|Raum|Gesellschaft: Auskunft der Stadt Zürich, 19. März 2009. www.plakat-raum-gesellschaft.ch.

Imesch, Hans Ulrich: Streuaushang – Spezialaushang, 2013.

innovations report: Werbung in öffentlichen Verkehrsmitteln. www.innovations-report.de.

Kägi, Stefanie: Der öffentliche Werberaum der Stadt Zürich. Masterarbeit am geographischen Institut der Universität Zürich, 2009. www.plakat-raum-gesellschaft.ch.

Kinetic Worldwide, November 2012: The Future of Out of Home Media in the UK: The industry, consumers and technology to 2020. www.kineticww.com.

Kipphan, Helmut: Handbuch der Printmedien: Technologien und Produktionsverfahren. Springer, Berlin 2000.

Klanten, Robert (Hrsg.): Swiss graphic design, Die Gestalten Verlag, Berlin 2000.

kommunal magazin: Neue Plakatsäulen-Telefonkabinen; 10.12.1995.

Klein Report: Kiosk AG verlängert Vertrag mit Plakanda. www.kleinreport.ch.

Klein Report: Plakanda übernimmt die Interpubli Werbe AG, 17.11.2000. www.kleinreport.ch.

Koschnik, Wolfgang: Standard-Lexikon für Mediaplanung und Mediaforschung in Deutschland: Multiplying-Effekt, Multimediakampagnen vs. Monokampagnen. Saur, München 1995.

Kühnel, Anita: Ein Jahrhundert im Weltformat: Schweizer Plakate von 1900 bis zur Gegenwart. Staatliche Museen zu Berlin, Preussischer Kulturbesitz, Berlin 2001.

Kutter, Markus: Abschied von der Werbung: Nachrichten aus einer unbekannten Branche. Arthur Niggli, Niederteufen 1976.

Le Journal du Jura: Le bonheur est au bout du fil; 08.12.1998.

Le Journal du Jura: Moins d'alcool et de tabac dans les rues; in: 10.10.1997.

Linder, Wolf (Hg.) et al.: Handbuch der eidgenössischen Volksabstimmungen 1848–2007. Haupt, Bern 2010.

Lüthy, Wolfgang: Schweizer Plakatkunst: Die besten Plakate des Jahres 1941–1965. Visualis, Zürich 1968.

Margadant, Bruno: Das Schweizer Plakat 1900–1983. Birkhäuser, Basel 1983.

marketinglexikon.ch: [diverse Stichwörter]. www.marketinglexikon.ch.

Marketing & Kommunikation: Neue Stadtbilder mit Plakaten, Hinter den erfolgreichen Gesamtplakatierungskonzepten in vielen Schweizer Städten steht der City-Ästhet Hans Ulrich Imesch.; in: Marketing & Kommunikation / Beilage Visuelle Kommunikation, Mai 1999.

Marketing & Kommunikation: Meilenstein für das interaktive Plakat. www.m-k.ch.

Martinek, Michael: Die modernen Mediaagenturen als Nachfolger der Werbeagenturen – Rechtstatsachen und Rechtsverhältnisse; in: Das Recht und seine historischen Grundlagen, Festschrift für Elmar Wadle zum 70. Geburtstag, Duncker & Humblot, Berlin 2008.

Martinek, Michael: Mediaagenturen und Medienrabatte. C. H. Beck, München, 2008.

media TrendJournal. Intermediavergleich. www.mtj.ch.

Media Focus: Werbemarkt Trend 2013. www.mediafocus.ch.

MOStron Elektronik: Informations-Stelen mit und ohne Touch. www.mostron.de.

Neue Zürcher Zeitung: Aufbruch in ein neues Zeitalter der Plakatierung, Testfall Weinbergwand in Zürich enthüllt; 10.04.1992.

Neue Zürcher Zeitung: Die Telefonkabine als gläserner Zylinder, Ein neues Modell für die Stadt Zürich; 17.11.1995.

Neue Zürcher Zeitung: Enthüllung eines Generals; 16.09.1992.

Neue Zürcher Zeitung: Für Reklamen die Note 5; 21.12.1987.

Neue Zürcher Zeitung: Wirbel um ein Jeanmaire-Theaterplakat; 15.09.1992.

Neue Zürcher Zeitung [NZZ Archiv]: Anzeigenseite b4; NZZ_19280310_B4.pdf, 10.03.1928.

Neue Zürcher Zeitung [NZZ Archiv]: Anzeigenseite e3; NZZ_19280314_E3.pdf, 14.03.1928.

Neue Zürcher Zeitung [NZZ Archiv]: Anzeigenseite d3; NZZ_19291017_D3.pdf, 17.10.1929.

Neue Zürcher Zeitung [NZZ Archiv]: Internationale Regelung der Zollfreiheit für Kataloge und Werbedrucksachen; NZZ_19311119_E2.pdf, 19.11.1931.

Neue Zürcher Zeitung [NZZ Archiv]: Wirksame Reklame; NZZ_19320126_G1.pdf, 19.11.1931.

Neue Zürcher Zeitung [NZZ Archiv]: Wirksame Reklame; NZZ_19340718_F1.pdf, 18.07.1934.

Neue Zürcher Zeitung [NZZ Archiv]: Anzeige: Bahnhof-Reklame, Orell Füssli-Annoncen, Zürich; NZZ_19350222_B8.pdf, 22.02.1935.

Neue Zürcher Zeitung [NZZ Archiv]: Eine Reklamesteuer?; NZZ_19360115_C1.pdf, 15.01.1936.

Neue Zürcher Zeitung [NZZ Archiv]: Deutsche Politik an einer Zürcher Plakalwand; NZZ_19580203_B17.pdf, 03.02.1958.

Neue Zürcher Zeitung [NZZ Archiv]: 50 Jahre J. C. Müller; NZZ_19580618_B5.pdf, 18.06.1958.

Neue Zürcher Zeitung [NZZ Archiv]: Anzeige: Plakanda Plakat-Aushang Zürich; NZZ_19641124_A4.pdf, 24.11.1964.

Neue Zürcher Zeitung [NZZ Archiv]: Anzeige: 40 Jahre Plakanda Plakat-Aushang Zürich; NZZ_19650614.pdf_B7.pdf, 14.06.1965.

Neue Zürcher Zeitung [NZZ Archiv]: Stelleninserat: Werbeassistent (oder Werbeassistentin); NZZ_19670626_A23.pdf, 26.06.1967.

Neue Zürcher Zeitung [NZZ Archiv]: Anzeige: Plakanda Plakat-Aushang Zürich; NZZ_19671202_A123.pdf, 02.12.1967.

Neue Zürcher Zeitung [NZZ Archiv]: Stelleninserat: Sachbearbeiter für Aussenreklame; NZZ_19690207_C27.pdf, 07.02.1969.

Neue Zürcher Zeitung [NZZ Archiv]: Stelleninserat: kaufm. Mitarbeiter(in), Plakanda; NZZ_19711114_A31.pdf, 14.11.1971.

Neue Zürcher Zeitung [NZZ Archiv]: Anzeige: Plakanda Plakat-Aushang Zürich; Neue Zürcher Zeitung, NZZ_19711206_B34.pdf, 06.12.1971.

Neue Zürcher Zeitung [NZZ Archiv]: Anzeige: Plakanda Plakat-Aushang Zürich; Neue Zürcher Zeitung, NZZ_19720116_A22.pdf, 16.01.1972.

Neue Zürcher Zeitung [NZZ Archiv]: Stelleninserat: Sekretärin, Plakanda; NZZ_19720227_A45.pdf: 27.02.1972.

Neue Zürcher Zeitung [NZZ Archiv]: Keine Werbung auf Strassenpapierkörbchen, Zweijähriger Versuch abgebrochen; NZZ_19720324_A29.pdf: 24.03.1972.

Neue Zürcher Zeitung [NZZ Archiv]: Anzeige: Plakanda Plakat-Aushang Zürich; NZZ_19720523_A46.pdf, 23.05.1972.

Neue Zürcher Zeitung [NZZ Archiv]: Stelleninserat: kaufm. Angestellte, Plakanda; NZZ_19730220_B6.pdf, 20.02.1973.

Neue Zürcher Zeitung [NZZ Archiv]: Ein Stück Geschichte der Plakatkunst, 50 Jahre Plakanda; NZZ_19741012_A49.pdf, 12.10.1974.

Neue Zürcher Zeitung [NZZ Archiv]: Todesanzeige: René Max Baumann; NZZ_19820329_A44.pdf, 29.03.1982.

Neue Zürcher Zeitung [NZZ Archiv]: «Empfangsraum» für VBZ-Passagiere; NZZ_19860312_A53.pdf, 12.03.1986.

Neue Zürcher Zeitung [NZZ Archiv]: Für Reklame die Note 5, von der Ausarbeitung neuer Vorschriften in der Stadt Zürich; NZZ_19871221_A23.pdf, 21.12.1987.

Neue Zürcher Zeitung [NZZ Archiv]: Anzeige: Ohne Plakanda fehlt etwas Entscheidendes; NZZ_19880204_A36.pdf, 04.02.1988.

Neue Zürcher Zeitung [NZZ Archiv]: Anzeige: Was gedruckt ist, prägt sich ein. 100 Jahre Annoncenagentur of Orell Füssli Werbe AG; NZZ_19880126_A55.pdf, 26.01.1988.

Neue Zürcher Zeitung [NZZ Archiv]: Anzeige: Geringeres Inserategeschäft bei der Ofa, Gehaltene Ertragslage in schwereren Zeiten; NZZ_19910409_A34.pdf, 09.04.1991.

Neue Zürcher Zeitung [NZZ Archiv]: Reduktion von Ertrag und Dividende bei der ofa, Rückzug aus der Lokalradiowerbung; NZZ_19920409_A35.pdf, 09.04.1992.

Neue Zürcher Zeitung [NZZ Archiv]: Situation und Perspektiven der Plakatforschung. Zwei Richtungen zur Ermittlung der Wirksamkeit; NZZ_19991207_87.pdf, 07.12.1999.

Neue Zürcher Zeitung: Wie misst man die Werbewirksamkeit von Plakaten? 25.01.2002. www.nzz.ch.

Neue Zürcher Zeitung: Labile Situation bei den Kleinplakaten: Arbeitslosenprogramm gegen illegale Werbung: 27.05.2004. www.nzz.ch.

Neue Zürcher Zeitung: Versuche am Bellevue und am Escher-Wyss-Platz: Zürich testet digitale Plakate: 08.08.2013. www.nzz.ch.

Odermatt, Siegfried: 100 + 3 Schweizer Plakate. Waser, Zürich 1998.

OMG Outdoor: ma Plakat 2010. www.omgoutdoor.de.

outmaxx: MA PLAKAT – LEISTUNGSWERTE FÜR AUSSENWERBUNG. www.outmaxx.de.

Pepels, Werner: Expert-Praxislexikon: Betriebswirtschaftliche Kennzahlen: Instrumente zur unternehmerischen Leistungsmessung. Expert, Renningen 2008.

persönlich: Knatsch in Zürich wegen Megaposter, Paron wirft Stadt Starrsinn vor; 23.03.2009.

PLAKATIV 5/2010: «PosterPlus»: Durchbruch für das interaktive Plakat in der Schweiz [PDF]. www.google.de.

Polizeiamt und Bauamt II der Stadt Zürich: Plakatierung auf öffentlichem Grund: ein Gesamtkonzept für die Zukunft. Pressemitteilung, 04.07.1991.

Progress Werbeland: PWÖ – Optimierung. www.progress.at/presseservice/Presseinformation_PWOE.pdf.

Rademacher, Hellmut (Hrsg.) / Grohnert, René: Kunst! Kommerz! Visionen!: Deutsche Plakate 1888–1933. Edition Braus, Heidelberg 1992.

Reflektion.info: 125 Jahre VERKEHRSBETRIEBE DER STADT ZÜRICH VBZ. www.reflektion.info.

Reimann, Werner: Evaluation der Akzeptanz neuer Aussenwerbungsformen auf öffentlichem Grund – Teil 1: Digitale Plakatflächen (Screens), DemoSCOPE, 22. Oktober 2013.

Renggli, Martin: Streuaufwand der Schweizer Werbung 1968–1970. Erste Resultate einer umfassenden empirischen Erhebung. Teil 1; in: Werbung – Publicité, Ausgabe 10/1972 (Fachorgan des Schweizerischen Reklame-Verbandes [heute SW Schweizer Werbung]).

Renggli, Martin / Rufer, Willi: Aufwendungen für Anzeigenwerbung in der Schweiz. Streuaufwand der Schweizer Werbung 1968–1970. Teil 2; in: Werbung – Publicité, Ausgabe 11/1972 (Fachorgan des Schweizerischen Reklame-Verbandes [heute SW Schweizer Werbung]).

Ringier-Werbefibel 2012. Ringier AG, Zürich [s. t.].

Ringier-Werbefibel 2013. Ringier AG, Zürich [s. t.].

Rotzler, Willy / Schärer, Fritz / Wobmann, Karl: Das Plakat in der Schweiz: mit 376 Kurzbiographien von Plakatgestalterinnen und Plakatgestaltern. Edition Stemmle, Schaffhausen 1990.

Sailer, Anton: Das Plakat: Geschichte, Stil und gezielter Einsatz eines unentbehrlichen Werbemittels. Thiemig, München 1965.

Schäublin Architekten: Leitkonzept für grossflächige Werbebilder in der Stadt Zürich, Zürich 1999/2005. www.schaeublinarch.ch.

Schneider, Jürg: Aufwendungen für Direktwerbung in der Schweiz. Streuaufwand der Schweizer Werbung 1968–1970. Teil 3; in: Werbung – Publicité, Ausgabe 1/1973 (Fachorgan des Schweizerischen Reklame-Verbandes [heute SW Schweizer Werbung]).

Schindler, Herbert: Monografie des Plakats: Entwicklung, Stil, Design. Süddeutscher Verlag, München 1972.

Schule für Gestaltung Bern und Biel: Die Fotografie im Plakat, 02.03.–30.03.2012. www.sfgb-b.ch.

Schweizer Bank: 09.09.1998, Schöne neue Medienwelt. www.schweizerbank.ch.

Schweizer Illustrierte: Deshalb ist mein Jeanmaire nackt!; 14.09.1992.

Schweizerische Eidgenossenschaft: Eidgenössisches Volkswirtschaftsdepartement EVD, Preisüberwachung PUE: Plakatierung auf öffentlichem Grund: Ausschreibungen als wirkungsvolles Wettbewerbsinstrument?: Januar 2012 [PDF]. www.google.de.

Schweizerisches Handbuch der Absatzförderung und Werbung. Oesch, Thalwil-Zürich 1946.

Schweizerisches Handelsamtsblatt (shab.ch): [div. Einzelbeiträge zu Plakat und Propaganda A.-G., Plakat und Propaganda AG, Plakanda AG, Clear Channel Schweiz AG] www.shab.ch.

Schwieger, Heinz G. [Red.]: Plakate: Wandbilder der Strasse; Bedeutung, Entwicklung, Erscheinungsformen. PWA-Grafische Papiere-GmbH, Raubling 1979.

Sommer, P. / Jeremias, P. / Geissbühler U.: Fernseh-, Kino-, Aussenwerbung und Messen. Streuaufwand der Schweizer Werbung 1968–1970. Teil 4; in: Werbung – Publicité, Ausgabe 2/1973 (Fachorgan des Schweizerischen Reklame-Verbandes [heute SW Schweizer Werbung]).

Stadt Zürich / Allgemeine Plakatgesellschaft: Zürich plakatiert anders, Eröffnung GK92. Pressemitteilung, 28.01.1993.

Stadt Zürich, Hochbaudepartement, Amt für Städtebau: Reklame im Stadtbild, 2009.

Stadt Zürich: Medienmitteilungen, 06.11.2002: Massnahmen gegen die Wildplakatierung. www.stadt-zuerich.ch.

Stadt Zürich: Medienmitteilungen, 07.07.2006: Plakatierung in der Stadt Zürich: Zwei Firmen machen das Rennen. www.stadt-zuerich.ch.

Stadt Zürich: Medienmitteilungen, 06.06.2012: Mehr Wettbewerb bei der Plakatierung auf öffentlichem Grund. www.stadt-zuerich.ch.

Stadt Zürich: Medienmitteilungen, 08.11.2012: Mehr Einnahmen und mehr Markt. www.stadt-zuerich.ch.

Stiftung Werbestatistik Schweiz: Werbeaufwand Schweiz. Publikation Übersicht Werbeumsätze 1982–2013 unter www.werbestatistik.ch sowie nach Archivbeständen der Jahre 1982–2009.

Stirnimann, Charles / Thalmann, Rolf: Weltformat: Basler Zeitgeschichte im Plakat. Christoph-Merian-Verlag, Basel 2001.

Strassenbahn Magazin: Schweinerei in Stuttgart, in: Strassenbahn Magazin, 10.2013.

Ströer Media Deutschland GmbH. www.stroeer.de.

Swiss Poster Research Plus. www.spr-plus.ch.

Tages-Anzeiger: Das schwarze Brett des Plakates; 16.11.1957.

Tages-Anzeiger: Eine kleine Plakatgalerie; 09.11.1957.

Tages-Anzeiger: Er hat das esoterische Telefonieren erfunden, Hans Ulrich Imesch: Architekt, Psychologe und Leiter des Instituts für Ganzheitliche Gestaltung Zürich; 28.02.1996.

Tages-Anzeiger: Revision der Reklameverordnung, Bewilligungspflicht für Aussenwerbung; 21.01.1975.

Tages-Anzeiger: Therapie in Telefonkabine; 10.10.1998.

Tages-Anzeiger: Widerstand gegen das Wuchern der Werbung; 29.03.2006.

Thalmann, Rolf [Ill.]: Zur Zeit: hundert Jahre Basler Plakatsammlung. Schule für Gestaltung, Basel 1996.

Thalmann, Rolf [Hrsg.]: So nicht!: umstrittene Plakate in der Schweiz 1883–2009, hier + jetzt, Baden 2009.

ufomedia: Mediaagenturen: Nie waren sie so überflüssig wie heute … [Medientage 2012]. http://ufomedia.wordpress.com.

VBZ Traffic Media: Die Werbebeachtungsstudie der VBZ. www.stadt-zuerich.ch.

VDZ – Verband Deutscher Zeitschriftenverleger: Veränderte Medienlandschaft – Veränderte Media Spendings [PDF]. www.pz-online.de/fileadmin/images/121031_VDZ_McKinsey_Studie_Publishers_Summit_final.pdf.

Veröffentlichungen der Schweizerischen Kartellkommission: Bericht über die Wettbewerbsverhältnisse auf dem Markt für Aussenwerbung; 14. Jg., Heft 4, 1982.

Vorsteherin des Bauamtes II der Stadt Zürich: Pilotstudie «Plakatierung auf öffentlichem Grund» im Triemli. Pressemitteilung, 07.11.1990.

Vorsteherin des Bauamtes II der Stadt Zürich: Städtebaulich-ästhetische Begutachtung. Pressemitteilung, 06.11.1990.

Waser, Gregor: 10-Jahres-Vergleich zeigt, wohin die Reise in der Werbung geht; in: Marketing & Kommunikation, Nr. 4, 2012, S. 45 u. 47.

Weber, Bruno: Zwischen Familie und Unternehmen; in: Publikationen Valcor AG, www.valcor.ch/content/pub/PUB1017.PDF.

Werbewoche: Eine vorzügliche Ehe: Die Kiosk AG verlängert vorzeitig den Vertrag mit Plakanda. www.werbewoche.ch.

Werbewoche: Das Plakatwunder von Zürich, APG präsentiert das Gesamtkonzept für Plakatierung «GK 92»; Nr. 4, 05.02.1993.

Werbewoche: Herr Imesch, hat die Stadt Zürich etwas gegen Werbeplakate? Gespräch mit Hans U. Imesch, Leiter der Amtsstelle für Reklameanlagen; Nr. 21, 01.06.1992.

Werbewoche: «Ich sehe noch viele weisse Flecken im Lebensraum Schweiz», Hans Ulrich Imesch, Gründer des IGGZ, über das gestaltende Prinzip; Nr. 20, 25.05.2001.

Werbewoche: Luzern schreibt Plakate aus, Stadtmarketing, Wer erhält den Zuschlag für 250 neue Plakatstellen?; Nr. 37, 16.10.2003.

Werbewoche: Plakatierkonzept für die Stadt Zürich, Neuer Vertrag mit Wirkung auf öffentlichem und privatem Grund; Nr. 28, 12.08.1991.

Werbewoche: Zürcher plakatiert Budapest, Stadtästhet Hans Ulrich Imesch gestaltet für Europlakat in Ungarn ein Gesamtkonzept für die Stadtplakatierung; Nr. 37, 14.10.1999.

Werbewoche: Zürich und die «Plakatwilderer», Pilotprojekt zur «Domestizierung» der «Wildplakatierung»; Nr. 15, 22.04.1991.

Werbewoche: [diverse Einzelbeiträge, 2000–2014]. www.werbewoche.ch.

Wikipedia: [diverse Stichwörter, 2012 und 2013]. http://de.wikipedia.org/wiki/Wikipedia:Hauptseite.

W&V: Media-Rabatte, die Werbekunden bitten zur Kasse. www.wuv.de.

Wyder, Bernard: Walliser Plakate. Rotten, Visp 2004.

Zugerbieter: Die Kultur an den Nagel hängen. In Baar wird nach einem neuen Gesamtkonzept plakatiert; 22.10.1998.

Zurstiege, Guido: Werbeforschung [UTB]. UVK Verl.-Ges., 2007.

360°: Werbung radikal im NRW-Forum. www.360-grad-blog.de.

Archive

Archiv Clear Channel Schweiz AG, Hünenberg und Zürich

Archives d'Etat de Genève
Direction de la police centrale

Archivio storico della Città di Lugano, Fondo antico del Comune di Lugano, scatola Cotti 30

Baugeschichtliches Archiv der Stadt Zürich BAZ

Neue Zürcher Zeitung AG, NZZ Archiv

Plakatsammlung Museum für Gestaltung Basel

Plakatsammlung Museum für Gestaltung Zürich

Schweizerisches Bundesarchiv, Bern
- E4110A#1000/1824# 141* Dossier Plakat und Propaganda AG 1939
- E5001F#1968/101# 326* Dossier Plakat und Propaganda AG 1957

Staatsarchiv Basel-Stadt
- BD-REG 1 A 605-7 Plakatwesen
- BD-REG 5a 0-5 Pressemitteilungen, Publikationen, Propaganda
- Bau H 11 Plakatsäulen und Plakattafeln, Plakatwesen, Maueranschläge usw.
- PA 960 C 6-3 Plakatierung am Bahnhof SBB

Staatsarchiv Bern
- BB 04.5 Dienststelle Aussenwerbung
- BB X 1491 Reklameverordnungen
- FN Jost Fotonachlass Carl Jost (N 9557, N 10548)

Stadtarchiv Bern
- DCouv Plakatierung
- EB 2.15 326 Reklame
- diverse Verordnungen über das Plakatwesen

Staatsarchiv St. Gallen
- A 017 Baudepartement: Generalsekretariat
- A 045 Justiz und Polizeidepartement: Generalsekretariat
- A 078 Finanzdepartement, Kantonale Steuerverwaltung
- A 160 Baudepartement: Generalsekretariat

Stadtarchiv St. Gallen
- 01 St. Gallen (Stadtgemeinde bis 1918)
- 20 Stadtkanzlei (inkl. gemeindeamtliche Funktionen)
- 62 Hochbauamt

Staatsarchiv Zürich
- Z 19 Natur- und Heimatschutz
- Z 238 Bewilligungen für Strassenreklame
- W II 13 FDP des Kantons Zürich
- Regierungsratsbeschluss Nr. 1843

Stadtarchiv Zürich
- V.G.c.202. Verkehrsbetriebe der Stadt Zürich
- V.G.c.650. Kommission zur ästhetischen Begutachtung von Reklame (Akten)
- V.G.c.650. Vorschriften zum Schutze des Stadt- und Landschaftsbildes
- V.G.a.43. Kommission zur ästhetischen Begutachtung von Reklame (Protokolle)
- V.L.226. Briefkopfsammlung
- V.E.c.30. Polizeidepartement, Kanzlei. Akten zum Polizeiprotokoll und Geschäftsdossiers

SW Schweizer Werbung, Archiv Zürich

Abbildungen

Umschlag
Foto: Clear Channel Schweiz AG
Montage: Christoph Bigler

Inhaltsverzeichnis
Seite 4: Clear Channel Schweiz AG
Seite 5: Clear Channel Schweiz AG / J. E. Wolfensberger AG

Vorwort
Foto: Clear Channel Schweiz AG
Montage: Christoph Bigler

Die Schweiz im Fokus
Plakate: Plakatsammlung Museum für Gestaltung Zürich (1920, 1940, 1960, 1980) / Karl Domenic Geissbühler (2000)
Fotos: Keystone

Firmengeschichte
1924–1939
Abbildungen 1 bis 4: Baugeschichtliches Archiv der Stadt Zürich (BAZ)
Abbildung 5: Handelsregisteramt Kanton Zürich
Abbildung 6: Neue Zürcher Zeitung AG, 10.03.1928
Abbildungen 7, 9, 10: Stadtarchiv Zürich
Abbildung 8: Clear Channel Schweiz AG

1940–1959
Abbildungen 1 bis 8, 15: Baugeschichtliches Archiv der Stadt Zürich (BAZ)
Abbildungen 9 bis 14, 17, 19: Clear Channel Schweiz AG
Abbildung 16: Tages-Anzeiger, 16.11.1957 / Schweizerisches Bundesarchiv (BAR)
Abbildung 18: Schweizerisches Bundesarchiv (BAR)

1960–1979
Abbildungen 1 bis 6: Baugeschichtliches Archiv der Stadt Zürich (BAZ)
Abbildungen 7 bis 13, 15, 16, 18: Clear Channel Schweiz AG
Abbildung 14: Neue Zürcher Zeitung AG, 14.06.1965 und 06.12.1971
Abbildung 17: STAR PLAKAT AG, Renato Schena

1980–1989
Abbildungen 1 bis 3, 7: Clear Channel Schweiz AG
Abbildung 4: Koni Künzli
Abbildungen 5, 6, 8 bis 10: Christian Soppelsa
Infografik Seite 61: Clear Channel Schweiz AG. Quelle: Clear Channel Schweiz AG
Abbildung 11: Neue Zürcher Zeitung AG, 04.02.1988 / Clear Channel Schweiz AG

1990–1999
Abbildungen 1, 5: Christian Soppelsa
Abbildungen 2 bis 4, 6, 7, 9, 11 bis 13: Clear Channel Schweiz AG
Abbildung 8: Peter Gmür
Abbildung 10: Stadt Zürich / Allgemeine Plakatgesellschaft

Abbildung 14: Werner Brasser / Urs Häsler
Abbildung 15: Fredl Hofmann, Fix&Flex
Abbildung 16: Wikipedia, http://de.wikipedia.org/wiki/Ruch_(Unternehmen)
Abbildungen 17 bis 19: Peter Gmür
Abbildung 20: Neue Zürcher Zeitung AG, 22.02.1935

2000–2014
Abbildungen 1 bis 4, 6 bis 15, 17 bis 21, 23 bis 25: Clear Channel Schweiz AG
Abbildung 5: www.posterchallenge.com, UNICEF, Clear Channel Schweiz AG. Montage: Christoph Bigler
Infografik Seite 92: Clear Channel Schweiz AG. Quelle: Clear Channel Schweiz AG
Abbildung 16: JWT+H+F
Abbildung 22: FLORALP / BOB Branchenorganisation Butter GmbH

Einen Blick ins Leben von Peter Stutz
Fotos: Lukas Bammatter / Clear Channel Schweiz AG
Montage: Christoph Bigler

Im Gespräch mit Roberto Credaro, Alfred Bieri, Sandra Cupic
Fotos: Mara Truog

Aussenwerbemarkt
Die Geschichte der Plakatierung in der Schweiz
Abbildung 1: Archivio storico della Città di Lugano, Fondo antico del Comune di Lugano, scatola Cotti 30
Abbildung 2: Schweizerische Bauzeitung
Abbildung 3: J. E. Wolfensberger AG / Baugeschichtliches Archiv der Stadt Zürich (BAZ)
Abbildungen 4, 7, 18, 19: Stadtarchiv Zürich
Abbildungen 5, 12: Staatsarchiv Bern
Abbildung 6: Plakat-Handbuch, Albacharys Führer durch das Plakatwesen
Abbildungen 8, 9: Staatsarchiv St. Gallen
Abbildungen 10, 11, 15, 16: Stadtarchiv St. Gallen
Abbildungen 13, 14: Staatsarchiv Basel
Abbildung 17: Amt für Städtebau der Stadt Zürich

Zürich plakatiert anders – das Gesamt-Konzept 92 (GK92)
Abbildungen 1, 2: Amt für Städtebau der Stadt Zürich
Abbildungen 3, 24, 25, 28, 31: Clear Channel Schweiz AG
Abbildungen 4, 5, 13, 16, 30: IGGZ Hans Ulrich Imesch
Abbildungen 6 bis 10b, 22, 23: Peter Buchs für die Allgemeine Plakatgesellschaft, Zürich plakatiert anders
Abbildung 11: Stadt Zürich / Allgemeine Plakatgesellschaft, Zürich plakatiert anders
Abbildung 12: Bauamt II, Hochbauamt der Stadt Zürich, Amtsstelle für Reklameanlagen
Abbildungen 14, 17, 18, 20, 26, 27, 29: Lukas Bammatter

Abbildung 15: Allgemeine Plakatgesellschaft

Abbildungen 19, 33: Baugeschichtliches Archiv der Stadt Zürich (BAZ)

Abbildung 21: Christian Soppelsa

Infografik Seite 141: Clear Channel Schweiz AG. Quelle: Clear Channel Schweiz AG

Abbildung 32: Clear Channel Schweiz AG (Bellevue, Central) / Lukas Bammatter (Bahnhofstrasse)

Abbildung 39: Verkehrsbetriebe Zürich (VBZ) / Lukas Bammatter (Sujet Jelmoli)

Abbildungen 34 bis 38, 41: Verkehrsbetriebe Zürich (VBZ)

Abbildung 40: Verkehrsbetriebe Zürich (VBZ) (1988) / Lukas Bammatter (2014)

Infografik Seite 151: Clear Channel Schweiz AG. Quelle: Verkehrsbetriebe Zürich (VBZ) 2010

Schweizer Plakatierungskonzepte heute, am Beispiel der Stadt Zürich

Infografik Seite 154: Clear Channel Schweiz AG. Quelle: In Anlehnung an: Plakatierung im öffentlichen Raum. Kommerzielle Plakatierung. Gestaltungskonzept mit Richtlinien. Stadt Bern, 2009.

Abbildung 1: Juliet Haller für Amt für Städtebau der Stadt Zürich

Abbildungen 2, 3: Clear Channel Schweiz AG

Abbildungen 4, 5, 6: Lukas Bammatter

Abbildungen 7, 8: Clear Channel UK Ltd.

Die Marktperformance der Mediengattung Plakat

Infografik Seite 166: Clear Channel Schweiz AG. Quellen: Media Focus 2014 (Brutto-Werbeaufwendungen); Stiftung Werbestatistik Schweiz 2014 (Netto-Werbeaufwendungen)

Infografik Seite 169: Clear Channel Schweiz AG. Quellen: FEPE – Féderation Européenne de la Publicité Extérieure, Paris, 1990; Clear Channel Schweiz AG 2014

Infografik Seite 170: Clear Channel Schweiz AG. Quelle: Media Focus 2014

Infografik Seite 172: Clear Channel Schweiz AG. Quellen: Statistisches Bundesamt bfs.admin.ch 2011, Personenverkehr Dez. 2012, IPSOS DMMA 2012, AWS Aussenwerbung (Der Megatrend Mobilität und Aussenwerbung ergänzen sich perfekt); Mediatrend Journal 2013. Basierend auf durchschnittlichen Kampagnen. TV 3–4 OTS, OoH 20 OTS, Print 4–5 OTS (Keiner ist schneller als Out-of-Home); CIM 2012, Time-Use 18–54 years (Out-of-Home als perfektes Komplementärmedium zu TV)

Infografik Seite 174: Clear Channel Schweiz AG. Quelle: Studie von Brand Science des FAW (Fachverband Aussenwerbung e. V.), Frankfurt am Main, DE, und der APG, September 2010

Abbildungen 1 bis 3: Werbung – Publicité, Schweizerischer Reklameverband

Abbildung 4: Schweizerische Kartellkommission

Plakatforschung, gestern und heute

Abbildungen 1 bis 3: Clear Channel Schweiz AG

Abbildung 4: MGE Data

Abbildungen 5 bis 7: SPR+ AG

Einen Blick ins Leben von Hans Ulrich Imesch

Fotos: IGGZ Hans Ulrich Imesch / Clear Channel Schweiz AG

Montage: Christoph Bigler

Im Gespräch mit Urs Schneider und Kathrin Petrow

Fotos: Mara Truog

Plakatdesign

Das Plakat – künstlerisches Ausdrucksmittel und visuelle Kommunikation

Abbildungen 1 bis 3, 5 bis 10, 12 bis 27, 29, 30: Plakatsammlung Museum für Gestaltung Zürich

Abbildung 4: Herbert Matter ©Fotostiftung Schweiz / The Herbert Matter Estate

Abbildung 11: J. E. Wolfensberger AG

Abbildung 28: Rosmarie Tissi

Spiegel der Gesellschaft

Abbildungen 1 bis 16, 20 bis 23, 27 bis 34, 39: Plakatsammlung Museum für Gestaltung Zürich

Abbildung 17: Vanessa Dell www.vanessa-dell.com

Abbildung 18: walker Werbeagentur

Abbildung 19: Das Plakat in der Schweiz

Abbildungen 24 bis 26: Karl Domenic Geissbühler / Studio Geissbühler

Abbildungen 35 bis 38: Plakatsammlung Museum für Gestaltung Basel

Abbildung 40: Graphische Sammlung der Schweizerischen Nationalbibliothek

Gestaltungsmittel, Reproduktionstechnik und Wirkung

Abbildungen 1, 2: Galerie der Strasse

Abbildungen 3 bis 6, 8 bis 19, 21: Plakatsammlung Museum für Gestaltung Zürich

Abbildung 7: Herbert Matter ©Fotostiftung Schweiz / The Herbert Matter Estate

Infografik Seite 234: Clear Channel Schweiz AG. Quelle: Stämpfli AG

Abbildung 20: Ruf Lanz Werbeagentur AG

Abbildung 22: Monografie des Plakats

Abbildung 23: www.spiegel.de / Bergemann & Sohn Bestattungskultur

Besonderheiten der Schweizer Plakatkunst

Abbildungen 1 bis 3: Plakatsammlung Museum für Gestaltung Zürich

Abbildung 4: Galerie der Strasse

Abbildung 5: Cäsar Schmid für die Allgemeine Plakatgeselschaft

Abbildung 6: Felix Pfäffli

Abbildung 7: FLORALP / BOB Branchenorganisation Butter GmbH

Einen Blick ins Leben von Rosemarie Tissi

Fotos: Rosemarie Tissi / Clear Channel Schweiz AG

Montage: Christoph Bigler

Im Gespräch mit Ruedi Wyler

Foto: Mara Truog

Abbildungen: Wyler Werbung

Die Autorin

Foto: Jost Wildbolz

Die kompletten Titel der Abbildungen listen das Quellen- und Archivverzeichnis.

Bilder aus dem NZZ-Archiv: mit freundlicher Genehmigung der Neuen Zürcher Zeitung.

Die Infografiken wurden aus real existierenden Papierplakaten aus dem Plakatlager von Clear Channel Schweiz AG gestaltet: Ausschnitte der Plakate wurden gescannt und zu digitalen Collagen verarbeitet.

Fotos Aussenwerbung: Bei den Fotoaufnahmen der im Buch abgebildeten Plakatstellen handelt es sich um Stellen von Clear Channel Schweiz AG sowie der Mitbewerber.

Alle anderen Bildrechte liegen bei den Gestaltern, Fotografen oder Rechteinhabern. Diese konnten teilweise nicht ermittelt werden. Bei Fragen wenden Sie sich bitte an den Herausgeber.

Die Autorin

Simone Bammatter (*1973) ist in Zürich aufgewachsen, wo sie auch heute mit ihrer Familie lebt. Nach dem Jurastudium an der Hochschule St. Gallen arbeitet sie während zehn Jahren im Management internationaler Konsumgüterkonzerne und Beratungsunternehmen, Fokus Marketing. Ende 2009 macht sie sich als Kommunikationsberaterin und freie Publizistin mit der Agentur Mindnet GmbH selbstständig. Zudem wirkt sie als Drehbuchautorin und Regisseurin für Imagefilme und Unternehmenstheater, inszeniert Botschaften interaktiv und multimedial als Bühnenstück – das Theater als Spiegel des Unternehmens.

Mit Haut und Haar in Unternehmen und Menschenleben eintauchen, das Geschehen analysieren, wahre Geschichten rekonstruieren und fiktive Welten kreieren, die Kernaussage herausfiltern, die Nachricht zwischen den Zeilen spüren, und dann mit einem prägnanten Text ins Schwarze treffen: Überraschen und gleichzeitig das Detail im Auge behalten, das ist es, was Simone Bammatter am Herzen liegt.

Dank

Den Auftrag für die kritische Auseinandersetzung mit der Unternehmens- und Branchengeschichte und die Gesamtverantwortung für alle konzeptionellen, inhaltlichen und gestalterischen Schritte erhalten zu haben, dafür danke ich Clear Channel.

Und ich bedanke mich bei allen Personen, die mit mir über Plakat & Propaganda, Plakanda, Clear Channel, über die Schweizer Aussenwerbung und über Plakatgestaltung gesprochen und mit bereicherndem Input und differenzierten Diskussionsbeiträgen relevantes Wissen überliefert und das Manuskript in neue thematische Bahnen gelenkt haben. Mein besonderer Dank gilt zudem den Projektbeteiligten, die durch ihren Einsatz und ihre Zuarbeit einen substanziellen Beitrag zur Entstehung dieses Werkes geleistet haben.

Impressum

Bibliografische Information der Deutschen Nationalbibliothek: www.d-nb.de.

© Clear Channel Schweiz AG, Zürich, www.clearchannel.ch · 2015

Verlag: Stämpfli Verlag AG, Bern, www.staempfliverlag.com
Herausgeber: Clear Channel Schweiz AG, www.clearchannel.ch
Autorin: Simone Bammatter, Mindnet GmbH, www.mind-net.ch
Redaktionelle Mitarbeit: Oliver Krull Lektorat OK, www.lektorat-ok.de; Severin Rüegg und Fabian Müller Rüegg+Rüegg GmbH, www.severinrueegg.ch
Lektorat: Benita Schnidrig, Stämpfli Verlag AG
Übersetzungen: ITSA Inter-Translation SA, Bern (F), Assofide SA, Locarno (I), Mill Johnson Associates GmbH, Zürich (E)
Grafisches Konzept: bartòk GmbH, Zürich
Gestaltung Umschlag und Inhalt: Christoph Bigler, Kleiner AG, Bern
Gesamtherstellung: Stämpfli AG, Bern
Gedruckt auf Papier aus zertifizierten Rohstoffen (FSC/PEFC): PlanoJet®, Papyrus Schweiz AG

Printed in Switzerland

ISBN 978-3-7272-1247-5

Das Werk, einschliesslich seiner Teile, ist urheberrechtlich geschützt. Jede Verwertung ist ohne Zustimmung des Verlages, des Herausgebers und der Autorin unzulässig. Dies gilt insbesondere für die elektronische oder sonstige Vervielfältigung, Übersetzung, Verbreitung und öffentliche Zugänglichmachung.